Schriften der Deutsch-Spanischen Juristenvereinigung

Band 45

PL ACADEMIC RESEARCH

Die Einführung eines Präsenzbonus in Deutschland unter Berücksichtigung der *prima de asistencia* in Spanien

Benedikt Leffers

Die Einführung eines Präsenzbonus in Deutschland unter Berücksichtigung der *prima de asistencia* in Spanien

PL ACADEMIC RESEARCH

Bibliografische Information der Deutschen Nationalbibliothek
Die Deutsche Nationalbibliothek verzeichnet diese Publikation in der Deutschen Nationalbibliografie; detaillierte bibliografische Daten sind im Internet über http://dnb.d-nb.de abrufbar.

Zugl.: Bayreuth, Univ., Diss., 2015

Umschlagabbildung:
Logo der Deutsch-Spanischen Juristenvereinigung e.V.
Abdruck mit freundlicher Genehmigung der
Deutsch-Spanischen Juristenvereinigung e.V.

D 703
ISSN 1433-884X
ISBN 978-3-631-65965-6 (Print)
E-ISBN 978-3-653-05409-5 (E-Book)
DOI 10.3726/978-3-653-05409-5

PL Academic Research ist ein Imprint der Peter Lang GmbH.

Peter Lang – Frankfurt am Main · Bern · Bruxelles · New York · Oxford · Warszawa · Wien

Diese Publikation wurde begutachtet.

www.peterlang.com

Vorwort

Die vorliegende Arbeit wurde im Wintersemester 2014/2015 von der Rechts- und Wirtschaftswissenschaftlichen Fakultät der Universität Bayreuth als Dissertation angenommen. Rechtsprechung und Literatur sind bis Dezember 2014 berücksichtigt.

Bedanken möchte ich mich in erster Linie bei meinem Doktorvater Prof. Dr. Stefan Leible für die Betreuung dieser Arbeit sowie bei Herrn Prof. Dr. Karl-Georg Loritz für die zügige Erstellung des Zweitgutachtens.

Des Weiteren möchte ich der Deutsch-Spanischen Juristenvereinigung und Herrn Moratinos Meissner meinen Dank für die Aufnahme dieser Arbeit in die DSJV-Schriftenreihe ausdrücken.

Schließlich gilt meine Dankbarkeit all denen Personen, die mich in unterschiedlicher Form – durch fachliche Diskussionsbeiträge, aufmunterndes Zureden, Ermöglichen des Studienaufenthalts in Spanien oder das Querlesen des Manuskripts – bei Erstellung der Arbeit unterstützt haben.

Mein besonderer und herzlichster Dank gilt zuletzt meinen Eltern, Monika und Burkhard Leffers. Ihre Unterstützung beschränkte sich nicht allein auf die Erstellung dieser Arbeit, sondern erstreckte sich vielmehr auch über die gesamte Dauer meines Studiums. Ihnen verdanke ich auch meinen ersten Kontakt zu Spanien und somit die erlernten Kenntnisse der spanischen Sprache, ohne die die Entstehung dieser Arbeit nicht möglich gewesen wäre.

Frankfurt am Main, im April 2015 Benedikt Leffers

Inhaltsübersicht

Inhaltsverzeichnis

Abkürzungsverzeichnis

a. A.	andere Ansicht
ABl. EU	Amtsblatt der Europäischen Union
Abs.	Absatz
abw.	abweichend
AcP	Archiv für civilistische Praxis
ADHGB	Allgemeines Deutsches Handelsgesetzbuch
AEUV	Vertrag über die Arbeitsweise der Europäischen Union
a. F.	alte Fassung
AG	Aktiengesellschaft
AktG	Aktiengesetz
allg.	allgemein
AmJComLaw	The American Journal of Comparative Law
Anm.	Anmerkung
ARUG	Gesetz zur Umsetzung der Aktionärsrechterichtlinie
Art. (Artt.)	Artikel (Plural)
Aufl.	Auflage
BayObLG	Bayerisches Oberstes Landesgericht
BayObLGZ	Entscheidungen des Bayerischen Obersten Landesgerichts in Zivilsachen
BB	Betriebs-Berater
Bd.	Band
Begr.	Begründung
BGB	Bürgerliches Gesetzbuch
BGBl.	Bundesgesetzblatt
BGH	Bundesgerichtshof
BGHZ	Entscheidungen des Bundesgerichtshofs in Zivilsachen
BIP	Bruttoinlandsprodukt
BKR	Zeitschrift für Bank- und Kapitalmarktrecht
BMJ	Bundesministerium der Justiz
BOE	Boletín Oficial del Estado
BörsG	Börsengesetz
BORME	Boletín Oficial del Registro Mercantil
BRD	Bundesrepublik Deutschland
BR-Drs.	Bundesrats-Drucksache
BT-Drs.	Bundestags-Drucksache

BVerfG	Bundesverfassungsgericht
BVerfGE	Entscheidungen des Bundesverfassungsgerichts
CC	Código Civil
CCom	Código de comercio
CE	Constitución Española
Chi. L. Rev.	The University of Chicago Law Review
CNMV	Comisión Nacional del Mercado de Valores
DAI	Deutsches Aktieninstitut
dass.	dasselbe
DAV	Deutscher Anwaltverein
DAX	Deutscher Aktienindex
DB	Der Betrieb
DCGK	Deutscher Corporate Governance Kodex
DepotG	Depotgesetz
ders.	derselbe
DGSV	Deutscher Sparkassen- und Giroverband
dies.	dieselbe(n)
DNotI	Deutsches Notarinstitut
DStR	Deutsches Steuerrecht
DSW	Deutsche Schutzvereinigung für Wertpapierbesitz
ECGI	European Corporate Governance Institute
Einf	Einführung
Einl	Einleitung
EHUG	Gesetz über elektronische Handelsregister und Genossenschaftsregister sowie das Unternehmensregister
etc.	et cetera
f. (ff.)	folgende (Plural)
FAS	Frankfurter Allgemeine Sonntagszeitung
FAZ	Frankfurter Allgemeine Zeitung
Fn.	Fußnote
FR	Frankfurter Rundschau
FS	Festschrift
FTSE	Financial Times Stock Exchange Index
GesE	Gesetzentwurf
GesRZ	Der Gesellschafter – Zeitschrift für Gesellschafts- und Unternehmensrecht
GG	Grundgesetz
ggf.	gegebenenfalls

GmbH	Gesellschaft mit beschränkter Haftung
GmbHG	Gesetz betreffend die Gesellschaften mit beschränkter Haftung
GmbHR	GmbH-Rundschau
GS	Gedächtnisschrift
Harv. L. Rev.	Havard Law Review
Hdb	Handbuch
HGB	Handelsgesetzbuch
h. M.	herrschende Meinung
hrsg.	herausgegeben
Hs.	Halbsatz
HV	Hauptversammlung
INE	Instituto Nacional de Estadística
Intern. Rev. L. Econ.	International Review of Law and Economics
InvG	Investmentgesetz
i. V. m.	in Verbindung mit
IWS	Institut für Wachstumsstudien
JZ	Juristen Zeitung
k. A.	keine Angabe
KAGB	Kapitalanlagegesetzbuch
Kap.	Kapitel
KG	Kommanditgesellschaft
KGaA	Kommanditgesellschaft auf Aktien
Lfg.	Lieferung
LME	Ley sobre modificaciones estructurales de las sociedades mercantiles
LMV	Ley del Mercado de Valores
LSA	Ley de Sociedades Anónimas
LSC	Ley de Sociedades de Capital
LSRL	Ley de Sociedades de Responsabilidad Limitada
Mich. L. Rev.	Michigan Law Review
mind.	mindestens
MitbestG	Gesetz über die Mitbestimmung der Arbeitnehmer
MMR	Multimedia und Recht
NaStraG	Gesetz zur Namensaktie und zur Erleichterung der Stimmrechtsausübung
NJW	Neue Juristische Wochenzeitschrift

Noticias UE	Noticias de la Unión Europea
Núm.	número
NZG	Neue Zeitschrift für Gesellschaftsrecht
OHG	Offene Handelsgesellschaft
OLG	Oberlandesgericht
RD	Real Decreto
RDBB	Revista de derecho bancario y bursátil
RDGRN	Resolución de la Dirección General de los Registros y del Notariado
RDM	Revista de Derecho Mercantil
RDS	Revista de Derecho de Sociedades
RegE	Regierungsentwurf
REP	Revista de Estudios Politicos
RG	Reichsgericht
RGD	Revista General de Derecho
RGZ	Entscheidungen des Reichsgerichts in Zivilsachen
Rev. Dir. Org. Adm.	Revista de dirección, organización y administración de empresas
RiLi	Richtlinie
RRM	Reglamento del Registro Mercantil
SA	Sociedad Anónima
SAP	Sentencia Audiencia Provincial
SBW	Sonderbedingungen für Wertpapiergeschäfte
S. Cal. L. Rev	Southern California Law Review
SchuldR	Schuldrecht
SdK	Schutzgemeinschaft der Kapitalanleger
sig.	siguiente
sigs.	siguientes
sog.	so genannt
SRL	Sociedad de Responsabilidad Limitada
SSRN	Social Science Research Network
STS	Sentencia del Tribunal Supremo
TransPuG	Transparenz- und Publizitätsgesetz
TRLIRPF	Texto Refundido de la Ley del Impuesto sobre la Renta de Personas Físicas
TRLIS	Texto Refundido de la Ley del Impuesto sobre Sociedades
TUG	Transparenzrichtlinie-Umsetzungsgesetz
u. a.	unter anderem

UKSA	The United Kingdom Shareholders Association
UMAG	Gesetz zur Unternehmensintegrität und Modernisierung des Anfechtungsrechts
UmwG	Umwandlungsgesetz
usw.	und so weiter
vgl.	vergleiche
Vol.	Volume
Vor	Vorbemerkung
WM	Wertpapiermitteilungen, Zeitschrift für Wirtschafts- und Bankrecht
WpHG	Wertpapierhandelsgesetz
WpÜG	Wertpapierübernahmegesetz
ZBB	Zeitschrift für Bankrecht und Bankwirtschaft
ZGR	Zeitschrift für Unternehmens- und Gesellschaftsrecht
ZHR	Zeitschrift für das gesamte Handels- und Wirtschaftsrecht
ZIP	Zeitschrift für Wirtschaftsrecht

Einleitung und Gang der Untersuchung

Die vorliegende Arbeit geht der Frage nach, ob die spanische *prima de asistencia* als Vorbild für einen deutschen Präsenzbonus herangezogen werden kann. Die Diskussion um einen solchen Bonus zur Steigerung der Präsenzen auf Hauptversammlungen und mithin auch diese Arbeit umfasst dabei lediglich einen Teilausschnitt einer größeren, seit langem geführten Debatte. Im Grunde geht es erneut um das Spannungsfeld, das sich aus der Trennung von Eigentum und Leitungsmacht ergibt. Es aufzulösen bzw. die Trennung von Eigentum und Leitungsmacht in ein System von Kontrolle einzubinden, ist ein vieldiskutiertes Thema und beschäftigt die gesellschaftsrechtlichen Gesetzgeber weltweit.

Das deutsche Aktienrecht sieht in seiner geltenden Fassung für sämtliche Aktiengesellschaften einen doppelten Kontrollmechanismus vor, in dem Aufsichtsrat und Hauptversammlung die entscheidenden Rollen einnehmen. Seit einigen Jahrzehnten spiegelt dieses gesetzgeberische Bild jedoch nicht mehr die Realität einiger Gesellschaften wider. Insbesondere die Hauptversammlung und somit die Aktionäre scheinen ihrer Kontrollaufgabe nicht nachzukommen. Eine effektive Aufsicht durch die Gesamtheit der Aktionäre findet nur selten statt. Zunächst fand man sich in der rechtspolitischen Diskussion mit der reduzierten Rolle der Hauptversammlung ab.[1] Aufgrund der tatsächlichen Veränderungen hin zu immer größeren Gesellschaften mit einer immer breiter gestreuten Aktionärsstruktur wurde das Konzept der Hauptversammlung als Versammlung der Aktionäre als gescheitert angesehen. In Bezug auf die Unternehmenskontrolle ruhten nun die Hoffnungen auf anderen, zumeist externen Akteuren wie Wirtschaftsprüfungsgesellschaften oder dem Marktmechanismus. Die großen Erwartungen in andere Kontrollmechanismen wurden jedoch in den letzten Jahren erheblich enttäuscht. Es hat sich gezeigt, dass weder Markt noch externe Prüfer allein für eine ausreichende Unternehmenskontrolle sorgen können.[2] Folglich änderte sich die inhaltliche Ausrichtung der international geführten Diskussion um gute *Corporate Governance*.[3] Ohne den externen Kontrollmechanismen

1 Bezüglich der Entstehung der Diskussion um gute Corporate Governance und ihre Entwicklung im Laufe der Zeit siehe *Trías Sagnier*, Inversores institucionales, 53 ff.

2 *Tapia Hermida*, Accionistas y gobierno de las sociedades cotizadas, 2543. Auch *Sánchez Calero*, RDBB Nr. 104, 2006, 9, 18, bezweifelt die Wirkung des Marktes als Kontrollmechanismus.

3 Wesentliche „Meilensteine" der Corporate Governance-Diskussion auf europäischer Ebene sind der Aktionsplan „Modernisierung des Gesellschaftsrechts und

gänzlich ihre Effektivität abzusprechen, rückte verstärkt die interne Kontrolle als zweiter Aspekt ins Blickfeld. Die Diskussion sowie daraus folgende Empfehlungen und gesetzlichen Maßnahmen zielten einerseits auf die Schaffung eines weitestgehend transparenten Marktes, andererseits wurde versucht, die Effektivität interner Kontrolle zu steigern. Diesbezüglich ergaben sich im Laufe der Zeit erneut Änderungen in der inhaltlichen Ausrichtung. Zunächst lag der Schwerpunkt auf der Verwaltung von Gesellschaften und das Organ Hauptversammlung blieb nahezu unbeachtet. Inzwischen ist es jedoch verstärkt in die Diskussion über *Corporate Governance* gerückt. Hierbei setzt man sich mit der Frage auseinander, weshalb Aktionäre ihre Kontrollaufgabe nicht wahrnehmen und wie dem begegnet werden kann. Die Diskussion bezieht sich naturgemäß auf größere, börsennotierte Aktiengesellschaften mit einer breit gestreuten Aktionärsstruktur, denn vor allem dort fallen gelebte Realität und gesetzliche Theorie auseinander. Gesetzesänderungen der letzten Jahre beziehen sich nahezu ausschließlich auf diesen Gesellschaftstyp, ohne jedoch – wie gezeigt werden wird – nennenswerte Verbesserungen im Aktionärsverhalten erzielt zu haben. Deshalb ist in Deutschland die Diskussion um die Aktivierung der Aktionäre[4] und unter

---

Verbesserung der Corporate Governance in der Europäischen Union" aus dem Jahr 2003 sowie als Folge der Finanzkrise die beiden Grünbücher der Europäischen Kommission „Corporate Governance in Finanzinstituten und Vergütungspolitik" aus dem Jahr 2010, „Europäischer Corporate Governance-Rahmen" aus dem Jahr 2011 und der Bericht der von der Europäischen Kommission zum Zwecke der Erarbeitung von Vorschlägen zur Weiterentwicklung des Europäischen Gesellschaftsrecht eingerichteten Expertenkommission (sog. „Report of the Reflection Group on the Future of EU Company Law"). Die Aktivitäten der letzten Jahre mündeten jüngst in einen neuen „Aktionsplan: Europäisches Gesellschaftsrecht und Corporate Governance – ein moderner Rechtsrahmen für engagierte Aktionäre und besser überlebensfähige Unternehmen".

4 Vgl. stellevertretend aus der jüngeren Vergangenheit *Habersack*, Gutachten E zum 69. Deutschen Juristentag, E 89 („…so erscheint es doch geboten, Maßnahmen zu ergreifen, um Aktionäre zur Ausübung ihrer Rechte, darunter insbesondere des Teilnahme- und Stimmrechts, zu motivieren."); als Beispiel aus dem gesetzgeberischen Verfahren den Entschließungsantrag der CDU/CSU und FDP zur dritten Beratung der Aktienrechtsnovelle, BT-Drs. 17/14239, Nr. 3, sowie als Beispiel aus der Praxis die Meinung von Herrn Cromme als Aufsichtsratsvorsitzenden von Siemens auf die Frage eines Kleinaktionärs in der Börsenzeitung vom 26.01.2011, „Aktionäre bescheinigen Vorstand „großartige Leistung", Seite 17 („Positiv reagierte Cromme auf den Vorschlag eines Kleinaktionärs, langfristig engagierte Aktionäre mit einem doppelten Stimmrecht zu belohnen. Dies sei eine kluge Idee und nachdenkenswert.").

diesem Aspekt um die Einführung eines Präsenzbonus entstanden. Ein solcher Bonus, der die Aktionäre zur verstärkten Teilnahme an der Hauptversammlung und zur genaueren Kontrolle animieren soll, bildet somit einen Teilbereich der Bestrebungen zur Revitalisierung der Hauptversammlung. Dabei wird die Diskussion bisher vorwiegend aus der Praxis angestoßen.[5] In der juristischen Lehre hat sie bisher nur geringe Beachtung erfahren.[6]

Die Arbeit will durch einen Vergleich Licht in die Diskussion rund um den Präsenzbonus bringen. Aus diesem Anspruch heraus ergibt sich sowohl eine inhaltliche Begrenzung der Arbeit als auch ihre Struktur. Laut *Zweigert/Kötz*[7] kann Unvergleichbares nicht sinnvoll miteinander verglichen werden und vergleichbar ist im Recht nur, was dieselbe Aufgabe, dieselbe Funktion erfüllt, denn erst durch seine Funktion wird das Recht mit Leben gefüllt:[8] Die Funktionalität ist das der Rechtsvergleichung zugrunde liegende Prinzip.[9] *Esser*[10] beschreibt diese Funktionalität folgendermaßen: „*In gleichen Ordnungsaufgaben unter vergleichbaren gesellschaftlichen Zuständen Gemeinsamkeiten von Lösungen zu entdecken, die je von ihrer Entstehungsgeschichte her in ihrer Systembedingtheit*

---

5 Vgl. Interview mit Gerd Krieger in Börsen-Zeitung vom 13.7.2005, „Wenig Schutz für Unternehmen vor schädlichen Minderheitseinflüssen – Dividendenbonus für Stimmrechtsabgabe würde HV-Präsenzen verbessern", Recht und Kapitalmarkt, Seite 2; Pressekonferenz der SdK e. V. vom 2.8.2005, „Dividendenbonus zur Steigerung der HV-Präsenzen", abrufbar unter http://sdk.softbox.de/pdf/presse/2005/dividendenbonus.pdf [zuletzt abgerufen am 2.10.2013]; weitere positive Äußerungen gegenüber einem Dividendenbonus gab es von Frau Brigitte Zypries (ehemalige Bundesjustizministerien), dem BDI (Artikel im Handelsblatt vom 24.2.2006, „Sparkassen wollen Depotstimmrecht stärken", Seite 23) oder von Peter Hemeling (Chefsyndikus der Allianz) mit ausdrücklichen Verweis auf den spanischen Präsenzbonus (Interview in Börsen-Zeitung vom 25. Juni 2013, „Die niedrige Präsenz ist alamierend", Banken und Finanzen, Seite 4).

6 Stimmen aus der Lehre, die sich unterschiedlich intensiv mit dem Thema eines Präsenzbonus befasst haben sind *Klühs*, ZIP 2006, 107 ff., mit seinem Aufsatz „Präsenzbonus für die Teilnahme an der Hauptversammlung"; *Noack*, BB 2005, Heft 42, Die erste Seite, mit der Einladung zur Diskussion „Handgeld für die Teilnahme an der Hauptversammlung"; sowie *Wangemann*, Finanzielle Anreize, passim, mit seiner an der Universität Köln verfassten Dissertation aus dem Jahr 2008, „Finanzielle Anreize zur Steigerung der Hauptversammlungspräsenz in der Aktiengesellschaft".

7 *Zweigert/Kötz*, Einführung Rechtsvergleichung, 33.

8 *Rabel*, Gesammelte Aufsätze, Band III, 1, 4.

9 *Esser*, Grundsatz und Norm, 348; *Zweigert/Kötz*, Einführung Rechtsvergleichung, 33.

10 *Esser*, Grundsatz und Norm, 349 und 350.

dem gleichen Ordnungsziel dienen." Oder wie *Sandrock*[11] es formuliert: „*Die funktionale Rechtsvergleichung ist durch folgende Methode gekennzeichnet:* [...] *man nimmt auf einen konkreten Lebenssachverhalt oder auf ein konkretes Rechtsproblem Bezug und fragt, welche materiale Lösung für diesen Sachverhalt oder für dieses Rechtsproblem in den verschiedenen Rechtsordnungen vorgesehen ist.*" Der konkrete Lebenssachverhalt der vorliegenden Arbeit sind die geringen Präsenzen bei den Hauptversammlungen großer Gesellschaften und die damit verbundenen Probleme. Für einen funktionellen Vergleich muss dieser Sachverhalt einerseits auf vergleichbaren gesellschaftlichen Zuständen beruhen, andererseits einem gemeinsamen Ordnungsziel widersprechen. In einer solchen Rechtsordnung könnten grundsätzlich sämtliche Instrumente, die das Ziel einer erhöhten Teilnahme der Aktionäre an der Hauptversammlung verfolgen, zum Vergleich herangezogen werden. Stellt man jedoch, wie in der vorliegenden Arbeit, die konkrete Frage nach der Einführung eines Präsenzbonus in dem oben genannten Sinne und nach seiner möglichen rechtlichen Ausgestaltung in Deutschland, kann als einziger Vergleichsgegenstand die in Spanien angewendete *prima de asistencia* herangezogen werden. Dieses Instrument verfolgt nicht allein das Ziel, Aktionäre zur Teilnahme an der Hauptversammlung zu animieren, sondern versucht dies durch Extrazahlungen an jede teilnehmende Aktie zu erreichen. Damit ist es von seinem Ziel und von seiner Funktionsweise her mit einem Präsenzbonus vergleichbar. Die in Frankreich eingesetzten *jetons de presence* oder Regelungen zu Doppelstimmrechten besitzen hingegen nicht jene Vergleichbarkeit, da sie letztlich ein Geldgeschenk für den an der Hauptversammlung persönlich teilnehmenden Aktionär darstellen oder der monetäre Aspekt gänzlich fehlt.

Der soeben skizzierte funktionelle Rechtsvergleich mit der *prima de asistencia* prägt diese Arbeit. Es ist zu konstatieren, dass es für die *prima de asistencia* eine spezielle Regelung im spanischen Recht nicht gibt, sondern sie allein aufgrund der bestehenden allgemeinen gesetzlichen Regelungen angewandt wird. Daher werden jene ausländische Praxis und ihre Auswirkungen auf die spanischen Hauptversammlungspräsenzen untersucht sowie die Diskussion über ihre rechtliche Einordnung bzw. ihre rechtliche Zulässigkeit. Dies geschieht mit dem Ziel, die folgende, zwar allgemein formulierte, aber dennoch den Inhalt der Arbeit abgrenzende Frage beantworten zu können: Kann die *prima de asistencia* als Modell für einen deutschen Präsenzbonus dienen? Mit dem Blick auf Spanien stellt sich die Frage, ob ein Präsenzbonus in Deutschland erfolgversprechend

---

11 *Sandrock*, Sinn und Methode zivilistischer Rechtsvergleichung, 67.

wäre und daher eingeführt werden sollte. Damit verbunden ist die Frage der Ausgestaltung eines solchen Präsenzbonus sowie nach erforderlichen Maßnahmen des deutschen Gesetzgebers zur Einführung.[12]

Die Arbeit hinterfragt zunächst die Vergleichbarkeit und analysiert die für das Thema geringer Hauptversammlungspräsenzen relevanten tatsächlichen Gegebenheiten in Deutschland und Spanien (1. Kapitel). Dabei bezieht sich die Analyse vor allem auf die jeweilige Aktionärsstruktur, die aktuellen Präsenzen, die daraus resultierenden Probleme, die Gründe geringer Präsenzen sowie die bisherigen Maßnahmen zur Präsenzerhöhung. Das 2. Kapitel dehnt die Frage der Vergleichbarkeit auf die rechtlichen Gegebenheiten aus und untersucht die Konvergenz deutscher und spanischer Normierungen im Hinblick auf die Teilnahme an der Hauptversammlung. Darüber hinaus verfolgt es den Zweck, Rückschlüsse auf die rechtliche Einordnung eines deutschen Präsenzbonus zu ermöglichen. Daher wird die Konvergenzuntersuchung auf jene Normengefüge ausgedehnt, die von der Thematik eines Präsenzbonus tangiert werden. Nachdem die Frage nach der Vergleichbarkeit beantwortet wurde, betrachtet das 3. Kapitel in seinem 1. Teil die durch einen Bonus zu erwartende Präsenzsteigerung. Der 2. Teil befasst sich mit den rechtlichen Aspekten der *prima de asistencia*, mit deren Ausgestaltung und mit der spanischen Rechtswissenschaft und Rechtspraxis im Zusammenhang mit ihrer rechtlichen Einordnung. Im 3. Teil des 3. Kapitels werden schließlich, unter Zuhilfenahme der zuvor aus Spanien gewonnenen Erkenntnisse, verschiedene Möglichkeiten der Ausgestaltung eines deutschen Präsenzbonus diskutiert.

Dabei beschränkt sich die Analyse in der vorliegenden Arbeit im Wesentlichen auf die größten börsennotierten Aktiengesellschaften des jeweiligen Landes. Auf Deutschland bezogen bedeutet dies, dass der Verfasser sich an den Gesellschaften des DAX30 und MDAX orientiert. Bezogen auf Spanien werden hauptsächlich die Gesellschaften aus dem IBEX-35 in den Blick genommen, weil geringe Präsenzen vor allem ein Problem börsennotierter Publikumsgesellschaften sind. Je offener diese Gesellschaft und je ausgeprägter die Wechsel im Aktionariat sind, desto stärker wird der Aktionär vom Unternehmer zum

---

12 *Rabel*, Gesammelte Aufsätze, Band III, 1, 2: „*Wir untersuchen, welche Fragen da und dort gestellt und wie sie beantwortet werden, sodann, wie sich die Antworten zueinander verhalten.*" Auch *Rheinstein*, Chic. L. Rev., Vol. 5, 615, 619 nennt dieses Ziel ausdrücklich als eine Motivation für funktionelle Rechtsvergleichung: „*A functional comparison may be carried out on either:* […] *b) for definite legislative purposes: country A, not as yet having attacked a particular social problem* […] *may undertake a study of the devices developed for that purposes in other countries.*"

reinen Investor. Auch der Aspekt unterschiedlicher Aktionärsinteressen kommt vor allem bei diesem Gesellschaftstyp zum Tragen. Auch lässt sich konstatieren, dass gerade bei großen Gesellschaften ein volkswirtschaftliches Interesse an einer Eignerkontrolle besteht. Zwar mag der Anteil dieser Gesellschaften am Bruttosozialprodukt Deutschlands oder Spaniens gering sein, das Interesse einer wirksamen Kontrolle der Eigner folgt jedoch aus ihrer betriebswirtschaftlichen Größe. Diese führt zu dem sogenannten systemischen Risiko und der Sichtweise *too big to fail.*

Die in Indices erfassten Gesellschaften unterliegen neben den gesellschaftsrechtlichen Regeln[13] weitergehenden Regelungen im Zusammenhang mit dem Börsenhandel.[14] Diese börsenrechtlichen Regelungen wirken sich jedoch nicht auf das vorliegend zu behandelnde Thema aus, so dass sie nur im Einzelfall und am Rande gestreift werden. Ihr Ziel ist grundsätzlich die Gewährleistung eines fairen Handels und somit der Schutz sämtlicher Marktteilnehmer. Die gesellschaftsrechtlichen Regelungen hingegen zielen auf das Innenleben der Gesellschaft sowie ihrer Beziehungen zu Dritten ab. Lediglich aus diesem Bereich ergeben sich Fragen im Bezug auf das vorliegende Thema.

13 Maßgeblich sind an dieser Stelle vor allem die jeweiligen Regelungen über die Aktiengesellschaften und damit das deutsche Aktiengesetz (AG) bzw. das spanische Real Decreto Legislativo 1/2010, de 2 de julio, por el que se aprueba el texto refundido de la Ley de Sociedades de Capital (LSC). Dieses Gesetz fasst die Regelungen zu spanischen Kapitalgesellschaften zusammen und löst das spanische Aktiengesetz (Real Decreto Legislativo 1564/1989, de 22 de diciembre, por el que se aprueba el texto refundido de la ley de sociedades anónimas – kurz LSA) ab.

14 Auf deutscher Seite sind an dieser Stelle etwa das WpHG bzw. das BörsenG zu nennen. In Spanien kommt der Ley 24/1988, de 28 de julio, del Mercado de Valores große Bedeutung zu.

1. Kapitel: Rechtstatsachen

Die vorliegende Arbeit will unter anderem eine Antwort auf die Frage geben, ob von der Einführung eines Präsenzbonus in Deutschland eine Steigerung der Präsenzen bei Hauptversammlungen erwartet werden kann. Dabei werden die spanischen Erfahrungen mit der *prima de asistencia* herangezogen. Daher muss sich die Arbeit zunächst mit den in Deutschland und Spanien bestehenden tatsächlichen Gegebenheiten auseinandersetzen und feststellen, ob diese in beiden Ländern vergleichbar sind. Der Analyse der Rechtstatsachen widmet sich dieses Kapitel, wobei zunächst die Situation in Deutschland (1. Teil) und anschließend die Situation in Spanien betrachtet wird (2. Teil). Dabei geht es vor allem darum, die Begebenheiten rund um die Thematik der Hauptversammlungspräsenzen zu beleuchten.

1. Teil: Rechtstatsachen bezüglich Deutschland

Zunächst werden die aktuellen Präsenzen bei Hauptversammlungen in Deutschland analysiert (§ 1). Anschließend wird der Frage nachgegangen, warum der Gesetzgeber sich der geringen Hauptversammlungspräsenzen annimmt und welche Probleme sich aus einer allzu geringen Präsenz ergeben (§ 2). In § 3 werden die Gründe geringer Präsenzen dargestellt. Schließlich werden die bisherigen Maßnahmen des deutschen Gesetzgebers zur Steigerung der Präsenzen (§ 4) und ihre Wirkungen (§ 5) betrachtet.

§ 1 Hauptversammlungspräsenzen in Deutschland

Die durchschnittliche Präsenz auf Hauptversammlungen deutscher Aktiengesellschaften ist über die letzten Jahre hinweg gesunken und befindet sich auf einem *unbefriedigend niedrigen*[15] Niveau. Während im Jahr 1998 durchschnittlich noch 60,95 Prozent des stimmberechtigten Kapitals der deutschen DAX30-Unternehmen bei den Hauptversammlungen vertreten waren,[16] erreichte dieser

---

15 BMJ, NZG 2004, 948.

16 Im Jahr 1961 waren im Durchschnitt noch 70 bis 80 % vertreten, vgl. Bericht des Bundesamts für gewerbliche Wirtschaft, BT-Drs. IV/2320, 39. Beachtenswert ist allerdings, dass laut *Fischer*, AcP 154, Heft 2, 85, 94 nach Ende des Ersten Weltkriegs die Präsenz bei Hauptversammlungen bzw. Generalversammlungen zwischen 40 und 60 % lag.

Wert im Jahr 2005 den bisher niedrigsten Stand von 44,98 Prozent.[17] Dieser Trend konnte in den letzten Jahren gestoppt werden, blieb jedoch stets unter 60 Prozent, in 2012 betrug die Präsenz lediglich 59,03 Prozent[18] und fiel in 2013 auf 49,86 Prozent.[19] Ein ähnliches Bild zeigt sich beim Blick auf den MDAX. Dort betrug die Präsenz bei Hauptversammlungen, mit Ausnahme von 2012 und 2013, stets weniger als 65 Prozent und erreichte im Jahr 2003 mit 51,75 Prozent ihren Tiefpunkt. In diesem Börsensegment ist jedoch ebenfalls eine leichte Trendwende festzustellen, die sich in einer durchschnittlichen Präsenz in den Jahren 2009 und 2010 von 63,07 bzw. 64,45 Prozent zeigt. Auch in den Jahren 2012 und 2013 wurden mit Präsenzen von 66,42 bzw. 68,91 Prozent neue Höchststände erreicht.[20]

Jedoch handelt es sich bei den dargestellten Werten um Durchschnittswerte, von denen die Präsenz einzelner Unternehmen erheblich abweichen kann. So erreichte zum Beispiel die MAN SE im DAX30 im Jahr 2012 einen Spitzenwert von 82,14 Prozent, während die Deutsche Bank AG nur auf 34,94 Prozent kam.[21] Die Unterschiede zwischen den einzelnen Gesellschaften fallen im MDAX noch gravierender aus. Spitzenreiter im Jahr 2012 war die Fraport AG mit einer Präsenz

---

17 Siehe dazu die Übersicht über die HV-Präsenzen der DAX30-Unternehmen der SdK., abrufbar unter http://www.sdk.org/statistiken.php?action=down&statID=68&stat=HV-Pr%E4senzen [zuletzt abgerufen am 1.10.2013].

18 Siehe die Präsenzübersicht des SdK. (Fn. 17), die für die Jahre 2006 und 2007 eine durchschnittliche Präsenz von 49,43 % bzw. 56,12 % angibt.

19 Siehe die Präsenzübersicht des SdK. (Fn. 17) sowie FAZ vom 39.5.2013, „Die Präsenz auf Hauptversammlungen sinkt", Finanzmarkt, Seite 21. Der Artikel verdeutlicht jedoch auch, dass die Präsenzen insbesondere bei Gesellschaften mit Namensaktien (16 von 30 Gesellschaften im DAX30) zurückgegangen sind und das dieser Rückgang in Zusammenhang mit einem Urteil des OLG Köln (vgl. dazu ausführlich unter 1. Teil: § 3E, Seite 1) steht. Insofern mag man hier von einem Sondereffekt sprechen.

20 Vgl. zu den durchschnittlichen Präsenzen bei MDAX-Unternehmen die Übersicht der SdK, abrufbar unter http://www.sdk.org/statistiken.php?action=down&statID=68&stat=HV-Pr%E4senzen [zuletzt abgerufen am 1.10.2013]. Dass sich die Entscheidung des OLG Köln auf den Präsenzdurchschnitt der MDAX-Gesellschaften weniger stark ausgewirkt hat, dürfte auf die geringere Anzahl von Gesellschaften mit Namensaktien sowie auf ein weniger internationales Aktionariat bei diesen Gesellschaften zurückzuführen sein. Vgl. dazu Artikel in Börsen-Zeitung vom 31.5.2013, „Namensaktionäre machen sich rar", Seite 10.

21 Siehe hierzu die Übersicht der SdK (Fn. 17).

von 89,54 Prozent. Das Unternehmen Klöckner & Co SE hingegen erreichte nur eine Präsenz von 30,90 Prozent.[22]

Angesichts dieser Werte ist ein Präsenzbonus für manche Unternehmen von vornherein uninteressant. Betrachtet man die Aktionärsstrukturen der einzelnen Gesellschaften, lässt sich eine negative Korrelation zwischen Hauptversammlungspräsenz und Streubesitz feststellen. Das bedeutet, dass in der Regel Gesellschaften mit hohem Streubesitz geringere Präsenzen aufweisen. Zudem zeigen die Zahlen, dass ein Großteil des Streubesitzes – verstanden als eine Beteiligung unterhalb von 3 Prozent[23] – in den Händen institutioneller Anleger liegt, die Beteiligungen von weniger als 3 Prozent aufweisen und die der Hauptversammlung fern bleiben.[24] Einige Beispiele verdeutlichen dies. Die Allianz SE erzielte in 2012 eine Präsenzquote von 43,83 Prozent. Sie gibt an, dass sich 99,4 Prozent ihres Kapitals in Streubesitz befinden und 85 Prozent ihres Kapitals von institutionellen Anlegern gehalten werden.[25] Lediglich für insgesamt 9,5 Prozent des Kapitals wurden jedoch entsprechende Mitteilungen nach dem WpHG abgegeben.[26] Auf der Hauptversammlung der Deutschen Bank waren in 2012 34,94 Prozent des Kapitals vertreten. Laut der Gesellschaft werden 75 Prozent von institutionellen Investoren gehalten,[27] Beteiligungen oberhalb von 3 Prozent existieren jedoch lediglich in Höhe von etwas über 5 Prozent.[28] Diese Beispiele verdeutlichen

---

22 Siehe hierzu die Übersicht der SdK (Fn. 20).

23 Gem. der Definition der Deutschen Börse ist zwar eine Beteiligung von weniger als 5 % dem Streubesitz zuzurechnen (Deutsche Börse, Leitfaden Aktienindizes, Punkt 1.9, Nr.1), der Verfasser orientiert sich jedoch an der 3 %-Grenze gem. § 21 WpHG, da bereits eine solche Beteiligung als langfristiges Engagement anzusehen ist (vgl. Begr. RegE zum TUG, BT-Drs. 16/2498, 28).

24 So auch Roth, ZIP 2003, 369, 375. Bereits 1992 war diese Tatsache festzustellen, vgl. Tabelle 1 bei *Baums/Fraune*, AG 1995, 97, 98. Für eine Definition des Begriffs „institutionelle Anleger" vgl. etwa *Roncero Sánchez*, Inversores institucionales, 665, 668, wo es sinngemäß heißt: „Juristische Personen mit einer eigenen Organisationsstruktur, die die Investitionen einer Vielzahl von Subjekten kanalisieren und die Entscheidungen über die getätigten Investitionen in eigener Verantwortung treffen." In der vorliegenden Arbeit wird der Begriff weiter verstanden und schließt sämtliche Anleger ein, die geringe prozentuale Beteiligungsgrößen besitzen und daher als professionelle Anleger anzusehen sind.

25 Vgl. Geschäftsbericht 2012 der Allianz Gruppe, S. 57.

26 Angaben auf der Investor Relations Seite der Allianz, abrufbar unter https://www.allianz.com/de/investor_relations/index.html [Stand vom 30.9.2013].

27 Vgl. Jahresbericht 2012 der Deutschen Bank, S. 28.

28 Vgl. die Angabe zu *Controlling Persons* auf Seite 13 im Basis Prospekt der Deutschen Bank vom 28.6.2013.

einerseits, dass geringe Hauptversammlungspräsenzen und hoher Streubesitz des Grundkapitals zusammenhängen, andererseits, dass Gesellschaften mit niedrigen Präsenzquoten regelmäßig eine Vielzahl institutioneller Anleger mit Beteiligungen unterhalb von 3 Prozent aufweisen.

§ 2 Mögliche Auswirkungen geringer Hauptversammlungspräsenzen

Die Frage, ob dauerhaft geringe Hauptversammlungspräsenzen beklagenswert sind, wird uneinheitlich beantwortet. Dies hängt wesentlich von den möglichen Auswirkungen geringer Präsenzen ab. Erst dann lässt sich klären, ob Anstrengungen zur Anhebung der Präsenzquote unternommen werden sollten. In der gesellschaftsrechtlichen Diskussion tauchen in diesem Zusammenhang vor allem die Begriffe „Zufallsmehrheiten“[29], „Verkümmerung der Hauptversammlung“[30], „fehlende Legitimationswirkung der Hauptversammlung“[31] oder „*Corporate Governance* Problem“[32] auf.

A. *Die Gefahr von Zufallsmehrheiten in der Hauptversammlung*

Der Begriff der Zufallsmehrheiten beschreibt, dass weniger als 50 Prozent des Stammkapitals einer Gesellschaft auf einer Hauptversammlung die Mehrheit darstellen können, je nachdem, wie viel Prozent des gesamten Stammkapitals bei der Hauptversammlung vertreten sind und sich an der Abstimmung beteiligen. Gem. § 133 Abs. 1 Hs. 1 AktG erfordern Beschlüsse der Hauptversammlung die Mehrheit der abgegebenen Stimmen. Gemeint ist damit die absolute Mehrheit der gültig abgegebenen Stimmen. Neben den nicht vorschriftsgemäß abgegebenen oder nicht auswertbaren Stimmen gelten auch Enthaltungen als ungültige Stimmen.[33] Auch in Fällen, bei denen eine qualifizierte Mehrheit erforderlich

---

29 So etwa *Dauner-Lieb*, WM 2007, 9, 14; *Schneider/Burgard*, FS Karl Beusch, 783, *Westermann*, Corporate Governance, 264, 277.

30 So etwa *Wenger*, Universalbanken und Depotstimmrecht, 94, der von einer Verödung der Hauptversammlung spricht.

31 In diese Richtung *Spindler*, GR in Diskussion, 31, 59.

32 Siehe beispielhaft *Garrido/Rojo*, Capital Markets and Company Law, 427, 429.

33 BGH, Urteil vom 20.3.1995 – II ZR 205/94, in BGHZ 129, 136, 153; *Spindler* in Schmidt/Lutter AktG, § 133 Rn. 26 ff. Bei einer derart definierten Gesamtmenge und aufgrund der Tatsache, dass lediglich Annahme oder Ablehnung als Beschlussergebnis zur Verfügung stehen, ist die absolute Mehrheit identisch mit der relativen und der einfachen Mehrheit.

ist,[34] ist auf die abgegebenen Stimmen und nicht auf das Grundkapital der Gesellschaft abzustellen. Auf der Hauptversammlung der Deutschen Bank im Jahr 2005 waren lediglich 25,47 Prozent des stimmberechtigten Kapitals anwesend.[35] Bereits mit knapp 13 Prozent des Kapitals hätte ein Investor demnach in der Hauptversammlung die einfache Mehrheit, beruhend auf der „zufällig" geringen Kapitalpräsenz.[36]

Ohne die vorgenannten Tatsachen in Frage zu stellen, erscheint *Vetter* diese Situation jedoch nicht als problematisch. Vielmehr stellt er lapidar fest, dass nicht auszuschließen sei, „*dass die sog. Zufallsmehrheiten in der Hauptversammlung durchaus den Vorstellungen der schweigenden Mehrheit der Aktionäre entsprechen und sich jedenfalls nicht negativ auf die Kursentwicklung auswirken.*"[37] Diese Aussage ist wenig ergiebig. Es mag sein, dass die schweigende Mehrheit mit der getroffenen Entscheidung einverstanden ist und diese sich nicht negativ auf ihre Interessen auswirkt. Es mag auch stimmen, dass dies in den meisten Fällen so ist. Jedoch schließt diese Argumentation das Bestehen gegenläufiger Interessen und die mögliche Übervorteilung anderer Aktionäre in keiner Weise aus.

Spindler[38] meint, dass bei Entscheidungen, die nicht im Interesse der Mehrheit der Aktionäre liegen, ein einigermaßen effizienter Kapitalmarkt zu entsprechenden Korrekturen führe. Die unzufriedene Mehrheit reagiere mit dem Verkauf ihrer Anteile auf solche Entscheidungen. Folglich wäre die Gesellschaft aufgrund der negativen Kursreaktionen zur Korrektur ihrer Entscheidung gezwungen. Wegen der zu erwartenden Kursverluste gäbe es daher für Aktionäre keinen Anlass, Zufallsmehrheiten herbeizuführen.[39] Als Beispiel verweist *Spindler*

---

34 Vgl. beispielhaft § 129 Abs. 1 S. 1 AktG hinsichtlich der Errichtung einer Geschäftsordnung zur Hauptversammlung, § 179 Abs. 2 S. 1 AktG hinsichtlich Änderungen der Satzung oder § 182 Abs. 1 S. 1 AktG bezüglich einer Kapitalerhöhung gegen Einlagen. Interessant ist in diesem Zusammenhang die „VW-Entscheidung" des BGH, Beschluss vom 17.3.1997 – II ZB 3/96, in BGHZ 135, 107, 114, in der das Gericht klarstellt, dass Abhängigkeit eines Unternehmens gem. § 17 Abs. 1 AktG bereits bei einer Beteiligung unter 50 % bestehen kann, wenn diese ausreicht, um für längere Zeit auf Hauptversammlungen die einfache Mehrheit inne zu haben.

35 Vgl. Fn. 17.

36 *Spindler*, GR in Diskussion, 31, 56, scheint den Begriff „Zufallsmehrheiten" anders zu interpretieren, als Mehrheiten, die nicht logisch richtig sind: „*Der Begriff der Zufallsmehrheit suggeriert, dass es „logisch richtige" Mehrheiten gibt, von denen die „Zufallsmehrheit" abweicht.*"

37 *Vetter*, AG 2006, 32, 34.

38 *Spindler*, GR in Diskussion, 31, 56. Ebenso *Dauner-Lieb*, WM 2007, 9, 14.

39 *Spindler*, GR in Diskussion, 31, 56.

auf den Rücktritt von Jürgen Schrempp als Konzernchef von DaimlerChrysler und die darauf folgende Kursentwicklung der Aktie.[40] Dieses Beispiel ist jedoch schlecht gewählt. Zwar wird gemutmaßt, dass Schrempp aufgrund des Drucks von Großaktionären seinen Posten räumen musste,[41] die Situation einer Zufallsmehrheit lag aber gerade nicht vor. Insofern ist der Fall Schrempp eher bei dem Thema *Corporate Governance* durch aktive Aktionäre einzuordnen, nicht jedoch bei der Frage, ob Zufallsmehrheiten auf Hauptversammlungen ein Problem darstellen. Aber auch die Argumentation selbst kann nicht überzeugen. Zum einen – das erkennt auch *Spindler* an – setzt sie einen einigermaßen effizienten Kapitalmarkt voraus. Bereits hieran wird man in Deutschland zweifeln können. Die Kapitalmärkte werden zwei Lagern zugeordnet: Das am Markt orientierte System (*market-oriented system*) steht für große und liquide Kapitalmärkte mit überwiegend Kleinaktionären und nur wenigen Großaktionären. Dem gegenüber ist das *blockholder system* oder *network system* von Familien, Banken und anderen Finanzinstituten geprägt. Deutschland ist wie der Rest Kontinentaleuropas eher dem zweiten Lager zuzurechnen.[42] Auch wenn die „Deutschland AG" in den vergangenen Jahren allmählich abgebaut wird, kann man in Deutschland nicht von einem Kapitalmarkt sprechen, der in seiner Struktur und Bedeutung mit den angelsächsischen Kapitalmärkten vergleichbar ist.[43]

Ein weiterer Aspekt ist bei *Spindler* nur unzureichend gewürdigt: Das beschriebene Verhalten der Anleger auf einem effizienten Kapitalmarkt stellt eine Abwanderung der Aktionäre dar. Auch die Soziologie setzt sich mit dem Begriff der „Abwanderung" als einem Sanktionsmechanismus im Zusammenhang mit Organisationen auseinander.[44] An dieser Stelle werden gegen die Wirksamkeit

---

40 *Spindler*, GR in Diskussion, 31, 56.

41 Siehe beispielhaft den Artikel in „Die Welt" vom 29.07.2005, „Börse feiert Rücktritt von Jürgen Schrempp", Titel, Seite 1.

42 *Garrido/Rojo*, Capital Markets and Company Law, 431.

43 Vgl. zu der Entwicklung der Kapitalmärkte und ihren Unterschieden *van der Elst*, Capital Markets and Company Law, 3–46. Weitere interessante Zahlen, die die „Rückständigkeit" des deutschen Kapitalmarkts belegen, nennt *Claussen*, FS Karsten Schmidt, 217, 220. Ähnlich auch *Bayer*, Gutachten E zum 67. Deutschen Juristentag, E 12, der der Meinung ist, dass der deutsche Kapitalmarkt stark rückständig war, seit den neunziger Jahren aber bezogen auf die angelsächsischen Kapitalmärkte in der Entwicklung aufgeholt hat. Siehe dazu den Artikel in der FAZ vom 6.2.2010, „Deutschland hat geringes Börsengewicht", Finanzmärkte und Geldanlage, Seite 21, der die internationale und europäische Unterentwicklung des Aktienmarkts in Deutschland belegt.

44 Weitere Sanktionsmöglichkeiten sind daneben die Abwahl und der Widerspruch.

der Abwanderung als Sanktionsmechanismus Einwände erhoben, die man auch in Bezug auf Kapitalgesellschaften vorbringen kann. Es kommt eine Abwanderung nur dann in Betracht, wenn sich der Austritt aus der Organisation für das Mitglied lohnt.[45] Ist der Aktionär beispielsweise nicht gewillt, durch den Verkauf seiner Aktien Verluste zu realisieren, verliert die Exit-Option ihren Sinn. Die Abwanderung des Einzelnen verspricht aber auch dann keine Heilung, wenn in der Summe eine Abwanderung ausbleibt.[46] Laut *Hirschman*[47] wandern die Mitglieder oft zwischen den einzelnen Unternehmen hin und her, was in der Summe eine Abwanderung verhindert. Zuletzt wird eine Abwanderung auch dadurch verhindert, dass dem Aktionär kein vergleichbares Investment zur Verfügung steht.[48] Insofern hängt die von *Spindler* postulierte Marktkorrektur nicht allein von der Effektivität des Kapitalmarkts ab, sondern wäre auch bei dessen Vorliegen zweifelhaft. Der Stimmabgabe durch den Aktionär kommt somit stets eine Bedeutung neben anderen möglichen Sanktionsmechanismen zu.[49]

Ein weiterer Schwachpunkt der Argumentation dürfte in der Annahme liegen, dass sämtliche Aktionäre einer Gesellschaft die gleichen Interessen verfolgen, weil alle daran interessiert seien, dass der Wert ihrer Anteile steige. Selbst wenn jene Annahme im Grundsatz nicht bestreitbar ist, ist sie jedoch unvollständig, da sie den zeitlichen Aspekt unberücksichtigt lässt. Hier haben institutionelle Anleger einerseits und Privatanleger andererseits in Bezug auf das gleiche Unternehmen unterschiedliche Interessen. Institutionelle Anleger sind mehrheitlich an Kurssteigerungen in überschaubaren Zeiträumen interessiert, während Privatanleger mehrheitlich langfristig und ausschüttungsorientiert sind.[50] Während Erstere spekulative Interessen verfolgen, zielt bei Letzteren der Aktienkauf auf den Vermögensaufbau und auf die Altersversorgung.[51] Selbst unter dem Aspekt der Altersvorsorge lassen sich unterschiedliche Interessen ausmachen.

---

45 *Eschenburg*, Ökonomischer Ansatz zur Theorie der Verfassung, 215 und 216.

46 *Hirschman*, Exit, Voice and Loyalty, 28.

47 *Hirschman*, Exit, Voice and Loyalty, 26 f.

48 Denkbar wäre dies etwa in Bereichen ethischer Investments. Allerdings ist zuzugestehen, dass das Fehlen vergleichbarer Investments bezogen auf die großen Kapitalgesellschaften Deutschlands schwer vorstellbar ist.

49 *Eschenburg*, Ökonomischer Ansatz zur Theorie der Verfassung, 218; *Hirschman*, Exit, Voice and Loyalty, 3. Auch *Baums*, General Meetings, 3, sieht zumindest nicht immer die Abwanderung als gleichbedeutende Alternative zur Abstimmung.

50 Vgl. Studie DAI, Privataktionäre in börsennotierten Unternehmen, 11.

51 Vgl. Studie DAI, Privataktionäre in börsennotierten Unternehmen, Vorwort von Prof. Dr. von Rosen. So auch *Rathenau*, Vom Aktienwesen, 26, bereits im Jahr 1918: *„Es gibt somit einen zweifachen Beweggrund für den Erwerb von Aktien: die eine*

Privatanleger, die sich bereits im Ruhestand befinden, bevorzugen vermutlich eine hohe Ausschüttung, während andere Privatanleger eine langfristige Wertsteigerung erwarten.[52] Auch ein gleichgerichtetes Interesse eines Aktionärs an der Wertsteigerung seines Unternehmens kann bezweifelt werden: Das Anlegerinteresse richtet sich auf die Maximierung seines Gesamtvermögens. Davon auf ein gemeinsames Interesse aller Aktionäre an einer Wertsteigerung ihrer Unternehmensbeteiligung zu schließen, ist nicht zwingend. Aktionäre, die in den „Genuss" einer Zufallsmehrheit auf Hauptversammlungen kommen können, verfolgen in der Regel auch andere, außerhalb der Gemeinschaft der Aktionäre liegende Interessen. So ist es denkbar, dass ein Großaktionär auch an anderen Gesellschaften, eventuell Konkurrenzunternehmen, beteiligt ist und sich daher seine Interessen von denen der anderen Aktionäre unterscheiden.[53] Prominentes Beispiel für die Möglichkeit derart unterschiedlicher Interessen ist der Fall der Deutschen Börse aus dem Jahr 2005. The Children's Investment Fund (TCI) übte seinerzeit über seine Beteiligung erheblichen Druck auf den Vorstand der Deutschen Börse AG aus und zwang diesen letztlich dazu, seine Pläne zur Übernahme der London Stock Exchange (LSE) aufzugeben. TCI war nicht nur Anteilseigner der Deutschen Börse AG, sondern hatte zudem noch Leerverkäufe auf die LSE getätigt. TCI hoffte daher darauf, dass der Abbruch der Übernahmepläne den Aktienkurs der LSE fallen ließe.[54] Es lässt sich kaum beantworten, ob ohne die Intervention von TCI die Übernahme erfolgt wäre bzw. ob die Aktionäre der Deutschen Börse AG bei erfolgter Übernahme besser gestellt gewesen wären.[55] Auch wenn in diesem Fall keine Zufallsmehrheit ausgenutzt wurde, zeigt das

---

Gattung der Käufer erwartet eine angemessene Verzinsung ihres angelegten Kapitals, die andere Gattung erhofft einen Kursgewinn."

52 Dies deutet zunächst auch *Claussen*, FS Karsten Schmidt, 217, an. Später gibt *Claussen* an, dass eine große Mehrheit der Aktionäre für eine „gesunde" Mischung zwischen Dividende und Kurssteigerung sei, wobei er darauf hinweist, dass dieses Ergebnis aus Zeiten vor der Abgeltungssteuer stammt und somit Kursgewinne gegenüber Dividenden steuerlich bevorzugt wurden, ders., 231. Auch *Bayer*, Gutachten E zum 67. Deutschen Juristentag, E 101, deutet mit einer Unterscheidung in Unternehmer-Aktionäre und Anleger-Aktionäre an, dass es eine Vielzahl unterschiedlicher Aktionärstypen und Aktionärsinteressen gibt.

53 So auch *Schmolke* ZGR 2007, 701, 710.

54 Vgl. zu dem Interessenkonflikt von TCI den Artikel in der FAZ vom 11.03.2005, „Die Zwickmühle der Berater", Finanzmärkte und Geldanlage, Seite 22.

55 Laut *Schmitt*, Artikel auf manager-magazin.de vom 23.08.2007, „Kuscheln und Kratzen mit Heuschrecken", 4. Teil, abrufbar unter http://www.manager-magazin.de/unternehmen/artikel/0,2828,501651,00.html [zuletzt abgerufen am 1.10.2013],

Beispiel jedoch eindeutig die möglichen unterschiedlichen Interessen innerhalb des Aktionariats einer Gesellschaft. Aus den unterschiedlichen Interessen folgt zwangsläufig die Gefahr des Missbrauchs von Zufallsmehrheiten, denn es ist zu erwarten, dass jeder Aktionär die ihm zur Verfügung stehenden Mittel – innerhalb des rechtlich zulässigen Rahmens[56] – nutzt, um seine Interessen zu wahren.

B. Die Bedeutungslosigkeit der Hauptversammlung

I. Die Hauptversammlung vom *Code de Commerce* bis heute

In der weltweit ersten gesetzlichen Regelung von Aktiengesellschaften, im *Code de Commerce* (CdC) von 1807,[57] lag der Schwerpunkt einer Aktiengesellschaft bei der Generalversammlung.[58] Der CdC 1807 kannte keine Aktionärsversammlung.[59] Auch ließen die lediglich zwölf Normen des Regelwerks eine Vielzahl von Punkten offen. Bezogen auf eine Aktionärsversammlung sah man offenbar nicht die Notwendigkeit für eine Regelung. Es kann kein Zweifel daran bestehen, dass nach der französischen Revolution von 1789 das Machtzentrum einer Gesellschaft bei deren Eigentümern gesehen wurde. Die Versammlung der Eigentümer ergab sich als Notwendigkeit der gemeinsamen Absprache.[60]

Die erste gesetzliche Regelung der Aktiengesellschaft im deutschen Raum erfolgte im Jahr 1861 mit der Schaffung des ADHGB. Dieses Gesetz sah eine Generalversammlung ausdrücklich vor.[61] Art. 224 Abs. 1 ADHGB bestimmte damals, dass „*die Rechte, welche den Aktionären in den Angelegenheiten der Gesellschaft, insbesondere in Beziehung auf die Führung der Geschäfte, die Einsicht und Prüfung der Bilanz und die Bestimmung der Gewinnvertheilung zustehen*“, von der Generalversammlung wahrgenommen werden. Darüber hinaus entschied sie gem. Art. 227 Abs. 3 ADHGB über die Bestellung und Entlassung des Vorstands sowie über Beschränkungen der Vertretungsbefugnis des Vorstands

ist hingegen sogar unstreitig, „*dass eine LSE-Übernahme für die Aktionäre der Deutschen Börse mehr Wert geschaffen hätte.*“

56 Die Möglichkeiten jedes Aktionärs werden in gewissem Maße durch den Individual- und Minderheitenschutz beschränkt. Siehe dazu ausführlich im 2. Kapitel unter 4. Teil: § 1D., Seite 118 ff.

57 *Deutsch* in Aktienrecht im Wandel, Band I, 46, 48, mit weiteren Nachweisen; *Fischer*, AcP 154, Heft 2, 85, 88; *Raiser/Veil*, Kapitalgesellschaften, § 2, Rn. 2.

58 *Beusch*, FS Winfried Werner, 1, 11.

59 *Deutsch* in Aktienrecht im Wandel, Band I, 46, 68.

60 *Deutsch* in Aktienrecht im Wandel, Band I, 46, 68.

61 Vgl. bzgl. des Gesetzestexts des ADHGB *Koch*, Allgemeines deutsches Handelsgesetzbuch.

im Innenverhältnis, Art. 231 Abs. 1 ADHGB.[62] Gem. Art. 225 Abs. 1 ADHGB musste eine Aktiengesellschaft nicht zwingend einen Aufsichtsrat besitzen. Allerdings stellt seine erstmalige gesetzliche Regelung den ersten Schritt hin zur dreistufigen Verfassung der Aktiengesellschaft dar.[63] Sofern kein Aufsichtsrat bestellt wurde, oblag der Generalversammlung die alleinige Überwachung des Vorstands. Allerdings erlaubte das damalige Recht, dass der Generalversammlung Kompetenzen durch den Gesellschaftsvertrag entzogen wurden. In der Praxis war der Einfluss der Aktionäre daher bisweilen gering.[64] Das ADHGB wurde durch die erste Novelle von 1870 und die zweite Novelle von 1884[65] geändert. In letzterer Novelle wurde die Generalversammlung nochmals insoweit gestärkt, dass ihre Kompetenzen ausgebaut und abgesichert wurden.[66]

Das erste eigenständige Aktiengesetz stammt aus dem Jahr 1937.[67] Zur Schaffung wurden die Vorschriften über die Aktiengesellschaft aus dem Handelsgesetzbuch ausgegliedert und reformiert. Die Kompetenzen der Hauptversammlung in Bezug auf die Geschäftsführung der Gesellschaft wurden gestrichen, indem § 103 Abs. 2 AktG 1937 eingeführt wurde.[68] Der Aufsichtsrat wurde zwingend als drittes Gesellschaftsorgan implementiert, § 86 AktG 1937, und trat hinsichtlich der Beschränkung der Vertretungsbefugnis sowie der Bestellung und Abberufung des Vorstands an die Stelle der Hauptversammlung, §§ 74 und

62 Dementsprechend wurde die Generalversammlung damals als oberstes Organ angesehen. Vgl. dazu *Rathenau*, Vom Aktienwesen, 28: „*Es bedarf keiner Erwähnung, daß jede Verwaltung in der Versammlung der Beteiligten die ihr übergeordnete Instanz zu sehen hat.*“; *Roth*, FS Heinz Paulick, 81, 86: „*Die Haupt- (General-) versammlung war das omnipotente Machtzentrum und konnte sich jederzeit in Angelegenheiten der Unternehmensleitung einmischen.*“; *Schwark*, ZGR 1976, 271, 285: „*Diesem Prinzip entsprach es, mit dem Wegfall des Konzessionszwangs die Generalversammlung der mit gleichen Rechten ausgestatteten Aktionäre als bedeutendsten Faktor der AG an die Stelle des sie bis dahin bevormundenden Staates treten zu lassen.*“

63 *Pahlow* in Aktienrecht im Wandel, Band I, 237, 269.

64 *Hommelhoff*, ZGR Sonderheft Nr. 4, 53, 86.

65 Die Novelle von 1884 wird als Grundlage unseres heute geltenden Rechts gesehen, vgl. *Beusch*, FS Winfried Werner, 1, 11.

66 *Hommelhoff*, ZGR Sonderheft Nr. 4, 53, 87.

67 AktG vom 30. Januar 1937, Reichsgesetzbl. von 1937 Teil I, Nr. 15; *Raiser/Veil*, Kapitalgesellschaften, § 2 Rn. 5.

68 Der damalige Wortlaut war identisch mit der heutigen Regelung in § 119 Abs. 2 AktG: „*Über Fragen der Geschäftsführung kann die Hauptversammlung nur entscheiden, wenn der Vorstand es verlangt.*“ Vgl. auch *Hüffer* in Aktienrecht im Wandel, Band II, 334, 340.

75 AktG 1937. Sozusagen als Gegenstück wurde mit § 112 AktG 1937 erstmals ein Recht des einzelnen Aktionärs auf Auskunft in der Hauptversammlung eingeführt.

II. Das Verständnis der Hauptversammlung nach heutigem Recht

Das AktG verwendet nur den einen Begriff der „Hauptversammlung". Sein Verständnis geht jedoch dahin, dass sich hinter diesem Begriff zwei unterschiedliche Dinge verbergen.[69] Einerseits stellt die Hauptversammlung das Organ dar, dem das Gesetz Befugnisse zuschreibt. Andererseits ist die Hauptversammlung aber auch *„das organisationsrechtliche Element der tatsächlichen Versammlung der Aktionäre"*,[70] mithin das von rechtlicher Einordnung in das Organgefüge der Gesellschaft losgelöste tatsächliche Zusammentreffen. Auch *Karsten Schmidt* bringt dies zum Ausdruck, indem er von der Hauptversammlung als dem *„Sitz der Aktionärsdemokratie"* spricht[71] und somit andeutet, dass die Hauptversammlung wesentlicher Faktor bei der Willensbildung der Aktionäre ist[72] und Elemente der Aussprache und des Abstimmens beinhaltet. Vereinzelt wird auch heute noch die Hauptversammlung, die Zusammenkunft der Eigner der Gesellschaft, als das oberste Organ der Aktiengesellschaft angesehen.[73] Auf den ersten Blick mögen die heutigen Befugnisse der Hauptversammlung zu dieser Sichtweise verleiten. So entscheidet die Hauptversammlung gem. § 119 Abs. 1 Nr. 1 AktG teilweise[74] über die Zusammensetzung des Aufsichtsrats und beeinflusst somit, da der Aufsichtsrat wiederum gem. § 84 Abs. 1 S. 1 AktG den Vorstand bestellt, mittelbar die Zusammensetzung des Vorstands. Ihr obliegt gem. § 119 Abs. 1 Nr. 3 AktG die Entlastung von Vorstand und Aufsichtsrat. Gem. § 179 Abs. 1 S. 1 AktG steht ihr die alleinige Kompetenz bezüglich einer Satzungsänderung zu. Dies kann jedoch eine herausgehobene Stellung der Hauptversammlung nicht begründen, denn gem. § 121 Abs. 1 AktG muss die Hauptversammlung einberufen werden. Ohne die Einberufung kann die Hauptversammlung als Organ nicht handeln. Dies folgt auch aus § 241 Nr. 1 AktG, der Beschlüsse der Hauptversammlung für nichtig erklärt, wenn ihre Einberufung fehlerhaft war. Die Einberufung erfolgt

---

69 Anstatt vieler *Baums*, Bericht Corporate Governance, Rz. 78; *Mülbert* in AktG Großkomm, Vor §§ 118–147 Rn. 15.

70 *Spindler* in Schmidt/Lutter AktG, § 118 Rn. 6.

71 *Karsten Schmidt*, GesR, 837.

72 *Reichert* in Beck Hdb AG, § 5 Rn. 1.

73 So *Semler* in MünchHdb AG, § 34 Rn. 4.

74 Hingewiesen sei hier auf § 119 Abs. 1 Nr. 1 AktG und die dort genannte Entsendung von Aufsichtsräten bzw. die Formen der Mitbestimmung.

in der Regel durch den Vorstand, § 121 Abs. 2 S. 1 AktG.[75] Aus dem Einberufungserfordernis kann gefolgert werden, dass die Hauptversammlung nicht ständiges Organ ist[76] oder, wie *Kubis* und *Mülbert*[77] meinen, zwar ein ständiges Organ darstellt, das aber nur punktuell handlungsfähig ist. Die Beantwortung dieser Frage ist vorliegend nicht relevant. Einigkeit besteht dahingehend, dass erst durch ihre Einberufung die Hauptversammlung handlungsfähig wird. Darüber hinaus kommt der Hauptversammlung keine Kompetenz-Kompetenz zu. Sie ist nicht befugt, ihren Zuständigkeitsbereich auszuweiten.[78] Sie entscheidet zwar über die Entlastung von Vorstand und Aufsichtsrat. Wird diese jedoch verweigert, folgen daraus keine rechtlichen Konsequenzen.[79] Letztlich begründen die Befugnisse daher keine herausgehobene Stellung der Hauptversammlung, sondern verkörpern lediglich die Machtbalance zwischen den Organen.[80] Dass „*die Aktionäre den anderen Gesellschaftsorganen nicht übergeordnet*" sind, hat mittlerweile auch das BVerfG[81] bestätigt.

Trotz Fehlen einer herausgehobenen Stellung der Hauptversammlung geht das deutsche Aktiengesetz nach wie vor von dem Prinzip der Aktionärsherrschaft aus.[82] Die Aktionäre als Eigner der Gesellschaft treffen die grundsätzlichen Entscheidungen.[83] Besonders deutlich sichtbar wird dies bei der Satzungskompetenz der Hauptversammlung und der damit einhergehenden Tatsache, dass die Hauptversammlung den Gesellschaftszweck bestimmen kann, während Vorstand und Aufsichtsrat im Rahmen der Gesellschaftsleitung an diesen Gesellschaftszweck gebunden sind.[84] Auch der europäische Gesetzgeber hat sich mit

---

75 *Hüffer*, § 121 Rn. 6 und 8; daneben sind auch der Aufsichtsrat im Fall des § 111 Abs. 3 AktG bzw. die Aktionäre im Fall des § 122 Abs. 1 und 3 AktG zur Einberufung befugt. Die Einberufung durch den Vorstand stellt jedoch den absoluten Regelfall dar.

76 So wohl die h. M. Vgl. statt vieler *Hüffer*, § 118 Rn. 6.

77 *Kubis* in MünchKomm AktG, § 118 Rn. 11; *Mülbert* in AktG Großkomm, Vor §§ 118–147 Rn. 25. Der gleichen Meinung auch *Karsten Schmidt*, GesR, 415.

78 *Mülbert* in AktG Großkomm, Vor §§ 118–147 Rn. 43.

79 *Mülbert* in AktG Großkomm, § 120 Rn. 45 ff.

80 *Hüffer*, § 118 Rn. 4; *Mülbert* in AktG Großkomm, Vor §§ 118–147 Rn. 43.

81 BVerfG (Kammerbeschluss) vom 20.09.1999 – 1 BvR 636/95, NJW 2000, 349, 350.

82 *Roth*, FS Heinz Paulick, 81, 86; *Schredelseker*, Eigentümerkontrolle, 93; *Schwark*, ZGR 1976, 271, 285.

83 *Karsten Schmidt*, GesR, 869.

84 *Mülbert* in AktG Großkomm, Vor §§ 118–147 Rn. 42. Eine Ausnahme von diesem Grundsatz ist in § 119 Abs. 2 AktG normiert, allerdings muss der Vorstand eine Entscheidung der Hauptversammlung verlangen. Gemäß der Holzmüller-Entscheidung

seinem Aktionsplan und den darauf beruhenden Richtlinien zur Aktionärsherrschaft eindeutig bekannt.[85]

III. Der Bedeutungsverlust der Hauptversammlung in heutiger Zeit

Die heutige Realität deckt sich nur teilweise mit dem Vorstellungsbild des Gesetzes. Die Aktionäre können zwar nach wie vor gem. § 118 Abs. 1 AktG ihre mitgliedschaftlichen Rechte allein in der Hauptversammlung ausüben. Jedoch stellt die Hauptversammlung nur beschränkt das Forum der Aktionärsherrschaft dar. Ihren Einfluss machen die Aktionäre hingegen vermehrt außerhalb der Versammlung geltend.[86] Vor allem Großaktionäre und institutionelle Investoren suchen vermehrt den direkten Kontakt zu Aufsichtsrat und Vorstand.[87] Auch wird bisweilen bereits im Vorfeld ein bestimmtes Verhalten in der

---

des BGH, Urteil vom 25.2.1982 - II ZR 174/80, in BGHZ 83, 122, 131, kann der Vorstand in bestimmten Fällen jedoch verpflichtet sein, eine Entscheidung der Hauptversammlung zu verlangen. Siehe bzgl. der Kompetenzen der Hauptversammlung allgemein im 2. Kapitel unter 2. Teil: § 1, Seite 92 ff., bzgl. der Holzmüller-Rechtsprechung ausführlich im 2. Kapitel unter 2. Teil: § 1B, Seite 94 ff.

85 Aktionsplan der Kommission „zur Modernisierung des Gesellschaftsrechts und Verbesserung der Corporate Governance in der Europäischen Union" aus dem Jahr 2003, abrufbar unter http://eur-lex.europa.eu/LexUriServ/site/de/com/2003/com2003_0284de01.pdf [zuletzt abgerufen am 2.10.2013] sowie neuen „Aktionsplan: Europäisches Gesellschaftsrecht und Corporate Governance - ein moderner Rechtsrahmen für engagierte Aktionäre und besser überlebensfähige Unternehmen" aus dem Jahr 2012, abrufbar unter http://eur-lex.europa.eu/LexUriServ/LexUriServ.do?uri=COM:2012:0740:FIN:DE:PDF [zuletzt abgerufen am 7.10.2013].

86 FAZ vom 07.03.2006, „Investoren setzen Vorstände stärker unter Druck", Finanzmärkte und Geldanlage, Seite 23.

87 *Bassen*, ZBB-Report 2002, 430, 432, Abbildung 1, zeigt in einer empirischen Untersuchung auf, dass vor allem institutionelle Anleger den Wirkungsgrad von persönlichen Treffen etwa doppelt so hoch einschätzen wie den der Stimmrechtsausübung in der Hauptversammlung. Nach *Schaefer*, NZG 2007, 900, 901, sind derartige persönliche Gespräche (sog. *one-on-ones*), die entweder auf Initiative des Investors oder auch auf Initiative des Vorstands bzw. Aufsichtsrats erfolgen können (so z. B. im Rahmen sog. *road shows*), nicht per se unzulässig. Sie finden allerdings ihre Grenzen in dem Gleichbehandlungsgrundsatz des Aktienrechts (§ 53a AktG) und den Vorschriften des Insiderrechts. *Habersack*, Gutachten E zum 69. Deutschen Juristentag, E 88, sieht in der informellen Geltendmachung von Einfluss keine begrüßenswerte Alternative zur Ausübung der Mitgliedschaftsrechte in der Hauptversammlung.

Hauptversammlung angedroht, um so ihren Einfluss geltend zu machen.[88] Vor allem Investoren mit einer auf das gesamte Kapital bezogenen geringen Beteiligung sehen außerhalb der Hauptversammlung eine größere Chance zur Einflussnahme, da sie nicht damit rechnen können, in der Hauptversammlung durch Wortbeiträge eine Mehrheit für ihre Position zu erreichen. Dadurch wird auch der Aspekt des Meinungsaustauschs zwischen Vorstand und Aktionären innerhalb der Versammlung vermehrt in den Hintergrund gedrängt. Vor allem bei großen Publikumsgesellschaften kommt der Hauptversammlung bisweilen die Rolle einer Bühne zur Selbstdarstellung zu, die große Aufmerksamkeit in der Öffentlichkeit verspricht.[89] Gemeint ist damit nicht allein der Missbrauch des Rederechts durch einzelne Aktionäre.[90] Auch für die Gesellschaft selbst hat die Hauptversammlung Bedeutung in Bezug auf die Präsentation des Unternehmens in der Öffentlichkeit.

Mag das Aktiengesetz noch von dem Prinzip der Aktionärsherrschaft ausgehen, zeigen die geringen Präsenzen auf den Versammlungen hingegen, dass die Aktionäre nicht Willens sind, ihre Rechte wahrzunehmen bzw. ihre Herrschaft im Rahmen der Hauptversammlung auszuüben. Die gesetzliche Vorstellung und die Realität fallen auseinander. Folglich wird das Prinzip der Aktionärsherrschaft bzw. der Aktionärsdemokratie bisweilen leicht abfällig als romantische Idee bezeichnet[91] und es wird über die grundsätzliche Ausrichtung des Aktienrechts diskutiert. Dabei lassen sich zwei gegensätzliche Positionen einnehmen: Entweder wird das gesetzgeberische Vorstellungsbild grundsätzlich in Frage gestellt und für eine Abänderung plädiert.[92] Oder, wie es *Schredelseker* ausdrückt, *„das Normengerüst des Verfassungsgebers* [wird] *zwar grundsätzlich akzeptiert,*

---

88 FAS vom 06.03.2005, „Aktionärsdemokratie“, Wirtschaft, Seite 38.

89 Vgl. z. B. *Dauner-Lieb*, WM 2007, 9, 12.

90 Vgl. *Peter Schmidt* in Finanzplatz, Sept. 2006, S. 11: „[Hauptverhandlungen] *sind nach wie vor auch ein Forum so genannter kritischer Aktionäre, die vorgeblich altruistisch agierend nur auf den persönlichen Vorteil aus sind.*“

91 *Wenger*, Universalbanken und Depotstimmrecht, 90 („*Die romantische Idee von der Aktionärsdemokratie*“) und 96 („*romantischen Vorstellungen von der Aktionärsdemokratie*“).

92 So schon im Jahr 1904 *Klein*, Entwicklungen in der Aktiengesellschaft, 32: „*Bewegung ist ohne Überwiegen eines von mehreren Kräften undenkbar: halten sich Vorstand, Aufsichtsrat und Generalversammlung gegenseitig das Gleichgewicht, so ist Stillstand die Folge.*“ Heutzutage deutet *Kubis* in MünchKomm AktG, § 118 Rn. 26 an, dass bei dauerhaft niedrigen Präsenzen über eine Beschränkung der Hauptversammlungskompetenzen nachgedacht werden müsste.

aber ein Auseinanderfallen von Verfassungsnorm und Verfassungswirklichkeit konstatiert.“[93]

Man sollte weder das Kompetenzgerüst ändern[94] noch die jetzige Situation als gegeben hinnehmen. Die Aktionärsherrschaft ist ein seit jeher geltendes Prinzip des Aktienrechts. Auf diesem Grundprinzip bauen die Systematik des Aktienrechts, sein System der Verfassung, die Kompetenzen der einzelnen Organe und die Aufgaben der Kontrolle auf. Vor allem aber hat der Gesetzgeber sich zu diesem Prinzip bekannt, obwohl ihm die Problematik geringer Präsenzen und somit das Auseinanderfallen von gesetzlicher Vorstellung und Realität bekannt war. Aufgrund der schweren wirtschaftlichen Verhältnisse in den Jahren nach dem Ersten Weltkrieg wurde die Gefahr der äußeren Überfremdung der Aktiengesellschaften gesehen und sog. „Schutzaktien“ in Form von Vorrats- bzw. Verwaltungsaktien und Mehrstimmrechtsaktien geschaffen,[95] die aber auch

---

93 *Schredelseker*, Eigentümerkontrolle, 74. Ulrich Hocker, Geschäftsführer der DSW, verlangt in einem DSW-Kommentar vom 15.09.2005, dass gegengelenkt werden und die Aktionärsdemokratie, mithin die Hauptversammlung, gestärkt werden muss, um das Gleichgewicht wieder herzustellen; abrufbar unter http://www.dsw-info.de/Hohe-Praesenz-sichert-Aktionae.568.0.html [zuletzt abgerufen am 5.10.2013]. Ebenfalls wohl für eine Beibehaltung des Prinzips des Gleichgewichts, unter Hervorhebung der positiven Auswirkungen vieler Hauptversammlungsaussprachen *Butzke*, HV der AG, Kapitel A Rn. 16.

94 Dies wäre ohne Gesetzesänderung aufgrund der begrenzten Satzungsfreiheit gem. § 23 Abs. 5 AktG ohnehin nicht möglich, *Mülbert* in AktG Großkomm, Vor §§ 118–147 Rn. 28. Eine andere Frage ist, ob überhaupt der nationale Gesetzgeber im Hinblick auf das Europarecht in der Lage wäre, die Verfassung der Aktiengesellschaft grundlegend zu ändern. Die Zuständigkeit der Hauptversammlung für Grundlagenentscheidungen und Strukturmaßnahmen folgt zumindest aus geltendem Richtlinienrecht (vgl. dazu *Fleischer* in Aktienrecht im Wandel, Band II, 130, 144). Stimm- und Teilnahmerecht der Aktionäre wurden erst durch die Aktionärsrechterichtlinie einheitlich geregelt und durch das ARUG in nationales Recht umgesetzt (siehe in diesem Kapitel unter 1. Teil: § 4F., Seite 51 ff.). Zudem könnten grundlegende Änderungen aus praktischer Sicht problematisch sein, da Deutschland, innerhalb eines globalisierten Wirtschaftsumfelds, einen Sonderweg beschreiten würde (vgl. dazu, dass der Hauptversammlung zumindest auch im Vereinigten Königreich, Frankreich und den USA stets die Grundlagenentscheidungen zufallen; *Fleischer* in Aktienrecht im Wandel, Band II, 430, 459).

95 Sämtliche Aktiengattungen dienten der Sicherung der Stellung der Verwaltung, indem sie die Unternehmensführung vom Kapital unabhängiger machten (*Schilling*, FS Ernst Gessler, 159, 160). Bei Verwaltungsaktien entfiel der Zweck der Finanzierung völlig. Vorratsaktien wurden von Treuhändern für Rechnung der AG

noch in normalen wirtschaftlichen Zeiten weiter existierten und dann vor allem dem Schutz der Verwaltung dienten.[96] In diesem Zusammenhang gehören auch die Lehre vom „Unternehmen an sich" und das sich im nationalsozialistischen System entwickelnde „Führerprinzip".[97] Heutzutage existieren diese besonderen Aktienformen nicht mehr. Die Mehrstimmrechtsaktie wurde durch das AktG von 1965 verboten und mit Streichung des § 12 Abs. 2 S. 2 AktG[98] durch das KonTraG letztlich vollständig aus dem AktG entfernt.[99] Der Gesetzgeber hat sich mit den Stärkungen der Aktionärsrechte in den letzten Jahren weit von der Lehre vom „Unternehmen an sich" bzw. dem „Führerprinzip" entfernt. Gerade mit den Gesetzesänderungen der letzten Jahre[100] hat der Gesetzgeber deutlich gemacht, dass er das geltende System in der Realität mit Leben zu füllen wünscht[101]

---

gezeichnet und Mehrstimmrechtsaktien verbrieften ein im Vergleich zum Kapitalanteil überproportionales Stimmrecht. Vgl. ausführlich zu den einzelnen Aktienarten *Spindler* in Aktienrecht im Wandel, Band I, 440, 454 ff.

96 *Fischer*, AcP 154, Heft 2, 85, 103; *Spindler* in Aktienrecht im Wandel, Band I, 440, 452.

97 Gemeint ist mit beiden Begriffen, dass aufgrund der steigenden Bedeutung großer Unternehmen die Interessen der Allgemeinheit die Aktionärsinteressen überwiegen und der Vorstand dadurch in erster Linie nicht dem Interesse der Eigner verpflichtet ist. Insoweit ist die Macht der Eigner möglichst gering zu halten. Vgl. ausführlich hierzu *Fischer*, AcP 154, Heft 2, 85, 103 und 106; *Jagenburg*, AG 1965, 157; *Spindler* in Aktienrecht im Wandel, Band I, 440, 478 ff.

98 § 12 Abs. 2 S. 2 AktG lautete: „Die für Wirtschaft zuständige oberste Behörde des Landes, in dem die Gesellschaft ihren Sitz hat, kann Ausnahmen zulassen, soweit es zur Wahrung überwiegender gesamtwirtschaftlicher Belange erforderlich ist."

99 Mit Blick auf entsprechende Regelungen im europäischen Ausland wird ausgerechnet im Zusammenhang der *Corporate Governance*-Diskussion die Aufweichung des Grundsatzes „eine Stimme pro Aktie" diskutiert. Angedacht ist, dass eine längerfristig gehaltene Aktie ein erweitertes Stimmrecht erhält, um so die langfristige Orientierung der Investoren zu fördern. Vgl. *Habersack*, Gutachten E zum 69. Deutschen Juristentag, E 88. Bei derartigen Regelungen handelt es sich jedoch nicht um eine Abkehr von dem Prinzip der Aktionärsdemokratie. Diese wird vielmehr gefördert, da nicht unterschiedliche Aktiengattungen geschaffen werden, sondern jede Aktie bei entsprechender Haltedauer ein erweitertes Stimmrecht verbriefen kann.

100 Siehe ausführlich zu den gesetzlichen Änderungen der letzten Jahre in diesem Kapitel unter 1. Teil: § 4, Seite 43 ff. Diese Modifikationen haben an dem Prinzip der Aktionärsherrschaft nichts geändert, sondern sollten es vielmehr stärken.

101 In dieselbe Richtung auch *Rieger*, FS Martin Peltzer, 339, 355 und *Hensler/Wiedemann* in Aktienrecht im Wandel, Band II, 1, 24.

und das altbekannte Problem niedriger Präsenzen nicht als gegeben hinnehmen möchte.

Es ließe sich einwenden, dass der Gesetzgeber mit seiner Entscheidung für das Majoritätsprinzip in der Aktiengesellschaft die damit verbundenen Folgen bewusst gewollt oder zumindest billigend in Kauf genommen hat. Man wird einen Zusammenhang zwischen niedriger Präsenz und Majoritätsprinzip bejahen müssen: Der einzelne, gemessen an der Anzahl seiner Aktien unbedeutende Aktionär hält sein Verhalten für wirkungslos auf das Ergebnis der Abstimmung. Seine Mitwirkung kann weder die Mehrheitsverhältnisse ändern, noch verhilft sie dem Organ Hauptversammlung zur Handlungsfähigkeit.[102] Allein aufgrund des Majoritätsprinzips schätzt er seine eigene Rolle als unbedeutend ein und erachtet eine Teilnahme somit nicht als erstrebenswert. Dabei ist das Majoritätsprinzip nicht immer das vorherrschende Prinzip bei Abstimmungen gewesen, es ist – geschichtlich betrachtet[103] – als vergleichsweise jung zu bezeichnen,[104] da es sich erst im Laufe der Jahrhunderte gegen den Grundsatz der Einstimmigkeit durchsetzte. Zwar war der Mehrheitsbeschluss bereits bei den Römern ein gefestigtes Prinzip der Verwaltung. Bei dem römischen Juristen *Domitius Ulpianus* findet sich etwa die Aussage: „*Refertur ad universos, quod publice fit per maiorem partem.*“[105] Dem römischen Rechtsgelehrten *Quintus Mucius Scaevola* wird die Aussage „*Quod maior pars curiae effecit, pro eo habetur, ac si omnes egerint*“ zugeschrieben.[106] Diese Ausprägungen des Majoritätsprinzips traten zwischen dem 5. und 6. Jahrhundert wieder in den Hintergrund.[107] Dem germanischen Recht war das Majoritätsprinzip zunächst völlig fremd.[108] Die Auffassung, dass Mehrheitsbeschlüsse von der überstimmten Minderheit gar als bindend anzuerkennen seien, setzte sich erst Ende des 13. Jahrhunderts durch.[109] Auch wenn das

---

102 Das deutsche Aktiengesetz sieht für die Beschlussfähigkeit der Hauptversammlung kein Mindestquorum vor.

103 Vgl. allgemein zur Geschichte des Majoritätsprinzips *Gierke*, Geschichte des Majoritätsprinzips, passim; *Heinberg*, History of Majority Principle, passim.

104 So zumindest *Heinberg*, History of Majority Principle, 52.

105 *Ulpian*, Digesta 50, 17, 160, 1 (Auf sämtliche wird bezogen, was in öffentlichen Angelegenheiten durch den größeren Teil geschieht).

106 *Scaevola*, Digesta 50, 1, 19 (Was die Mehrzahl der Ratsversammlung beschlossen hat, wird so angesehen, als ob es alle getan hätten).

107 *Heinberg*, History of Majority Principle, 57.

108 *Gierke*, Geschichte des Majoritätsprinzips, 9.

109 *Gierke*, Geschichte des Majoritätsprinzips, 11.

Majoritätsprinzip mittlerweile in nahezu allen Bereichen praktiziert wird,[110] so ist seine Rechtfertigung bis heute nicht eindeutig geklärt. Über die Jahrhunderte hinweg berief man sich darauf, dass das Majoritätsprinzip am besten geeignet und praktikabel sei, um in Gemeinschaften zu Entscheidungen zu gelangen. Das kanonische Recht ging davon aus, dass die Mehrheit eine größere Gewähr für wahre und gute Entscheidungen gäbe. Auch wurde das Majoritätsprinzip mit einem ursprünglichen, einstimmig unter den Beteiligten gefassten Pakt gerechtfertigt, der den bindenden Mehrheitsbeschluss festlegte. Oder man sah in der Mehrheit die größere Macht repräsentiert.[111] Auch heute noch wird über die Reichweite des Majoritätsprinzips gestritten, wie gerade die Einführung von Minderheitenrechten im Aktienrecht belegt. Gleiches gilt für das Einführen von Mindestquoren im Zusammenhang mit bestimmten Entscheidungen. Losgelöst von der Frage seiner Rechtfertigung ist das Majoritätsprinzip jedoch als *bedeutungsvollen Faktor*[112] für das Leben von Verbänden anzuerkennen. Größere Verbände werden nur durch Überwindung der Einstimmigkeit dauerhaft handlungsfähig. Lediglich dem Ziel der Handlungsfähigkeit ist die Einführung des Majoritätsprinzips durch den Gesetzgeber geschuldet. Nicht möglich ist jedoch der Rückschluss, dass mit Einführung des Majoritätsprinzips der Gesetzgeber die damit verbundenen negativen Folgen billigend in Kauf genommen hätte oder diese nun sogar zu akzeptieren hätte. Begrenzungen bzw. Ausformungen des Majoritätsprinzips durch Anforderungen an die Beschlussfähigkeit von Versammlungen, eine Abstimmungs- oder Wahlpflicht, Abstufungen des Stimmgewichts, Pluralstimmen, Minderheitenrechte usw. hat es immer gegeben. Stets war dabei das Ziel, die Handlungsfähigkeit zu behalten, die Folgen des Majoritätsprinzips jedoch zu begrenzen.

Eine erneute Diskussion über die Veränderung des Machtgefüges und der Aktionärsherrschaft stellt somit einen Rückschritt dar.[113] Da die Aktionärsdemokratie geltendes Recht darstellt und ihre Beibehaltung eindeutig Wille des

---

110 Vereinzelt findet sich das Einstimmigkeitsprinzip z. B. bei der EU (Art. 153 Abs. 2, S. 3 AEUV) oder bei der NATO (Art. 10 des Nordatlantikvertrags).

111 Vgl. zur Rechtfertigung des Majoritätsprinzips, *Heinberg*, History of Majority Principle, 52 f.

112 *Gierke*, Geschichte des Majoritätsprinzips, 29.

113 Vgl. bezüglich der Tatsache, dass bereits damals die Diskussion sich ebenfalls um die Vermeidung von Zufallsmehrheiten drehte, *Spindler* in Aktienrecht im Wandel, Band I, 440, 453.

Gesetzgebers ist, ist der Frage nachzugehen, auf welche Weise die Aktionärsdemokratie weiter gestärkt werden könnte.[114]

C. *Die fehlende Legitimation von Hauptversammlungen mit geringer Präsenz*

Hauptversammlungen mit niedrigen Präsenzen wird bisweilen ihre Legitimationswirkung abgesprochen und ein Vergleich zu politischen Wahlen gezogen. Von anderer Seite wird dieser Vergleich allerdings als unpassend angesehen.[115]

Die Aktiengesellschaft lässt sich nicht mit einem demokratischen Staat gleichsetzen. Der Vorstand ist weder mit der Regierung oder dem Parlament vergleichbar, noch entspricht die Hauptversammlung dem Wahlvolk. So weit sollte und muss der Vergleich jedoch auch nicht gehen. Werden jedoch Staat und Aktiengesellschaft aus soziologischer Sicht als Verband mehrerer Individuen betrachtet,[116] lässt sich das Zusammenwirken der Aktionäre im Verband Aktiengesellschaft und das Zusammenwirken der Bürger im Staat durchaus vergleichen. Dies gilt vor allem bezüglich zweier für die Frage der Legitimation bedeutender Aspekte: Verzicht auf Einstimmigkeit in Staat und Aktiengesellschaft sowie Verzicht auf direkte Demokratie in beiden Verbänden.

Sowohl beim Staat als auch bei der Aktiengesellschaft schließen sich mehrere Subjekte in einem Verband zusammen. Ihre Entscheidungen und Aktivitäten werden in dem jeweiligen Verband koordiniert. Dem Zusammenschluss selbst liegt eine gemeinsame Leitvorstellung aller Verbandsteilnehmer zugrunde.[117]

---

114 Für eine Beibehaltung des Instituts und der Kompetenzen der Hauptversammlung plädiert auch *Kubis* in MünchKomm AktG, § 118 Rn. 31.

115 *Spindler*, GR in Diskussion, 31, 59 ist der Meinung, dass die Parallele zum demokratischen Verfahren kaum verfängt, da auch bei demokratischen Verfahren in der Regel keine Mindestquoren vorgeschrieben seien.

116 *Barnard*, Die Führung großer Organisationen, 16, verwendet den Begriff „formelle Organisation" und definiert diesen folgendermaßen: „*Formelle Organisation meint die Zusammenarbeit von Menschen, die bewußt, absichtsvoll und auf einen Zweck gerichtet ist.*" Der Verfasser verbindet mit dem Begriff „Verband" dasselbe, beabsichtigt allerdings eine klare Trennung zu der Organisation des Verbands. *Frey*, Moderne Politische Ökonomie, 106, geht in die gleiche Richtung, wenn er Staat aus Sicht des Individuums „*ausschließlich als Instrument zur Erfüllung kollektiver Bedürfnisse*" versteht.

117 *Lutter*, AcP 180, 84, 92, spricht von Zweckverbänden, die „nach vorne offen" sind. Bezüglich des Verbands Staat wäre die gemeinsame Leitvorstellung zu beschreiben als gemeinsames Interesse, in geordneter Art und Weise zusammen zu leben und eine Institution zu schaffen, die umfangreiche, aber notwendige Aufgaben stellvertretend für die Individuen wahrnimmt (z. B. Verteidigung). Hinsichtlich des

Diese Leitvorstellung beinhaltet jedoch keine umfassenden Regelungen. Vielmehr bleiben Einzelfragen offen, auch, weil sie erst im Laufe des Verbandslebens entstehen.[118] Der Mangel an umfassenden Regelungen erfordert ein koordiniertes Handeln der Verbandsmitglieder.[119] Dies wiederum erfordert eine gewisse Organisation,[120] die sich aus der Verfassung des Verbandes ergibt. Als formale Struktur regelt diese das Zusammenwirken im Verband.[121] Bezüglich des Staates stellen die eigentliche Staatsverfassung sowie die einzelnen Gesetze und Normen jene Verfassung dar. Innerhalb des Verbands Aktiengesellschaft lassen sich das AktG und die jeweiligen Gesellschaftssatzungen und Geschäftsordnungen als Verbandsverfassung bezeichnen. Weiterhin herrscht sowohl im demokratischen Staat als auch in der Aktiengesellschaft das Mehrheitsprinzip, weshalb die Verbandsmitglieder möglicherweise Entscheidungen für und gegen sich gelten lassen müssen, auch wenn diese ihrer persönlichen Interessenlage nicht entsprechen. Die Verbandsmitglieder geben also durch die Akzeptanz des Mehrheitsprinzips einen Teil ihrer individuellen Freiheit auf und unterwerfen sich einer Art Fremdherrschaft, nämlich der Herrschaft der Mehrheit aller Verbandsmitglieder. Diese Anerkennung von individuell ungewollten Mehrheitsentscheidungen ist grundlegende Voraussetzung für das Funktionieren des gesamten Systems.[122]

Verbands Aktiengesellschaft ist die gemeinsame Leitvorstellung der Wunsch, in einen bestimmten Bereich zu investieren, in einem bestimmten Bereich unternehmerisch tätig zu werden, wissend, dass das einzelne Individuum alleine dies nicht sinnvoll erreichen kann.

118 Bei der Satzung als Unternehmensvertrag handelt es sich um einen klassischen relationalen Vertrag, der auf einer Beziehung beruht und Vergangenheit, Gegenwart und Zukunft umschließt (*MacNeil*, S. Cal. L. Rev, Vol. 47, 691, 721). Das Gegenstück, der transaktionale Vertrag, kann hingegen zukünftige, unvorhersehbare Ereignisse nicht erfassen. Zunächst behalf man sich noch durch die Annahme eines ursprünglichen Konsenses. Doch im Laufe der Zeit wurde die wirtschaftliche Organisation der auf Dauer angelegten Beziehung von Mitgliedern immer wichtiger (*MacNeil*, S. Cal. L. Rev, Vol. 47, 691, 756 f.).

119 *Easterbrook/Fischel*, The Economic Structure of Corporate Law, 66, sehen es als maßgebliche Rolle des Stimmrechts der Verbandsmitglieder an, jene unvollständigen Leitlinien mit Leben zu füllen.

120 *Eschenburg*, Ökonomischer Ansatz zur Theorie der Verfassung, 4, oder wie *Lutter*, AcP 180, 92, es ausdrückt: *„Die meisten Fragen entstehen erst in der Zukunft und müssen dann - nicht jetzt - entschieden werden. Dafür muss Vorsorge getroffen sein - wir nennen das Organisation.“*

121 *Eschenburg*, Ökonomischer Ansatz zur Theorie der Verfassung, 7; *Gierke*, Deutsches Privatrecht, 496 f.

122 So auch *Luhmann*, Legitimation durch Verfahren, 30.

Ohne sie könnten die vorliegend betrachteten Verbände demokratischer Staat und Aktiengesellschaft in ihrer konkreten Form nicht funktionieren, da ohne Anerkennung der Mehrheitsentscheidung der Verzicht auf Einstimmigkeit seine Wirkung verliert. Neben der Einstimmigkeit verzichten die Verbandsmitglieder bei alltäglichen Entscheidungen auf die Möglichkeit der direkten Einflussnahme. Alltagsgeschäft wird weder im Staat von den Bürgern noch in der Aktiengesellschaft von den Aktionären wahrgenommen. Diese Aufgabe wird vielmehr an Einzelne delegiert.

Die Motivation für den Zusammenschluss von Individuen, für deren Verzicht auf Einstimmigkeit im Verband sowie für die Delegation von Entscheidungsmacht liegt im Streben des Einzelnen nach Nutzenmaximierung.[123] Bereits der Zusammenschluss in einem Verband führt dazu, dass die Kosten des Einzelnen verringert werden.[124] Man stelle sich nur vor, jeder Einzelne müsste für die Verteidigung seines Grundstücks aufkommen oder etwa eine eigene Feuerwehr unterhalten. Genauso wäre es dem einzelnen Individuum unmöglich, in bestimmte Bereiche wie beispielsweise die Raumfahrt zu investieren. Der Verzicht auf Einstimmigkeit und die Delegation von Entscheidungen bedeuten eine weitere Minimierung der Kosten bzw. des Aufwands für die Entscheidungsfindung.[125] Der Verband ist nur aufgrund dieses Verzichts handlungsfähig.[126] Er ist damit grundlegende Voraussetzung für das Funktionieren des Systems. Die Verbandsmitglieder sind angesichts der Kostenersparnis bereit, die Gefahr unerwünschter Entscheidungen in Kauf zu nehmen.[127] Dies gilt so lange, wie nach Meinung der Verbandsmitglieder die Vorteile der Kostenersparnis die Nachteile des Verzichts überwiegen.[128] Für die Größe des Nachteils spielt jedoch das Verfahren der Entscheidungsfindung eine maßgebliche Rolle. Hätte das Verbandsmitglied den

123 *Buchanan/Tullock*, The Calculus of Consent, 44; *Eschenburg*, Ökonomischer Ansatz zur Theorie der Verfassung, 27.

124 *Buchanan/Tullock*, The Calculus of Consent, 46.

125 *Buchanan/Tullock*, The Calculus of Consent, 99 und 109; *Eschenburg*, Ökonomischer Ansatz zur Theorie der Verfassung, 156, 193 und 194.

126 *Eschenburg*, Ökonomischer Ansatz zur Theorie der Verfassung, 201; *Karsten Schmidt*, GesR, 452.

127 Hingewiesen sei an dieser Stelle auf das sog. „*principal-agent-problem*". Vgl. dazu grundlegend *Jost*, Prinzipal-Agenten-Theorie, 11 ff.

128 Das Mehrheitsprinzip kann somit das Problem der Schwerfälligkeit beseitigen. Gleichzeitig birgt es jedoch neues Konfliktpotenzial, das zu Fragen des Individual- und Minderheitenschutzes (siehe dazu 2. Kapitel unter 4. Teil: § 1D., Seite 118 ff.) bzw. zur Beschränkung des Stimmrechts (siehe dazu 2. Kapitel unter 5. Teil: § 1A. IV., Seite 141 ff.) führt.

Eindruck, der Willkür anderer ausgesetzt zu sein, würden die Nachteile überwiegen. Für das Unterwerfen unter den Mehrheitswillen muss die Fremdherrschaft von den einzelnen Verbandsmitgliedern als legitim[129] anerkannt werden.[130] Mit anderen Worten muss die Herrschaftsposition der Mehrheit gegenüber den einzelnen Verbandsmitgliedern aus deren Sicht gerechtfertigt sein. Ansonsten entbehren die getroffenen Entscheidungen aus der Sicht des einzelnen Verbandsmitglieds ihrer Legitimation, und der rational handelnde Einzelne ist nicht mehr gewillt, einen Teil seiner Freiheit aufzugeben und auf Einstimmigkeit zu verzichten. *Eschenburg*[131] formuliert diesen Sachverhalt folgendermaßen: „*Wenn* [bei den Verbandsmitgliedern] *der Eindruck entsteht, die eigenen Bedürfnisse würden bei der Entscheidungsfindung völlig vernachlässigt, kann bei so manchem der starke Wunsch vermutet werden, keine Entscheidungen mehr hinnehmen zu müssen, an deren Zustandekommen er nicht selbst beteiligt war.*“

Aus soziologischer Sicht ist jedoch nicht jede Herrschaft legitim. Vielmehr nennt *M. Weber* drei „reine Typen“ legitimer Herrschaft: die legitime Herrschaft rationalen Charakters, die legitime Herrschaft traditionellen Charakters und die legitime Herrschaft charismatischen Charakters.[132] Erstere wird näher beschrieben als legale Herrschaft, die sich durch den Glauben der Beteiligten an die Legalität der Ordnung rechtfertigt.[133] Hier werden die Begriffe Legitimität und Legalität[134] eng miteinander verknüpft. Denn die Legitimität der Macht, mithin ihre Anerkennung, basiert auf der Legalität der Macht, also darauf, dass die Macht sich als gesetzeskonform darstellt. Die korrekte Anwendung der geltenden Organisationsregeln des Verbands bildet die Voraussetzung für die Legalität der Macht, weshalb von Legitimation durch Verfahren gesprochen wird.[135] Die charismatische Herrschaft mit ihrem Bezug auf die herrschende Person und die traditionelle Herrschaft kommen weder im Hinblick auf den demokratischen

129 Eine Definition von Legitimität nennt beispielsweise *Luhmann*, Legitimation durch Verfahren, 28: „*Man kann Legitimität auffassen als eine generalisierte Bereitschaft, inhaltlich noch unbestimmte Entscheidungen innerhalb gewisser Toleranzgrenzen hinzunehmen.*“

130 *Barnard*, Die Führung großer Organisationen, 148, verwendet an dieser Stelle den Begriff der Autorität und führt dazu aus: „*Dennoch liegt die Entscheidung darüber, ob und in welchem Maße Autorität gilt, immer beim Einzelnen.*“

131 *Eschenburg*, Ökonomischer Ansatz zur Theorie der Verfassung, VII.

132 *M. Weber*, Wirtschaft und Gesellschaft, 124.

133 *Eschenburg*, Ökonomischer Ansatz zur Theorie der Verfassung, 9.

134 Ausführlich zu dem Inhalt beider Begriffe und ihrem Verhältnis zueinander siehe beispielsweise *Legaz Lacambra*, REP 1958, 7 f., mit weiteren Nachweisen.

135 So auch *Luhmann*, Legitimation durch Verfahren, 30.

Staat noch auf die Aktiengesellschaft als dauerhafte Rechtfertigung in Betracht. Vielmehr unterwerfen sich die Verbandsmitglieder freiwillig[136] der Herrschaft der Mehrheit als Gegenleistung für die Verringerung der Entscheidungskosten und im Vertrauen auf die Organisationsordnung der Aktiengesellschaft. Das bedeutet, dass die Verbandsmitglieder Entscheidungen grundsätzlich nur dann akzeptieren, wenn sie der Meinung sind, die Entscheidungen würden von der Mehrheit der Mitglieder getragen. Dies ist der gesellschaftliche Konsens, der die Anerkennung von Mehrheitsentscheidungen zu einer Selbstverständlichkeit macht.[137] Somit gilt jedoch, dass bei geringer Wahlbeteiligung im staatlichen Bereich und niedrigen Präsenzen auf den Hauptversammlungen diese Grundannahme – die Mehrheit befürwortet die getroffene Entscheidung – ins Wanken geraten kann und damit die Basis für das Mittragen der unerwünschten Entscheidung und die Rechtfertigung für die Macht der Mehrheit entfallen.[138] Insofern ist die fehlende Legitimation von Entscheidungen der Hauptversammlung keine leere Hülle, sondern ein Problem – wenn auch ein recht abstraktes –, das soziologisch begründbar ist. Dauerhaft niedrige Präsenzen können die Aktiengesellschaft als Institution, als Form des arbeitsteiligen Zusammenwirkens in Frage stellen. Allein aufgrund seiner Abstraktheit sollte dieses Problem jedoch nicht als unbedeutend abgetan oder gar geleugnet werden.[139]

D. Die fehlende Unternehmenskontrolle

Große Aktiengesellschaften mit einem stark aufgefächerten Kapital und vielen Anteilseignern kommen schon aus praktischen Gründen nicht um die Trennung von Unternehmensführung und Eigentum herum. Es entsteht jedoch durch jene Trennung ein Spannungsverhältnis zwischen den Organen Vorstand und Hauptversammlung.[140] Die Diskussion um die Grenzziehung zwischen diesen beiden Organen bildet einen Teilbereich der Debatte um die *Corporate Governance*, was sich annähernd mit dem deutschen Begriff der „Unternehmensverfassung“

---

136 Diese Freiwilligkeit ist zumindest in Bezug auf die Aktiengesellschaft gegeben, bei der das Individuum freiwillig Aktionär wird.

137 Dies ist zumindest die Ansicht von *Luhmann*, Legitimation durch Verfahren, 34, der eine freiwillige Anerkennung der Legitimität verneint.

138 Dies gilt unabhängig davon, ob sich die Legitimität einer Entscheidung nun auf freiwillige Anerkennung oder auf gesellschaftlichen Zwang stützt.

139 Der gleichen Ansicht *Schneider/Burgard*, FS Karl Beusch, 783, 784.

140 Auf das sog. *„principal-agent-problem“* soll hier nicht näher eingegangen werden (vgl. dazu grundlegend *Jost*, Prinzipal-Agenten-Theorie, 11 ff.).

übersetzen lässt.[141] Letztlich wird der Begriff in vielerlei Hinsicht gebraucht, was eine Definition von *Fernández de la Gandara*[142] zum Ausdruck bringt. Dort heißt es sinngemäß, dass *Corporate Governance* das System ist, nach dem börsennotierte Gesellschaften effizient geführt und kontrolliert werden. Darunter fallen verschiedene Verfahren, die Unternehmensleitung zu organisieren und zu verbessern, Regeln bezüglich externer Kontrolle der Unternehmensleitung, Informationen über die Unternehmensführung, Maßnahmen zur Lösung von Interessenkonflikten sowie die Mechanismen für einen effektiven Informationsaustausch zwischen denjenigen, die das Unternehmen leiten, und den Kontrollierenden. Daher ist auch der Inhalt eines nationalen Kodex zu diesem Thema abhängig von den nationalen Regelungen bezüglich des Unternehmens und von den besonderen Umständen des jeweiligen Marktes.[143] Gleiches bringt die Präambel des Deutschen Corporate Governance Kodexes (DCGK)[144] zum Ausdruck. Dort heißt es, dass der Kodex wesentliche gesetzliche Vorschriften zur Leitung und Überwachung deutscher börsennotierter Gesellschaften (Unternehmensführung) darstellt. Der Hauptversammlung kommt laut *Schredelseker*[145] die Aufgabe einer „Machtsicherungskontrolle" zu, die den Vorstand dazu zwingt, sich den Wünschen und Interessen der Aktionäre zu fügen. Somit ist die Tatsache, dass die Aktionäre den ihnen zugedachten Aufgaben nicht nachkommen und die Hauptversammlungen meiden, ein Teilbereich der *Corporate Governance*-Diskussion. Entfällt die Kontrolle durch die Hauptversammlung, verschiebt sich das vom Aktiengesetz vorgesehene Machtgefüge in Richtung des Vorstands und es besteht die Gefahr, dass dieser die fehlende Kontrolle

141 Ausführlich zur Begriffsbestimmung, *Kallmeyer*, FS Martin Peltzer, 205, 206.

142 *Fernández de la Gándara*, El debate actual sobre el Gobierno Corporativo, 55, 62 f.: „[…] *el llamado Gobierno Societario o Gobierno Corporativo no es otra cosa que el sistema con que las sociedades cotizadas son eficazmente administradas y controladas, esto es, la modalidad de organizar la gestión y mejorar su funcionamiento, los dispositivos de control externo del ejercicio de poder con el corolario de una información de calidad sobre cómo los administradores gestionan los recursos destinados por los socios a la realización del proyecto empresarial, los instrumentos de resolución de conflictos de interés y los mecanismos para una eficiente circulación de la información entre los sujetos que gestionan y los encargados del control.*"

143 *Alonso Ledesma*, RDBB, Nr. 88, 2002, 129, 138.

144 In der Fassung vom 13.5.2013.

145 *Schredelseker*, Eigentümerkontrolle, 162.

ausnutzt.[146] *Roth*[147] drückt das wie folgt aus: „*Unter dem fortgeltenden Rechtsprinzip der Aktionärsherrschaft stellt sich die tatsächliche Situation in der großen Publikums-AG als normabweichendes Verhalten dar: der Aktionär füllt die ihm zugewiesenen Personal- und Sachkompetenzen nicht mehr aus, das Management kooptiert sich daher selbst und führt die Verwaltung nicht nach dem wirklichen (geäußerten) Willen des Aktionärs, auch nicht nach dessen mutmaßlichem Willen i. S. einer hypothetischen Entscheidung, sondern (günstigstenfalls) nach dessen wohlverstandenem Interesse.*"

Hier stellt sich die Frage, ob sich der Gesetzgeber um eine Kontrolle durch die Aktionäre bemühen sollte, da das Wohlergehen des Unternehmens ohnehin im ureigenen Interesse der Aktionäre liege und der Staat diesen lediglich die Wahrnehmung der Kontrolle ermöglichen solle. Machen die Aktionäre davon kein Gebrauch, sei dies nicht mehr Aufgabe des Gesetzgebers.[148] *Rathenau*[149] hat vor knapp hundert Jahren die überragende Bedeutung großer Unternehmen bekräftigt als er konstatierte: „*Die Großunternehmung ist heute überhaupt nicht mehr lediglich ein Gebilde privatrechtlicher Interessen, sie ist vielmehr, sowohl einzeln wie in ihrer Gesamtheit, ein nationalwirtschaftlicher, der Gesamtheit angehöriger Faktor.*" Auch während der Finanzmarktkrise ließ sich erkennen, dass große Aktiengesellschaften teilweise erhebliche Bedeutung für die gesamte Volkswirtschaft haben und Unternehmen aus der Finanzwirtschaft als „systemrelevante Unternehmen"[150] eingestuft werden. Insofern besteht ein volkswirtschaftliches Interesse an einer wirksamen Kontrolle der Unternehmensführung, die sicherzustellen der Gesetzgeber gehalten ist.[151] Dabei kann sich der Gesetzgeber nicht

---

146 *Garrido/Rojo*, Capital Markets and Company Law, 428: „*In this situation of rational apathy, corporate managers would control the company by taking advantage of shareholders' passivity. The centre of power moves from the shareholders' meeting to the board of directors.*" Ähnlich *Dauner-Lieb*, WM 2007, 9, 14.

147 *Roth*, FS Heinz Paulick, 81, 97.

148 In diese Richtung *Dauner-Lieb*, WM 2007, 9, 12.

149 *Rathenau*, Vom Aktienwesen, 38. Ebenso *Schneider/Burgard*, FS Karl Beusch, 783, 784.

150 Siehe beispielsweise den Artikel in der FR vom 26.10.2009, „Den Staatseinfluss wieder zurückdrängen; Koalition sucht Alternativen zu Banken-Verstaatlichung / BaFin protestiert gegen neue Regelung", Wirtschaft, Seite 13; Artikel in der Stuttgarter Zeitung vom 6.3.2009, „Staatshilfe für notleidende Unternehmen umstritten; Deutschlandtrend im März: die Union überzeugt nicht mehr", Politik, Seite 5.

151 So auch *Schredelseker*, Eigentümerkontrolle, 119; *Schneider/Burgard*, FS Karl Beusch, 783, 784.

darauf beschränken, die Kontrolle allein dem Aufsichtsrat zu überlassen.[152] Die Verantwortung des Gesetzgebers folgt auch aus den Ausführungen zur Legitimation von Entscheidungen.[153] Der Aktionär als Individuum eines Verbands muss die Vorteile der Delegation von Entscheidungsbefugnissen gegenüber den damit verbundenen Nachteilen als höherwertig einstufen. Maßgeblich für die Bewertung des aus dem Verzicht auf direkte Demokratie resultierenden Nachteils ist, ob dem Einzelnen, sozusagen als Gegenleistung, ein gewisses Maß an Einsicht und Kontrolle gegeben wird.[154] Die Grundlage für die Abgabe eigener Entscheidungsgewalt ist Vertrauen,[155] das bei einer Aktiengesellschaft eng mit der Möglichkeit der Kontrolle verknüpft ist. Die Soziologie unterscheidet drei verschiedene Grundformen des Vertrauens: das persönliche Vertrauen, das einer konkreten, persönlich bekannten Person entgegengebracht wird, das Personenvertrauen, das sich auf einen bestimmten Personentypus bezieht, und das Systemvertrauen.[156] Mit Bezug auf eine Publikumsgesellschaft kommt für die Aktionäre allein das Systemvertrauen in Betracht,[157] bei dem jedoch die Möglichkeit zur Kontrolle ein wesentlicher Bestandteil ist. Der einzelne Aktionär vertraut dem System Aktiengesellschaft nur dann, wenn die Organisationsverfassung ihm faktisch die Möglichkeit zur Kontrolle gibt. Diese faktische Kontrollmöglichkeit wiederum wird er jedoch verneinen, wenn die Hauptversammlung beispielsweise von einem Großaktionär mit einer 15 %-Beteiligung vollständig dominiert wird. Somit kann auch in Bezug auf die Frage der Kontrolle durch die Aktionäre das gesamte System Aktiengesellschaft in Zweifel gezogen werden, was nicht im Interesse des Gesetzgebers liegen kann. Diesen Aspekt betont auch

---

152 An dieser Stelle wird nicht näher auf die Schwächen einer Kontrolle durch den Aufsichtsrat eingegangen. Vgl. dazu insgesamt *Roth/Wörle*, ZGR 2004, 35 ff., die darauf hinweisen, dass auch zwischen Aufsichtsrat und Aktionären Interessenkonflikte bestehen können. Ein Beispiel für die Schwäche der Kontrolle durch den Aufsichtsrat bietet *Adams* ZIP 2002, 1325, 1326, der gravierende Unterschiede bei der Vorstandsvergütung zwischen DaimlerChrysler und BMW aufzeigt und diese auf die Tatsache zurückführt, dass bei BMW mit der Familie Quandt ein Großaktionär im Hintergrund steht.

153 Siehe dazu in diesem Kapitel unter 1. Teil: § 2C., Seite 1 ff.

154 *Eschenburg*, Ökonomischer Ansatz zur Theorie der Verfassung, 193.

155 *Eschenburg*, Ökonomischer Ansatz zur Theorie der Verfassung, 193.

156 *Eschenburg*, Ökonomischer Ansatz zur Theorie der Verfassung, 211.

157 So auch *Eschenburg*, Ökonomischer Ansatz zur Theorie der Verfassung, 211, der diese Aussage generell auf komplexe soziale Gebilde bezieht.

Eschenburg,[158] wenn er sagt: „*Das Vertrauen, das man entgegenbringt, …* [basiert] *in gewisser Weise auf dem Mißtrauen, nämlich darauf, dass dem Mißtrauen organisatorisch Rechnung getragen wird.*“

Bejaht man die Zuständigkeit des Gesetzgebers für eine Aktionärskontrolle ließe sich einwenden, dass diese Aufgabe mit der Schaffung eines funktionierenden Kapitalmarkts erfüllt ist. Die Abwanderungsmöglichkeit des Aktionärs könnte einen wirksamen Kontrollmechanismus darstellen. Wie bereits dargelegt, muss die Wirksamkeit dieses Mechanismus jedoch bezweifelt werden.[159] Selbst bei Vorliegen eines funktionierenden Kapitalmarkts besteht die Gefahr, dass die Exit-Option bei unternehmerischen Fehlentscheidungen zu massiver Abwanderung führt und damit dem Unternehmen nicht ausreichend Zeit bleibt, Fehlentscheidungen zu korrigieren.[160] Zumindest kann nicht ausgeschlossen werden, dass massiver Druck des Kapitalmarkts zu überhastetem und unüberlegtem Handeln führt. An dieser Stelle erweist sich die Voice-Option, also die Stimmrechtsausübung in der Hauptversammlung einer Aktiengesellschaft, als Ergänzung oder in Extremfällen als Ersatz zur Exit-Option.[161] Auch in zeitlicher Hinsicht dürfte die Einflussnahme durch Stimmabgabe vor der Abwanderung stehen. Letzterer kommt aufgrund ihrer Endgültigkeit eher der Charakter einer *ultima ratio* zu.[162] Angesichts der dargelegten Unvollkommenheit des Sanktionsmechanismus Abwanderung sollte das Augenmerk, auch unter dem Aspekt der Unternehmenskontrolle durch die Aktionäre, auf die Voice-Option gerichtet werden.[163]

In der Beziehung zwischen Aktionärskontrolle und Hauptversammlungspräsenz stellt sich die Frage, ob nicht auch außerhalb der Hauptversammlung hinreichende Aktionärskontrolle ausgeübt werden kann. Gerade institutionelle

---

158 *Eschenburg*, Ökonomischer Ansatz zur Theorie der Verfassung, 212; ders. im Anschluss: „*Kontrolle bedeutet zwar Mißtrauen, aber als institutionalisiertes Mißtrauen ist sie eine Voraussetzung für mehr Vertrauen.*“

159 Vgl. dazu in diesem Kapitel unter 1. Teil: § 2A, Seite 10 ff. Für eine Entwicklung des Markts feindlicher Übernahmen und dessen Probleme als Mechanismus der Unternehmenskontrolle siehe *Trías Sagnier*, Inversores institucionales, 63 ff.

160 *Hirschman*, Exit, Voice and Loyalty, 25.

161 *Hirschman*, Exit, Voice and Loyalty, 3. *Eschenburg*, Ökonomischer Ansatz zur Theorie der Verfassung, 218, ist ebenfalls der Meinung, dass eine Kontrolle der Leitung am sinnvollsten durch ein Zusammenwirken aller drei Sanktionsmechanismen gestaltet werden kann. Auch *Baums*, General Meetings, 3, meint, dass die Exit-Variante nicht immer eine gleichbedeutende Alternative zur Abstimmung sei.

162 *Hirschman*, Exit, Voice and Loyalty, 37.

163 So auch *Hirschman*, Exit, Voice and Loyalty, 120.

Anleger wirken verstärkt durch Einzelgespräche mit dem Vorstand und auf so genannten *Investor Days* auf die Unternehmensführung ein. Dies kann als ausreichende Kontrolle seitens der Aktionäre verstanden werden. Eine solche Kontrolle kann jedoch nicht als ausreichend erachtet werden, da jede Kontrolle im Interesse aller, zumindest jedoch der Mehrheit der Aktionäre erfolgen sollte. Diese Mehrheit bildet sich nach Vorstellung des Gesetzes im Rahmen der Hauptversammlung. Aufgrund der dargelegten Interessendivergenzen zwischen den Aktionären kann nicht davon ausgegangen werden, dass außerhalb der Hauptversammlung verfolgte Interessen mit den Interessen der Mehrheit deckungsgleich sind. Nur in der Hauptversammlung sind alle Aktionäre grundsätzlich gleich und haben dieselben Möglichkeiten der Einflussnahme. Somit besteht nur bei einer Kontrolle durch die Hauptversammlung eine gewisse Gewähr dafür, dass die Unternehmensführung den Interessen der Aktionärsmehrheit entspricht. Und diese Gewähr steigt, je mehr Aktionäre auf der Hauptversammlung vertreten sind.

Auch wenn man das grundsätzliche Erfordernis einer Unternehmenskontrolle durch die Aktionäre akzeptiert, ließe sich dies aus praktischer Sicht als Utopie abtun. Sinnvolle Kontrolle setzt auf Seiten des Kontrolleurs entsprechende Kenntnis der Materie und ausreichende Expertise voraus. Ein Informationsdefizit vieler Aktionäre und mangelndes Verständnis des oft sehr speziellen und komplizierten Tagesgeschäfts ist vermutlich gegeben. Darauf allerdings bezieht sich genau die Kontrollfunktion der Hauptversammlung nicht. Bei den der Hauptversammlung zugewiesenen Grundsatzentscheidungen wie Satzungsänderung, Maßnahmen der Kapitalbeschaffung usw. lässt sich ein Informationsdefizit der Aktionäre bezweifeln.[164] Diese Zweifel sind auch deshalb begründet, weil sich ein Großteil der Aktien bei institutionellen Anlegern, wenn auch mit geringen Beteiligungsquoten, befindet.[165] Aufgrund des professionellen Charakters institutioneller Anleger können ihnen hinreichende Kenntnisse über das Einzelunternehmen, die Branche und das Marktumfeld als unverzichtbare Voraussetzung für eine professionelle Kapitalanlage und den richtigen Gebrauch der „Exit-Strategie" unterstellt werden. Die aus diesen Kenntnissen ableitbaren

---

164 So auch *Bebchuk*, Harv. L. Rev., 833, 881.

165 Vgl. dazu in diesem Kapitel unter 1. Teil: § 1, Seite 7 f. Dieser Meinung ist auch *Roth*, ZIP 2003, 369, 375. Ebenso *Black*, Mich. L. Rev., 520, 524, und *Schmolke*, ZGR 2007, 701, 708, die noch auf den zusätzlichen Aspekt der Skaleneffekte (*economies of scale*) hinweisen. Aus der spanischen Lehre vgl. *Alonso Ledesma*, El papel de la junta general, 615, 644.

Anlageentscheidungen decken sich in aller Regel weitgehend mit den geschäftspolitischen Fragen des Vorstands.

§ 3 Gründe für die geringe Präsenz bei deutschen Hauptversammlungen

Seit die Präsenzen auf Hauptversammlungen rückläufig sind, wird über die Ursachen diskutiert. Einigkeit besteht dahingehend, dass hierfür mehrere Gründe anzuführen sind, die sich zum Teil gegenseitig beeinflussen.[166] Als maßgebliche Gründe werden genannt: der Rückzug der Depotbanken aus der Stimmrechtsvertretung (A.), die rationale Apathie der Aktionäre (B.), die mittlerweile stark international geprägte Aktionärsstruktur vor allem bei den Gesellschaften des DAX30 und des MDAX (C.) sowie die durchschnittlich lange Dauer von Hauptversammlungen (D.).[167] Aktuell wird für Gesellschaften mit Namensaktien zudem eine neuere Gerichtsentscheidung als Grund für niedrige Präsenzen angeführt (E.).

A. Der Rückzug der Depotbanken aus der Stimmrechtsvertretung

Den Banken in Deutschland wird seit über hundert Jahren[168] immer wieder ein zu großer Einfluss auf die Nichtbankenunternehmen und insbesondere auf die als Aktiengesellschaft organisierten Nichtbankenunternehmen vorgehalten.[169] Den Universalbanken, die die komplette Palette von Bankprodukten unter einem Dach anbieten, werden Interessenkonflikte unterstellt. „*Die Universalbank sieht sich im Konflikt zwischen ihren Interessen und Verpflichtungen als Kreditgeber, als Anteilseigner sowie als Anlageberater und Depotverwalter.*“[170] Aus dem Zusammentreffen dieser verschiedenen Funktionen und der häufigen Vertretung von Bankmitarbeitern in Aufsichtsräten[171] folgt der kritisierte erhebliche Einfluss der

166 *Schneider/Burgard*, FS Karl Beusch, 783, 785.

167 Vgl. *Dauner-Lieb*, WM 2007, 9; *Hahn/Reif*, GesRZ 2007, 44; *Schneider/Burgard*, FS Karl Beusch, 783, 787; *Seibert*, AG 2004, 529; *Spindler*, GR in Diskussion, 31, 33; *Vetter*, AG 2006, 32, 33; *Westermann*, Corporate Governance, 264, 265.

168 *Wenger*, Universalbanken und Depotstimmrecht, 77: „*Schon vor der Aktienrechtsnovelle von 1884 kam der schnell gewachsene Bankeneinfluss ins Schußfeld der Kritik.*“

169 *Behnke*, NZG 2000, 665, 667; *Mülbert*, Gutachten E zum 61. Deutschen Juristentag, E 12. Aus den Reihen der Politik vgl. etwa GesE der SPD-Fraktion, BT-Drs. 11/4553, 1 und 2.

170 *Thomas Schmidt*, Macht der Banken, Wirtschaftspolitische Diskurse, 7.

171 Aufsichtsratsmandate begründen zwar eine organschaftliche Rechtsbeziehung zwischen dem Aufsichtsratsmitglied und der Gesellschaft, faktisch sind diese

Banken (sog. Kumulationsthese).[172] Andererseits wurde und wird unverändert die Bedeutung des Depotstimmrechts für die Vertretung von Kleinaktionären und somit für die Hauptversammlungspräsenzen anerkannt.[173]

Diese ambivalente Einschätzung des Depotstimmrechts spiegelt sich auch in den einzelnen Handlungen des Gesetzgebers wider. Er hat mit dem „Gesetz zur Kontrolle und Transparenz im Unternehmensbereich" (KonTraG)[174] die Stimmrechtsvertretung ohne ausdrückliche Weisung durch Kreditinstitute verboten, wenn diese an der entsprechenden Gesellschaft eine Eigenbeteiligung von mehr als fünf Prozent besitzen.[175] Das ARUG[176] erhöht diese Schwelle nach § 135 Abs. 3 S. 4 AktG auf 20 Prozent. Damit ist praktisch das Depotstimmrecht der Banken gestärkt worden, da die meisten Beteiligungen von Banken unterhalb von 20 Prozent liegen dürften.[177] Die Ambivalenz zeigt sich auch durch die Neufassung des § 128 AktG durch das KonTraG und die Einführung von Mitteilungs- und Organisationspflichten der Kreditinstitute.[178] Hier verfolgte der Gesetzgeber das Ziel, einerseits für mehr Transparenz zu sorgen, um so die Akzeptanz des

---

Mandate jedoch als institutsbezogene Mandate einer bestimmten Bank zuzuordnen, *Mülbert*, Gutachten E zum 61. Deutschen Juristentag, E 22. Laut *Roggenbuck*, Begrenzung des Anteilsbesitzes von Kreditinstituten an Nichtbanken, 423, stellten Großbanken Anfang der neunziger Jahre bei den 100 größten deutschen Aktiengesellschaften 10 % der Aufsichtsratmitglieder der Anteilseignerseite, in etwa einem Drittel der Fälle sogar den Aufsichtsratsvorsitzenden.

172 *Baums*, AmJComLaw, Band 40, 503, 506; *Hommelhoff*, FS Wolfgang Zöllner, 235, 237; *Mülbert*, Gutachten E zum 61. Deutschen Juristentag, E 23; *Westermann*, Corporate Governance, 264, 266.

173 Begr. RegE zum KonTraG, BR-Drs. 872/97, 44; *Westermann*, Corporate Governance, 264, 269.

174 BGBl. I 1998, 786 ff., in Kraft getreten am 1.5.1998.

175 Vgl. den damals neu angefügten § 135 Abs. 1 S. 3 AktG a.F.

176 Vgl. dazu in diesem Kapitel unter 1. Teil: § 4F, Seite 51 ff.

177 *Grundmann*, BKR 2009, 31, 34. Das Erschwernis, das Depotstimmrecht nur in Verbindung mit der Abgabe einer Weisung ausüben zu können, hat seine praktische Relevanz daher weitestgehend verloren.

178 Die Kreditinstitute müssen ihre Kunden auf mögliche Interessenkonflikte aufmerksam machen, mithin auf personelle Verflechtungen, § 135 Abs. 2 S. 4 AktG (§ 128 Abs. 2 S. 5 AktG a. F.), und auf Beteiligungsbesitz bzw. Emissionstätigkeit, § 135 Abs. 2 S. 5 AktG (§ 128 Abs. 2 S. 6 AktG a. F.). Zur Begrenzung des Einflusses von Eigeninteressen bei der Erstellung der Abstimmungsvorschläge wurden zudem organisatorische Pflichten eingeführt, vgl. § 135 Abs. 2 S. 2 AktG (§ 128 Abs. 2 S. 2 AktG a. F.). Vgl. dazu im 2. Kapitel unter 5. Teil: § 1A.II, Seite 135, sowie *Marsch-Barner*, FS Martin Peltzer, 261, 264 ff.

Depotstimmrechts zu verbessern, andererseits den bürokratischen Aufwand für die Kreditinstitute gering zu halten.[179] Letzteres ist dem Gesetzgeber jedoch misslungen. Die Banken haben sich, so zumindest die Vermutung,[180] in den letzten Jahren immer mehr davon verabschiedet, eine Stimmrechtsvertretung für ihre Kunden anzubieten. Als Grund wird neben der kritischen öffentlichen Haltung zum Depotstimmrecht und der geringen Wertschätzung durch die Kunden vor allem der gestiegene bürokratische Aufwand genannt, der die Stimmrechtsvertretung kostspielig gemacht habe.[181] Die Bedeutung der Depotbanken für die Präsenzquoten verdeutlicht der teilweise massive Rückgang der Präsenzen bei Gesellschaften mit Namensaktien im Jahr 2013, der aus einer Zurückhaltung der Depotbanken bei der Stimmrechtsausübung resultierte.[182]

B. Die rationale Apathie der Aktionäre

Ein weiterer Grund für niedrige Präsenzen ist die bewusste Entscheidung der Aktionäre gegen eine Beteiligung an der Hauptversammlung. „Rationale Apathie" ist dabei nicht der einzige, aber wohl der am meisten gebrauchte Begriff, um jenes Phänomen zu umschreiben. *Fischer* verwendete 1955 den Begriff der „Indolenz der Aktionäre".[183] In der englischsprachigen Literatur wird bisweilen

179 Begr. RegE zum KonTraG, BR-Drs. 872/97, 45.

180 Vgl. hinsichtlich der Vermutung BMJ, NZG 2004, 948, 950. Allerdings hat eine Nachfrage bei einigen Kreditinstituten diese Vermutung nicht vollumfänglich bestätigt. Nach Aussagen der Deutschen Bank und der Commerzbank (beide vom 2.11.2009) bieten diese nach wie vor bei den meisten bedeutenden deutschen Gesellschaften eine Stimmrechtsvertretung an. Vertretungen erfolgten in den Jahren 2008 und 2009 auf etwa 490 respektive 390 Hauptversammlungen. Die Postbank und die DZ-Bank hingegen bieten laut Aussage vom 5.11.2009 bzw. vom 9.11.2009 keinerlei Stimmrechtsvertretung mehr an und planen dabei auch keinerlei Änderung.

181 Gem. § 135 Abs. 2 AktG sind die Kreditinstitute nunmehr verpflichtet, den Aktionären eigene Vorschläge zu unterbreiten. Sie haben organisatorische Vorkehrungen zu treffen, um den Einfluss eigener Interessen in die Vorschläge auszuschließen. Ein Mitglied der Geschäftsleitung muss die Erstellung der eigenen Vorschläge überwachen. Der DSGV schätzt die jährlichen Kosten für Depotstimmrechte allein in der Sparkassen-Finanzgruppe auf mehr als € 30 Mio, vgl. Artikel im Handelsblatt vom 24.2.2006, „Sparkassen wollen Depotstimmrecht stärken", Seite 23; *Claussen*, FS Karsten Schmidt, 225.

182 Vgl. dazu in diesem Kapitel unter 1. Teil: § 3E, Seite 1.

183 *Fischer*, AcP 154, Heft 2, 85, 94.

auch der Begriff der *„passivity story“* bzw. *„passivity rule“* benutzt.[184] Diese Begriffe beschreiben, dass die Investoren ihre Aktionärsrechte – insbesondere ihr Stimmrecht – aufgrund einer bewussten Entscheidung nicht ausüben. Jene bewusste Entscheidung beruht auf vernünftigen, rationalen Erwägungen. Für den Aktionär sind mit der Teilnahme Informations- und Opportunitätskosten verbunden. Diese wägt er bei seiner Entscheidung gegen den zu erwartenden Vorteil ab. Der Aktionär verhält sich apathisch, weil der Aufwand für die Rechtsausübung höher ist als der durch die Rechtsausübung erwartete Vorteil.[185] Dass der zu erwartende Vorteil derart gering eingeschätzt wird, beruht auf der vermuteten Machtlosigkeit des einzelnen Aktionärs. *Black*[186] skizziert die Problematik sinngemäß folgendermaßen: Die Ausübung des Stimmrechts erfordert Zeit. Will der Aktionär sein Stimmrecht zudem „intelligent“ ausüben, muss er sich zuvor informieren und noch mehr Zeit aufbringen.[187] Aber gerade Zeit ist eine knappe Ressource. Dem steht die Einschätzung des Aktionärs gegenüber, dass seine Stimme letztlich keinen Einfluss auf das Ergebnis haben werde.[188] Für einen solchen nennenswerten Einfluss wird sein eigener Anteil in der Regel zu klein sein. Auch kann er nicht auf die Stimmen der anderen Investoren zählen, da er davon ausgeht, dass jene die Kosten für eine informierte und somit „intelligente“ Abstimmungsentscheidung scheuen[189] und daher seinen Vorschlag nicht unterstützen werden. Doch auch wenn der Aktionär glaubt, erfolgreich sein zu können, und der mögliche Vorteil seinen Aufwand überstiege, würde er sich dennoch nicht notwendigerweise für ein aktives Verhalten entscheiden. In diesem Fall zieht der Aktionär den Faktor ins Kalkül, den die Literatur mit dem Begriff des *„free rider*-Problems“ belegt.[190] Er beschreibt den Umstand, dass ein einzelner Aktionär sämtliche Kosten für seine erfolgreiche Kampagne trägt, er aber nur seinem Anteil entsprechend an dem daraus resultierenden Vorteil partizipiert.

---

184 Beispielhaft *Black*, Mich. L. Rev., 520, 522.

185 *Garrido/Rojo*, Capital Markets and Company Law, 428; *Schmolke* ZGR 2007, 701, 707.

186 *Black*, Mich. L. Rev., 520, 522.

187 Dass gerade für institutionelle Anleger der Informationsaspekt von sehr großer Bedeutung ist, zeigt sich in Abbildung 4 der Studie von *Bassen*, ZBB-Report 2002, 430, 435.

188 *Black*, Mich. L. Rev., 520, 527: *„The act of voting, and becoming informed enough to vote intelligently, requires an investment of time, which is a scarce resource. Yet a shareholder's vote is unlikely to affect whether a proposal wins or loses.“*

189 *Garrido/Rojo*, Capital Markets and Company Law, 430; *Schmolke* ZGR 2007, 701, 707.

190 *Black*, Mich. L. Rev., 520, 528; *Schmolke* ZGR 2007, 701, 707.

Die restlichen Aktionäre hingegen kommen ohne Kostentragungslast ebenfalls in den Genuss des Vorteils.[191] Insofern handelt ein Aktionär ökonomisch irrational, wenn er trotz negativer Kosten-Nutzen-Relation sein Stimmrecht in der Hauptversammlung ausübt.

C. Die Internationalisierung der Aktionärsstrukturen

Die verstärkt internationale Aktionärsstruktur deutscher Aktiengesellschaften gilt als weiterer Grund für niedrige Hauptversammlungspräsenzen.[192] Mit der Entflechtung der „Deutschland AG" geht ab 1997 eine empirisch belegbare stetige Verkleinerung der jeweils größten Beteiligungen an deutschen Unternehmen einher. Vor allem Versicherungen führen ihre Beteiligungen an anderen Unternehmen stetig zurück.[193] Zum anderen dürfte auch die Einführung des Euro als Gemeinschaftswährung in Europa den Anstieg ausländischer Investoren begünstigt haben.[194] Laut einer Studie von D&B Deutschland[195] vom August 2008 sind an 1180 untersuchten deutschen börsennotierten Aktiengesellschaften 3544 Anteilseigner mit nennenswerten Aktienpaketen beteiligt.[196] Dabei sind etwa drei Viertel dieser Anteilseigner institutionelle Anleger,[197] ein Drittel

191 *Black*, Mich. L. Rev., 520, 528: „*A shareholder proponent bears most of the cost of a proxy campaign, but receives only a pro rata share of the gains from success, while other shareholders free ride on her efforts.*"

192 *Baums*, General Meetings, 5; *Schneider/Burgard*, FS Karl Beusch, 783, 789; *Seibert*, AG 2004, 529.

193 Vgl. hierzu die Studien von *Wojcik*, Working Paper Oxford University, 2001, 30 und 32, abrufbar bei SSRN unter http://ssrn.com/abstract=294459 [zuletzt abgerufen am 7.10.2013] sowie *A. Weber*, Intern. Rev. L. Econ., 2009, 57, 60 und 62.

194 *Seibert*, BB 1998, 2536, 2539.

195 Presse-Informationen von D&B, D&B Studie: Deutsche Unternehmen attraktiv für Investoren aus dem Ausland, Oktober 2008, abrufbar unter http://www.dnbgermany.de/media/081006_PI_Unternehmensbeteiligungen.pdf [zuletzt abgerufen am 22.2.2011].

196 Die Studie gibt nicht an, ab welcher Höhe ein Anteil als „nennenswert" einzustufen ist. Aufgrund der Angaben in der Studie, dass bei DAX30-Unternehmen 60 % der Aktionäre aus dem Ausland kommen und etwa 50 % des Kapitals vertreten, ist davon auszugehen, dass eine Beteiligung von etwa 1 % als nennenswert angesehen wird.

197 Laut *Schmolke* ZGR 2007, 701, 704, existiert für diesen Begriff bisher keine allgemeingültige Definition. Vorliegend werden darunter vor allem Banken, Versicherungen, Pensionsfonds und Investmentfonds gefasst.

dieser Investoren kommt aus dem Ausland. Bei den DAX-Indizes[198] liegt dieser Anteil bei durchschnittlich 40 Prozent. Bei den DAX30-Unternehmen kommen sogar 60 Prozent der Aktionäre aus dem Ausland. Jene 60 Prozent hielten dabei 2009 etwas mehr als 50 Prozent des Stammkapitals der DAX30-Unternehmen.[199] Laut einer Studie von Ernst & Young sollen Ende 2012 nunmehr durchschnittlich 55 Prozent des Aktienkapitals der DAX30-Unternhemen von Investoren außerhalb von Deutschland gehalten worden sein.[200] Mit Blick auf die einzelnen Gesellschaften bestehen jedoch erhebliche Unterschiede. Während der Anteil von ausländischen Investoren gehaltener Aktien bei der Deutschen Börse AG etwa bei 81 Prozent liegt, kommt die Deutsche Lufthansa nur auf eine Quote von 34 Prozent.[201] Der Großteil der ausländischen Aktionäre stammt aus dem kontinentaleuropäischen Ausland, Großbritannien und den USA. Die zunehmend internationale Aktionärsstruktur wird auch von einer von Dresdner Kleinwort durchgeführten Umfrage belegt, wonach sich der Anteil deutscher Aktien allein in amerikanischen Portfolios in den Jahren 2001 bis 2006 nahezu versiebenfacht hat und amerikanische institutionelle Anleger zum Zeitpunkt der Studie etwa 18 Prozent an deutschen Unternehmen hielten.[202]

Grundvoraussetzung für die Teilnahme der Aktionäre an einer Hauptversammlung ist ihre Kenntnis davon. Hieran scheint es bei ausländischen Investoren bisweilen zu fehlen.[203] Selbst wenn diese Information bekannt ist, ist die Teilnahme für den ausländischen Investor mit höheren Informations- und Opportunitätskosten verbunden als bei einem inländischen Aktionär. Insofern übertreffen die Kosten wohl regelmäßig den erwarteten Vorteil. Vor der Änderung des § 123 AktG wurde zudem behauptet, dass ausländische institutionelle Investoren in falschem Verständnis des deutschen Aktiengesetzes in dem Hinterlegungserfordernis gem. § 123 Abs. 2 AktG a. F. eine zeitweilige

198 Gemeint sind damit die Indices DAX30, MDAX, TecDAX und SDAX.

199 *Claussen*, FS Karsten Schmidt, 221. Diese Entwicklung hält bereits seit Jahren an, vgl. dazu aus dem Jahre 1990 *Schneider*, AG 1990, 317, 319.

200 Vgl. Artikel in der Börsen-Zeitung vom 11.5.2013, „Deutsche Topkonzerne für Auslandsinvestoren immer attraktiver“, Seite 9.

201 Vgl. Fn. 200.

202 Im Jahr 2001 waren es hingegen noch nur 2,6 %, vgl. Artikel in der FAZ vom 16.1.2008, „Amerikaner kaufen sich in die Deutschland AG ein“, Finanzmarkt und Geldanlage, Seite 22.

203 *Seibert*, BB 1998, 2536, 2539.

Veräußerungssperre für ihre Aktien sähen.[204] Nach Schätzungen des Bundesjustizministeriums aus dem Jahr 2004 waren lediglich zwischen 10 und 30 Prozent des ausländischen Anteilsbesitzes durch Stimmrechtsausübung bei den Hauptversammlungen präsent.[205]

D. Durchschnittliche Dauer der Hauptversammlung

Der DCGK[206] regt unter der Nummer 2.2.4 eine vier- bis sechsstündige Dauer für eine ordentliche Hauptversammlung an. Ein entsprechendes Ziel hat der Gesetzgeber in seiner Begründung zum UMAG vorgegeben.[207] Die durchschnittliche Hauptversammlungsdauer bei DAX30-Unternehmen betrug in 2009 jedoch 7,3 Stunden und hatte damit etwa die fünffache Dauer wie beispielsweise in Großbritannien.[208] Auch in 2012 war die durchschnittliche Dauer der Hauptversammlungen der DAX30-Unternehmen mit 6,7 Stunden praktisch unverändert. Lediglich bei etwa einem Viertel der DAX30-Unternehmen entsprach die Dauer der Versammlung im Jahr 2012 der Empfehlung des DCGK. Etwa ein Drittel der Unternehmen hielt Hauptversammlungen von acht bis zwölf Stunden ab. Mit einer Dauer von über 10 Stunden war die Hauptversammlung der Commerzbank 2012 die längste Hauptversammlung. Im MDAX hingegen dauerte 2012 der überwiegende Teil der Versammlungen – etwa drei Viertel – nur zwischen zwei bis fünf Stunden. Die durchschnittliche Dauer liegt hier bei leicht über vier Stunden, somit innerhalb der Vorgaben des Kodex.[209] Man sollte der Dauer der Hauptversammlung jedoch kein großes Gewicht beimessen. Selbst wenn die Durchschnittsdauer den Vorgaben des DCGK entspräche, würde sich dies auf den Aktionär und seinen Organisationsaufwand kaum auswirken. Mit Anreise und Abreise müsste dieser auch für eine verkürzte Hauptversammlung einen ganzen Tag investieren. Bei institutionellen Anlegern ist die Teilnahme dem beruflichen Umfeld zuzurechnen. Somit ist bei dieser Investorengruppe die Dauer

---

204 BMJ, NZG 2004, 948, 956; *Spindler*, NZG 2005, 825, 827. Eine Sorge, die nun aufgrund des Urteils des OLG Köln (vgl. in diesem Kapitel 1. Teil: § 3E, Seite 1) bei Namensaktien erneut relevant zu werden scheint.

205 BMJ, NZG 2004, 948, 952.

206 In der aktuellen Fassung vom 15.5.2013.

207 Begr. RegE zum UMAG, BT-Drs. 15/5092, 17.

208 Nach Aussage der UKSA schätzt diese die durchschnittliche Hauptversammlungsdauer von FTSE100-Unternehmen auf 90 Minuten.

209 Vgl. zu sämtlichen Angaben die Übersicht der SdK zur HV-Dauer, abrufbar unter http://www.sdk.org/statistiken.php?action=down&statID=67&stat=HV-Dauer [zuletzt abgerufen am 7.10.2013].

einer Hauptversammlung als Grund für die Nichtteilnahme zu vernachlässigen. Die bisherigen Zahlen belegen keinen signifikanten Zusammenhang zwischen der Hauptversammlungsdauer und der Präsenzquote. Im Jahr 2012 hielten Fresenius Medical Care, Beiersdorf und Heidelberg Cement die kürzesten Hauptversammlungen der DAX30-Unternehmen ab,[210] die Aktionärspräsenz lag bei diesen Unternehmen zwar leicht über dem allgemeinen Durchschnitt. Dies dürfte jedoch eher auf die Aktionärsstruktur der genannten Unternehmen zurückzuführen sein, da jedes der Unternehmen über einen Großaktionär (die Fresenius SE & Co.KG aA, die Hertz-Familie bzw. die Familie Merckle) verfügt.

E. Mitteilungspflichten von Legitimationsaktionären

In Bezug auf Gesellschaften mit Namensaktien hat ein Urteil des OLG Köln aus dem Jahr 2012[211] insbesondere unter ausländischen Investoren für erhebliche Unsicherheit gesorgt. In dem Fall wurden die von der Hauptversammlung gefassten Beschlüsse einer Aktiengesellschaft mit Namensaktien angefochten. Die Anfechtungsklage wurde damit begründet, dass die Stimmen von zwei als Eigentümer der Aktien ins Aktienregister eingetragenen Finanzdienstleistern nicht hätten berücksichtigt werden dürfen, da diese einem Stimmrechtsausschluss gemäß § 28 Abs. 1 S. 1 WpHG unterlegen hätten. Hintergrund war, dass die Finanzdienstleister lediglich als Legitimationsaktionär, also als Vertreter für die tatsächlichen Eigentümer der Aktien im Aktienregister eingetragen waren. Bisher war man allgemein der Ansicht, dass nicht der Legitimationsaktionär, sondern allein der wahre Eigentümer der Aktien einer Mitteilungspflicht nach dem WpHG unterliege.[212] Das Gericht hat nun entgegen der bisherigen Praxis entschieden, dass auch der Legitimationsaktionär, gegebenenfalls neben dem eigentlichen Eigentümer, mitteilungspflichtig nach den Vorschriften des WpHG ist.[213] Als Folge dieser Entscheidung haben sich im Jahr 2013 die im Aktienregister eingetragenen Depotbanken bei der Ausübung von Stimmrechten zurückgehalten.[214] Die Eintragung des tatsächlichen Aktionärs scheitert bei ausländischen Investoren insbesondere an deren Furcht, ihre Aktien während der Eintragung

---

210 Übersicht der SdK zur HV-Dauer (Fn. 209).

211 OLG Köln, Urteil vom 6.6.2013 – 18 U 240/11, in NZG 2012, 946 ff.

212 Vgl. etwa zum Depotstimmrecht im Emittentenleitfaden der BaFin in der Fassung vom Mai 2009, S. 145 bzw. die Ausführungen zum Meldepflichtigen auf Seite 30 der Konsultation 4–13 zur Überarbeitung des Kapitels VIII des Emittentenleitfadens.

213 OLG Köln, Urteil vom 6.6.2013 – 18 U 240/11, in NZG 2012, 948 f.

214 Vgl. Artikel in der Börsen-Zeitung vom 31.5.2013, „Namensaktionäre machen sich rar“, Seite 10.

nicht mehr veräußern zu können.[215] Da Revision gegen das Urteil beim BGH eingelegt wurde, ist das Urteil noch nicht rechtskräftig. Es besteht jedoch Zuversicht, dass das Urteil vor dem BGH keinen Bestand haben wird.[216]

§ 4 Maßnahmen zur Stärkung des Organs Hauptversammlung

Das Auseinanderfallen von Realität und gesetzlichem Vorstellungsbild ist keine neue Erkenntnis. Dementsprechend versucht der deutsche Gesetzgeber bereits seit mehreren Jahren – teils aufgrund von Eigeninitiative, teils angetrieben durch den Gemeinschaftsgesetzgeber[217] –, mit einer Vielzahl von Gesetzesänderungen auf das Phänomen niedriger Hauptversammlungspräsenzen zu reagieren und eine Wiedererstarkung dieses Organs zu erreichen. Dabei wird zum einem die Erhöhung der Informationsbasis der Aktionäre angestrebt, zum anderen sollen die Aktionärsrechte erweitert und ihre Ausübung vereinfacht werden. In diesem Zusammenhang kommt den neuen technischen Möglichkeiten der Kommunikation besondere Bedeutung zu.

A. *Das Gesetz zur Namensaktie und zur Erleichterung der Stimmrechtsausübung*

Das „Gesetz zur Namensaktie und zur Erleichterung der Stimmrechtsausübung", kurz Namensaktiengesetz (NaStraG), ist am 25. Januar 2001 in Kraft getreten. Vor allem die – nur durch den vollständigen Namen des Gesetzes zum Ausdruck kommende – Erleichterung der Stimmrechtsausübung ist vorliegend relevant. Zudem wurden einige bürokratische Hemmnisse rund um die Hauptversammlung abgebaut.

---

215 Vgl. Artikel in der FAZ vom 29.5.2013, „Die Präsenz auf Hauptversammlungen sinkt", Finanzmarkt, Seite 21.

216 Vgl. bspw. die Äußerungen des Allianz-Chefsyndikus Peter Hemeling, Artikel in der Börsen-Zeitung vom 27.9.2013, „Siemens-Hauptversammlung wird der Test", Seite 10.

217 Ausgangspunkt auf der Ebene der Gemeinschaft ist der Aktionsplan der Kommission „zur Modernisierung des Gesellschaftsrechts und Verbesserung der Corporate Governance in der Europäischen Union" aus dem Jahr 2003, vgl. Fn. 85. Auf den Seiten 9 f. wird unter anderem die Stärkung der Aktionärsrechte durch den Einsatz moderner Technik als Ziel vorgegeben. Auch der „Aktionsplan: Europäisches Gesellschaftsrecht und Corporate Governance – ein moderner Rechtsrahmen für engagierte Aktionäre und besser überlebensfähige Unternehmen" aus dem Jahr 2012 (vgl. Fn. 85) will ein langfristiges Engagement der Aktionäre fördern (vgl. S. 9 ff.). Eine konkrete Incentivierungsmaßnahme nennt der Aktionsplan jedoch nicht.

Wesentliche Änderungen betreffen zunächst die Erteilung einer Stimmrechtsvollmacht zugunsten der depotführenden Bank. Während gem. § 128 Abs. 2 S. 4 AktG a. F. Kreditinstitute zur Einholung einer Vollmacht noch Formblätter versenden mussten, kann die Vollmacht seither auch durch Bildschirmformular erteilt werden, § 135 Abs. 1 S. 7 AktG.[218] In diesem Zusammenhang hat der Gesetzgeber auch auf die Schriftform bei Vollmachtserteilung verzichtet und in § 135 Abs. 1 S. 1 AktG die Voraussetzung der schriftlichen Bevollmächtigung gestrichen. Allerdings muss das Kreditinstitut die Vollmachtserklärung nach wie vor nachprüfbar festhalten, so dass nun vor allem Vollmachtserteilungen per E-Mail, Telefax etc. in Betracht kommen.[219] Bei individueller Vertretung kann gem. § 134 Abs. 3 S. 3 AktG[220] in der Satzung bzw. in der Einberufung aufgrund einer Satzungsermächtigung auf die Schriftform[221] verzichtet werden. Eine weitere wesentliche Änderung betrifft die Gültigkeit der Bankvollmacht. Ihre Begrenzung auf höchstens 15 Monate gem. § 135 Abs. 2 S. 1 AktG a. F. wurde ersatzlos gestrichen. Den Kreditinstituten und anderen geschäftsmäßig Handelnden wird nunmehr eine Dauervollmacht erteilt.[222]

Der Gesetzgeber hat mit dem NaStraG zudem erlaubt, dass sich Aktionäre durch einen von der Gesellschaft benannten Vertreter vertreten lassen, und somit den gesellschaftseigenen Stimmrechtsvertreter als zulässige Einrichtung anerkannt.[223] Dafür wurde § 134 Abs. 3 S. 3 AktG a. F.[224] neu gefasst. Die Norm setzt diese Möglichkeit der Vertretung nun voraus, ohne sie jedoch näher zu reglementieren.[225] Der Wortlaut lautet nun: „Werden von der Gesellschaft benannte Stimmrechtsvertreter bevollmächtigt, so ist die Vollmachtserklärung von der Gesellschaft drei Jahre nachprüfbar festzuhalten."

Zudem wurden durch das NaStraG erste Anpassungen des AktG an das Zeitalter neuer Kommunikationstechnologien vorgenommen.[226] Die wichtigste

---

218 Nach dem NaStraG, aber vor dem ARUG fand sich diese Regelung in § 128 Abs. S. 5 AktG a. F.

219 *Than*, FS Martin Peltzer, 577, 591. Gem. *Noack*, ZIP 2001, 57, 58, wäre auch eine telefonische Vollmachtserklärung denkbar, wenn sie auf Tonband festgehalten würde.

220 Vor der Änderung durch das ARUG war die Satzungsbefugnis in § 134 Abs. 3 S. 2 AktG a. F. vorgesehen.

221 Das Schriftformerfordernis wurde durch das ARUG mittlerweile gestrichen und durch Textform ersetzt.

222 *Seibert*, ZIP 2001, 53, 54.

223 *Noack*, ZIP 2001, 57, 61.

224 Heute findet sich die im Wortlaut unveränderte Norm in § 134 Abs. 3 S. 5 AktG.

225 Kritisch dazu *Roth*, ZIP 2003, 369, 374.

226 RegE zum NaStraG, BT-Drs. 14/4051, 1.

Änderung betrifft die Mitteilungen der Gesellschaften an ihre Aktionäre. In § 125 Abs. 2 AktG a. F. wurde die Formulierung „zu übersenden" durch „zu machen" ersetzt. Mit dieser offeneren Formulierung werden auch elektronische Kommunikationsformen zugelassen.[227] Damit steht den Gesellschaften für die Kommunikation mit ihren Aktionären ein einfacherer, schnellerer und sparsamerer Weg durch die Nutzung der modernen Technologien zur Verfügung.

B. Das Transparenz- und Publizitätsgesetz

Am 27. Juli 2002[228] trat das „Gesetz zur weiteren Reform des Aktien- und Bilanzrechts, zu Transparenz und Publizität", kurz das Transparenz- und Publizitätsgesetz (TransPuG), in Kraft. Ziel dieses Gesetzes ist eine weitere Stärkung der neuen Kommunikationsmedien im Gesellschaftsrecht.[229]

Zum einen führte das Gesetz den elektronischen Bundesanzeiger ein.[230] § 25 S. 1 AktG verlangt nun zwingend, dass Bekanntmachungen der Gesellschaft in diesem elektronischen Medium veröffentlicht werden. Da somit die Bekanntmachung elektronisch weltweit über das Internet abrufbar ist, hat sich die Publizitätsreichweite erheblich erhöht.[231]

Zudem hat das TransPuG die Vorschrift des § 118 Abs. 3 AktG[232] neu eingeführt. Für Gesellschaften besteht nun die Möglichkeit, die Hauptversammlung in Ton und Bild zu übertragen. Der Gesetzgeber hatte vor allem die Übertragung im Internet im Blick.[233] Den Gesellschaften steht es frei, die Form und den Umfang der Übertragung frei zu wählen, wobei die Präsenzhauptversammlung jedoch Voraussetzung bleibt.[234]

---

227 Begr. RegE zum NaStraG, BT-Drs. 14/4051, 12. Dem Gesetzgeber schwebte insbesondere die E-Mail anstelle des postalischen Wegs vor, *Than*, FS Martin Peltzer, 577, 590.

228 Teile des Gesetzes sind erst am 1. Januar 2003 in Kraft getreten.

229 RegE zum TransPuG, BT-Drs. 14/8769, 1.

230 Mittlerweile ist der elektronische Bundesanzeiger die einzige Form des Bundesanzeigers geworden (BanzDiG vom 22.12.2011, BGBl. I, 3044, 3045) und wird daher auch als „Bundesanzeiger" bezeichnet.

231 *Noack*, NZG 2003, 241, 242.

232 Aufgrund der späteren erneuten Änderung durch das ARUG (siehe in diesem Kapitel unter 1. Teil: § 4F.I., Seite 52 ff.) nunmehr § 118 Abs. 4 AktG.

233 Vgl. Begr. RegE zum TransPuG, BT-Drs. 14/8769, 19.

234 *Hüffer*, § 118 Rn. 30; a. A. wohl *Hasselbach/Schumacher*, ZGR 2000, 258, 261, und *Schwarz*, MMR 2003, 23, 26, die den gesellschaftsrechtlichen Versammlungsbegriff aufgrund der neuen Kommunikationsmöglichkeiten teleologisch neu interpretieren und somit eine reine Onlineversammlung für möglich halten.

Schließlich wurde im Aktiengesetz der § 161 AktG ergänzt. Diese Vorschrift verlangt, dass Vorstand und Aufsichtsrat einer börsennotierten Gesellschaft jährlich eine Erklärung darüber abgeben, ob von ihnen die Empfehlungen des Kodex angewandt wurden bzw. warum von Einzelempfehlungen abgewichen wurde. Diese Erklärung ist den Aktionären dauerhaft zugänglich zu machen. In der Begründung zum Gesetzesentwurf heißt es, dass ein Kodex für Deutschland gerade im Hinblick auf die Informationen ausländischer Anleger unvermeidlich sei.[235]

C. Das Gesetz zur Unternehmensintegrität und Modernisierung des Anfechtungsrechts

Das „Gesetz zur Unternehmensintegrität und Modernisierung des Anfechtungsrechts" (UMAG) trat am 1. November 2005 in Kraft. Einige der durch dieses Gesetz eingeführten Änderungen des AktG fanden starke Beachtung.

Mit der Neufassung des § 123 AktG durch das UMAG wurde die Anmeldung zur Hauptversammlung neu geregelt. Das bisherige System der Anmeldung und Hinterlegung von Aktien erschien dem Gesetzgeber überholt und er erkannte darin einen Grund für sinkende Hauptversammlungspräsenzen.[236] Die Hinterlegung der Aktien als Nachweis der Berechtigung zur Teilnahme wurde gestrichen. Die Anmeldung kann jedoch weiterhin als Teilnahmevoraussetzung in die Satzung aufgenommen werden. Den Teilnahmenachweis regelt nun für Inhaberaktien § 123 Abs. 3 AktG. Namensaktien nennt die Norm nicht, da der Nachweis in diesem Fall durch das Aktienregister erfolgt.[237] Da § 123 Abs. 3 AktG sich auf Namensaktien nicht bezieht, ist im Umkehrschluss die Möglichkeit ausgeschlossen, bei diesen Aktien ein besonderes Nachweiserfordernis durch die Satzung einzuführen.[238] Bezogen auf Inhaberaktien gestattet § 123 Abs. 3 S. 1 AktG, den Nachweis der Teilnahmeberechtigung in der Satzung zu regeln, d. h. die Hinterlegung wird als Nachweisform nicht ausgeschlossen, ist jedoch nicht mehr die einzige Form des Nachweises. § 123 Abs. 3AktG unterscheidet dabei zwischen börsennotierten und nicht börsennotierten Aktiengesellschaften. Bei

---

235 Begr. RegE zum TransPuG, BT-Drs. 14/8769, 21.

236 RegE zum UMAG, BT-Drs. 15/5092, 1. Vor allem ausländische Investoren waren der nicht zutreffenden Auffassung, dass während der Hinterlegung über die Aktien nicht mehr verfügt werden könnte, und verzichteten deshalb auf eine Teilnahme an der Hauptversammlung, anstatt vieler *Spindler*, NZG 2005, 825, 827. Vgl. dazu in diesem Kapitel unter 1. Teil: § 3C., Seite 1 ff.

237 *Holzborn/Bunnemann*, BKR 2005, 51, 52.

238 *Butzke*, WM 2005, 1981, 1982.

den erstgenannten Gesellschaften gibt das Gesetz die in Textform erstellte Bestätigung des depotführenden Kreditinstituts als verbindliche Nachweisform vor. Weitergehende Anforderungen an den Nachweis der Teilnahmeberechtigung kann die Satzung dieser Gesellschaften nicht vorsehen.[239] Das Kreditinstitut muss der Gesellschaft bis spätestens sechs Tage vor der Versammlung bestätigen, dass ihr Kunde am 21. Tag vor der Versammlung Inhaber der Aktien war, § 123 Abs. 3 S. 3 AktG. Jener Stichtag wird als *record date* bezeichnet. Veräußert der Aktionär seine Aktien nach dem Stichtag und vor dem Termin der Hauptversammlung (sog. *record date period*), so gilt er gegenüber der Gesellschaft dennoch als teilnahme- und stimmberechtigt, § 123 Abs. 3 S. 6 AktG. Aktionäre, die erst nach dem Stichtag Aktien erworben haben, sind dementsprechend nicht teilnahme- oder stimmberechtigt.

Mit der Einfügung des § 127a AktG wurde zudem das Aktionärsforum beim Bundesanzeiger geschaffen. Der Gesetzgeber sieht darin ein *„sinnvolles Korrelat zum zunehmend breiten Streubesitz und einer fortschreitenden Internationalisierung der Aktionärsstruktur.“*[240] Das Forum soll die Kontaktaufnahme und die Koordination zwischen weit zerstreuten und international verteilten Aktionären fördern, indem es Aufrufe der Aktionäre zu allen aktienrechtlichen Aktionen zulässt.[241] Dahinter steht die Absicht, mittels des Aktionärsforums einen Beitrag zur Verbesserung der Eigentümerkontrolle zu leisten,[242] indem es Kleinaktionären die Ausübung ihrer Verwaltungsrechte auf effizientere Weise ermöglicht. An einigen Stellen macht das Gesetz die Ausübung von Aktionärsrechten vom Erreichen eines Mindestquorums abhängig.[243] Das Aktionärsforum soll Kleinaktionären helfen, sich zusammenzuschließen und dadurch leichter die gesetzlichen Mindestquoren zu erreichen.[244] Bisher allerdings scheint das Aktionärsforum seine Ziele zu verfehlen.[245]

Schließlich wurde durch das UMAG das Auskunftsrecht des Aktionärs modifiziert. § 131 AktG erweitert nun den Handlungsspielraum des

239 *Hüffer*, § 123 Rn 11.

240 Begr. RegE zum UMAG, BT-Drs. 15/5092, 15.

241 *Seibert*, AG 2006, 16, 17.

242 Begr. RegE zum UMAG, BT-Drs. 15/5092, 15.

243 Vgl. beispielsweise §§ 120 Abs. 1 S. 2 (Einzelentlastung), 122 Abs. 1 und 2 (Einberufung HV durch Minderheit bzw. Erweiterung Tagesordnung) sowie 148 Abs. 1 S. 1 AktG (Klagezulassungsverfahren).

244 *Seibert*, AG 2006, 16.

245 *Wand/Tillmann*, AG 2006, 443, 446; *Habersack*, Gutachten E zum 69. Deutschen Juristentag, E 89.

Versammlungsleiters und die Satzungsautonomie der Gesellschaft.[246] Durch den neu eingefügten § 131 Abs. 2 S. 2 AktG kann die Satzung den Versammlungsleiter ermächtigen, das Frage- und Rederecht des Aktionärs angemessen zu beschränken,[247] um einer ausufernden Ausnutzung des Frage- und Rederechts entgegenzuwirken. Dies soll zur Straffung der Hauptversammlung und zur Steigerung ihrer inhaltlichen Attraktivität beitragen.[248] Ergänzt wird diese Änderung durch die neu eingefügte Nr. 7 in § 131 Abs. 3 S. 1 AktG. Danach brauchen auf der Hauptversammlung Fragen nicht beantwortet zu werden, wenn die entsprechende Information mindestens seit sieben Tagen vor der Hauptversammlung auf der Internetseite der Gesellschaft durchgängig verfügbar war und auch noch während der Hauptversammlung erhältlich ist.

D. Das Transparenzrichtlinie-Umsetzungsgesetz

Am 20. Januar 2007 trat das Transparenzrichtlinie-Umsetzungsgesetz (TUG) in Kraft und hat, zusammen mit dem EHUG[249] die Europäische Transparenzrichtlinie[250] in nationales Recht umgesetzt. Die Richtlinie zielte auf die Änderung der Veröffentlichungspflichten für Wertpapieremittenten ab, um durch aktives Handeln der Gesellschaften „*ein angemessenes Maß an Transparenz für die Anleger zu gewährleisten*".[251] Daneben verlangte Art. 21 Abs. 2 der Richtlinie – als passive Komponente – die Einrichtung eines amtlich bestellten Systems zur zentralen Speicherung der veröffentlichten Mitteilungen. Zur Umsetzung der Richtlinie

246 Begr. RegE zum UMAG, BT-Drs. 15/5092, 17.

247 Von dieser Möglichkeit haben alle MDAX und DAX30-Unternehmen Gebrauch gemacht. Vgl. anstelle identischer oder ähnlicher Regelungen § 16 Abs. 3 der Satzung der Bayer AG Leverkusen, Stand 9.5.2012: „*Der Versammlungsleiter kann das Frage- und Rederecht der Aktionäre zeitlich angemessen beschränken. Er ist insbesondere berechtigt, bereits zu Beginn oder während der Hauptversammlung den zeitlich angemessenen Rahmen für den Verlauf der Hauptversammlung, für die Aussprache zu den einzelnen Tagesordnungspunkten oder für den einzelnen Frage- und Redebeitrag zu setzen.*"

248 Begr. RegE zum UMAG, BT-Drs. 15/5092, 17.

249 Am 1.1.2007 in Kraft getreten. BGBl. I, 2006, 2553 ff.

250 Richtlinie 2004/109/EG des Europäischen Parlaments und des Rates vom 15.12.2004 zur Harmonisierung der Transparenzanforderungen in Bezug auf Informationen über Emittenten, deren Wertpapiere zum Handel auf einem geregelten Markt zugelassen sind, und zur Änderung der Richtlinie 2001/34/EG; ABl. EU Nr. L390 vom 31.12.2004, 38–57.

251 Siehe den zweiten für die Richtlinie maßgebenden Grund, ABl. EU Nr. L390 vom 31.12.2004, 38.

wurde durch das EHUG das Unternehmensregister[252] geschaffen, in dem sämtliche veröffentlichten Informationen zentral und von jedermann abgerufen werden können. Diese Maßnahmen zielen auf eine Stärkung der Informationsbasis der Anleger für ihre Investitionsentscheidung und auf eine Förderung des Vertrauens in die Kapitalmärkte.[253]

Zudem etablierte das TUG mit dem neu eingefügten § 30b Abs. 1 S. 1 Nr. 1 WpHG erstmals inhaltliche Vorgaben für die Einberufung von Hauptversammlungen, die zum damaligen Zeitpunkt über die aus dem Aktienrecht stammenden Anforderungen gem. §§ 121 Abs. 3, 124 AktG a. F. hinaus gingen. Mittlerweile wurden ähnliche Anforderungen durch das ARUG auch in das Aktiengesetz eingefügt.[254]

In Umsetzung des Art. 17 Abs. 2 lit. b) der Transparenzrichtlinie wurde in § 30a Abs. 1 Nr. 5 WpHG eine Änderung eingefügt, die bisher jedoch im Aktiengesetz keine Entsprechung gefunden hat. Danach sind Emittenten von Aktien verpflichtet, jeder stimmberechtigten Person zusammen mit der Einladung zur Hauptversammlung ein Formular für die Erteilung einer Vollmacht zur Vertretung zu übermitteln. Dies muss auf Verlangen des Aktionärs in Textform geschehen.

Zudem hat der Gesetzgeber durch Änderung des § 21 Abs. 1 WpHG und Einfügen eines neuen § 25 WpHG die Pflicht der Aktionäre erweitert, die Gesellschaft über die Überschreitung bzw. Unterschreitung bestimmter Anteilsgrenzen zu unterrichten. Vor allem die neue 3 %-Schwelle in § 21 Abs. 1 WpHG, die über die Vorgaben der Richtlinie hinausgeht, ist sowohl für die Gesellschaft selbst als auch für die Aktionäre von Interesse, weil der Gesetzgeber davon ausgeht, dass auch Beteiligungen unter 5 % bereits erheblichen Einfluss besitzen und ihre Veröffentlichung *„die Transparenz der Beteiligten weiter verbessert“*.[255] Mit Einfügen einer weiteren Meldepflicht gemäß § 25a WpHG[256] bezüglich des Haltens von bestimmten Finanzinstrumenten sollte die Transparenz erneut gesteigert und Lücken des § 25 WpHG geschlossen werden.

---

252 Abrufbar unter: https://www.unternehmensregister.de.

253 *Nießen*, NZG 2007, 41.

254 Siehe dazu in diesem Kapitel unter 1. Teil: § 4F.II., Seite 1 ff.

255 Begr. RegE zum TUG, BT-Drs. 16/2498, 28.

256 Eingefügt durch das Anlegerschutz- und Funktionsverbesserungsgesetz vom 5.4.2011, BGBl. I, 538.

E. Das Risikobegrenzungsgesetz

Das „Gesetz zur Begrenzung der mit Finanzinvestitionen verbundenen Risiken", kurz Risikobegrenzungsgesetz, trat am 12. August 2008 in Kraft. Durch dieses Gesetz soll erneut die Transparenz an den Kapitalmärkten erhöht und die Informationsbasis für alle Akteure verbessert werden.[257] Dementsprechend wurden die Mitteilungspflichten des WpHG[258] verschärft und ihr Anwendungsbereich ausgeweitet bzw. durch § 27a WpHG eine weitere Meldepflicht eingeführt.[259] Ferner wurde sich der Tatsache angenommen, dass das Aktienregister in der Praxis meist nicht den wirklichen Aktionär ausweist, sondern vielmehr Verwahrbanken oder Zentralverwahrer (sog. Nominee-Eintragung).[260] Da zudem die Eintragung in das Register bis zur Gesetzesänderung freiwillig war, konnte sie unterbleiben bzw. der Übermittlung der notwendigen Daten durch die Kreditinstitute widersprochen werden.[261] Auf diesen Sachverhalt hat der Gesetzgeber mit einer Änderung des § 67 AktG reagiert und das Aktienregister, entsprechend dem gesetzlichen Leitbild von einem vollständigen Register, das den wahren Inhaber der Aktien ausweist, angenähert:[262] Gem. § 67 Abs. 1 S. 2 AktG besteht nun eine Eintragungspflicht des Namensaktionärs.[263] Nominee-Eintragungen sind zwar nach wie vor möglich (vgl. § 129 Abs. 3 S. 2 und § 135 Abs. 6 AktG), doch können sie gem. § 67 Abs. 1 S. 3 AktG durch die Satzung beschränkt werden. Der Gesetzgeber hat sich für die Stärkung der Satzungsautonomie entschieden, um flexible Regelungen für Publikumsgesellschaften und nicht börsennotierte

---

257 Begr. RegE zum Risikobegrenzungsgesetz, BR-Drs. 763/07, 10.

258 So wurden vor allem die §§ 22, 25 und 28 WpHG geändert.

259 Ausführlich zu den Änderungen des WpHG durch das Risikobegrenzungsgesetz *Diekmann/Merkner*, NZG 2007, 921 ff.; *Renz/Rippel*, BKR 2008, 309 ff.

260 Begr. RegE zum Risikobegrenzungsgesetz, BR-Drs. 763/07, 11; BMJ, NZG 2004, 948; *Zetsche*, NZG 2007, 686.

261 *Noack*, Änderung § 67 AktG, NZG 2008, 721.

262 Begr. RegE zum Risikobegrenzungsgesetz, BR-Drs. 763/07, 11, wobei dem Gesetzgeber vor allem Schwellenbegrenzungen vorschwebten („*Denkbar ist z. B. eine Satzungsregelung, nach der Eintragungen als Legitimationsaktionär ab einer bestimmten Schwelle nicht mehr zulässig sind.*").

263 Die Verletzung dieser Pflicht ist direkt allerdings nicht sanktioniert, *Noack*, Änderung § 67 AktG, NZG 2008, 721, der aber darauf verweist, dass der nicht eingetragene Aktionär gem. § 67 Abs. 2 S. 1 AktG gegenüber der Gesellschaft auch keine Rechte hat (indirekte Sanktion).

Gesellschaften zu ermöglichen.[264] Ein Beispiel für eine satzungsmäßige Begrenzung findet sich in § 3a der Satzung der Allianz SE in der Fassung vom Juni 2012:

> *Die Eintragung in das Aktienregister im eigenen Namen für Aktien, die einem anderen gehören, ist zulässig unter folgenden Voraussetzungen:*
>
> *a) bei einer Eintragung bis zu 0,2 % des satzungsmäßigen Grundkapitals je Eingetragenem ohne Weiteres;*
>
> *b) bei einer Eintragung von mehr als 0,2 % des satzungsmäßigen Grundkapitals bis einschließlich 3 % des satzungsmäßigen Grundkapitals je Eingetragenem ist für den 0,2 % des satzungsmäßigen Grundkapitals übersteigenden Teil der Aktien die Eintragung zulässig, soweit der Gesellschaft gegenüber die Daten gemäß § 67 Abs. 1 Satz 1 AktG für diejenigen Personen offengelegt werden, für die der Eingetragene jeweils mehr als 0,2 % des satzungsmäßigen Grundkapitals hält;*
>
> *c) die Eintragung ist höchstens bis zu einer Höchstgrenze von 3 % des satzungsmäßigen Grundkapitals je Eingetragenem zulässig.*
>
> *Die Rechte der Gesellschaft nach § 2 Abs. 2 dieser Satzung bleiben unberührt. Die Regelungen dieses § 3a gelten ab dem 1. Januar 2010 und sind von diesem Zeitpunkt an auch auf bestehende Eintragungen anzuwenden.*

Der geänderte § 67 Abs. 4 AktG gibt der Gesellschaft schließlich einen Auskunftsanspruch gegenüber dem Eingetragenen,[265] der darauf abzielt, innerhalb einer angemessenen Frist[266] den tatsächlichen Inhaber der Aktien genannt zu bekommen. Erreichen will der Gesetzgeber damit, dass auch Ermächtigungsketten es nicht ermöglichen, den wahren Aktieninhaber zu verbergen.[267]

F. Das Aktionärsrechterichtlinie-Umsetzungsgesetz

Die bislang letzte für das vorliegende Thema relevante Änderung des AktG erfolgte durch das Gesetz zur Umsetzung der Aktionärsrechterichtlinie (ARUG), das am 1. August 2009 in Kraft trat. Ziel jener Aktionärsrechterichtlinie[268] ist eine erneute Verbesserung der Informationsbasis der Aktionäre von börsennotierten

---

264 Begr. RegE zum Risikobegrenzungsgesetz, BR-Drs. 763/07, 19.

265 *Noack*, Änderung § 67 AktG, NZG 2008, 723.

266 Der Gesetzgeber geht in seiner Begründung von mindestens 14 Tagen aus, vgl. Begr. RegE zum Risikobegrenzungsgesetz, BR-Drs. 763/07, 20.

267 *Timmann/Birkholz*, BB 2007, 2749, 2750; *Roth*, ZIP 2003, 369, 374, spricht in diesem Zusammenhang von dem Ziel, das Verhältnis zwischen Aktionär und Gesellschaft zu „entanonymisieren".

268 Richtlinie 2007/36/EG des Europäischen Parlaments und des Rates vom 11.07.2007 über die Ausübung bestimmter Rechte von Aktionären in börsennotierten Gesellschaften; ABl. EU Nr. L184 vom 14.07.2007, 17–24.

Gesellschaften und eine Erleichterung der grenzüberschreitenden Ausübung von Aktionärsrechten.[269]

I. Der Gebrauch moderner Kommunikationstechniken nach dem ARUG

Mit diesen Änderungen hat der Gesetzgeber den modernen Kommunikationstechniken, insbesondere dem Internet, im Aktienrecht erneut Rechnung getragen. Wurde bisher die Auslage von Dokumenten verlangt, reicht es nun aus, die Dokumente auf der Internetseite der Gesellschaft zugänglich zu machen.[270] Hierbei ist der Gesetzgeber erneut über die Vorgaben der Richtlinie hinausgegangen, indem er die Verletzung gewisser Aktionärsrechte, soweit sie auf einer technischen Störung beruhen, nicht zur Anfechtung von Hauptversammlungsbeschlüssen zulässt (§ 243 Abs. 3 AktG),[271] es sei denn, der Gesellschaft ist grobe Fahrlässigkeit oder Vorsatz vorzuwerfen. Mit der Formulierung „es sei denn" geht die Beweislast für ein Verschulden der Gesellschaft auf den Anfechtungskläger über. *„Damit soll es Gesellschaften, die dies wünschen, ermöglicht werden, die elektronischen Kommunikationswege als vollwertige Wege der Rechtswahrnehmung anzubieten"*.[272]

Durch den neuen § 118 Abs. 1 S. 2 AktG ist die Satzungsautonomie in Bezug auf den Gebrauch elektronischer Kommunikation erweitert worden.[273] Die Satzung kann nun vorsehen, dass die Teilnahme an der Hauptversammlung und die Ausübung der Rechte in der Hauptversammlung allein mit Hilfe elektronischer Kommunikationsmittel erfolgt.[274] Da die Richtlinie den Gesetzgeber allein zur Schaffung der rechtlichen Voraussetzungen verpflichtet, die Gesellschaften

---

269 Richtlinie 2007/36/EG, ABl. EU Nr. L 184 vom 14.07.2007, 19.

270 Vgl. u. a. die neu eingefügten §§ 52 Abs. 2 S. 4, 126 Abs. 1 S. 2, 179a Abs. 2 S. 3, 319 Abs. 3, S. 3 AktG sowie den geänderten § 319 Abs. 3 S. 4 AktG.

271 Neben der soeben genannten wurden durch das ARUG weitere Änderungen in den §§ 241 ff. AktG vorgenommen, die hier jedoch nicht beachtet werden sollen. Vgl. dazu *Marsch-Barner/Paschos* in FAZ vom 10.2.2010, „Lauter neue Regeln für das Zusammentrommeln der Aktionäre", Recht und Steuern, Seite 19.

272 Begr. RegE zum ARUG, BT-Drs. 16/11642, 40.

273 Begr. RegE zum ARUG, BT-Drs. 16/11642, 26.

274 Durch die Erweiterung der Satzungsautonomie kommt der Gesetzgeber der Vorgabe der Richtlinie nach, wonach keine rechtlichen Hindernisse für die Teilnahme an der Hauptversammlung auf elektronischem Wege existieren sollen, vgl. Nr. (9) der Gründe für den Erlass der Richtlinie, Richtlinie 2007/36/EG, ABl. EU Nr. L 184 vom 14.07.2007, 18. Er geht aber insofern über die Richtlinienvorgaben hinaus, dass er die neue Satzungsautonomie nicht auf börsennotierte Gesellschaften beschränkt hat.

dann aber im Rahmen der Satzung die Reichweite des Gebrauchs technischer Kommunikationsmittel selbst bestimmen können, ist die gesetzliche Regelung äußerst weit gefasst. Den Gesellschaften steht somit die gesamte Bandbreite von Möglichkeiten – von vollständiger Online-Teilnahme bis zum Ausschluss des Gebrauchs technischer Kommunikationsmittel – offen.[275] Bezogen auf das Stimmrecht des Aktionärs wurde in § 118 AktG ein neuer Absatz 2 eingeführt, der eine vorherige Stimmabgabe der Aktionäre schriftlich oder im Wege elektronischer Kommunikation (Briefwahl) zulässt. Diese Form der Teilnahme war bisher im deutschen Aktienrecht nicht bekannt.[276] Ihr Unterschied zur Online-Teilnahme besteht darin, dass der über die Briefwahl abstimmende Aktionär rechtlich nicht „als Teilnehmer“, als „anwesend“, als „in der Hauptversammlung erschienen“, gilt.[277] Selbstverständlich gelten Briefwahlstimmen jedoch als abgegebene Stimmen im Sinne des § 133 AktG und zählen zu dem bei der Beschlussfassung vertretenen Grundkapital.[278]

Änderungen ergeben sich auch bei der Erteilung von Vollmachten zur Stimmrechtsausübung.[279] Gem. § 134 Abs. 3 AktG reicht nun die Textform für eine Bevollmächtigung aus. Bei börsennotierten Gesellschaften kann die Satzung keine strengere Form bestimmen.[280] Zudem muss die börsennotierte Gesellschaft zukünftig zumindest einen Weg elektronischer Kommunikation für die Übermittlung des Nachweises anbieten.

II. Die Änderungen bezüglich der Aktionärsinformation nach dem ARUG

Auch im Hinblick auf die verbesserte Versorgung des Aktionärs mit Informationen hat das ARUG wesentliche Neuerungen gebracht. Zunächst hat der Gesetzgeber den § 124a AktG in das Gesetz eingefügt. Diese Norm verlangt

---

275 Wird laut Satzung nur bei einigen Aktionärsrechten die Online-Teilnahme gewährt, liegt darin kein Verstoß gegen den Gleichbehandlungsgrundsatz gem. § 53a AktG, da § 118 Abs. 1 S. 2 AktG diese Differenzierung gerade erlaubt und zudem Präsenz- und Online-Teilnahme sich noch deutlich unterscheiden, *Noack*, ARUG, NZG 2008, 441, 444.

276 *Noack*, ARUG, NZG 2008, 441, 444.

277 Begr. RegE zum ARUG, BT-Drs. 16/11642, 27. Online teilnehmende Aktionäre sind hingegen „erschienen“ und zählen zur Präsenz, Begr. RegE zum ARUG, BT-Drs. 16/11642, 26.

278 Begr. RegE zum ARUG, BT-Drs. 16/11642, 27.

279 Ausführlich zu den Änderungen bezüglich des Depotstimmrechts durch das ARUG siehe *Grundmann*, BKR 2009, 31ff.

280 Allerdings kann die Satzung Erleichterungen vorsehen. Bei nicht börsennotierten Gesellschaften sind strengere Anforderungen durch die Satzung möglich.

von börsennotierten Gesellschaften, eine Vielzahl von Informationen alsbald nach Einberufung einer Hauptversammlung auf ihren Internetseiten zu veröffentlichen. Erfasst wird vor allem der Inhalt der Einberufung (Nr. 1), die der Versammlung zugänglich zu machenden Unterlagen (Nr. 3), die Gesamtzahl der Aktien und Stimmrechte im Zeitpunkt der Einberufung (Nr. 4) sowie gegebenenfalls Formulare, die zur Stimmabgabe durch Vertretung oder Briefwahl notwendig sind (Nr. 5). Die Internetseite einer Gesellschaft wird somit zur Informationszentrale.[281]

Zudem wurden in § 121 Abs. 3 AktG die bei einer Einberufung erforderlichen Angaben erweitert. Das Unternehmen ist zukünftig zur Angabe folgender Informationen verpflichtet: 1.) die Voraussetzungen für die Teilnahme an der Versammlung und die Ausübung des Stimmrechts sowie ggf. den Nachweisstichtag (*record date*) und dessen Bedeutung; 2.) das Verfahren für die Stimmabgabe durch einen Bevollmächtigten sowie ggf. durch Briefwahl oder im Wege der elektronischen Kommunikation; 3.) die Aktionärsrechte gem. §§ 122 Abs. 2, 126 Abs. 1, 127, 131 Abs. 1 AktG; 4.) die Internetseite der Gesellschaft, auf der die Informationen gem. § 124a AktG zu finden sind. Der neu eingefügte § 121 Abs. 4a AktG verlangt zudem von börsennotierten Gesellschaften, dass die Einberufung auch solchen Medien zugeleitet wird, bei denen von einer Verbreitung in der gesamten Europäischen Union auszugehen ist.[282]

Aufgrund des neu eingefügten § 405 Abs. 3a AktG handelt zudem ordnungswidrig, wer vorsätzlich oder leichtfertig die neuen Anforderungen der §§ 121 Abs. 4a, 124a AktG verletzt.

§ 5 Auswirkungen der Gesetzesänderungen auf die Hauptversammlungspräsenz

Nach Darstellung der Gründe für geringe Präsenzen und der Maßnahmen des Gesetzgebers stellt sich nun die Frage, ob und inwieweit durch diese Änderungen die Ursachen für niedrige Präsenzen beseitigt wurden.

---

281 *Zetsche*, NZG 2007, 686, 688. Seit 2002 besteht bereits eine entsprechende Empfehlung des Deutschen Corporate Governance Kodex (Nr. 2.3.1), die von DAX30, TecDAX und MDAX-Gesellschaften zu 100% befolgt wird, sodass sich für die Praxis kaum Veränderungen ergeben, *Noack*, ARUG, NZG 2008, 441, 442.

282 *Noack* erachtet den E-Bundesanzeiger für die Veröffentlichung als ausreichend und sieht in dieser Vorschrift eine *„suboptimale Regelung“*, die Folge von Lobbyismus der Agenturbranche sei, ARUG, NZG 2008, 441, 442.

Um den Ablauf einer Hauptversammlung zu straffen, kommt dem Versammlungsleiter seit dem UMAG nun ausdrücklich die Möglichkeit zu, das Frage- und Rederecht zu begrenzen. Es überrascht nicht, dass von dieser Möglichkeit weitestgehend Gebrauch gemacht und explizite Ermächtigungen zur Begrenzung in die Satzungen aufgenommen wurden. Allerdings war auch schon vor der Gesetzesänderung eine Beschränkung des Frage- und des Rederechts durch den Leiter der Hauptversammlung möglich,[283] sodass die statutarische Ermächtigung nicht zwingende Voraussetzung ist.[284] Zu einer Verkürzung der Hauptversammlungen hat die Einführung einer klarstellenden Regelung jedoch nicht geführt.[285]

Bezüglich der verringerten Stimmrechtsvertretung durch die Banken wurde durch die Änderungen des NaStraG das Depotstimmrecht aufgewertet.[286] Jedoch war damit eine Beseitigung der umfangreichen Mitteilungs- und Organisationspflichten der Banken und anderer formaler Anforderungen des Depotstimmrechts nicht verbunden. Es ist eher unwahrscheinlich, dass diese Gründe in Zukunft beseitigt werden, weil damit eine erneute Stärkung der Macht der Banken einherginge. Die Idealvorstellung des Gesetzgebers geht eher dahin, den Rückgang der Bankenstimmrechtsvertretung durch alternative Stimmrechtsausübungsinstrumente, wie zum Beispiel den Stimmrechtsvertreter der Gesellschaft, aufzufangen.[287] *Westermann* erklärte bereits vor dem KonTraG, dass bei Angriff auf das Depotstimmrecht das entstehende Machtvakuum gefüllt werden müsse.[288] Dieses Ziel hat der Gesetzgeber nach eigener Aussage bisher allerdings verfehlt.[289]

---

283 BVerfG (Kammerbeschluss) vom 20.09.1999 – 1 BvR 636/95, NJW 2000, 349, 351; *Hüffer*, § 131 Rn. 22d.

284 *Hüffer*, § 131 Rn. 22d.

285 Vgl. zu der durchschnittlichen Dauer von Hauptversammlungen die Übersicht der SdK zur HV-Dauer (Fn. 209).

286 Zu nennen sind hier der Verzicht auf den Gebrauch eines Formblatts für die Vollmachtserteilung sowie die Einführung der Dauervollmacht.

287 BMJ, NZG 2004, 948. Kritisch sowohl in Bezug auf das Depotstimmrecht als auch hinsichtlich der Stimmrechtsvertretung durch die Gesellschaft unter dem Gesichtspunkt der Unternehmenskontrolle durch die Aktionäre bereits *Schwark*, ZGR 1976, 271, 287.

288 *Westermann*, Corporate Governance, 264, 277: „*Im Ergebnis sollte also die Zulassung der Kreditinstitute zum Vollmachtsstimmrecht nicht abgeschafft und auch nicht so beschränkt werden, daß ein Machtvakuum entsteht. Jeder, der diese Art von ‚Bankenmacht' nicht will, muß also überlegen, was man an ihre Stelle setzen kann.*"

289 BMJ, NZG 2004, 948.

Bei nahezu jeder Gesetzesänderung der letzten Jahre hat der Gesetzgeber auch die Punkte Kommunikation mit den Aktionären sowie Informationskosten der Aktionäre im Blick gehabt. Es wurde vor allem der verstärkte Einsatz neuer Technologien vorangetrieben. Den Änderungen des ARUG, vor allem der Zulassung neuer Technologien bei der Teilnahme an der Hauptversammlung gem. § 118 Abs. 2 AktG und der vereinfachten Informationsgewinnung über die Internetseiten der Gesellschaft, kommt die wohl größte Bedeutung zu.

Bei Betrachtung der von der Schutzgemeinschaft für Kapitalanleger e. V. veröffentlichten Hauptversammlungspräsenzen der letzten Jahre[290] bestätigt sich, dass die bisherigen gesetzlichen Maßnahmen ihr Ziel einer erhöhten Präsenz weitgehend verfehlt haben. Lediglich im zeitlichen Zusammenhang mit dem UMAG und der damit verbundenen Einführung des *record-date*-Verfahrens ließe sich eine positive Auswirkung der gesetzlichen Änderungen erkennen. Im Jahr 2007 betrug die durchschnittliche Präsenz im DAX30 immerhin 56,12 Prozent und lag damit knapp sieben Prozentpunkte höher als 2006. Diese Veränderung liegt durchaus außerhalb der normalen Schwankungen. Bei der Betrachtung der Werte der darauffolgenden Jahre 2008 bis 2012, scheint sich die Präsenz auf dem Niveau von 2007 einzupendeln. Die Erwartungen, die in die Änderungen durch das ARUG und in den verstärkten Einsatz moderner Kommunikationstechnologie gesetzt wurden, sind somit enttäuscht worden.[291] Bei den Unternehmen des MDAX haben sich die Präsenzen seit 2008 bei leicht über 60 Prozent eingependelt, verharren aber auf diesem Niveau praktisch unverändert.

Es bleibt insofern festzuhalten, dass die bisherigen Gesetzesänderungen die Hauptversammlungspräsenz nicht signifikant verändern konnten und auch das ARUG die mit den Änderungen verbundenen Hoffnungen nicht erfüllen konnte.

2. Teil: Rechtstatsachen bezüglich Spanien

Mit Blick auf die Situation in Spanien sind letztlich – wenn auch weniger ausführlich – ebenfalls die für Deutschland behandelten Aspekte zu analysieren. Entsprechend wird nach Darstellung der Präsenzsituation in Spanien (§ 1) beschrieben, worauf in Spanien die geringen Präsenzen zurückgeführt werden können und welche Auswirkungen sich daraus ergeben (§ 2). Anschließend werden Maßnahmen des spanischen Gesetzgebers zur Präsenzverbesserung vorgestellt (§ 3). Abschließend werden die tatsächlichen Gegebenheiten rund um das Instrument der *prima de asistencia* aufgezeigt (§ 4).

---

290 Vgl. SdK-Angaben zu Hauptversammlungspräsenzen (Fn. 20).

291 Ebenso *Habersack*, Gutachten E zum 69. Deutschen Juristentag, E 88.

§ 1 Hauptversammlungspräsenzen in Spanien

In Spanien waren die Präsenzen auf Hauptversammlungen der letzten Jahre weitaus erfreulicher als in Deutschland. Laut Informationen der *Comisión Nacional del Mercado de Valores* (CNMV)[292] lag die durchschnittliche Präsenz bei Hauptversammlungen in dem Zeitraum 2009 bis 2012 stets um die 70 Prozent.[293] Seit dem tiefsten Stand in 2005 stieg die durchschnittliche Präsenz jährlich an und erreichte im Jahr 2011 sogar 72,9 Prozent.

Bei diesen Werten handelt es sich erneut um Durchschnittswerte aller im IBEX-35 notierten Gesellschaften und auch in Spanien weichen die Präsenzen der einzelnen Gesellschaften bisweilen erheblich voneinander ab. Die Schwankungsbreite liegt jedoch allgemein höher, sodass die deutschen Präsenzwerte nicht erreicht werden.[294] Zudem weisen die spanischen Präsenzen ebenfalls die bereits angesprochene negative Korrelation zwischen Präsenzquote und Anteil frei handelbarer Aktien (*free float*) auf. Laut CNMV[295] befanden sich bei drei von sieben Gesellschaften, deren Hauptversammlungspräsenz 80 Prozent im Jahre 2012 überstieg, weniger als 25 Prozent der Aktien im freien Umlauf. Bei den sieben Gesellschaften, die eine Präsenz von unter 62 Prozent erzielten, lag der Anteil der sich im freien Umlauf befindlichen Aktien bei über 74 Prozent des Kapitals.[296]

Die höheren Präsenzen bedeuten jedoch nicht, dass nicht auch in Spanien über die Rolle des Organs Hauptversammlung in börsennotierten Gesellschaften

---

292 Siehe diesbezüglich das bisher zuletzt veröffentlichte „Informe anual de Gobierno Corporativo de las compañías del IBEX-35" aus 2012, 46, abrufbar unter http://www.cnmv.es/portal/Publicaciones/Informes.aspx [zuletzt abgerufen am 9.10.2013].

293 Im Zeitraum 2006 bis 2009 lagen die Präsenzen stets über 60 Prozent (siehe hierzu das Informe aus 2009, 47; abrufbar unter vgl. Fn. 292). Zu den Präsenzen im Zeitraum 2004 bis 2008 auch *Fernández Torres*, Participación de los accionistas, 255, 264.

294 In den Jahren 2010–2012 wies der Banco Santander mit Werten von jeweils etwa 55 % eine der niedrigsten Präsenzen auf, während Endesa im gleichen Zeitraum Werte von jeweils etwa 95 % erreichte. Vgl. Estadísticas de Gobierno Corporativo de las Compañías del Ibex 35 – Anexo I Datos individuales de las compañías del Ibex 35, abrufbar unter http://www.cnmv.es/portal/gpage.aspx?id=estgci35 [zuletzt abgerufen am 9.10.2013], Cuadro 1.4.

295 „Informe anual de Gobierno Corporativo de las compañías del IBEX-35" aus 2012 (Fn. 292), 47.

296 Ähnliche Angaben sowie eine anschauliche graphische Darstellung jener Relation finden sich auch bei *Fernández Torres*, Participación de los accionistas, 255, 265.

diskutiert würde.[297] Auch dort stellt sich die Frage des Fernbleibens der Aktionäre. Diese wird vor allem auf die rationale Apathie der Aktionäre einer börsennotierten Gesellschaft mit verbreitetem Aktionariat zurückgeführt, die wiederum mit den Veränderungen der Aktionärsstrukturen und auch mit der gestiegenen Internationalität der Aktionäre zusammenhängt.[298] Die Dauer von Hauptversammlungen oder der Rückzug der Depotbanken werden, soweit ersichtlich, nicht als Begründung für das Fernbleiben angeführt. Der prozentual unbedeutende Aktionär sei in erster Linie Investor und somit auf seinen eigenen ökonomischen Vorteil bedacht. Erst an zweiter Stelle sei er Aktionär im gesetzlichen Sinne, dem die Verwaltungsrechte zustehen. Ein solcher Aktionär habe lediglich Interesse an der Ausübung des Gewinnbezugsrechts. Wer in Aktien investiere, ohne eine bestimmende Position anzustreben, denke nicht an die juristische Position als Mitglied in einem Verband. Ihm gehe es allein um die Rendite seiner Investition.[299]

Die Debatte in Spanien wird auch vor dem Hintergrund der speziellen Aktionärsstruktur spanischer Gesellschaften geführt. Ein entsprechender Hinweis findet sich bereits am Beginn der spanischen *Corporate-Governance*-Debatte, im sog. Informe Olivencia.[300] Die Atomisierung der spanischen Aktionärsstruktur ist weniger ausgeprägt als in anderen Staaten, das sog. *blockholder system* somit noch stärker vertreten.[301] Im Jahr 2012 existierte bei sieben Unternehmen des

---

297 *Sánchez Calero*, RDBB Nr. 104, 2006, 9, 11 spricht davon, dass dem Organ Hauptversammlung zwar formal keine Kompetenzen entzogen wurden, das Organ jedoch tatsächlich von der Verwaltung beherrscht wird. Siehe zudem *Martínez Rosado*, Propuestas relativas a la convocatoria, 146 ff.; *Trías Sagnier*, Inversores institucionales, passim. Ebenso *Alonso Ledesma*, RDBB Nr. 104, 2006, 143 ff., bezüglich der Möglichkeit, eine Revitalisierung der Hauptversammlung durch Aktionärsvereinigungen (*asociaciones de accionistas*) zu erreichen.

298 Im Jahr 1999 befanden sich etwa 40 % der gesamten Börsenkapitalisierung Spaniens in den Händen ausländischer Investoren, vgl. *Roncero Sánchez*, Inversores institucionales, 665, 686.

299 *Alonso Ledesma*, El papel de la junta general, 615, 621 f.; *Martínez Rosado*, Propuestas relativas a la convocatoria, 141, 147 f.; *Sánchez Calero*, La junta general, 639.

300 Der offizielle Name der Expertenkommission war „Comisión Especial para el estudio de un Código Etico de los Consejos de Administración de las Sociedades". Vorsitzender war Manuel Olivencia Ruiz. Der entsprechende Bericht „El gobierno de las sociedades cotizadas" vom Februar 1998 ist abrufbar unter http://www.ecgi.org/codes/documents/codigo_sp.pdf [zuletzt abgerufen am 22.2.2011].

301 So bereits im Informe Olivencia (Fn. 300), 10. Siehe auch jeweils die Ausführungen zu dem Punkt „Estructura de la Propiedad – Distribución del capital" im „Informe

IBEX-35 ein Aktionär, der die Mehrheit der Stimmrechte besitzt oder sonst die Gesellschaft kontrollieren kann. Bei weiteren elf Unternehmen wurden Stimmrechtsmitteilungen veröffentlicht, die jeweils mehr als die Hälfte des Kapitals der Gesellschaft betrafen.[302] Zunächst wurde zwar in der Debatte nahezu ausschließlich auf die Rolle des Verwaltungsrats als Überwachungsorgan abgestellt. So geht der Olivencia-Report davon aus, dass Maßnahmen zur Verbesserung der Unternehmensführung und Unternehmenskontrolle vor allem im Bereich des Verwaltungsrats zu treffen sind.[303] Das Organ Hauptversammlung hingegen wird nur kurz gestreift. Diesbezüglich heißt es lediglich, dass eine Konzentration auf den Verwaltungsrat geboten sei, weil die Hauptversammlung die Kontrollfunktion zurzeit nicht wahrnehmen könne. Der Erfolg bisheriger Maßnahmen zur Stärkung der Hauptversammlung sei kritisch zu betrachten.[304] Die Blickrichtung hat sich jedoch mit dem Aldama-Report[305] geändert. Seine Empfehlungen beziehen sowohl auf die Organe Verwaltungsrat und Hauptversammlung als

---

anual de Gobierno Corporativo de la compañías del Ibex 35“ (Fn. 292) der letzten Jahre. Angaben zu der Aktionärsstruktur bei spanischen Unternehmen aus dem Jahr 1995 finden sich bei *Crespí-Cladera/García-Cestona*, Ownership and Control, 207 f. und 218 f. Umfangreiche Angaben, aufgeteilt in einzelne Wirtschaftssektoren aus dem Jahr 1998, finden sich im Anhang I bei *Trías Sagnier*, Inversores institucionales, 385 ff.

302 Dazu, dass der spanische Aktienmarkt eine höhere Konzentration aufweist, vgl. *Reyes Recio*, Rev. Dir. Org. Adm., 2002, 112, 120 f., allerdings nur für den Zeitraum 1996 bis 1998. Dennoch ist die Veränderung hin zu den kleineren Beteiligungen und die stets steigende Bedeutung der institutionellen Investoren unbestritten, *Roncero Sánchez*, Inversores institucionales, 665, 675 ff.

303 Informe Olivencia (Fn. 300), 8: „[…] *las medidas de buen gobierno de las sociedades han de centrarse, como núcleo fundamental, en los Consejos de Administración, en su funcionamiento y en las conductas de sus miembros.*“

304 Informe Olivencia (Fn. 300), 50: „*En buena medida, el movimiento de reforma en que se inserta este Informe,orientado a impulsar el Consejo como órgano de supervisión, tiene su origen en la constatación de la escasa eficacia disciplinar de la Junta General. Siendo todo ello así, esta Comisión abriga dudas sobre la efectividad de determinadas políticas encaminadas a reactivar la Junta General estimulando la participación de los accionistas (creando comités de accionistas, facilitando las convocatorias instadas por accionistas, recurriendo a las primas de asistencia, etc.).*“

305 Der offizielle Name dieser Expertenkommission lautete „Comisión Especial para el fomento de la transparencia y la seguridad en los mercados financieros y las sociedades cotizadas“. Ihr Vorsitzender war Enrique de Aldama y Miñón. Der Kommissionsbericht vom 8. Januar 2003 ist abrufbar unter http://www.ecgi.org/codes/documents/informefinal.pdf [zuletzt abgerufen am 11.10.2013].

auch auf die Prinzipien der Transparenz und Ehrlichkeit.[306] Ähnliches gilt für die derzeitige Version des spanischen Corporate Governance Kodex,[307] der die Hauptversammlung an den Anfang seiner Empfehlungen stellt. Unter anderem empfiehlt er eine Hauptversammlungskompetenz bei grundlegenden Strukturentscheidungen und die Beseitigung von statutarischen Schranken für die Ausübung von Aktionärsrechten. Dieser Trend besteht unverändert fort. Mit Kabinettsbeschluss vom 10. Mai 2013 wurde eine weitere Expertenkommission einberufen[308], die am 14. Oktober 2013 ihren Abschlussbericht[309] veröffentlicht hat. In diesem Bericht schlägt die Kommission verschiedene Gesetzesänderungen vor, die helfen sollen, die Funktionsfähigkeit der Hauptversammlungen zu verbessern und die Teilnahme der Aktionäre zu stärken.[310] Unter anderem schlägt die Kommission vor, die Kompetenzen der Hauptversammlung durch Satzungsregelung ausweiten zu können, der Hauptversammlung die Möglichkeit zur Weisungserteilung gegenüber der Geschäftsführung einzuräumen und die Minderheitenrechte, etwa durch Herabsetzung der erforderlichen prozentualen Beteiligung für ihre Ausübung, zu stärken.

§ 2 Maßnahmen zur Stärkung der *Junta General* in Spanien

Die Maßnahmen des spanischen Gesetzgebers zur Reaktivierung der *Junta General* sind zunächst Ausfluss der anhaltenden Diskussion guter Unternehmensführung. Von großer Bedeutung ist in diesem Zusammenhang der Aldama-Report, auf dessen Empfehlungen einige der letzten Gesetzesänderungen zurückgehen. Daneben sind einige Gesetzesänderungen europäischen Richtlinien geschuldet, die in das nationale Recht umzusetzen waren. Zuletzt wird auch

306 Vgl. dazu Informe Aldama (Fn. 305), 12.

307 Código Unificado de buen gobierno de las sociedades cotizadas, Junio 2013, abrufbar unter http://www.cnmv.es/portal/Legislacion/COBG/COBG.aspx [zuletzt abgerufen am 11.10.2013].

308 Comisión de Expertos en materia de Gobierno Corporativo, creada por Acuerdo del Consejo de Ministros, de 10 de mayo de 2013.

309 Estudio sobre propuestas de modificaciones normativas, abrufbar unter https://www.cnmv.es/portal/legislacion/COBG/COBG.aspx [zuletzt abgerufen am 20.12.2014].

310 Estudio sobre propuestas de modificaciones normativas (Fn. 309), S. 12: "[...] *al articular las medidas que permitan conseguir el objetivo que la Comisión de Expertos considera fundamental: revitalizar el funcionamiento de las juntas generales y la participación de los accionistas.*"

der Bericht der Expertenkommission vom Oktober 2013 zu weiteren Gesetzesänderungen führen.

Der Olivencia-Report äußerte sich zwar skeptisch über bestimmte Maßnahmen zur Stärkung der Aktionärsbeteiligung, deutete jedoch zugleich an, dass dieser Bereich noch weitreichende Möglichkeiten biete, insbesondere in Bezug auf die Aktivierung der institutionellen Anleger.[311] Der Aldama-Report beschäftigt sich eingehender mit dem Organ Hauptversammlung und beginnt mit der wichtigen Aussage, dass die Kommission die Stärkung der Rolle der Hauptversammlung als eines der bedeutendsten Ziele der *Corporate Governance* ansieht.[312] Seine konkreten Empfehlungen sehen ein gesetzlich normiertes größeres Maß an Transparenz und Information[313] vor und verlangen die Einführung des Internets als Medium. Mit Blick auf die Hauptversammlung sollen durch den Einsatz neuer Technologien die Beteiligung allgemein, die Möglichkeiten der Vertretung und die Möglichkeiten zur Stimmrechtsausübung verbessert werden. Zudem werden auch hier Regelungen in Bezug auf die zu veröffentlichenden Informationen gefordert.[314] Auf den Punkt bringt es *Duque Dominquez*,[315] der sinngemäß meint, dass der Reformationsdruck der Notwendigkeit geschuldet ist, die interne Organisation einer Aktiengesellschaft effektiver zu machen und gleichzeitig den Schutz unbedeutender Aktionäre zu erreichen.

---

311 Informe Olivencia (Fn. 300), 50 f.: „*Ello no quiere decir, sin embargo, que deba descartarse cualquier actuación encaminada a incrementar la efectividad del control de los accionistas, ámbito que esta Comisión considera que todavía ofrece un amplio margen. Nos referimos fundamentalmente a aquellas medidas que tienden a hacer más transparente el mecanismo de delegación de votos a acentuar la comunicación de la sociedad con sus accionistas; y estimular la actividad de aquellos accionistas que más pueden contribuir al control de la gestión: los inversores institucionales.*“

312 Vgl. dazu Informe Aldama (Fn. 305), 29: „*La Comisión ha considerado que uno de los primeros objetivos del gobierno corporativo es la potenciación del papel de la Junta General de accionistas como órgano de decisión y control básico para la vida de la sociedad y la tutela de los intereses de los accionistas.*“

313 Vgl. dazu Informe Aldama (Fn. 305), 13 ff., welche sich allgemein mit dem Thema Transparenz und Information auseinandersetzt und als konkrete Maßnahme u.a. die Pflicht zur jährlichen Veröffentlichung eines Berichts zur *Corporate Governance* (informe anual de gobierno corporativo) fordert.

314 Vgl. dazu Informe Aldama (Fn. 305), 29 f.

315 *Duque Domínguez*, De la LSA de 1989 a la Ley de Transparencia de 2003, 256: „*Pero el impulso principal se debe a la necesidad sentida de reestructurar la organización interna de la sociedad, con el fin de racionalizarla para hacerla más eficaz en la gestión de los asuntos sociales y, al mismo tiempo, proteger a los accionistas que no participan en el poder de decisión de la sociedad.*“

A. Die gesetzlichen Änderungen im Allgemeinen

In chronologischer Folge wird an dieser Stelle zunächst die Ley 24/1988, de 28 de julio, del Mercado de Valores (LMV)[316] betrachtet. Dieses Gesetz brachte Neuerungen für den Börsenhandel und damit auch für börsennotierte Unternehmen. So wurde in den Artt. 5 ff. LMV mit der sog. *representación de valores por medio de anotaciones en cuenta* das Pendant zur deutschen Girosammelverwahrung geschaffen. Zudem wurde die Comisión Nacional del Mercado de Valores (CNMV) als neue öffentlich-rechtliche Behörde gebildet und in den Artt. 13 ff. LMV ausführlich geregelt. Ihr kommt gemäß Art. 13 LMV die Überwachung und Überprüfung der Wertpapiermärkte zu. Schließlich führte dieses Gesetz ein Mindestmaß an Verhaltensregeln ein, indem die damaligen Artt. 81 und 82 LMV den Gebrauch von Insiderinformation verboten bzw. eine Pflicht zur sofortigen Veröffentlichung börsenrelevanter Informationen vorsahen. Dieses Mindestmaß wurde später durch die Ley 44/2002, de 22 de noviembre, de Medidas de Reforma del Sistema Financiero[317] und die Einführung der Artt. 83 bis. und 83 ter. LMV erheblich ausgebaut und konkretisiert.

Parallel zu ersten Änderungen der LMV hat der spanische Gesetzgeber auch Änderungen an der LSA vorgenommen. So wurden durch die Ley 37/1998, de 16 de noviembre, de reforma de la Ley 24/1988, de 28 de julio, del Mercado de Valores[318] und die Ley 50/1998, de 30 de diciembre, de Medidas Fiscales, Administrativas y del Orden Social[319] insbesondere Änderungen bei den Vorzugsaktien und an dem Bezugsrecht bei Ausgabe neuer Aktien vorgenommen. Beide Bereiche wurden später noch mehrfach modifiziert. Als neue Aktienvariante wurden mit der ersten Änderung die rückerwerbbaren Aktien (*acciones rescatables*), Artt. 500 f. LSC,[320] in das Aktienrecht eingeführt.

Die Ley 55/1999, de 29 de diciembre, de Medidas Fiscales, Administrativas y del Orden Social[321] zielt auf mehr Transparenz bei der Vergütung der Verwaltung durch Aktien- und Optionsprogramme. Die LMV wurde um die 15. und 16. Zusatzvorschrift ergänzt. Danach sind börsennotierte Gesellschaften verpflichtet, die CNMV mit umfangreichen und detaillierten Informationen über die Aktien- und Optionsprogramme zu versorgen. In gesellschaftsrechtlicher Hinsicht

316 BOE Nr. 181, 29.7.1988, 23405 ff.
317 BOE Nr. 281, 23.11.2002, 41273 ff.
318 BOE Nr. 275, 17.11.1998, 37406 ff.
319 BOE Nr. 313, 31.12.1998, 44412 ff.
320 Zuvor Artt. 92 bis. und 92 ter. LSA.
321 BOE Nr. 312, 30.12.1999, 46095 ff.

wurde der Art. 219.1 LSC[322] eingeführt, wonach die Satzung die Möglichkeit derartiger Vergütungen ausdrücklich vorsehen muss und ihre Gewährung eines Beschlusses der Hauptversammlung bedarf.

Die bereits erwähnte Ley 44/2002[323] etablierte im spanischen Recht das sog. *Comité de auditoría*. Die LMV wurde dafür um die heutige 18. Zusatzvorschrift ergänzt und schreibt das Vorhandensein eines solchen Komitees für börsennotierte Gesellschaften zwingend vor. Die obligatorische Regelung stellt den maßgeblichen Unterschied zu dem deutschen Pendant des Prüfungsausschusses innerhalb des Aufsichtsrats dar. Zwar wird dessen Einführung von Ziffer 5.3.2 Satz 1 DCGK empfohlen und das Gesetz enthält in § 107 Abs. 3 S. 2 AktG diesbezüglich eine ausdrückliche Regelung, seine Einführung ist jedoch freiwillig.[324] Der Unterschied zwischen zwingender und freiwilliger Regelung macht sich in der Praxis jedoch kaum bemerkbar, da sämtliche Gesellschaften des DAX30 und nahezu alle Gesellschaften des MDAX einen entsprechenden Ausschuss eingesetzt haben.[325]

Die mit Abstand wesentlichsten Änderungen bezüglich Transparenz und Information wurden durch die Ley 26/2003, de 17 de julio, por la que se modifican la Ley 24/1988, de 28 de julio, del Mercado de Valores, y el texto refundido de la Ley de Sociedades Anónimas, aprobado por el Real Decreto Legislativo 1564/1989, de 22 de diciembre, con el fin de reforzar la transparencia de las sociedades anónimas cotizadas (kurz Ley de Transparencia)[326] eingeführt. Mit Art. 1 dieses Gesetzes wurde zunächst der neue Titel X in der LMV geschaffen, der mittlerweile größtenteils im Titel XIV LSC aufgegangen ist. Jene Vorschriften, die allesamt allein bei börsennotierten Gesellschaften Anwendung finden, regeln zunächst die Veröffentlichung der sog. *pactos parasociales*. Art. 531.1 bzw. 3 LSC bestimmen, dass vertragliche Absprachen, die sich auf die Stimmrechtsausübung in der Hauptversammlung beziehen oder die freie Übertragbarkeit

322 Zuvor zweiter Absatz des Art. 130 LSA.

323 Vgl. Fn. 317.

324 *Vetter* in Hdb börsenAG, § 28 Rn. 34.

325 Vgl. für 2007 diesbezüglich die Daten bei *Ehlers/Nohlen*, GS Michael Gruson, 107, 113; in 2012 verfügten 83% der im MDAX vertretenen Gesellschaften über einen Prüfungsausschuss (*von Werder/Bartz*, DB 2013, 885, 889).

326 BOE Nr. 171, 18.7.2003, 28046 ff. An dieser Stelle ist zudem auf die im Zusammenhang mit diesem Gesetz erlassenen Verordnungen hinzuweisen: Orden del Ministerio de Economía, ECO/3722/2003 (BOE Nr. 7, 8.1.2004, 389 ff.) sowie Circular 1/2004 der CNMV (BOE Nr. 76, 29.3.2004, 13300 ff.).

von Aktien einschränken,[327] unmittelbar der eigenen Gesellschaft und der CNMV mitzuteilen bzw. grundsätzlich[328] als relevante Tatsache (*hecho relevante*) zu veröffentlichen sind.[329] Mit Bezug auf die Organe einer spanischen börsennotierten Aktiengesellschaft wurde die Verpflichtung für Hauptversammlung und Verwaltungsrat etabliert, sich eine Geschäftsordnung zu geben und diese über die CNMV zu veröffentlichen.[330] Eine weitere Neuerung stellten die Artt. 116 und 116 bis LMV dar, die die Veröffentlichung eines *informe anual de gobierno corporativo* verlangten. Aufgrund der Änderungen der Ley 2/2011, de 4 de marzo, de Economía Sostenible[331] finden sich die beiden Artikel leicht verändert nunmehr in den Artt. 61 bis und 61 ter LMV wider[332] Ziel dieses Berichts ist es, ausführliche Informationen über die Struktur der Unternehmensleitung, der Eigentümer der Gesellschaft oder über mögliche Beschränkungen bei der Ausübung von Aktionärsrechten zu geben.[333] Schließlich wurden noch zwei weitere bedeutende Änderungen durch die Ley de Transparencia in die LMV eingefügt: Art. 114.1 LMV, der sich mittlerweile in Art. 526 LSC wiederfindet und im Rahmen der Umsetzung der Aktionärsrechterichtlinie angepasst wurde, regelte den folgenden Interessenkonflikt in einer börsennotierten Gesellschaft.[334] Ein Verwaltungsratsmitglied, das öffentlich als Vertreter zur Stimmrechtsabgabe

---

327 Über den Begriff pactos parasociales heißt es in Art. 530.1 LSC: „[...] *se entienden por pactos parasociales aquellos pactos que incluyan la regulación del ejercicio del derecho de voto en las juntas generales o que restrinjan o condicionen la libre transmisibilidad de las acciones en las sociedades anónimas cotizadas.*“

328 Eine Ausnahme zu der Veröffentlichungspflicht normiert Art. 535 LSC.

329 Allgemein definiert Art. 82.1 LMV relevante Tatsachen sinngemäß als solche Informationen, die die Investitionsentscheidung des Anlegers beeinflussen und sich daher auf den Börsenwert auswirken können. Gem. Artt. 82.2, 92 g) LMV sind derartige relevante Tatsachen in einem von der CNMV unterhaltenen Register zu veröffentlichen.

330 Vgl. Artt. 512 f. LSC für die Hauptversammlung bzw. Artt. 528 f. LSC für den Verwaltungsrat.

331 BOE Nr. 55, 5.3.2011, 25117 ff.

332 Den Aufbau und den Inhalt dieses Berichts legt gem. Art. 61 bis.4 LMV das Wirtschaftsministerium bzw. von diesem ermächtigt die CNMV fest. Das Gesetz gibt jedoch einen umfangreichen Mindestinhalt vor.

333 *Duque Domínguez*, De la LSA de 1989 a la Ley de Transparencia de 2003, 272. Aufgrund des durch das Real Decreto Legislativo 1/2010, de 2 de julio, por el que se aprueba el texto refundido de la Ley de Sociedades de Capital (BOE Nr. 161, 3.7.2010, 58472 ff.) neu eingefügten Art. 526 LSC ist nunmehr der *Corporate-Governance*-Bericht in den Lagebericht als eigener Abschnitt zu integrieren.

334 *Duque Domínguez*, De la LSA de 1989 a la Ley de Transparencia de 2003, 281.

angeboten (*solicitud pública*) und dem diese Befugnis übertragen wurde, darf diese Stimmrechte bei bestimmten Abstimmungen generell nicht ausüben. So etwa bei Abstimmungen über seine eigene Ernennung oder bzgl. eines gerichtlichen Vorgehens der Gesellschaft gegen ihn.[335] Als zweite wesentliche Änderung stipuliert Art. 117 LMV[336] den Gebrauch moderner Technologien bei börsennotierten Gesellschaften. Entsprechend sollen sich die Gesellschaften moderner Medien innerhalb der gesetzlichen Möglichkeiten bedienen, um ihren Informationspflichten nachzukommen. Daher muss eine spanische börsennotierte Gesellschaft zwingend über eine Internetseite verfügen, um einerseits die Ausübung des Informationsrechts der Aktionäre zu erleichtern, andererseits Informationen schnell, einfach und mit breiter Streuung zu verbreiten.

Auch das damalige spanische Aktiengesetz wurde durch die Ley de Transparencia geändert. Durch die neuen Absätze 4 und 5 des Art. 105 LSA bzw. durch die Neufassung des Art. 106.2 LSA[337] wurden die modernen Kommunikationsmittel in Bezug auf die Stimmrechtsausübung bzw. hinsichtlich der Ermächtigung zur Vertretung eingeführt. Des Weiteren wurde das Informationsrecht des Aktionärs gestärkt. Es erstreckt sich nach der Neufassung des Art. 112 LSA[338] nun auch auf öffentlich zugängliche Informationen, die die Gesellschaft gegenüber der CNMV veröffentlichen muss.[339] Schließlich wurden die Verhaltenspflichten der Mitglieder des Verwaltungsrats erweitert und spezifiziert. Der Gesetzgeber schuf dazu die Artt. 127 bis., 127 ter. und 127 quater. LSA.[340] Darin werden für diese die Treupflicht (*Deberes de fidelidad*), die Pflicht zur Loyalität (*Deberes de lealtad*) sowie die Verschwiegenheitspflicht (*Deber de secreto*) ausdrücklich als Pflichten normiert.[341]

Weitere Änderungen des spanischen Aktienrechts erfolgten durch die erste Abschlussvorschrift (*Disposición final primera*) der Ley 19/2005, de 14 de

---

335 Bezüglich Kritik an dieser vor Umsetzung der Aktionärsrechterichtlinie noch enger gefassten Norm siehe *Rodríguez Artigas*, RDBB Nr. 104, 2006, 55, 68 f.

336 Mittlerweile Art. 539 LSC.

337 Mittlerweile Art. 189.2 und 3 bzw. 184.2 LSC.

338 Mittlerweile Artt. 197, 520.1 LSC und im Rahmen der Umsetzung der Aktionärsrechterichtlinie erneut überarbeitet.

339 *Duque Domínguez*, De la LSA de 1989 a la Ley de Transparencia de 2003, 270.

340 Mittlerweile aufgeteilt auf die Artt. 226 – 229, 231 und 232 LSC.

341 *Sánchez Calero*, RDBB Nr. 104, 2006, 9, 20 f., hält die Änderungen für bedeutend. Sie hätten nicht nur den Bedeutungsverlust der Hauptversammlung gestoppt, sondern zudem Umstände zum Vorschein gebracht, die zu erneuten Reformen führen könnten.

noviembre, sobre la sociedad anónima europea domiciliada en España.[342] Hierbei beendete der Gesetzgeber zunächst einen in der Lehre geführten Streit über die Anfechtbarkeit von Hauptversammlungsbeschlüssen. Durch das Anfügen eines neuen Absatzes an Art. 95 LSA[343] sind die Beschlüsse einer ordentlichen Hauptversammlung auch dann wirksam, wenn die Hauptversammlung entgegen den gesetzlichen Bestimmungen nicht innerhalb der ersten sechs Monate nach Jahresabschluss abgehalten wird. Ferner brachte dieses Gesetz Änderungen im Zusammenhang mit der Einberufung einer Hauptversammlung mit sich. Zum einen wurde der Zeitraum zwischen der Bekanntmachung der Einberufung und dem Stattfinden der Hauptversammlung verlängert. Die Bekanntmachung muss nun einen Monat vor dem Hauptversammlungstermin erfolgen.[344] Des Weiteren wurden durch das Gesetz die Absätze 3 und 5 des Art. 97 LSA[345] geschaffen, die es Aktionären mit mindestens fünf Prozent des Stammkapitals gestatten, die Tagesordnung einer Hauptversammlung zu ergänzen. Beide Änderungen stehen in einem Zusammenhang. Bei einem Zeitraum von nur 15 Tagen wäre eine sinnvolle Ausgestaltung des Rechts, die Tagesordnung zu ergänzen, schwerlich möglich gewesen.[346] Die andere Änderung griff die durch das Transparenzgesetz geschaffene Möglichkeit des Einsatzes moderner Kommunikationsmethoden auf und änderte in diesem Zusammenhang die Vorschriften zur Einberufung der Hauptversammlung. Dieser wurden im Rahmen der Umsetzung der Aktionärsrechterichtlinie erneut grundlegend überarbeitet.

Das neu geschaffene spanische Umwandlungsgesetz – Ley 3/2009, de 3 de abril, sobre modificaciones estructurales de las sociedades mercantiles[347] – führte ebenfalls zu Änderungen im Bereich des Aktienrechts. Die *Disposición final primera* änderte vor allem die Regelungen zum Erwerb eigener Aktien. Zum einen wurde die Gültigkeitsdauer einer Ermächtigung durch die Hauptversammlung zum Erwerb eigener Aktien verlängert. War zuvor eine Ermächtigung auf höchstens 18 Monate begrenzt, liegt der maximale Zeitraum nunmehr bei fünf

342 BOE Nr. 273, 15.11.2005, 37303 ff. Vgl. dazu *Bercovitz Rodríguez-Cano*, Modificaciones introducidas por la Ley sobre la SA Europea, 209 ff.

343 Mittlerweile Art. 164.2 LSC, der lautet: „*La junta general ordinaria será válida aunque haya sido convocada o se celebre fuera de plazo.*“

344 Vgl. Art. 176.1 LSC, ehemals Art. 97.1 LSA. Dieser sah zuvor lediglich einen Zeitraum von 15 Tagen vor.

345 Mittlerweile Art. 172.1 und 2 bzw. Art. 182 LSC.

346 *Bercovitz Rodríguez-Cano*, Modificaciones introducidas por la Ley sobre la SA Europea, 212.

347 BOE Nr. 82, 4.4.2009, 31928 ff.

Jahren. Auch die prozentuale Grenze für den Erwerb eigener Aktien wurde für börsennotierte Gesellschaften von vormals fünf Prozent auf nun zehn Prozent angehoben. Aufgrund eines Urteils des Europäischen Gerichtshofs[348] sah sich Spanien zudem verpflichtet, erneut Änderungen am Bezugsrecht vorzunehmen. Das spanische Aktienrecht sah bis zu diesem Zeitpunkt neben dem Bezugsrecht für Aktionäre auch das für Inhaber von Wandelschuldverschreibungen vor. Nach Meinung des Gerichtshofs stellte dies einen Verstoß gegen Art. 29 Abs. 1 und 6 der Richtlinie 77/91/EWG dar. Mit der Neufassung der Artt. 158.1 und 293.2 LSA[349] ist das Bezugsrecht für Inhaber von Wandelschuldverschreibungen entfallen. Schließlich wurden im Zuge dieses Gesetzes die Vorschriften zu Sacheinlagen angepasst und mit der Schaffung des Art. 50 bis. LSA, nunmehr Art. 97 LSC, der Gleichbehandlungsgrundsatz allgemeingültig für alle Kapitalgesellschaften ausdrücklich normiert.

Durch das Real Decreto Legislativo 1/2010, de 2 de julio, por el que se aprueba el texto refundido de la Ley de Sociedades de Capital (LSC), wurden das spanische Aktiengesetz, das spanische GmbH-Gesetz sowie die Vorschriften aus dem CCom über die spanische Kommanditgesellschaft auf Aktien und der Titel X des LMV über börsennotierte Gesellschaften in einem Gesetz der Kapitalgesellschaften zusammengefasst. Dabei wurden die meisten Vorschriften des LSA wortwörtlich übernommen. Die durch dieses Gesetz eingeführten inhaltlichen Neuerungen sind überschaubar. An dieser Stelle ist vor allem auf Art. 160 LSC hinzuweisen, der erstmals – vergleichbar mit § 119 Abs. 1 AktG – die einzelnen Kompetenzen der Hauptversammlung auflistet. Allerdings nennt die Norm lediglich Kompetenzen, die der Hauptversammlung bisher bereits zustanden und sich aus verschiedenen Normen ergaben. Es handelt sich somit weniger um eine inhaltliche Neuerung als um eine Klarstellung der bestehenden Rechtslage. Diese Klarstellung ist vermutlich lediglich der Tatsache geschuldet, dass die Norm auf alle drei Kapitalgesellschaften Anwendung findet und eine Entsprechung dieser Vorschrift bereits in Art. 43 LSRL vorhanden war. Ähnliches gilt für Art. 230.1 LSC (*prohibición de competencia*). Diese Norm – enthalten in dem Kapitel über Pflichten der Verwaltungsräte – fand keinerlei ausdrückliche Entsprechung in der vorherigen LSA. Sie ist jedoch wortwörtlich dem Art. 65 LSRL entnommen. Mit der dadurch etablierten allgemeinen Gültigkeit ist es nun auch den Verwaltungsräten einer spanischen Aktiengesellschaft ausdrücklich untersagt, ohne

348 EuGH, Urteil vom 18.12.2008 – C 338/06, ABl EU C 44, 21.2.2009, 4.

349 Mittlerweile Artt. 304.1 und 416 LSC.

Ermächtigung der Hauptversammlung Aktivitäten nachzugehen, die sich mit dem Gesellschaftszweck überschneiden.

Die bislang letzte für die vorliegende Arbeit relevante Änderung erfolgte im Zusammenhang mit der Umsetzung der Aktionärsrechterichtlinie[350] durch die Ley 25/2011, de 1 de agosto, de reforma parcial de la Ley de Sociedades de Capital y de incorporación de la Directiva 2007/36/CE, del Parlamento Europeo y del Consejo, de 11 de julio, sobre el ejercicio de determinados derechos de los accionistas de sociedades cotizadas[351]. Die Umsetzung dieser Richtlinie hatte bereits im deutschen Recht zu erheblichen Veränderungen rund um die Hauptversammlung geführt hat.[352] Durch diese Änderung wurden die Kapitel des 14. Teils der LSC über börsennotierte Aktiengesellschaften modifiziert und neu geordnet. Mit den Artt. 514 – 525 LSC wurden neue Vorschriften zum Ablauf der Hauptversammlungen börsennotierter Gesellschaften eingefügt. Am Anfang der neuen Vorschriften steht mit Art. 514 LSC eine erneute ausdrückliche Normierung des Gleichbehandlungsgrundsatzes. Die anschließenden Regelungen sehen nunmehr Einberufungsvorschriften, Informationsrechte und Teilnahmemöglichkeiten vor, die weitestgehend den Regelungen im AktG entsprechen.

B. Der Gebrauch moderner Kommunikation im Besonderen

Die Regelungen zum Einsatz neuer Technologien wurden in Spanien bereits mit der Ley de Transparencia im Jahre 2003 eingeführt, während die durch das ARUG geschaffene deutsche Regelung erst zum 1.8.2009 in Kraft trat.[353] Daher existieren in Spanien bereits Erfahrungen in Umgang und Gebrauch dieser neuen Möglichkeiten, auf die im Folgenden näher eingegangen wird.

Gem. Artt. 189.2 und 521.2 LSC ist es den Gesellschaften gestattet, in der Satzung eine Stimmrechtsausübung ohne physische Anwesenheit mit Hilfe moderner Kommunikationsmethoden zuzulassen. Anders als etwa bei der Erteilung der Vertretungsbefugnis gem. Artt. 184.2 und 522 LSC ist eine Gesellschaft jedoch nicht zur Zulassung dieser Möglichkeit verpflichtet. Sofern jedoch eine entsprechende Satzungsregelung vorhanden ist, muss gem. Artt. 182 und 517.2 LSC die Einberufung zur Hauptversammlung darauf hinweisen und inhaltliche Angaben zum konkreten Ablauf der Rechtsausübung machen. Die Regelung

350 Richtlinie 2007/36/EG, ABl EU, L 184, 17 ff.
351 BOE Nr. 184, 2.8.2011, 87462 ff.
352 Vgl. dazu in diesem Kapitel unter 1. Teil: § 4F, Seite 51 ff.
353 Vgl. dazu in diesem Kapitel unter 1. Teil: § 4F, Seite 51 ff.

eröffnet dabei den Gesellschaften den gleichen inhaltlichen Gestaltungsspielraum wie ihr deutsches Pendant.[354]

Ein Großteil der spanischen Gesellschaften sieht in ihren Satzungen den Gebrauch moderner Technologien und die Möglichkeit der Stimmabgabe ohne physische Anwesenheit vor.[355] Der ganz überwiegende Teil jener Gesellschaften gestattet jedoch lediglich eine vor der Hauptversammlung erfolgte Stimmrechtsausübung auf postalischem Weg oder per Internet (sog. Briefwahl, vgl. § 118 Abs. 2 AktG).[356] Soweit ersichtlich, bildet vor allem die Gesellschaft Banco Santander eine Ausnahme, die eine Echtzeitteilnahme an der Hauptversammlung über das Internet erlaubt.[357] Die tatsächliche Bedeutung der sog. *voto a distancia* ist jedoch verschwindend gering und trägt meist weniger als 1 % zu der Gesamtpräsenz auf Hauptversammlungen bei.[358] Lediglich in Ausnahmefällen ist ihr Beitrag signifikant, so etwa bei den Gesellschaften Banco Santander und BBVA.[359] Diese beiden Beispiele weisen jedoch auf eine interessante Tatsache hin. Sofern die Briefwahl eine gewisse Bedeutung besitzt, ist diese nahezu ausschließlich auf die schriftliche Kommunikation zurückzuführen. Dem Internet hingegen kommt keinerlei Bedeutung zu. So entfielen von den 17,88 % Briefwahlstimmen im Fall der BBVA vernachlässigbare 0,03 % auf die Stimmabgabe im Internet. Beim Banco Santander belief sich die Internetquote auf 0,062 %.[360]

---

354 *Recalde Castells* in Comentarios LSA, Art. 105, 1088.

355 Laut *Fernández Torres*, Participación de los accionistas, 255, 263, waren es bereits im Jahr 2007 25 Gesellschaften.

356 So auch *Martínez Martínez*, RDBB Nr. 104, 2006, 37, 43.

357 Vgl. diesbezüglich die Einberufung für 2012 von Banco Santander (BORME Nr. 41, 28.2.2012, 3834 ff.). Diese Gesellschaft sieht auch ein Echtzeitinformationsrecht der Aktionäre vor, wobei die Beantwortung der Fragen erst innerhalb von sieben Tagen nach der Hauptversammlung erfolgen muss.

358 *Fernández Torres*, Participación de los accionistas, 255, 263 f. Ebenso *Sánchez Calero*, La junta general, 50 f. Vgl. auch Estadísticas de Gobierno Corporativo de las Compañías del Ibex 35 – Anexo I Datos individuales de las compañías del Ibex 35 (Fn. 294), Cuadro 1.4.

359 Laut den Estadísticas de Gobierno Corporativo de las Compañías del Ibex 35 – Anexo I Datos individuales de las compañías del Ibex 35 (Fn. 294), Cuadro 1.4. entfielen beim BBVA 2012 22,4 % auf die sog. *voto a distancia*. Beim Banco Santander waren es 2012 15,5 %. Auch die folgenden Angaben sind den jeweiligen Berichten entnommen.

360 Vgl. jeweils unter Punkt E. 7 in den jeweiligen Informe Anual de Gobierno Corporativo, abrufbar auf den Internetseiten der beiden Gesellschaften [zuletzt abgerufen am 14.10.2013].

Die geringe Bedeutung des Internets zeigt sich auch bei der Benennung eines Vertreters für die Hauptversammlung: Beim Banco Santander waren 39,016 % des Kapitals durch Vertretung präsent, wobei lediglich 0,06 % diese Ermächtigung per Internet erteilt hatten. Die Daten zur Echtzeitteilnahme über das Internet bestätigen die vorgenannten Werte. Lediglich 0,002 % des gesamten Kapitals nahm auf diese Weise an der Hauptversammlung teil.

Zur Erklärung dieses bisher äußerst geringen Erfolgs wird die inhaltlich geringe Ausgestaltung des Gebrauchs moderner Kommunikationsmethoden durch den Gesetzgeber zugunsten weitreichender Selbstregulierungsmöglichkeiten der Gesellschaften angeführt. Dies macht sich laut *de la Sierra Flores*[361] auf mehreren Ebenen bemerkbar. Zunächst fordert der Gesetzgeber in den Artt. 182 und 521.1 LSC lediglich, dass die Identität des Teilnehmenden bei Gebrauch moderner Kommunikation sichergestellt werden muss. Eine ausführliche inhaltliche Regelung hat dieses Postulat aber nicht erfahren. Offen bleibt etwa, wie eine solche Sicherstellung erfolgen kann.[362] Dies führe zunächst zu einer gewissen Zurückhaltung der Gesellschaften, neue technische Medien einzuführen. Werden neue Medien zugelassen, führt die Satzungsfreiheit der Gesellschaften zu einer Vielzahl unterschiedlicher Gestaltungen.[363] Diese seien ebenfalls schädlich für die Bedeutung der neuen Technologien bei der Ausübung der Aktionärsrechte.

An dieser Stelle muss man als zweiten Grund erneut die rationale Apathie der Aktionäre nennen. Die alleinige Vereinfachung der Rechtsausübung scheint nicht ausreichend zu sein, um die Apathie zu beseitigen. Der prozentual unbedeutende und lediglich an seinem finanziellen Vorteil interessierte Investor ist an der Ausübung seiner Verwaltungsrechte nicht interessiert. Eine bloße Vereinfachung der Rechtsausübung wird ein Interesse an der Ausübung seiner Verwaltungsrechte nicht hervorrufen. Die Erfahrungen aus Spanien scheinen zu belegen, dass Teilhaber einer Gesellschaft, in der das Stammkapital breit unter einer Vielzahl von Aktionären gestreut ist, trotz der Vereinfachung der Rechtsausübung in ihr keinen Vorteil für sich und ihr Investment sehen.

---

361 *de la Sierra Flores*, Garantías al ejercicio de los derechos por medios electrónicos, 217, 226. Dies scheint belegt zu werden durch die Tatsache, dass zumeist lediglich die recht unkomplizierte Stimmabgabe im Vorfeld der Hauptversammlung zugelassen wird.

362 Zu dieser Frage und weiteren offenen Fragen *Martínez Martínez*, RDBB Nr. 104, 2006, 37, 40 ff.

363 Vgl. diesbezüglich Beispiele von Regelungen einzelner Gesellschaften bei *Martínez Martínez*, RDBB Nr. 104, 2006, 37, 42 f.

§ 3 Das Instrument der *prima de asistencia*

Im Hinblick auf das Instrument der *prima de asistencia* ist an dieser Stelle zu klären, welche Unternehmen sich dieses Instruments in welchem Umfang bisher bedient haben. Zudem erscheint es zur Erlangung eines vollständigen Bilds unerlässlich, sich eine Vorstellung über die möglichen absoluten Kosten zu machen, die mit dem Gebrauch dieses Instruments verbunden sind. Deshalb werden zunächst die gezahlten Beträge pro Aktie und die in Spanien aufgewendeten Gesamtbeträge betrachtet (A.). Schließlich ist der Frage nachzugehen, welche Auswirkungen der Einsatz dieses Instruments auf die Präsenzen gehabt hat (B.).

A. Gebrauch, Höhe und Gesamtkosten der prima de asistencia

Das Instrument der *prima de asistencia* wird in Spanien schon seit einigen Jahren angewandt.[364] Unter dem Begriff wird die Zahlung eines Geldbetrags pro Aktie durch die Gesellschaft an die Aktionäre als Vergütung für die Teilnahme an einer bestimmten Hauptversammlung verstanden. Trotz verbreiterter Anwendung stellt die regelmäßige und wiederholte Anwendung dieses Instruments eher die Ausnahme dar.[365] Lediglich das Unternehmen Iberdrola hat seit 2006 in jedem Jahr eine *prima de asistencia* gezahlt.[366] Pro Jahr findet sich dieses Instrument im Schnitt bei etwa 20 Unternehmen, von denen nicht alle dem IBEX-35 angehören.[367] Dieser eher unregelmäßige Gebrauch bedeutet jedoch nicht, dass das Instrument nur in besonderen Fällen oder ausschließlich bei außerordentlichen Hauptversammlungen zum Einsatz kommt. Vielmehr wird jene Zahlung auch bei unspektakulären, ordentlichen Hauptversammlungen gewährt.[368]

---

364 Dies belegt bereits die Gerichtsentscheidung aus dem Jahr 1989, die sich mit der steuerlichen Behandlung der *prima de asistencia* zu befassen hatte. STS (Sala de lo Contencioso-Administrativo, Sección 3ª), de 3 de mayo de 1989, RJ\1989\37301998.

365 *Farrando Miguel*, Primeras consideraciones sobre pirma, 292, 297.

366 Vgl. jeweils die Einladung zur Hauptversammlung auf http://www.iberdrola.es/webibd/corporativa/iberdrola?IDPAG=ESWEBACCJUNTA&codCache=12983745983974398 [zuletzt abgerufen am 12.10.2013].

367 Gem. den entsprechenden Einladungen der jeweiligen Gesellschaften zu den Hauptversammlungen sind Beispiele für Unternehmen aus dem IBEX-35 Iberdrola 2006–2012, Sacyr Vallehermoso 2003, Endesa 2008, Repsol 2004 und 2007. Außerhalb des IBEX-35 hat beispielweise jüngst Duro Felguera S.A. eine *prima de asistencia* von 2 Cent angekündigt, vgl. Einladung zu der Hauptversammlung am 25. April 2013, abrufbar unter http://www.dfdurofelguera.com/index.asp?MP=6&MS=22&TR=A&IDR=1&iddocumento=784 [zuletzt abgerufen am 15.10.2013].

368 *Farrando Miguel*, Primeras consideraciones sobre pirma, 292, 297 f.

Die Gewährung der *prima de asistencia* ist weder einem einheitlichen Muster unterworfen noch basiert sie auf einer speziellen gesetzlichen Regelung. Auch die Satzungen von Gesellschaften, die Zahlungen für die Anwesenheit bei Hauptversammlungen gewährten, enthielten keine entsprechenden Regelungen.[369] Es wurde keine der börsennotierten Gesellschaften in einer vorherigen Hauptversammlung zur Zahlung ermächtigt, auch wurde in der entsprechenden Hauptversammlung nicht über die Zahlung abgestimmt. Auch nachträgliche Genehmigungen erfolgter Zahlungen durch die Hauptversammlung sind nicht bekannt.[370] Mithin wird die *prima de asistencia* nach freiem Ermessen des Vorstands und aufgrund seiner alleinigen Entscheidung gewährt.

Bezüglich der gezahlten Beträge pro Aktie ist das Bild ebenfalls nicht einheitlich. Die nominale Höhe variiert zum Teil erheblich. Soweit ersichtlich, reicht die Spannbreite von 0,005 € pro Aktie[371] bis zu 0,15 € pro Aktie.[372] Diese Unterschiede fallen geringer aus, wenn die gezahlten Beträge ins Verhältnis zu den Nominalwerten der Aktien oder zu der im selben Jahr gezahlten Dividende gesetzt werden, bleiben aber gleichwohl bedeutend:[373] Die Zahlung von 0,005 € pro Aktie im Fall von Iberdrola im Jahr 2008 stellt 6,6 % des Nennwerts der Aktie in Höhe von 0,75 € dar. Bezogen auf die in diesem Jahr gezahlte Dividende von 0,143 € entspricht die Zahlung 3,4 %. Demgegenüber hat Endesa in 2008 mit einer Zahlung von 0,15 € pro Aktie 12,5 % des Nominalwerts von 1,20 € ausgeschüttet. Bezogen auf die Dividende im selben Jahr von 1,53 € entspricht die *prima de asistencia* knapp 10 %.

Es ist somit nicht überraschend, dass die Gesamtsummen einer *prima de asistencia* stark differieren. Gemäß Satzung[374] ist das Grundkapital von Endesa in etwa 1 Mrd. Aktien aufgeteilt. Bei Unterstellung einer Präsenzquote von 100 Prozent und einer *prima de asistencia* von 0,15 € läge die zusätzliche Ausschüttungssumme bei etwa 150 Mio. €. Bei der Hauptversammlung von 2007

---

369 *Farrando Miguel*, Primeras consideraciones sobre pirma, 292, 300.

370 *Farrando Miguel*, Primeras consideraciones sobre pirma, 292, 300.

371 So beispielsweise Iberdrola im Jahr 2010 laut Einberufung zur Hauptversammlung (BORME Nr. 37, 24.2.2010, 4001 ff.).

372 So beispielsweise Endesa, vgl. *Farrando Miguel*, Primeras consideraciones sobre pirma, 292, 299.

373 Die folgenden Werte sind abrufbar auf den Internetseiten der beiden Unternehmen unter http://www.iberdrola.es bzw. http://www.repsol.com/es [zuletzt abgerufen am 22.2.2011].

374 Stand 9. Mai 2011.

mit einer Präsenz von 93,57 %[375] betrug der Aufwand Schätzungen zufolge bis zu 148 Mio. €.[376] Bei dem Unternehmen Iberdrola mit einer Aktienanzahl laut Satzung[377] von ca. 6,2 Mrd. Aktien bedeutet eine *prima de asistencia* von 0,005 € pro Aktie bei hundertprozentiger Präsenz einen Aufwand von 31 Mio. €. Bei einer Präsenz von 79,98 % im Jahr 2008 betrugen die tatsächlichen Kosten knapp 29 Mio. €.

B. *Auswirkungen der* prima de asistencia

Die Auswirkungen der *prima de asistencia* auf die Präsenzen bei spanischen Hauptversammlungen sind nur in geringem Maße untersucht worden. Soweit ersichtlich, existiert lediglich eine Studie der Beratungsgesellschaft Georgeson[378] aus dem Jahr 2006, die sich auf den Zeitraum 2002 bis 2005 bezieht. Dabei wurden alle Gesellschaften berücksichtigt, die sich innerhalb dieses Zeitraums mindestens einmal dieses Instruments bedient hatten.

Die Studie kommt in ihrer Untersuchung zunächst zu folgendem Ergebnis: Beim Vergleich der durchschnittlichen Präsenz bei Unternehmen, die eine *prima de asistencia* gezahlt haben, mit der Präsenz anderer Gesellschaften scheint das Instrument keine nennenswerten Auswirkungen gehabt zu haben.[379] Im zeitlichen Verlauf der Präsenz ergibt sich ein anderes Bild: Die Präsenz derselben Gesellschaft stieg im Jahr der Zahlung einer *prima de asistencia* im Vergleich mit den Vorjahren ohne Zahlung dieser Prämie erheblich an.[380] Im Jahr 2003 stieg

375 Diese Quote, die sicherlich außergewöhnlich ist, beruht jedoch auf einer besonderen Situation im Zusammenhang mit dem Übernahmekampf von Endesa durch E.ON einerseits sowie Enel und Acciona andererseits. Eine zuvor einberufene außerordentliche Hauptversammlung wurde von Endesa abgesagt, da der Grund der Einberufung entfallen war. Da die Zahlung einer *prima de asistencia* in Höhe von 0,15 € in der Einberufung jedoch bereits angekündigt worden war, erklärte Endesa, diese auch an diejenigen Aktionäre auszuzahlen, die sich bis dahin bereits zur Hauptversammlung angemeldet hatten bzw. die sich noch innerhalb der Frist anmelden würden. *Farrando Miguel*, Primeras consideraciones sobre pirma, 292, 314.

376 *Farrando Miguel*, Primeras consideraciones sobre pirma, 292, 300. El Confidencial vom 20. März 2007, „Endesa utilizará la prima de asistencia para saber quién es accionista de la compañia", Empresas, abrufbar unter http://www.elconfidencial.com/economia/noticia.asp?id=9413 [zuletzt abgerufen am 22.2.2011].

377 Stand 18. Juli 2013.

378 Abrufbar unter http://www.georgeson.it/Page.asp/id=248 [zuletzt abgerufen am 15.10.2013].

379 Georgeson-Studie (vgl. Fn. 378), 15 f.

380 Georgeson-Studie (vgl. Fn. 378), 17.

die Anwesenheit aufgrund der *prima de asistencia* auf 56,94 %, nachdem die Präsenz derselben Gesellschaften im Vorjahr, ohne Zahlung der Prämie, lediglich 40,43 % betragen hatte. Im Jahr 2005 wiesen Gesellschaften mit Zahlung der *prima de asistencia* eine durchschnittliche Präsenz von 74,87 % auf, während diese in 2004 durchschnittlich nur 31,12 % betragen hatte. Jene gesteigerten Präsenzen halten sich auf diesem hohen Niveau, sofern die Gesellschaft auch im Folgejahr eine Anwesenheitsprämie zahlt.[381] Stellt die Gesellschaft hingegen die Zahlung ein, bedeutet dies in etwa einen Rückgang von ca. 10 % bei der Präsenzquote.[382] Damit ist der Rückgang der Präsenzen jedoch langsamer bzw. fällt weniger stark aus als der vorherige Anstieg.

Die Studie untersucht die Auswirkungen der *prima de asistencia* auch aus einem weiteren Blickwinkel. Sie geht davon aus, dass das Instrument sich hauptsächlich auf die Teilnahme von Inhabern tatsächlich gehandelter Aktien, mithin im Bereich des sog. Streubesitzes, auswirkt. Der strategische Großaktionär beteiligt sich ohnehin an der Hauptversammlung. Daher analysiert die Studie die Auswirkungen der *prima de asistencia* auf die Teilnahme dieser dem *free float* zuzurechnenden Aktionäre. In dem betrachteten Zeitraum nahmen bezogen auf den IBEX-35 durchschnittlich etwa 30 % der dem Streubesitz zuzurechnenden Aktionäre an der Hauptversammlung teil. Bei Gesellschaften, die hingegen die Anwesenheitsprämie gewährten, lag der Anteil der Beteiligung etwa zwischen 55 und 60 %.[383] Beim Vergleich der einzelnen Gesellschaften bei Nichtanwendung und Anwendung der *prima de asistencia* bestätigt sich die vorstehende Beobachtung: In 2005 nahmen bei Gesellschaften mit *prima de asistencia* im Durchschnitt 65,91 % der dem *free float* zuzurechnenden Aktionäre teil, nachdem die Präsenz im Vorjahr ohne Zahlung eines Anwesenheitsgeldes bei diesen Gesellschaften nur 15,01 % betragen hatte.[384] Die Betrachtung des *free float* macht auch deutlich, dass der Rückgang der Beteiligung signifikant ausfällt, wenn eine Gesellschaft die Zahlung der *prima de asistencia* einstellt. Auch hier gilt das Vorgesagte, nämlich, dass der Rückgang der Präsenz schwächer ausfällt als der vorherige Anstieg.[385]

Schließlich betrachtet die Studie das Verhältnis zwischen den dem Streubesitz zuzurechnenden Aktionären und den Großaktionären. Dabei kommt die Studie zu dem Ergebnis, dass der Einsatz des Instruments einen erheblichen Einfluss

381 Georgeson-Studie (vgl. Fn. 378), 19.
382 Georgeson-Studie (vgl. Fn. 378), 20.
383 Georgeson-Studie (vgl. Fn. 378), 22.
384 Georgeson-Studie (vgl. Fn. 378), 24.
385 Georgeson-Studie (vgl. Fn. 378), 26 f.

auf die Machtverteilung zwischen diesen Aktionärsgruppen in den Hauptversammlungen hat. In dem betrachteten Zeitraum kommt dies am deutlichsten im Vergleich der Jahre 2004 und 2005 zum Ausdruck. Bei den Gesellschaften, die sich im Jahr 2005 der *prima de asistencia* bedienten, betrug der Anteil der dem Streubesitz zuzurechnenden Aktionäre am in der Hauptversammlung vertretenen Kapital 61,31 %. Im Jahr zuvor hatten dieselben Gesellschaften ohne Leistung einer Zahlung nur einen Wert von 24,49 % erreicht.[386]

Zusammenfassend lässt sich sagen, dass die Zahlung einer *prima de asistencia* zu einer signifikanten Steigerung der Hauptversammlungspräsenzen führt und dass diese Steigerung vor allem einer verstärkten Beteiligung kleiner, dem Streubesitz zuzurechnender Aktionäre geschuldet ist. Die Studie enthält jedoch keine Angaben über die Auswirkungen innerhalb des dem *free float* zuzurechnenden Aktionariats, das sich sowohl aus Privatanlegern wie aus institutionellen Anlegern mit moderater Beteiligung zusammensetzt. Somit lassen sich die Bedenken des Olivencia-Reports[387] nicht durch diese Studie widerlegen. Es ist jedoch aufgrund der geringen Beträge pro Aktie wahrscheinlich, dass durch das Instrument – im Sinne des Olivencia-Reports – eher institutionelle Anleger zur Teilnahme animiert werden. Ferner bleibt offen, ob erhöhte Präsenz allein schon zu einer besseren Unternehmenskontrolle führt. Ein solcher Einfluss wäre jedoch sicherlich nur schwer messbar.

---

386 Georgeson-Studie (vgl. Fn. 378), 30.

387 Vgl. dazu in diesem Kapitel unter 2. Teil: § 2, Seite 60 f.

2. Kapitel: Konvergenz der rechtlichen Grundlagen

Im ersten Kapitel wurden die Probleme geringer Hauptversammlungspräsenzen aufgezeigt. Es wurde dargestellt, dass in der Frage niedriger Präsenzen weitestgehende Vergleichbarkeit zwischen Spanien und Deutschland besteht.[388] Des Weiteren wurde deutlich, dass trotz dieser vergleichbaren tatsächlichen Ausgangssituation die Hauptversammlungspräsenzen in Spanien und Deutschland divergieren. Damit scheint die Annahme naheliegend, dass ein Präsenzbonus – in seiner Ausgestaltung vergleichbar mit der *prima de asistencia* – zu einer Verbesserung der Hauptversammlungspräsenzen führen kann. Die vorgestellte Studie zu den Wirkungen des Einsatzes dieses Instruments in Spanien scheint dies zu bestätigen. Es ist jedoch verfrüht, aufgrund dieser Erkenntnisse die Einführung eines Präsenzbonus in Deutschland zu befürworten und schon jetzt seine rechtliche Zulässigkeit näher zu untersuchen. Der Rückschluss, dass Bonuszahlungen die Präsenzen in Deutschland erhöhen, ist zum jetzigen Zeitpunkt der Untersuchung nicht zweifelsfrei möglich und an dieser Stelle nicht zulässig. Dieser kann erst dann erfolgen, wenn die Präsenzunterschiede nicht durch Abweichungen der rechtlichen Regelungen für eine Hauptversammlung erklärt werden können. Hierzu ist auf die gesellschaftsrechtlichen Vorschriften in Deutschland und Spanien einzugehen.

Das zweite Kapitel muss jedoch über das vorher Gesagte hinausgehen. Sofern auch die rechtlichen Gegebenheiten die unterschiedlichen Präsenzen nicht begründen, ist die Frage der rechtlichen Ausgestaltung eines Präsenzbonus in Deutschland gestellt. Hierfür müssen auch diejenigen Normen betrachtet werden, die für die Thematik Präsenzbonus von Relevanz sind. Besteht auch in diesem Punkt weitestgehend Konvergenz zwischen den spanischen und deutschen Normierungen, lassen sich aus der rechtlichen Einordnung des Instruments der *prima de asistencia* in Spanien Rückschlüsse auf bzw. Hinweise für eine rechtlich zulässige Ausgestaltung eines deutschen Präsenzbonus ziehen.[389]

---

388 In diese Richtung auch *Trías Sagnier*, Inversores institucionales, 24.

389 *Sandrock*, Sinn und Methode zivilistischer Rechtsvergleichung, 72: „*Freilich vermag unsere Disziplin* [gemeint ist die Rechtsvergleichung] *hier meist nur subsidiäre Entscheidungshilfe zu leisten, und ihre Argumente treten deshalb in der Regel lediglich akzessorisch an die Seite der eigentlich tragenden Begründung.*“

Das zweite Kapitel widmet sich dem Vergleich dieser rechtlichen Gegebenheiten und stellt die entsprechenden Regelungen beider Länder vor. Die rein deskriptive Darstellung der Normen ist für Vergleich und Rückschluss nicht ausreichend. Vielmehr sind für einen Vergleich auch die Hintergründe einer Norm – Entstehungsgeschichte, Motive des Gesetzgebers, Auswirkungen etc. – sowie die entsprechende Judikatur relevant. Auch diese ist, soweit erkenntnisbringend, zu berücksichtigen. Das Kapitel beginnt mit einem kurzen Überblick über die beiden Länder und ihr Gesellschaftsrecht (1. Teil). Ferner werden mit Blick auf die Teilnahme an der Hauptversammlung und die Einführung eines Präsenzbonus die Zuständigkeiten des Organs Hauptversammlung (2. Teil) und die Zuständigkeiten des geschäftsführenden Organs (3. Teil) verglichen. Auch das Verhältnis des Aktionärs zu seiner Gesellschaft (4. Teil), die Regelungen zum Stimmrecht und zum Teilnahmerecht (5. Teil) sowie abschließend die Normen zur Kapitalerhaltung und zur Gewinnverwendung (6. Teil) sind jeweils zu betrachten.

1. Teil: Deutschland und Spanien als Gegenstand des Rechtsvergleichs

§ 1 Wirtschaftliche und politische Bedingungen

Während Deutschland das bevölkerungsreichste Land der Europäischen Union ist, nimmt Spanien als flächenmäßig zweitgrößtes Land[390] mit etwa 46 Millionen Einwohnern in dieser Kategorie den fünften Platz ein.[391] Entsprechend der Bevölkerung stellt Spanien hinter Deutschland, Frankreich, Italien und England mit einem Bruttoinlandsprodukt von knapp über einer Billion Euro[392] die fünftgrößte Volkswirtschaft Europas. Die entsprechenden Werte zeigen für Deutschland bei nahezu doppelter Bevölkerungszahl ein mehr als doppelt so großes Bruttoinlandsprodukt.[393] Spanien ist als Handelspartner für Deutschland nicht unbedeutend, befindet sich aber nicht in einer Spitzenposition: Bei den

390 Die Fläche Spaniens beträgt 505.900 km². Allein Frankreich liegt mit 543.965 km² noch davor.

391 Hinter Deutschland liegen zudem noch Frankreich, Großbritanien und Italien vor Spanien.

392 Das BIP von Spanien betrug im Jahr 2012 gem. IWS (abrufbar unter http://www.economic-growth.eu/Seiten/AktuelleDaten/Daten2012.html [zuletzt abgerufen am 15.10.2013]) 1.050.211 Millionen €.

393 Das BIP von Deutschland betrug gem. IWS (Fn. 392) im Jahr 2012 2.645.863 Millionen €.

Einfuhren und Ausfuhren belegt es derzeit Ränge 14 und 13.[394] In umgekehrter Richtung ist Deutschland für Spanien ein weitaus bedeutenderer Handelspartner. Bei den Ausfuhren liegt Deutschland hinter Frankreich auf Rang 2, bei den Einfuhren ist Deutschland Spaniens wichtigster Handelspartner.[395] Zahlen aus 2002 zeigen ähnliche Verhältnisse bei den Direktinvestitionen. Während etwa 1.100 deutsche Unternehmen in Spanien vertreten waren, lag die Zahl spanischer Niederlassungen in Deutschland bei etwa 200.[396]

Bei den Unternehmenskategorien in beiden Ländern ist überraschend, dass Spanien bei nur halb so großer Wirtschaftsleistung die nahezu dreifache Anzahl von Unternehmen beheimatet. 2012 waren in Spanien 3,2 Millionen Unternehmen registriert, von denen mit 1,1 Millionen etwa 30 Prozent auf die spanische Sociedad de Responsabilidad Limitada (SRL) entfielen und auf die spanische Sociedad Anónima (SA) 102.532.[397] Damit ist das Verhältnis von SA zu SRL in etwa 1:10. In Deutschland hingegen erreichte die Zahl der GmbHs und AGs zusammen im Mai 2013 nur knapp 450.000.[398]

In Bezug auf die Bedeutung des Aktienmarkts lassen sich mittlerweile nur geringe Unterschiede zwischen den beiden Ländern ausmachen. Während laut *Informe Anual* der CNMV aus dem Jahr 2009[399] die Marktkapitalisierung des Aktienmarkts in Spanien im Berichtsjahr noch 52,3 % des Bruttoinlandsprodukts entsprach und die Kapitalisierung an deutschen Börsen lediglich 35,1 % erreichte, haben sich diese Werte im Berichtsjahr 2012 erheblich angenähert und

394 Nach Angaben des Statistischen Bundesamts betrugen im Jahr 2012 die Einfuhren 22.866 Millionen € und die Ausfuhren 31.181 Millionen €. Abrufbar unter https://www.destatis.de/DE/ZahlenFakten/GesamtwirtschaftUmwelt/Aussenhandel/Handelspartner/Handelspartner.html [zuletzt abgerufen am 15.10.2013].

395 Laut INE betrugen die Einfuhren im letzten veröffentlichten Jahr 2011 31.136 Millionen € und die Ausfuhren 22.152 Millionen €. Abrufbar unter http://www.ine.es/jaxi/tabla.do?path=/t41/a121/a1998/l0/&file=x10032.px&type=pcaxis&L=0 [zuletzt abgerufen am 15.10.2013].

396 *Zieroth*, Las relaciones económicas hispanoalemanas, 231.

397 INE, Anuario Estadístico de España 2013, 274.

398 Vgl. dazu die Daten des Statistischen Bundesamts, Stand 31. Mai 2013. Weitere Daten, auch zur Entwicklung in den letzten Jahren bei *Bayer*, Gutachten E zum 67. Deutschen Juristentag, E 19 ff.

399 Informe anual de la CNMV sobre los mercados de valores y su actuación 2009, Cuadro 3.3, S. 76, abrufbar unter http://www.cnmv.es/portal/Publicaciones/Informes.aspx [zuletzt abgerufen am 22.10.2013].

betragen 41,7 % für Spanien und 42,6 % für Deutschland.[400] Hier dürfte sich jedoch vor allem die gegenläufige wirtschaftliche Entwicklung der beiden Ländern sowie die unterschiedliche Kursentwicklung an den Börsen der beiden Länder seit dem Jahr 2009 widerspiegeln. Höhere Aussagekraft ist dem Handelsvolumen an der Börse in Relation zum Bruttoinlandsprodukt beizumessen.[401] Während hier Deutschland im Jahr 2009 einen Wert von 61 % erreichte, lag der Wert in Spanien bei 83,4 %. Dieser Unterschied besteht auch in 2012, mit einem Wert für Deutschland von 37,3 % und für Spanien von 65,8 %. Diese Differenz spiegelt die unterschiedlichen Wirtschaftsstrukturen der beiden Länder wider. In Deutschland wird ein Großteil des Bruttosozialprodukts durch den Mittelstand erwirtschaftet, der zumeist nicht an der Börse notiert ist. In Spanien ist dieses Wirtschaftssegment weniger ausgeprägt, weshalb aus den Zahlen der Schluss gezogen werden kann, dass die „Aktienkultur" in Spanien stärker ausgeprägt ist als in Deutschland.

Spanien ist gem. Art. 1.3 CE eine parlamentarisch-demokratische Monarchie mit König Juan Carlos I. als derzeitigem Staatsoberhaupt. Die Grundprinzipien des deutschen Staates werden durch Art. 20 GG festgelegt: Demnach ist Deutschland eine Republik und ein Bundesstaat. Mit diesen beiden Merkmalen sind die zwei wesentlichen Unterschiede zwischen Deutschland und Spanien im Rahmen der Staatsorganisation genannt. Das Merkmal der Republik stellt das Gegenstück zur Monarchie dar und bringt zum Ausdruck, dass das Staatsoberhaupt nicht, wie in der spanischen Monarchie, nach erbrechtlichen Regeln bestimmt wird, sondern zu wählen ist. Der zweite bedeutende Unterschied folgt aus dem Bekenntnis des Grundgesetzes zum Bundesstaat. Ein solcher wird definiert als Staat, der sich aus mehreren, eigenständigen Staaten zusammensetzt.[402] Den deutschen Bundesländern kommt somit der Charakter eines Staates zu, der sich neben dem Staatsgebiet in einer eigenen Verfassung, einer eigenen staatlichen Organisation und eigenen staatlichen Aufgaben ausdrückt. Spanien ist in 17 autonome Gemeinschaften (*Comunidades Autónomas*) unterteilt, stellt zwar

---

400 Informe anual de la CNMV sobre los mercados de valores y su actuación 2012, Cuadro 2.3, S. 52 (Fn. 399).

401 In den zuvorgenannten Übersichten jeweils unter „Contratación" aufgeführt.

402 Sowohl dem Gesamtgebilde als auch den Untergliederungen kommt Staatsqualität zu (*Sommermann* in v. Mangoldt/Klein/Starck GG, Art. 20 Rn. 21).

keinen Bundesstaat dar,[403] seine staatliche Struktur lehnt sich jedoch föderalen Modellen an.[404]

Für diese nimmt jedoch die spanische Verfassung anders als das Grundgesetz keine eindeutige Kompetenzverteilung vor.[405] Zwar bestimmen die Art. 148 und 149 CE auf den ersten Blick klar und deutlich, welche Bereiche in die Kompetenz der autonomen Gemeinschaften fallen können und welche grundsätzlich beim Staat verbleiben müssen. Diese Kompetenzverteilung ist jedoch nicht eindeutig.[406] Insofern lässt sich keine allgemein gültige Aussage über die einzelnen Kompetenzen der autonomen Gemeinschaften treffen.

§ 2 Allgemeines zum deutschen und spanischen Gesellschaftsrecht

In Deutschland wird das Rechtsgebiet des Gesellschaftsrechts definiert als Recht der privatrechtlichen Personenvereinigungen, die durch Rechtsgeschäft zur Erreichung eines bestimmten gemeinsamen Zwecks gegründet werden.[407] Demgegenüber wird das Handelsrecht als das Sonderprivatrecht der Kaufleute verstanden.[408] Wenngleich beide Rechtsgebiete eng miteinander verbunden sind, werden sie doch als zwei selbstständige, nebeneinander bestehende Rechtsgebiete aufgefasst.[409] Die spanische Lehre versteht das Handelsrecht (*derecho mercantil*) eher als Rechtsdisziplin, innerhalb derer das Gesellschaftsrecht (*derecho de sociedades*) einen Teilbereich bildet.[410]

---

403 *Barrios*, Spanien heute, 53, 77, der auf unterschiedliche Autonomieniveaus einerseits und die Existenz des Zentralstaats andererseits verweist; *Nohlen/Hildenbrand*, Zeitschrift für Parlamentsfragen 19 (1988), 323. A. A. *González Encinar*, Asymmetrischer Bundesstaat, 217, 227, der argumentiert, dass es kein einheitliches Modell eines Bundesstaats gebe.

404 *González Encinar*, Asymmetrischer Bundesstaat, 217, 227.

405 *Pérez Royo*, Verteilung der Kompetenzen, 103, 108.

406 Vgl. ausführlich zu den Schwierigkeiten der Kompetenzabgrenzung in Spanien *Pérez Royo*, Verteilung der Kompetenzen, 103 ff.

407 *Kübler/Assmann*, Gesellschaftsrecht, 1; *Karsten Schmidt*, GesR, 3.

408 *Canaris*, Handelsrecht, § 1 Rn. 1; *Karsten Schmidt*, Handelsrecht, 3.

409 Prominentes Beispiel mögen etwa die beiden Bücher von Karsten Schmidt zum Handelsrecht einerseits und zum Gesellschaftsrecht andererseits sein. Auch Vorlesungsverzeichnisse an Universitäten oder Lehrstuhlbezeichnungen sprechen zumeist von Handels- und Gesellschaftsrecht.

410 So beziehen sich die meisten Lehrbücher auf das Derecho Mercantil und auch an den Universitäten gibt es Departamentos de Derecho Mercantil. Auch die gängige Definition des Begriffs „*Derecho Mercantil*" bringt dies zum Ausdruck. Vgl. *Broseta Pont/Martínez Sanz*, Derecho Mercantil I, 57: „*El ordenamiento privado propio de*

Schon das römische Recht kannte mit der *universitas* und der *societas*[411] Formen von Personenvereinigungen, die sich auch heute noch in den verschiedenen Gesellschaftsformen widerspiegeln. Ein eigenes Rechtsgebiet im Sinne eines Gesellschafts- oder Handelsrechts war damals jedoch unbekannt. Erst im Spätmittelalter entwickelte sich mit der aufkommenden Handelstätigkeit neben dem *ius civile* das *ius mercatorum*, um den veränderten Bedürfnissen gerecht zu werden.[412] Wenngleich nicht ausschließlich dem Handel gewidmet, waren auch die Städteverordnungen der damaligen maßgeblichen Handelsplätze von Bedeutung für die Entwicklung des Gesellschaftsrechts im Mittelalter. Neben italienischen Städten wie Florenz, Mailand und Venedig spielten bei diesem Prozess auch die deutschen Hansestädte sowie spanische Städte wie Barcelona, Valencia oder Burgos eine bedeutende Rolle. Das heutige privatrechtliche Gesellschaftsrecht Europas entwickelte sich mit Beginn des 19. Jahrhunderts im Zuge der Aufklärung.[413] Die neuen bürgerlichen Freiheiten, der Wegfall der Beschränkungen zur privaten gewerblichen Betätigung und die industrielle Revolution führten zu einer Veränderung der wirtschaftlichen und sozialen Gegebenheiten.[414] Gleichzeitig befand sich zu dieser Zeit die Idee der Kodifizierung von Gesetzen im Aufschwung, da mit ihr der Gedanke des gleichen Rechts für alle verbunden war und darin zudem ein Ausdruck nationaler Einheit gesehen wurde.[415] Folge war, dass beginnend mit dem Jahr 1807 in ganz Europa neue gesellschaftsrechtliche Kodifikationen entstanden,[416] die für die heutigen nationalen Gesellschaftsrechte der europäischen Staaten maßgeblich sind.

---

los empresarios y de su estatuto, así como la actividad externa que éstos realizan por medio de una empresa.“ Ähnlich *Sánchez Calero*, Principios Derecho Mercantil, 49, sowie *Uría/Menéndez*, Curso Derecho Mercantil, 25.

411 Während es sich bei der *societas* um einen reinen vertraglichen Zusammenschluss handelte, durch den schuldrechtliche Bindungen begründet wurden, war die *universitas* eine körperschaftlich verfasste Organisation, die erheblichen Einfluss auf die Entstehung des rechtlichen Instituts der juristischen Person hatte (*Kübler/Assmann*, Gesellschaftsrecht, 5).

412 *Uría/Menéndez*, Curso Derecho Mercantil, 31.

413 *Broseta Pont/Martínez Sanz*, Derecho Mercantil I, 46 f.; *Kübler/Assmann*, Gesellschaftsrecht, 7.

414 *Uría/Menéndez*, Curso Derecho Mercantil, 34.

415 *Uría/Menéndez*, Curso Derecho Mercantil, 34.

416 Den Anfang bildet der französische *Code de Commerce* von 1807. Weitere Beispiele sind: 1861 das ADHGB, 1882 der italienische *Codice di commercio* sowie die spanischen *Código de comercio* von 1829 und 1885.

Für die Entwicklung des deutschen Gesellschaftsrechts ist das ADHGB von 1861 von großer Bedeutung. Sein gesellschaftsrechtlicher Teil umfasste die OHG, KG, AG, KGaA und die stille Gesellschaft.[417] So verhielt es sich ursprünglich auch mit dem heutigen HGB von 1897.[418] Der Verein und die GbR waren und sind im BGB[419] geregelt. Jedoch ist auch mit Blick auf die damalige Zeit kaum von einer einheitlichen Kodifizierung des Gesellschaftsrechts zu sprechen. Das Aufkommen der Genossenschaften[420] führte 1889 zu dem GenG, das 1898 neu gefasst wurde. Auch das GmbHG stammt bereits aus dem Jahr 1892 – eine Neufassung erfolgte ebenfalls 1898. Beide Gesetze waren stets außerhalb der sonstigen Regelungen stehende Spezialgesetze. Mit dem AktG von 1937 wurden die AG und KGaA aus dem HGB ausgegliedert und in einem eigenen Gesetz geregelt. Somit sind im Gesellschaftsrecht die Einzelgesetze BGB, HGB, AktG, GmbHG und GenG heranzuziehen. In Folge weiterer gesellschaftlicher und wirtschaftlicher Veränderungen wurden weitere Spezialgesetze erlassen, die einen speziellen gesellschaftsrechtlichen Inhalt aufgreifen: das Publizitätsgesetz von 1969, das MitbestG von 1976, das UmwG von 1994 sowie das WpHG von 1994 und das WpÜG von 2001. Das Gewohnheitsrecht als weitere Rechtsquelle hat dagegen im Gesellschaftsrecht nur eine geringe Bedeutung.[421]

Ausgangspunkt für das spanische Gesellschaftsrecht ist der *Código de Comercio* von 1829, der lange vor dem spanischen *Código Civil* von 1889 in Kraft trat. Dieses Gesetz, das Werk eines einzelnen Juristen, *Pedro Sainz de Andino*, beinhaltete unter anderem auch wegen der fehlenden zivilgesetzlichen Regelung 1.219 Artikel.[422] Der heute noch gültige *Código de Comercio* von 1885 beruht im Wesentlichen auf seinem Vorgänger und versuchte Defizite des alten Gesetzes auszumerzen.[423] Zudem sieht dieses Gesetz auch einige Regelungen zu gesellschaftsrechtlichen Einrichtungen vor, die dem Vorgängergesetz noch unbekannt

417 Allerdings hatten sich die OHG, die KG und die stille Gesellschaft zuvor bereits in den Stadtrechten des 17. und 18. Jahrhunderts entwickelt und wurden praktisch von dem ADHGB lediglich übernommen (*Kübler/Assmann*, Gesellschaftsrecht, 7).

418 Vgl. im 2. Buch des HGB für die OHG §§ 105 ff. HGB, für die KG §§ 161 ff. HGB und für die stille Gesellschaft §§ 230 ff. HGB.

419 Vgl. für den Verein §§ 21 ff. BGB und für die GbR §§ 705 ff. BGB.

420 Die erste wurde bereits 1849 gegründet.

421 *Karsten Schmidt*, GesR, 32.

422 *Uría/Menéndez*, Curso Derecho Mercantil, 35.

423 *Sánchez Calero*, Principios Derecho Mercantil, 55.

waren.[424] Aufgrund seiner Gültigkeit ist dieses Gesetz nach wie vor das Herzstück des heutigen spanischen Gesellschaftsrechts, wenngleich es überwiegend für alt, unvollständig und reformbedürftig gehalten wird.[425] Wie im deutschen Recht ist daneben auch im spanischen Gesellschaftsrecht der *Código Civil* relevant. Dieser beinhaltet die Vorschriften über die *Sociedad Civil*, Artt. 1665 ff. CC. Ebenfalls finden sich dort in den Artt. 28, 35 ff. CC Bestimmungen über juristische Personen. Im *Código de Comercio* selbst finden sich Regelungen zu den Personengesellschaften. Die Artt. 116 ff. CCom enthalten zunächst allgemeine Bestimmungen zu den *compañias mercantiles*, in den Artt. 125 ff. CCom ist die spanische OHG – *sociedad colectiva* – und in den Artt. 145 ff. CCom die KG – *sociedad en comandita* – geregelt. Ebenfalls fanden sich in diesem Gesetz in den Artt. 151 ff. CCom Vorschriften über die spanische KGaA – *sociedad comaditaria por acciones*, die nun in das LSC integriert wurden. Die Artt. 170 ff. CCom enthalten Regelungen über die Rechte und Pflichten von Mitgliedern. Schließlich finden sich in den Artt. 175 ff. CCom Regeln bzgl. spezieller Gesellschaften.[426] Daneben gibt es auch in Spanien eine Vielzahl von Spezialgesetzen, die den *Código de Comercio* teilweise ersetzen, teilweise lediglich ergänzen.[427] Die bedeutendsten sind: Real Decreto Legislativo[428] 1/2010, de 2 de julio, por el que se aprueba el texto refundido de la Ley de Socideades de Capital, das mittlerweile unter anderem die Regelungen zur *Sociedad Anónima* und zur *Sociedad de Responsabilidad Limitada* enthält; Ley 27/1999, de 16 de julio, de Cooperativas; Ley 19/1988, de 12 de julio, de Auditoría de Cuentas; Ley 4/1997 de Sociedades

---

424 *Uría/Menéndez*, Curso Derecho Mercantil, 36 nennt an dieser Stelle beispielhaft die Versicherungsverträge, die zumindest zunächst im *Código de Comercio* geregelt waren. Mit der Ley 50/1980 de 8 de octubre wurde der Titel 8 jedoch aus dem *Código de Comercio* in ein eigenes Gesetz überführt.

425 *Broseta Pont/Martínez Sanz*, Derecho Mercantil I, 46 f.; *Sánchez Calero*, Principios Derecho Mercantil, 56; *Uría/Menéndez*, Curso Derecho Mercantil, 36 und 39.

426 Compañias de crédito (Artt. 175 f. CCom), Bancos de emisión y descuento (Artt. 177 ff. CCom), Compañias de ferrocarriles y demás obras públicas (Artt. 184 ff. CCom), Compañias de almacenes generales de depósitos (Artt. 193 ff. CCom).

427 *Broseta Pont/Martínez Sanz*, Derecho Mercantil I, 70.

428 Bei dem *Real Decreto Legislativo* handelt es sich um eine von der Regierung erlassene Regelung mit Gesetzesrang. Zum Erlass wird die Regierung von dem Parlament durch eine *Ley de base* oder eine *Ley ordinaria* ermächtigt (vgl. Artt. 82 und 85 CE). Davon zu unterscheiden ist das *Real Decreto-Ley*, eine Regelung von Gesetzesrang, die von der Regierung in außergewöhnlichen und dringenden Fällen erlassen und die im Nachhinein vom Parlament genehmigt wird (vgl. Art. 86 CE). Vgl. dazu *Peña González*, Derecho y Constitución, 404 f.

Laborales; Ley 24/1988, de 28 de julio, del Mercado de Valores. Schließlich sind die Handelsbräuche eine Rechtsquelle des spanischen Gesellschaftsrechts. Diese sind gem. Art. 2.1 CCom dann einschlägig, wenn der *Código de Comercio* selbst keine Regelung enthält. Erst wenn auch die Handelsbräuche keine Regelung hervorbringen, ist auf das allgemeine Recht, insbesondere auf das Zivilrecht, zurückzugreifen.[429] Allerdings enthält Art. 50 CCom hierzu eine bedeutende Ausnahme.[430] Bei Verträgen aus dem Bereich des *Derecho mercantil*, die eine Regelungslücke im CCom oder in Spezialgesetzen aufweisen, rangiert in der Normenhierachie das allgemeine Recht vor den Handelsbräuchen.[431]

Aufgrund der Kompetenzzuweisungen des GG liegt die Gesetzgebungskompetenz für das Gesellschaftsrecht in Deutschland anerkanntermaßen beim Bund. Zwar findet das Gesellschaftsrecht im GG nicht ausdrücklich Erwähnung, es wird jedoch von dem Begriff „Recht der Wirtschaft" gem. Art. 74 Abs. 1 Nr. 11 GG erfasst. Dieser wird vom BVerfG weit ausgelegt.[432] Mithin gehört das Gesellschaftsrecht in den Bereich der konkurrierenden Gesetzgebung, für die die Länder gem. Art. 72 Abs. 1 GG die Befugnis zur Gesetzgebung haben, solange der Bund nicht von seiner Gesetzgebungszuständigkeit Gebrauch macht. Das Recht der Wirtschaft unterliegt zudem der Einschränkung der Erforderlichkeit gem. Art. 72 Abs. 2 GG. Danach ist der Bund zur Gesetzgebung nur dann berechtigt, wenn das gesamtstaatliche Interesse eine bundesgesetzliche Regelung zur Wahrung der Rechts- und Wirtschaftseinheit erfordert.[433] Dies kann für das Gesellschaftsrecht nicht ernsthaft bezweifelt werden.

---

429 Art. 2.1 CCom lautet: „*Los actos de comercio, sean o no comerciantes los que los ejecuten, y estén o no especificados en este Código, se regirán por las disposiciones contenidas en él; en su defecto, por los usos del comercio observados generalmente en cada plaza; y a flate de ambas reglas, por las del Derecho común.*"

430 Dass es sich bei Art. 50 CCom um eine Ausnahme zu Art. 2 CCom handelt, ist zumindest die überwiegende Ansicht. Vgl. *Broseta Pont/Martínez Sanz*, Derecho Mercantil I, 69, *Sánchez Calero*, Principios Derecho Mercantil, 54.

431 Art. 50 CCom lautet: „*Los contratos mercantiles, en todo lo relativo a sus requisitos, modificaciones, excepciones, interpretación y extinción y a la capacidad de los contratantes, se regirán en todo lo que no se halle expresamente establecido en este Código o en Leyes especiales por las reglas generales del Derecho común.*" Laut *Sánchez Calero*, Principios Derecho Mercantil, 54, ist jedoch gerade das Vertragsrecht der Bereich, in dem Handelsbräuche normalerweise relevant sind.

432 BVerfG, Beschluss vom 5.6.1998 – 2 BvL 2/97, in BVerfGE 98, 145, 157.

433 Bei dieser Anforderung der Erforderlichkeit handelt es sich um eine weitere Schranke zur Ausübung der Gesetzgebungskompetenz des Bundes (BVerfG, Urteil vom 24.10.2002 – 2 BvF 1/01, in BVerfGE 106, 62, 135 ff.).

Für die Frage der Gesetzgebungskompetenz im Bereich des Gesellschaftsrechts in Spanien ist von den Artt. 148 und 149 CE auszugehen. Nach deren Wortlaut kommt den *Comunidades Autónomas* keinerlei Kompetenz im Bereich des *Derecho mercantil* zu, das nach der obigen Definition das Gesellschaftsrecht umfasst. Vielmehr normiert Art. 149.1 Nr. 6 CE eine ausschließliche Kompetenz in diesem Bereich für den Staat. Dies gilt auch für andere Bereiche, die ebenfalls bei weiter Auslegung des Begriffs Gesellschaftsrecht davon erfasst werden.[434] Jedoch hat das spanische Verfassungsgericht (*Tribunal Constitucional*) mehrfach entschieden, dass den spanischen *Comunidades Autónomas* durchaus auch Kompetenzen in diesem Bereich zustehen können. Der Begriff der „*competencia exclusiva*" sei insofern missverständlich. Diese Kompetenzen bestehen jedoch nur für Maßnahmen, die sich rechtlich auf das Gebiet der Autonomen Gemeinschaft beschränken. Sofern die faktischen Wirkungen über die Gebietsgrenzen hinausgehen, ist dies unschädlich.[435] Im Konfliktfall geht gem. Art. 149.3 CE das staatliche Recht dem Recht der autonomen Gemeinschaften vor.

§ 3 Europäischer Einfluss auf das jeweilige Gesellschaftsrecht

Zur Schaffung eines gemeinsamen Binnenmarkts[436] wurden seit Bestehen der EU mit Bezug auf das Gesellschaftsrecht zahlreiche europäische Regelungen erlassen. Mit Spaniens Beitritt zu den Europäischen Gemeinschaften zum 1. Januar 1986 ging die Verpflichtung einher, bestehende europäische Regelungen

434 So steht etwa dem Staat die ausschließliche Kompetenz zur Schaffung der grundsätzlichen Rechtsordnung im Bereich Kredit-, Bank- und Versicherungswirtschaft zu, Art. 149.1 Nr. 11 CE.

435 So etwa STC de 16 de noviembre, RTC 1981\37, 1° Fundamento jurídico: „*Es bien cierto que la competencia de los órganos de la Comunidad Autónoma del País Vasco se entiende siempre referida, salvo disposición expresa en contrario (en este caso inexistente), al ámbito territorial del País Vasco, como declara el artículo 20.6 de su Estatuto de Autonomía, pero esta limitación territorial de la eficacia de las normas y actos no puede significar, en modo alguno, que le esté vedado por ello a esos órganos, en uso de sus competencias propias, adoptar decisiones que puedan producir consecuencias de hecho en otros lugares del territorio nacional. La unidad política, jurídica, económica y social de España impide su decisión en comportamientos estancos y, en consecuencia, la privación a las Comunidades Autónomas de la posibilidad de actuar cuando sus actos pudieran originar consecuencias más allá de sus límites territoriales equivaldría necesariamente a privarlas, pura y simplemente, de toda capacidad de actuación.*"

436 Nach dem Inkrafttreten des Vertrags von Lissabon zum 1.12.2009 vgl. Art. 26 Abs. 1 AEUV.

in nationales Recht umzusetzen. Dies geschah mit der Ley 19/1989, de 25 de julio, de reforma parcial y adapción de la legislación mercantil a las directivas de la Comunidad Económica Europea en materia de sociedades.

Dabei bedient sich die EU im Gesellschaftsrecht fast ausschließlich des Instruments der Richtlinie (*Directiva*). Auf diesem Feld finden sich lediglich vier Verordnungen,[437] die europarechtlich nicht der Umsetzung in nationales Recht bedürfen. Die folgende Tabelle enthält im Überblick die europarechtlichen Regelungen und ihre Umsetzung in nationales Recht.

Richtlinie	**umgesetzt durch**	
	in Deutschland	**in Spanien**
Erste gesellschaftsrechtliche Richtlinie **68/151/ EWG**	Gesetz zur Durchführung der Ersten Richtlinie des Rates der Europäischen Gemeinschaften zur Koordinierung des Gesellschaftsrechts, vom 15.8.1969, BGBl. I 1969, Nr. 76, 1146 ff.	Ley 19/1989, de 25 de julio, de reforma parcial y adapción de la legislación mercantil a las directivas de la Comunidad Económica Europea en materia de sociedades *(im folgenden Ley 19/1989, de 25 de julio)*, BOE Núm. 178, de 27 de julio de 1989, 24085 ff.
Zuletzt neu kodifiziert durch Richtlinie **2009/101/EG**	BRD hält Umsetzung für nicht erforderlich	k. A.
Zweite gesellschaftsrechtliche Richtlinie **77/91/EWG**	Gesetz zur Durchführung der Zweiten Richtlinie des Rates der Europäischen Gemeinschaften zur Koordinierung des Gesellschaftsrechts, vom 13.12.1978, BGBl. I 1978, Nr. 68, 1959 ff.	Ley 19/1989, de 25 de julio, BOE Núm. 178, de 27 de julio de 1989, 24085 ff.

437 Die bedeutsamsten sind sicherlich die Verordnung (EG) Nr. 2157/2001 des Rates vom 8. Oktober 2001 über das Statut der Europäischen Gesellschaft (SE) sowie die Verordnung (EG) Nr. 1435/2003 des Rates vom 22. Juli 2003 über das Statut der Europäischen Genossenschaft (SCE). Daneben finden sich im Bereich der Rechnungslegung die Verordnungen Nr. 1606/2002 vom 19. Juli 2002 sowie Nr. 1126/2008 vom 3. November 2008.

Richtlinie	umgesetzt durch	
	in Deutschland	**in Spanien**
Geändert durch Richtlinie **2006/68/EG** und Richtlinie **2009/109/EG**	k. A. k. A.	Ley 3/2009, de 3 de abril, sobre modificaciones estructurales de las sociedades mercantiles, BOE Núm. 82, de 4 de abril de 2009, 31928 ff. k. A.
Aufgehoben und neugefasst durch Richtlinie **2012/30/EU**	k. A.	k. A.
Dritte gesellschaftsrechtliche Richtlinie **78/855/EWG**	Gesetz zur Durchführung der Dritten Richtlinie des Rates der Europäischen Gemeinschaften zur Koordinierung des Gesellschaftsrechts (Verschmelzungsrichtlinie-Gesetz), vom 25.10.1982, BGBl. I 1982, Nr. 40, 1425 ff. Gesetz zur Bereinigung des Umwandlungsrechts (UmwBerG), vom 28.10.1994, BGBl. I 1994, Nr. 77, 3210 ff.	Ley 19/1989, de 25 de julio, BOE Núm. 178, de 27 de julio de 1989, 24085 ff.
Geändert durch Richtlinie **2007/63/EG** Geändert durch Richtlinie **2009/109/EG**	Gesetz zur Bereinigung des Umwandlungsrechts (UmwBerG), vom 28.10.1994, BGBl. I 1994, Nr. 77, 3210 ff. k. A.	Ley 3/2009, de 3 de abril, sobre modificaciones estructurales de las sociedades mercantiles, BOE Núm. 82, de 4 de abril de 2009, 31928 ff. k. A.
Vierte gesellschaftsrechtliche Richtlinie **78/660/EWG**	Gesetz zur Durchführung der Vierten, Siebenten und Achten Richtlinie des Rates der Europäischen Gemeinschaften zur Koordinierung des Gesellschaftsrechts (Bilanzrichtlinien-Gesetz – BiRiLiG), vom 19.12.1985, BGBl. I 1985, Nr. 62, 2355 ff.	Ley 19/1989, de 25 de julio, BOE Núm. 178, de 27 de julio de 1989, 24085 ff.

Richtlinie	umgesetzt durch	
	in Deutschland	in Spanien
Geändert durch Art. 49 Abs. 1 der Richtlinie **2006/43/EG**	Gesetz zur Stärkung der Berufsaufsicht und zur Reform berufsrechtlicher Regelungen in der Wirtschaftsprüferordnung (Berufsaufsichtsreformgesetz – BARefG), vom 3.9.2007, BGBl. I 2007, Nr. 45, 2178 ff. Gesetz zur Modernisierung des Bilanzrechts (Bilanzrechtsmodernisierungsgesetz – BilMoG), vom 25.5.2009, BGBl. I 2009, Nr. 27, 1102 ff.	Ley 12/2010, de 30 de junio, por la que se modifica la Ley 19/1988, de 12 de julio, de Auditoría de Cuentas, la Ley 24/1988, de 28 de julio, del Mercado de Valores y el texto refundido de la Ley de Sociedades Anónimas aprobado por el Real Decreto Legislativo 1564/1989, de 22 de diciembre, para su adaptación a la normativa comunitaria, BOE Núm. 159, de 1 de julio de 2010, 57586 ff.
Sechste gesellschaftsrechtliche Richtlinie **82/891/EWG**	Gesetz zur Bereinigung des Umwandlungsrechts (UmwBerG), vom 28.10.1994, BGBl. I 1994, Nr. 77, 3210 ff. Gesetz über die Spaltung der von der Treuhandanstalt verwalteten Unternehmen (SpTrUG), vom 5.4.1991, BGBl. I 1991, Nr. 22, 854 ff.	Ley 19/1989, de 25 de julio, BOE Núm. 178, de 27 de julio de 1989, 24085 ff.
Geändert durch Richtlinie **2007/63/EG** und Richtlinie **2009/109/EG**	Siehe dazu oben unter Dritte gesellschaftsrechtliche Richtlinie	
Siebte gesellschaftsrechtliche Richtlinie **83/349/EWG**	Gesetz zur Durchführung der Vierten, Siebenten und Achten Richtlinie des Rates der Europäischen Gemeinschaften zur Koordinierung des Gesellschaftsrechts (Bilanzrichtlinien-Gesetz – BiRiLiG), vom 19.12.1985, BGBl. I 1985, Nr. 62, 2355 ff.	Ley 19/1989, de 25 de julio, BOE Núm. 178, de 27 de julio de 1989, 24085 ff.
Geändert durch Art. 49 Abs. 2 der Richtlinie **2006/43/EG**	Siehe dazu oben unter Vierte gesellschaftsrechtliche Richtlinie	

<table>
<tr><th rowspan="2">Richtlinie</th><th colspan="2">umgesetzt durch</th></tr>
<tr><th>in Deutschland</th><th>in Spanien</th></tr>
<tr><td>Achte gesellschaftsrechtliche Richtlinie
84/253/EWG</td><td>Gesetz zur Durchführung der Vierten, Siebenten und Achten Richtlinie des Rates der Europäischen Gemeinschaften zur Koordinierung des Gesellschaftsrechts (Bilanzrichtlinien-Gesetz – BiRiLiG), vom 19.12.1985, BGBl. I 1985, Nr. 62, 2355 ff.</td><td>k. A.</td></tr>
<tr><td>Aufgehoben durch Art. 50 der Richtlinie
2006/43/EG</td><td colspan="2">Siehe dazu oben unter Vierte gesellschaftsrechtliche Richtlinie</td></tr>
<tr><td>Elfte gesellschaftsrechtliche Richtlinie
89/666/EWG</td><td>Gesetz zur Durchführung der Elften gesellschaftsrechtlichen Richtlinie des Rates der Europäischen Gemeinschaften und über Gebäudeversicherungsverhältnisse, vom 22.7.1993, BGBl. I 1993, Nr. 39, 1282 ff.</td><td>Real Decreto 1597/1989 de 29 de diciembre, por el que se aprueba el Reglamento del Registro Mercantil, BOE Núm. 313, de 30 de diciembre de 1989, 40407 ff.</td></tr>
<tr><td>Zwölfte gesellschaftsrechtliche Richtlinie
89/667/EWG</td><td>Gesetz zur Durchführung der Zwölften Richtlinie des Rates der Europäischen Gemeinschaften auf dem Gebiet des Gesellschaftsrechts betreffend Gesellschaften mit beschränkter Haftung mit einem einzigen Gesellschafter, vom 18.12.1991, BGBl. I 1991, 2206 ff.</td><td>k. A.</td></tr>
<tr><td>Neu kodifiziert durch Richtlinie
2009/102/EG</td><td>BRD hält Umsetzung für nicht erforderlich</td><td>k. A.</td></tr>
<tr><td>Richtlinie
2001/86/EG</td><td>Gesetz zur Einführung der Europäischen Gesellschaft (SEEG), vom 22.12.2004, BGB. I 2004, Nr. 73, 3675 ff.</td><td>Ley 31/2006, de 18 de octubre, sobre implicación de los trabajadores en las sociedades anónimas y cooperativas europeas, BOE Núm. 250, de 19 de octubre de 2006, 36302 ff.</td></tr>
</table>

Richtlinie	umgesetzt durch	
	in Deutschland	**in Spanien**
Richtlinie **2004/25/EG**	Gesetz zur Umsetzung der Richtlinie 2004/25/EG des Europäischen Parlaments und des Rates vom 21.April 2004 betreffend Übernahmeangebote (Übernahmerichtlinie – Umsetzungsgesetz), vom 8.7.2006, BGBl. I 2006, Nr. 31, 1426 ff.	Real Decreto 1066/2007, de 27 de julio, sobre el régimen de las ofertas públicas de adquisición de valores, BOE Núm. 180, de 28 de julio de 2007, 32829 ff. Ley 6/2007, de 12 de abril, de reforma de la Ley 24/1988, de 28 de julio, del Mercado de Valores, para la modificación del régimen de las ofertas públicas de adquisición y de la transparencia de los emisores, BOE Núm 89, de 13 de abril de 2007, 16260 ff.
Richtlinie **2005/56/EG**	Zweites Gesetz zur Änderung des Umwandlungsgesetzes, vom 19.4.2007, BGBl. I 2007, Nr. 15, 542 ff. Gesetz zur Umsetzung der Regelungen über die Mitbestimmung der Arbeitnehmer bei einer Verschmelzung von Kapitalgesellschaften aus verschiedenen Mitgliedstaaten, vom 21.12.2006, BGBl. I 2006, Nr. 65, 3332 ff.	Ley 3/2009, de 3 de abril, sobre modificaciones estructurales de las sociedades mercantiles, BOE Núm. 82, de 4 de abril de 2009, 31928 ff.
Richtlinie **2007/36/EG**	Gesetz zur Umsetzung der Aktionärsrechterichtlinie (ARUG), vom 30. Juli 2009, BGBl. I 2009, Nr. 50, 2479 ff.	Ley 25/2011, de 1 de agosto, de reforma parcial de la Ley de Sociedades de Capital y de incorporación de la Directiva 2007/36/CE, del Parlamento Europeo y del Consejo, de 11 de julio, sobre el ejercicio de determinados derechos de los accionistas de sociedades cotizadas, BOE Núm. 184, de 2 de agosto de 2011, 87462 ff.

Das Europarecht und seine Umsetzung haben in vielen Bereichen des Gesellschaftsrechts einen einheitlichen europäischen Mindeststandard geschaffen. Gleichwohl bestehen unverändert Unterschiede zwischen den nationalen Gesetzen Europas, so auch zwischen Spanien und Deutschland.[438]

2. Teil: Die Zuständigkeiten der Hauptversammlung

Die Hauptversammlung bzw. die *junta general* ist zwingendes Organ der Aktiengesellschaft. Da diesem Organ bei der Einführung oder Zahlung eines Präsenzbonus Bedeutung zukommt, sollen beide an dieser Stelle vorgestellt werden.

§ 1 Deutschland

A. Die geschriebenen Zuständigkeiten

Die wesentlichen Beschlussgegenstände der Hauptversammlung werden in § 119 Abs. 1 AktG aufgezählt. Diese Aufzählung ist jedoch nicht abschließend.[439] Die zahlreichen gesetzlichen Zuständigkeiten können auf unterschiedliche Weise kategorisiert werden. Einer gängigen praktischen Unterscheidung zufolge und angesichts der Häufigkeit der Beschlüsse ist zwischen regelmäßigen Beschlüssen, außerordentlichen Beschlüssen im Zusammenhang mit Strukturentscheidungen und sonstigen Beschlüssen zu unterscheiden. Die Aufzählung erhebt keinen Anspruch auf Vollständigkeit.[440]

Die Tagesordnungen der Hauptversammlungen enthalten regelmäßig Beschlussvorschläge zur Bestellung von Aufsichtsratsmitgliedern (§§ 119 Abs. 1 Nr. 1, 101 Abs. 1 AktG), zur Entlastung der Mitglieder von Vorstand und Aufsichtsrat (§§ 119 Abs. 1 Nr. 3, 120 AktG) und zur Bestellung des Abschlussprüfers (§ 119 Abs. 1 Nr. 4 AktG und § 318 Abs. 1 HGB). Ebenso wird regelmäßig der Beschluss über die Verwendung des Bilanzgewinns (§§ 119 Abs. 1 Nr. 2, 174 Abs. 1 AktG) gefasst.[441]

---

438 Als Beispiel sind an dieser Stelle etwa die Regeln zur Kapitalerhaltung (vgl. Art. 17 der Richtlinie 2012/30/EU, der inhaltlich identisch ist mit der Vorgängernorm Art. 15 der Richtlinie 77/91/EWF) zu nennen. Siehe dazu im 2. Kapitel unter 6. Teil:, Seite 158 ff.

439 *Kubis* in MünchKomm AktG § 119 Rn. 9.

440 Für eine wohl vollständige Aufzählung aller Zuständigkeiten der Hauptversammlung vgl. *Semler* in MünchHdb AG § 34 Rn. 10–13 bzw. *Reichert* in Beck Hdb AG § 5 Rn. 9–24.

441 Siehe ausführlich zur Gewinnverwendung in diesem Kapitel unter 6. Teil:, Seite 158 ff.

Außerordentliche Beschlüsse, die Strukturentscheidungen beinhalten, sind Satzungsänderungen (§§ 119 Abs. 1 Nr. 5, 179 Abs. 1 S. 1 AktG) und die Auflösung der Gesellschaft (§§ 119 Abs. 1 Nr. 8, 262 Abs. 1 Nr. 2 AktG). Maßnahmen der Kapitalbeschaffung und der Kapitalherabsetzung (§§ 119 Abs. 1 Nr. 6 AktG) fallen ebenso darunter. Je nach Art der Kapitalmaßnahme sind die entsprechenden Spezialvorschriften anwendbar.[442] Für die Struktur der Gesellschaft entscheidende Beschlüsse, die nicht in § 119 Abs. 1 AktG enthalten sind, beziehen sich auf Unternehmensverträge und auf die Eingliederung der Gesellschaft in eine andere Gesellschaft.[443] Auch bei der Nachgründung (§ 52 Abs. 5 AktG), beim Fortsetzungsbeschluss (§ 274 AktG) und beim Ausschluss von Minderheitsaktionären (§ 327a AktG) ist die Zustimmung der Hauptversammlung erforderlich. Außerordentliche Beschlüsse ergeben sich schließlich aus anderen Gesetzen: bei Verschmelzung (§§ 65, 73 UmwG), Vermögensübertragung (§ 179a AktG, §§ 174f. UmwG) und Wechsel der Rechtsform (§§ 226 ff. UmwG). Das WpÜG schließlich weist in §§ 33f. der Hauptversammlung die Zuständigkeit zur Ermächtigung des Vorstands für Abwehrmaßnahmen gegen eine Übernahme zu.

Unter die sonstigen Beschlüsse der Hauptversammlung fallen folgende Sachverhalte: Geschäfte mit eigenen Aktien (§ 71 Abs. 1 Nr. 7 und 8 AktG), Bestellung von Sonderprüfern (§§ 119 Abs. 1 Nr. 7, 142 Abs. 1 S. 1 AktG) und Vertrauensentzug eines Vorstandsmitglieds (§ 84 Abs. 3 S. 2 AktG). Gleiches gilt für die Abberufung von Aufsichtsratsmitgliedern (§ 103 Abs. 1 AktG) und ihre Vergütung (§ 113 Abs. 1 AktG), die Geltendmachung von Ersatzansprüchen gegen den Vorstand oder Aufsichtsrat (§ 147 AktG) und die Feststellung des Jahresabschlusses (§§ 173 Abs. 1, 234 Abs. 2 AktG). Schließlich kann der Vorstand gem. § 119 Abs. 2 AktG die subsidiäre Zuständigkeit der Hauptversammlung zur Geschäftsführung[444] verlangen. An dieser Stelle wäre auch die im VorstKoG[445] vorgesehene Kompetenz der Hauptversammlung zu nennen gewesen, zwingend jährlich über das Vergütungssystem für den Vorstand sowie über die maximal erreichbare Gesamtvergütung der Vorstandsmitglieder abzustimmen.

---

442 Bei Kapitalerhöhungen §§ 182 ff., 192 ff., 202 ff. oder 207 ff. AktG; bei Kapitalherabsetzungen §§ 222 ff., 229 ff. oder 237 ff. AktG.

443 Bzgl. Unternehmensverträgen §§ 293 Abs. 1, 295 Abs. 1 AktG; bzgl. Eingliederung §§ 319 Abs. 1, 320 Abs. 1 AktG.

444 Vgl. zum Begriff der Geschäftsführung in diesem Kapitel unter 3. Teil: § 1, Seite 102 ff.

445 Das Gesetz zur Kontrolle der Vorstandsvergütung und zur Änderung weiterer aktienrechtlicher Vorschriften (VorstKoG) ist bisher nicht in Kraft getreten, da der Bundesrat den Vermittlungsausschuss angerufen hat (BR-Drs. 637/13, 1).

B. Die ungeschriebenen Zuständigkeiten

Im Lauf der Zeit haben sich weitere Zuständigkeiten der Hauptversammlung herausgebildet, die nicht ausdrücklich im Gesetz niedergelegt sind. Von herausragender Bedeutung ist diesbezüglich die sog. Holzmüller-Entscheidung des BGH, die für viel Diskussion in der Literatur gesorgt hat.[446] Mit dem Aufkommen des Konzerns als Organisationsform im Gesellschaftsrecht kam die Frage der Zuständigkeit für gewichtige Entscheidungen innerhalb des Konzerns auf.[447] Das AktG enthält in seinem dritten Buch zwar Vorschriften über verbundene Unternehmen (§§ 291 ff. AktG), die jedoch in erster Linie den Schutz der abhängigen Gesellschaft zum Ziel haben,[448] aber zu Zuständigkeitsfragen keine Aussage enthalten. Bei der Holzmüller-Entscheidung hat sich der BGH dieser Frage gestellt.[449] Im ersten Leitsatz der Entscheidung[450] heißt es:

> *Bei schwerwiegenden Eingriffen in die Rechte und Interessen der Aktionäre, wie z. B. der Ausgliederung eines Betriebs, der den wertvollsten Teil des Gesellschaftsvermögens bildet, auf eine dazu gegründete Tochtergesellschaft, kann der Vorstand ausnahmsweise nicht nur berechtigt, sondern auch verpflichtet sein, gemäß § 119 Abs. 2 AktG eine Entscheidung der Hauptversammlung herbeizuführen.*

Der letzte Leitsatz der Entscheidung[451] lautet:

> *Hat der Vorstand den wertvollsten Teil des Betriebsvermögens auf eine zu diesem Zweck errichtete 100 %ige Tochtergesellschaft übertragen, so ist die Obergesellschaft jedem ihrer Aktionäre gegenüber verpflichtet, für Kapitalerhöhungen in der Tochtergesellschaft die Zustimmung ihrer Hauptversammlung mit der Mehrheit einzuholen, die für eine entsprechende Maßnahme in der Obergesellschaft selbst erforderlich wäre.*

Die Hauptversammlung ist somit zuständig bei grundlegenden Entscheidungen, die schwerwiegende Eingriffe in die mitgliedschaftsrechtliche Stellung des Aktionärs bedeuten können,[452] auch wenn die Maßnahmen formal von der

---

446 Ausführlich zur Holzmüller-Entscheidung *Wagner*, Ungeschriebene Kompetenzen, passim; *Lutter*, FS Walter Stimpel, 825 ff., jeweils mit weiteren Nachweisen.

447 *Spindler* in Schmidt/Lutter AktG, § 119 Rn. 26.

448 *Habersack* in KonzernrechtKomm, Einl. Rn. 12.

449 *Lutter*, FS für Walter Stimpel, 825, 832.

450 BGH, Urteil vom 25.2.1982 – II ZR 174/80, in BGHZ 83, 122.

451 BGH, Urteil vom 25.2.1982 – II ZR 174/80, in BGHZ 83, 122 f.

452 Zur Reichweite der ungeschriebenen Zuständigkeit, mithin zur Frage, wann ein schwerwiegender Eingriff vorliegt, ist eine lebhafte Diskussion im Gange. Siehe *Mülbert* in AktG Großkomm, § 119 Rn. 17 ff.; *Reichert* in Beck Hdb AG, § 5 Rn. 31 ff.; *Spindler* in Schmidt/Lutter AktG, § 119 Rn. 30 ff.

Geschäftsführungsbefugnis gem. § 82 Abs. 2 AktG und der Satzung gedeckt sind. Dies gilt nicht nur bei der Umstrukturierungsmaßnahme selbst, sondern auch bei späteren Veränderungen des Stammkapitals der Tochtergesellschaft. Im Lauf der Zeit hat der BGH die 1982 entwickelten Grundsätze bestätigt und präzisiert.[453]

Mit seiner „Macrotron-Entscheidung“[454] hatte der BGH zunächst eine weitere Zuständigkeit der Hauptversammlung geschaffen, deren Begründung jedoch mit der Holzmüller-Doktrin nicht deckungsgleich war. In diesem Fall ging es um das sog. echte *Delisting*, mithin den Rückzug einer Aktiengesellschaft von der Börse gem. § 39 Abs. 2 BörsG. Der maßgebliche Leitsatz dieser Entscheidung[455] lautet:

> *Das reguläre Delisting beeinträchtigt wegen der damit verbundenen erheblichen Beeinträchtigungen der Verkehrsfähigkeit der Aktien das Aktieneigentum. Es bedarf eines Beschlusses der Hauptversammlung sowie eines Pflichtangebots der Aktiengesellschaft oder des Großaktionärs über den Kauf der Aktien der Minderheitsaktionäre.*

Der BGH begründet hier die Zuständigkeit der Hauptversammlung mit den gravierenden wirtschaftlichen Nachteilen für Minderheits- und Kleinaktionäre, die mit dem *Delisting* und dem damit verbundenen Entfallen des Verkehrswerts der Aktie verbunden sind.[456] Zwar führe der Rückzug von der Börse nicht zu einem

---

453 Vgl. dazu die sog. „Gelatine-Entscheidungen“, BGH, Urteil vom 26.4.2004 – II ZR 155/02, in BGHZ 159, 30 ff., und BGH, Urteil vom 26.4.2004 – II ZR 154/02, AG 2004, 384 ff. Während der BGH die Holzmüller-Entscheidung noch darauf stützte, dass das Vorlageermessen des Vorstands gem. § 119 Abs. 2 AktG auf null reduziert sei, führt er seit den Gelatine-Entscheidungen nunmehr eine offene Rechtsfortbildung als Rechtsgrundlage an. In jüngerer Vergangenheit hat der BGH seine Rechtsprechung durch den Nichtannahmebeschluss in Sachen Stuttgarter Hofbräu bestätigt, vgl. BGH, Beschluss vom 20.11.2006 – II ZR 226/05, NZG 2007, 234 (unter Verweis auf die Erwägungen in OLG Stuttgart, Urteil vom 13.7.2005 – 20 U 1/05, BeckRS 2005, 8092) und die Thematik in einem Beschluss über eine Nichtzulassungsbeschwerde gestreift, vgl. BGH, Beschluss vom 7.2.2012 – II ZR 253/10, ZIP 2012, 515.

454 BGH, Urteil vom 25.11.2002 – II ZR 133/01, in BGHZ 153, 47 ff.

455 BGH, Urteil vom 25.11.2002 – II ZR 133/01, in BGHZ 153, 47.

456 BGH, Urteil vom 25.11.2002 – II ZR 133/01, in BGHZ 153, 47, 54. Ob auch der gegenteilige Vorgang, der Gang an die Börse (sog. *Initial Public Offering*), der Zustimmung der Hauptversammlung bedarf, ist bislang umstritten. Zustimmend u. a. *Spindler* in Schmidt/Lutter AktG, § 119 Rn. 37; a. A. *Marsch-Barner* in Hdb börsenAG, § 31 Rn. 37; beide jeweils mit weiteren Nachweisen.

Eingriff in die Innenstruktur der Gesellschaft, er gefährde aber das Aktieneigentum. Diese Gefährdung erfordere einen Hauptversammlungsbeschluss.[457]

In jüngerer Vergangenheit hatte sich das OLG Frankfurt am Main[458] mit der Frage einer ungeschriebenen Hauptversammlungskompetenz zu beschäftigen. Gegenstand des Verfahrens war die Frage, ob die Commerzbank die Dresdner Bank ohne Zustimmung der Hauptversammlung übernehmen durfte. Der 5. Zivilsenat bejahte dies mit Verweis auf die Konzernöffnungsklausel der Satzung der Commerzbank, die den Vorstand im Rahmen der Gesellschaftszweckförderung insbesondere auch zum Erwerb von Unternehmens-beteiligungen ermächtige. Eine mit Blick auf diese Entscheidung erhobene Nichtzulassungsbeschwerde hat der BGH zurückgewiesen,[459] ohne sich jedoch inhaltlich erneut mit der Thematik der ungeschriebenen Hauptversammlungskompetenz auseinander zu setzen.

Das BVerfG hat in einem Beschluss, in dem es die Annahme einer Verfassungsbeschwerde abgelehnt hat, die von der Rechtsprechung entwickelten Grundsätze auch mit Blick auf den verfassungsrechtlichen Schutz der Mitgliedschaft nicht beanstandet.[460]

Ein Urteil des BVerfG vom Juli 2012[461] brachte erneut Bewegung in die Frage der ungeschriebenen Hauptversammlungskompetenz beim sog. *Delisting.* In seiner Entscheidung stellte das Gericht klar, dass der Widerruf der Börsenzulassung nicht den Schutzbereich des Art. 14 GG berühre und der Bestand des Mitgliedschaftsrechts nicht berührt werde. Vor diesem Hintergrund hat der BGH eine Kehrtwende vollzogen und seine Macroton-Rechtsprechung aufgegeben. In einem am 12. November 2013 veröffentlichten Beschluss[462] entschied der BGH, dass weder beim Wechsel in den qualifizierten Freiverkehr (sog. *Downlisting*) noch bei vollständigem Widerruf der Börsenzulassung die vom Gericht bisher vertretenen Macroton-Grundsätze gelten. Das Gericht hat damit die ungeschriebene Hauptversammlungszuständigkeit beim Rückzug von der Börse aufgegeben. Aufgrund der unterschiedlichen Begründungsansätze kann jedoch nicht davon

457 BGH, Urteil vom 25.11.2002 – II ZR 133/01, in BGHZ 153, 47, 54 f.; *Marsch-Barner* in Hdb börsenAG, § 31 Rn. 39; *Raiser/Veil*, Kapitalgesellschaften, § 16 Rn. 20. Vgl. umfassend zum Aktionärsschutz nach der Macrotron-Entscheidung *Karsten Schmidt*, NZG 2003, 601 ff.

458 OLG Frankfurt am Main, Urteil vom 7.12.2010 – 5 U 29/10, WM 2011, 116 ff.

459 BGH, Beschluss vom 7.2.2012 – II ZR 253/10, ZIP 2012, 515.

460 BVerfG, Beschluss vom 7.9.2011 – 1 BvR 1460/10, WM 2001, 1946 ff.

461 BVerfG, Urteil vom 11.9.2012 – 1 BvR 3142/07, 1569/08, WM 2012, 1378 ff.

462 BGH, Beschluss vom 8.10.2013 – II ZB 26/12.

ausgegangen werden, dass der BGH auch seine Holzmüller-Rechtsprechung abändern oder aufgeben wird.

C. *Weitere Zuständigkeiten durch Satzung und die Grenze des § 23 Abs. 5 AktG*

§ 119 Abs. 1 AktG lässt ausdrücklich die Möglichkeit zu, der Hauptversammlung weitere Zuständigkeiten über die Satzung zu zuweisen. Diese Möglichkeit ist nicht von großer Relevanz. Die Satzungsfreiheit gem. § 23 Abs. 5 AktG lässt nämlich im Hinblick auf das Kompetenzgefüge der Aktiengesellschaft wenig Gestaltungsspielraum.[463] Bei Satzungsregelungen ist zwischen Abweichungen i. S. d. § 23 Abs. 5 S. 1 AktG, Ergänzungen i. S. d. § 23 Abs. 5 S. 2 AktG und gesetzesausfüllenden notwendigen Satzungsregelung gem. § 23 Abs. 3 und Abs. 4 AktG zu unterscheiden. Bei Letzteren handelt es sich um solche Regelungen, die das Gesetz zwingend vorschreibt, deren Inhalt aber nur von der Gesellschaft selbst festgelegt werden kann. In § 23 Abs. 3 Nr. 1 AktG beispielsweise fordert der Gesetzgeber, Firma und Sitz der Gesellschaft in der Satzung festzuschreiben. Diese Angaben kann allein die Gesellschaft selbst liefern. Insoweit haben die entsprechenden Bestimmungen in der Satzung gesetzesausfüllenden Charakter. Bei abweichenden oder ergänzenden Bestimmungen kommt die Satzungsstrenge zum Tragen. Gem. § 25 Abs. 5 S. 1 AktG ist eine Bestimmung in der Satzung dann abweichend, wenn sie einen anderen Inhalt als die gesetzliche Regelung hat. Abweichungen bedürfen einer ausdrücklichen Zulassung durch das Gesetz. Im Bereich der Zuständigkeiten ist das Aktiengesetz jedoch weitestgehend zwingend[464] und lässt gerade keine abweichenden Regelungen zu. Ein Sonderfall findet sich hinsichtlich der Übertragung von Namensaktien in § 68 Abs. 3 S. 2 AktG. Ebenfalls anerkannt ist die statutarische Erlaubnis an die Hauptversammlung, weitere Gremien einzurichten, solange diese allein beratende oder informierende Aufgaben inne haben.[465] Auch durch ergänzende Satzungsbestimmungen sind zusätzliche Zuständigkeiten der Hauptversammlung nicht denkbar. Als ergänzend gilt gem. § 23 Abs. 5 S. 2 AktG eine Satzungsbestimmung, wenn das

463 Anstelle vieler *Hüffer*, § 119 Rn. 10. Über die Regelung des § 23 Abs. 5 AktG wird in der Literatur seit langem diskutiert. Vgl. für einen Überblick über die Diskussion *Bayer*, Gutachten E zum 67. Deutschen Juristentag, E 27 ff.

464 Anstatt vieler *Mülbert* in AktG Großkomm, § 119 Rn. 36 sowie *Bayer*, Gutachten E zum 67. Deutschen Juristentag, E 28.

465 *Mülbert* in AktG Großkomm, Vor §§ 118–147 Rn. 27. Für einen Überblick über ausdrückliche Abweichungs-möglichkeiten im Gesetz siehe *Pentz* in MünchKomm AktG, § 23 Rn. 161.

Gesetz keine abschließenden Regelungen enthält. Im Bereich der Kompetenzordnung jedoch ist die Regelung des Gesetzes als abschließend anzusehen.[466]

§ 2 Spanien

A. Die geschriebenen Zuständigkeiten

Bis zur Schaffung des Art. 160 LSC kannte das spanische Recht keine Norm, in der die Kompetenzen der Hauptversammlung zusammenfassend aufgeführt waren. Die durch das Real Decreto Legislativo 1/2010, de 2 de julio eingefügte neue Norm dient jedoch allein der Übersichtlichkeit und stellt keine abschließende Aufzählung der geschriebenen Kompetenzen der *junta general* dar.[467] Entsprechend der Darstellung der geschriebenen Kompetenzen einer deutschen Hauptversammlung ist auch bezüglich der Kompetenzen der *junta general* eine Kategorisierung vorzunehmen. Aufgrund einer Besonderheit des spanischen Rechts bietet sich jedoch eine andere Form der Einteilung an.

Das spanische Recht enthält für Hauptversammlungen ein sog. konstitutives Mindestquorum.[468] Mindestens 25 Prozent des stimmberechtigten Stammkapitals müssen persönlich oder durch Vertretung an der Hauptversammlung teilnehmen, damit diese gem. Art. 193.1 LSC wirksam konstituiert ist. Das spanische Recht kennt im Unterschied zur deutschen Rechtslage das Erfordernis einer ersten und zweiten Einberufung zur Hauptversammlung, wobei das vorgenannte Quorum nur für die erste Einberufung gilt.[469] Allerdings schreibt das Gesetz für bestimmte Beschlussgegenstände ein erhöhtes konstitutives Mindestquorum vor, sofern der Gegenstand des Beschlusses von gewisser Bedeutung für die Gesellschaft und die Aktionäre ist, wie beispielsweise bei der Veränderung des Grundkapitals oder bei Beschränkungen des Bezugsrechts.[470] In diesen Situationen verlangt Art. 194. 1 LSC ein konstitutives Mindestquorum bei der

---

466 *Pentz* in MünchKomm AktG, § 23 Rn. 161.

467 Vgl. Art. 160. i) LSC, der lautet: „*Cualesquiera otros asuntos que determinen la ley o los estatutos.*"

468 Vgl. zu dem Thema Mindestquorum allgemein *Sánchez Calero*, La junta general, 252 ff.

469 Für beide Einberufungen können die Satzungen ein höheres Mindestquorum vorschreiben. Jedoch muss das statutarische Mindestquorum für die zweite Einberufung das konkret geltende Mindestquorum aus Absatz 1 (gesetzlich oder statutarisch) unterschreiten. Vgl. *Morral Soldevilla* in Comentarios LSA, Art. 102, 1065.

470 Art. 194.1 LSC nennt folgende Beschlussgegenstände: Veränderung des Grundkapitals, jegliche Satzungsänderung, Ausgabe von Schuldverschreibungen, Ausschluss oder Beschränkung des Bezugsrechts bei der Ausgabe neuer Aktien, Wechsel der

ersten Einberufung von 50 Prozent des stimmberechtigten Stammkapitals. Für die zweite Einberufung sieht Art. 194.2 LSC ein vermindertes Mindestquorum von 25 Prozent vor.[471] Zweckmäßig erscheint daher die Unterscheidung in unbedeutende Beschlussgegenstände, die das Standardmindestquorum erfordern, und besondere Beschlussgegenstände mit erhöhtem Mindestquorum.[472]

Art. 194.1 LSC enthält eine nahezu vollständige Auflistung der besonderen Beschlussgegenstände. Demnach entscheidet die Hauptversammlung über Kapitalveränderungen, über Satzungsänderungen, die Ausgabe von Anleihen, die Beschränkung oder den Ausschluss des Bezugsrechts bei neu ausgegebenen Aktien, über strukturelle Veränderungen wie Formwechsel (*transformación*), Verschmelzung (*fusión*), Spaltung (*escisión*) oder Vermögensübertragung (*cesión*) sowie über die Verlagerung des Gesellschaftssitzes ins Ausland. Weitere nicht in Art. 194.1 LSC genannte besondere Beschlussgegenstände sind die Abberufung der Liquidatoren (Art. 380.1 LSC) sowie die Auflösung der Gesellschaft aufgrund eines Hauptversammlungsbeschlusses (Art. 368 LSC).

Unbedeutende Zuständigkeiten der *junta general* finden sich an verschiedenen Stellen des Gesetzes und werden nur teilweise in der Aufzählung des Art. 160 LSC erwähnt. Zu nennen sind insbesondere die Zuständigkeiten rund um den Jahresabschluss und die Gewinnverteilung (Art. 160 a) LSC)[473] sowie die Ernennung und Abberufung von Verwaltungsratsmitgliedern,[474] Liquidatoren und Abschlussprüfern (Art. 160 b) LSC).[475] Die Bestimmung der Kompetenzen durch positive Nennung im Gesetz kann um eine negative Abgrenzung ergänzt

Gesellschaftsform, Fusion, Spaltung, vollständige Vermögensübertragung sowie Sitzverlagerung ins Ausland.

471 Gem. Art. 194.3 LSC können auch diese Quoren durch Satzungsregelung erhöht werden.

472 Dieser Kategorisierung folgt auch *Sánchez Calero*, La junta general, 54 f.

473 Im Einzelnen Artt. 164.1, 272.1, 273.1, 276.1 und 277 LSC.

474 Jene Kompetenz wird in der Praxis gerade bei großen Aktiengesellschaften mit einem Verwaltungsrat, mit Hilfe der sog. *Cooptación*, gem. Art. 244 LSC zu einem reinen Absegnen von Ernennungen, erfolgt durch den Verwaltungsrat selbst, degradiert (*Martínez Sanz/Navarro Máñez* in Comentarios LSA, Art. 138, 1597). Ausführlich zu diesem Problem und zum Verfahren *Sánchez Calero*, Los administradores, 570 ff. Siehe auch *Trías Sagnier*, Inversores institucionales, 319 f.

475 Im Einzelnen Artt. 214.1, 223.1, 224.2, 238.1, 264.1 und 271 LSC. Für eine wohl vollständige Aufzählung der Kompetenzen, allerdings noch unter Angabe der Normen der LSA, vgl. *Sánchez Calero*, La junta general, 54.

werden. Schreibt das Gesetz eine bestimmte Kompetenz einem anderen Organ zu, ist eine Kompetenz der Hauptversammlung ausgeschlossen.[476]

B. Die ungeschriebenen Zuständigkeiten

Die spanische Debatte um ungeschriebene Kompetenzen der Hauptversammlung ist aus der Holzmüller-Entscheidung des BGH hervorgegangen.[477] Die Geschäftsführung obliegt nach spanischem Recht der Verwaltung. Unter den Begriff „Geschäftsführung" fallen grundsätzlich alle Maßnahmen, die der Verfolgung des Gesellschaftszwecks dienen. Diese umfassen neben den alltäglichen Geschäftsführungsmaßnahmen auch solche, die aufgrund ihrer Bedeutung für Gesellschaft und Aktionäre außergewöhnlichen Charakter haben.[478] Diese Ansicht wird jedoch seit Längerem als zu formalistisch und materiell ungerechtfertigt kritisiert[479] und dürfte in dieser Absolutheit aufgrund der Empfehlungen des *Código unificado de buen gobierno de las sociedades cotizadas*[480] und der Schaffung der Ley 3/2009, de 3 de abril, sobre modificaciones estructurales de las sociedades mercantiles (LME)[481] nicht mehr haltbar sein.

Bei klassischen Strukturveränderungen weist die LME die Entscheidungsgewalt der Hauptversammlung zu. Ungeklärt ist jedoch, ob diese Entscheidungsgewalt auch für Maßnahmen gilt, deren Wirkungen mit einer Strukturveränderung vergleichbar bzw. deren Auswirkungen auf die Aktionäre erheblich sind. Die spanische Rechtsprechung hat sich bisher nur am Rand mit diesen Fragen beschäftigt.[482] Von einer zwingenden, durch Rechtsprechung geschaffenen ungeschriebenen Kompetenz der Hauptversammlung – vergleichbar etwa mit den in Deutschland entschiedenen Fällen – kann daher nicht gesprochen werden. Für die Diskussion in Spanien ist die dritte Empfehlung des *Código unificado*

---

476 *Esteban Velasco* in Enciclopedia, „Junta General de la Sociedad Anónima", 3842; *Sánchez Calero*, La junta general, 53; *Vicent Chuliá*, Derecho mercantil, 424.

477 *Fernández Torres*, Reactivación de la Junta General, 7.

478 *Alonso Ledesma*, El papel de la junta general, 615, 639.

479 So etwa *Alonso Ledesma*, El papel de la junta general, 615, 640.

480 Vgl. Fn. 307. Dieses Dokument wurde unter Leitung der CNMV erarbeitet und erstmals am 22. Mai 2006 veröffentlicht. Im Juni 2013 wurde die Ursprungsversion aktualisiert. Ziel war es, ein einheitliches, sämtliche Empfehlungen zusammenfassendes Referenzwerk zu schaffen (*Sánchez Calero*, Los administradores, 749).

481 Das Gesetz stellt das Pendant zum deutschen Umwandlungsgesetz dar.

482 Vgl. etwa STS de 7 de marzo de 2006, Res. 186/2006, in dem Fall José Royo, S. A. und Tejidos Royo S. L. gegen Sordhold, S. A., und andere, wo jedoch die Hauptversammlung bereits über die Ausgliederung des Geschäftsbereichs entschieden hatte.

zum Thema Hauptversammlungskompetenzen von Bedeutung. Diese lautet sinngemäß:[483]

Es wird empfohlen, Maßnahmen, die eine strukturelle Veränderung der Gesellschaft mit sich bringen, der Zustimmung der Hauptversammlung zu unterwerfen, auch wenn die gesellschaftsrechtlichen Regelungen dies nicht ausdrücklich fordern. Insbesondere sollen folgende Maßnahmen der Zustimmung der Hauptversammlung bedürfen: a) der Formwechsel börsennotierter Gesellschaften in Holding-Gesellschaften durch „Filialisierung" bzw. durch Einbringung wesentlicher Geschäftsbereiche in abhängige Gesellschaften, die bisher in Eigenregie geführt wurden, dies auch dann, wenn die Gesellschaft den vollen Einfluss auf den eingebrachten Geschäftsbereich behält; b) der Erwerb oder die Veräußerung wesentlicher operativer Aktiva, wenn dies zu einer faktischen Änderung des Gesellschaftszwecks führt; c) Maßnahmen, deren Wirkungen der Liquidation der Gesellschaft entsprechen.

Diese Empfehlung wurde bereits vor der Aktualisierung des *Código unificado* von *Fernández Torres* in zweifacher Hinsicht kritisiert: Zum einen sei es versäumt worden, sich systematisch dem Problem zu nähern. Die kasuistische Aufzählung biete kein allgemeines Kriterium, von dem sich eine Zuständigkeit der Hauptversammlung ableiten ließe.[484] Zum anderen äußere sich die Empfehlung nicht zu den Voraussetzungen eines Hauptversammlungsbeschlusses bezüglich der von ihr aufgezählten Fälle.[485] Ein Blick in die Satzungen der Gesellschaften des IBEX-35 bzw. in die Geschäftsordnungen der Hauptversammlungen offenbart eine weitere Schwäche. Die Gesellschaften haben in unterschiedlichster Weise auf die Kodexempfehlung reagiert. Einige Gesellschaften haben diese Empfehlung überhaupt nicht aufgenommen,[486] bei anderen hingegen findet sich

---

483 Im Original heißt es im *Código unificado* (Fn. 480) auf Seite 15: „*Por ello se recomienda que, aunque no lo exijan de forma expresa las leyes mercantiles, se sometan a la aprobación de la Junta General de Accionistas las operaciones que entrañen una modificación estructural de la sociedad y, en particular, las siguientes: a. La transformación de sociedades cotizadas en compañías holding, mediante ‚filialización' o incorporación a entidades dependientes de actividades esenciales desarrolladas hasta ese momento por la propia sociedad, incluso aunque ésta mantenga el pleno dominio de aquéllas; b. La adquisición o enajenación de activos operativos esenciales, cuando entrañe una modificación efectiva del objeto social; c. Las operaciones cuyo efecto sea equivalente al de la liquidación de la sociedad.*"

484 *Fernández Torres*, Reactivación de la Junta General, 21.

485 *Fernández Torres*, Reactivación de la Junta General, 27 f.

486 Vgl. etwa die Satzungen bzw. Geschäftsordnungen der Hauptversammlung von Abengoa, ACS oder Banco Sabadell.

die Empfehlung wortwörtlich in ihrem Regelwerk.[487] Bankinter schließlich hat mit Art. 4 Nr. 9 der Geschäftsordnung der Hauptversammlung lediglich einen der insgesamt drei in der Empfehlung genannten Fälle aufgenommen. Die inhaltliche Unbestimmtheit der Empfehlung bietet somit Raum für Unsicherheit. Gleiches gilt für die unterschiedlichen Regelwerke der Gesellschaften.

3. Teil: Die Zuständigkeiten der Verwaltung

Da je nach Ausgestaltung des Präsenzbonus eine Entscheidung über dieses Instrument der Verwaltung obliegen kann, wird zunächst das jeweilige Verwaltungssystem mit seinen Kompetenzen dargestellt.

§ 1 Deutschland

Das AktG schreibt für die AG zwingend das sogenannte dualistische Verwaltungssystem vor. Danach sind Vorstand und Aufsichtsrat notwendige Verwaltungsorgane der Gesellschaft.[488] Da dem Aufsichtsrat gem. § 111 Abs. 1 AktG jedoch in erster Linie eine Überwachungsfunktion zukommt,[489] kann auf eine ausführliche Beschreibung dieses Organs verzichtet werden. Auch Kompetenzen des Aufsichtsrats, die über die reine Überwachung hinausgehen,[490] ändern daran nichts. Die Arbeit beschränkt sich somit auf die Darstellung der Kompetenzen des Vorstands.

Dem Vorstand kommt gem. § 78 AktG die gerichtliche und außergerichtliche Vertretung der Gesellschaft im Außenverhältnis zu.[491] Diese gilt unbeschränkt und ist gem. § 82 Abs. 1 AktG auch nicht beschränkbar.[492] § 78 Abs. 2 AktG geht bei einem mehrköpfigen Vorstand vom Grundsatz der Gesamtvertretung aus,

---

487 Vgl. dazu die Regelwerke von Acerinox, Banco Popular oder Banco Santander.

488 Dies folgt für den Vorstand aus § 78 AktG i. V. m. §§ 23 Abs. 3 Nr. 6, 38 AktG (*Arnold* in Hdb börsenAG, § 19 Rn. 5). Für den Aufsichtsrat lässt sich dies aus den §§ 95 ff. AktG ableiten (vgl. nur *Hüffer*, § 95 Rn. 1).

489 Vgl. statt vieler *Hüffer*, § 111 Rn. 1.

490 Etwa Bestellung und Abberufung des Vorstands gem. § 84 AktG bzw. Vertretung der Gesellschaft gegenüber Mitgliedern des Vorstands gem. § 112 AktG.

491 Dazu normiert § 112 AktG die Ausnahme, dass Vorstandsmitgliedern gegenüber die Gesellschaft gerichtlich und außergerichtlich durch den Aufsichtsrat vertreten wird. Eine weitere Ausnahme findet sich in § 142 Abs. 1 AktG, der eine Vertretungskompetenz der Hauptversammlung für die Bestellung von Sonderprüfern enthält.

492 Die allgemeinen Grundsätze über missbräuchliches Vertretungshandeln, also die Fälle kollusiven Zusammenwirkens bzw. Evidenz des Missbrauchs, gelten als

sofern statutarisch nichts anderes bestimmt ist. Dies ergibt sich aus § 78 Abs. 3 AktG. Für die Vornahme konkreter, inhaltlich präzise abgegrenzter Geschäfte kann der Vorstand gem. § 78 Abs. 4 AktG einzelne seiner Mitglieder ermächtigen und damit entgegen dem Grundsatz der Gesamtvertretung Einzelvertretung bewirken, ohne dass dies in der Satzung festgelegt werden muss. Für den Empfang von Willenserklärungen hingegen besteht gem. § 78 Abs. 2 S. 2 AktG stets der Grundsatz der Einzelvertretung.

Neben der Vertretung der Gesellschaft im Außenverhältnis weist das Gesetz dem Vorstand die Leitung der Gesellschaft (§ 76 Abs. 1 AktG) und die Geschäftsführung (§ 77 AktG) zu. Dabei ist er bei der Leitung keinerlei Weisungen des Aufsichtsrats oder der Hauptversammlung unterworfen. Dies stellt § 76 Abs. 1 AktG mit dem Zusatz „unter eigener Verantwortung" klar.[493] Allerdings enthält das Gesetz keine Spezifizierung des Begriffs „Leitung" und lässt somit dessen Verhältnis zum Begriff „Geschäftsführung" offen. Geschäftsführung hingegen umfasst jede tatsächliche oder rechtsgeschäftliche Tätigkeit für die Gesellschaft[494] und ist insofern mit dem Begriff der „Geschäftsbesorgung" vergleichbar.[495] Vereinzelt wird angenommen, dass die Begriffe „Leitung" und „Geschäftsführung" inhaltsgleich seien,[496] während *Henze*[497] eine teilweise Überschneidung konstatiert. Die ganz überwiegende Meinung[498] hingegen versteht Geschäftsführung als Oberbegriff, unter dem der Begriff „Leitung" einen herausgehobenen Teil, mithin besondere Führungsaufgaben des Vorstands, bezeichnet. Diese Ansicht stützt sich auf folgende Überlegungen: Zum einen weise § 76 Abs. 1 AktG die

---

Ausnahme jedoch selbstverständlich auch bei der AG (*Heinz* in Münch Anwalts Hdb Akt, § 22 Rn. 6).

493 *Richter* in ArbHdb Vorstand, § 4 Rn. 7. Als Ausnahme kann § 119 Abs. 2 AktG betrachtet werden, da die in diesem Fall getroffene Entscheidung der Hauptversammlung den Vorstand bindet, es sei denn, die Ausführung des Beschlusses wäre rechtswidrig (*Heinz* in Münch Anwalts Hdb Akt, § 22 Rn. 22).

494 *Arnold* in Hdb börsen AG, § 19 Rn. 8; *Heinz* in Münch Anwalts Hdb Akt, § 22 Rn. 18.

495 *Heinz* in Münch Anwalts Hdb Akt, § 22 Rn. 19.

496 *Hefermehl* in Geßler/Hefermehl AktG, § 76 Rn. 10; *Semler*, Leitung und Überwachung, Rn. 6.

497 *Henze*, BB 2000, 209: *„Teilweise ist der Geltungsbereich des Terminus ‚Geschäftsführung' auf die üblichen tatsächlichen und rechtlichen Einzelmaßnahmen beschränkt, in einigen Fällen umfasst er die Leitungsmacht, teils erfaßt er Einzelmaßnahmen und Leitungsmacht."*

498 *Hüffer*, § 76 Rn. 8; *Kort* in AktG Großkomm, § 76 Rn. 29; *Mertens/Cahn* in KölnerKomm AktG, 3. Aufl., § 76 Rn. 4; *Richter* in ArbHdb Vorstand, § 4 Rn. 6; *Seibt* in Schmidt/Lutter AktG, § 76 Rn. 9.

Leitung der Gesellschaft dem Vorstand als Organ, dem gesamten Vorstand, zu. Zwar gilt im Grundsatz das Gleiche für die Geschäftsführung, dort ist aber gem. § 77 Abs. 1 S. 2 AktG eine abweichende Satzungsregelung möglich. Aus diesem Grund könnten unter die Leitung nur Maßnahmen besonderer Qualität fallen, die der gesamte Vorstand als Kollegialorgan gemeinsam zu beschließen habe.[499] Zum anderen folge aus dem allgemeinen Sprachverständnis, dass Leitung auf Anführung, Anleitung oder Lenkung hindeute, während Geschäftsführung eher ein generelles Handeln ausdrücke. Insofern sei Leitung *„die Ausübung der Unternehmerfunktion in der AG kraft eigener Verantwortung in den Grenzen von Gesetz und Satzung.*“[500]

Diese Begründung lässt bereits erkennen, dass eine Abgrenzung des Leitungsbegriffs nicht unbedeutend ist. Dies zeigt sich zunächst bei der Frage, ob eine Maßnahme von einer statutarischen Einzelgeschäftsführungsbefugnis abgedeckt wird oder ob diese dem Vorstand als Kollegialorgan zukommt. An der Abgrenzung entscheidet sich auch die Frage, ob eine Delegation der Aufgabe an Dritte, außerhalb des Vorstands stehende Personen, erfolgen kann.[501]

Auch im Verhältnis des Vorstands zum Aufsichtsrat ist die Abgrenzung des Leitungsbegriffs von Bedeutung. Der Aufsichtsrat hat gem. § 111 Abs. 1 AktG die Geschäftsführung zu überwachen. Die Übertragung von Maßnahmen der Geschäftsführung an den Aufsichtsrat ist gem. Abs. 4 S. 1 des § 111 AktG untersagt. Nach allgemeiner Meinung meint derselbe Begriff innerhalb der gleichen Norm Unterschiedliches.[502] Das Übertragungsverbot bezieht sich auf die Geschäftsführung im Sinne des § 77 Abs. 1 AktG, somit auf den weit gefassten Oberbegriff. Bezogen auf die Überwachungsaufgabe hingegen spricht das Gesetz zwar von Geschäftsführung, meint aber die Leitung i. S. d. § 76 Abs. 1 AktG. Es erscheint unmittelbar einleuchtend, dass der Aufsichtsrat nur die bedeutenden und gewichtigen Maßnahmen des Vorstands, nicht jedoch jede alltägliche Entscheidung überprüft.

Schließlich hat die Abgrenzung des Leitungsbegriffs für das Verhältnis von Vorstand und Hauptversammlung Bedeutung. Unstreitig ist die Geschäftsführung eine Aufgabe des Vorstands, während Grundlagenentscheidungen oder

---

499 Vgl. dazu etwa *Richter* in ArbHdb Vorstand, § 4 Rn. 6.

500 *Kort* in AktG Großkomm, § 76 Rn. 29.

501 Bei Angelegenheiten der Geschäftsführung lässt § 77 Abs. 1 S. 2 AktG eine Delegation zu (*Hüffer*, § 76 Rn. 8; *Semler*, Leitung und Überwachung, Rn. 22).

502 Vgl. anstelle vieler *Hüffer*, § 111 Rn. 2; *Kort* in AktG Großkomm, § 76 Rn. 32.

Strukturentscheidungen von der Hauptversammlung getroffen werden.[503] Die Abgrenzung dieser Entscheidungen von bedeutenden, anleitenden, die Unternehmerfunktion ausübenden Maßnahmen ist schwierig, zumal, wenn hierfür möglicherweise ungeschriebene Kompetenzen der Hauptversammlung bestehen. Eine Abgrenzung war entbehrlich, solange der BGH diese Kompetenzen auf eine Reduzierung des Vorstandsermessens in § 119 Abs. 2 AktG stützte,[504] weil die besagte Norm Geschäftsführungsmaßnahmen voraussetzt, bei denen in bestimmten Fällen der Hauptversammlung ein Mitwirkungsrecht zukommt.[505] Mit Berufung des BGH auf eine offene Rechtsfortbildung[506] und die damit verbundene Akzeptanz ungeschriebener Kompetenzen i. S. v. Kompetenzzuweisungen ist eine Abgrenzung unerlässlich, da nun dem Vorstand oder der Hauptversammlung die Kompetenz für bestimmte Maßnahmen zukommt. Grundlagen- und Strukturentscheidungen verändern das Bild der Gesellschaft und damit den Investitionsgegenstand des Aktionärs.[507] Die Zuständigkeit hierfür liegt bei der Hauptversammlung. Dies sieht das Gesetz an einigen Stellen – beispielsweise bei Unternehmensverträgen gem. § 293 AktG – vor und bringt so zum Ausdruck, dass dem Aktionär ein Mitspracherecht bei unternehmerischen Entscheidungen zusteht. Andere Maßnahmen mit gleicher Wirkung, auch wenn sie vom Gesetz nicht ausdrücklich genannt werden, fallen ebenfalls in die Kompetenz der Hauptversammlung. Dies wird in der Holzmüller-Entscheidung deutlich, wenn der erste Leitsatz von „*schwerwiegenden Eingriffen in die Rechte und Interessen der Aktionäre*" spricht.[508] Der Aktionär ist nach der Vorstellung des Gesetzes nicht nur Anleger, wie etwa ein Anleihegläubiger, sondern zudem Unternehmer, dem neben der Gewinnbeteiligung auch ein Mitwirkungsrecht bei der Zukunftsgestaltung der Gesellschaft eingeräumt wird.[509] Wird ihm dieses Einfluss- und Mitwirkungspotential genommen, ist das maßgebliche Kriterium

---

503 Siehe zu den Zuständigkeiten der Hauptversammlung in diesem Kapitel unter 2. Teil: § 1, Seite 92 ff.

504 Siehe dazu den ersten Leitsatz der Holzmüller-Entscheidung (Fn. 150).

505 *Joost*, ZHR 163, 1999, 164, 176: „[Die Begründung mit Hilfe der Vorlage nach § 119 Abs. 2 AktG] *verzichtet auf die Annahme, daß bestimmte Entscheidungen materiell keine Geschäftsführungsentscheidungen sind und aus diesem Grunde die Hauptversammlung eine Zuständigkeit besitzt.*"

506 Vgl. diesbezüglich Fn. 453.

507 So *Lutter*, FS für Walter Stimpel, 825, 851, bezogen auf den Konzern.

508 Vgl. Fn. 450.

509 Am deutlichsten zeigen dies § 293 AktG bei Unternehmensverträgen bzw. § 179a AktG bzgl. der ganzheitlichen Übertragung des Gesellschaftsvermögens. Auch § 186 Abs. 3 AktG ist in diesem Lichte zu sehen, da durch einen Bezugsrechtsausschluss

der Mitgliedschaft eines Aktionärs betroffen. Die Leitungskompetenz des Vorstands wird bei herausragenden, auch existenziellen Entscheidungen nicht eingeschränkt, solange eine Maßnahme nicht schwerwiegend in die unternehmerischen Mitwirkungsrechte des Aktionärs eingreift. Solche Entscheidungen müssen bei der Hauptversammlung verbleiben.[510]

Leitung umfasst somit alle Aufgaben oder Maßnahmen der Geschäftsführung, soweit sie vom Gesetz dem Gesamtvorstand als Kollegialorgan zugewiesen sind.[511] Zudem fallen hierunter Maßnahmen herausragenden Charakters, die nicht Teil des alltäglichen Geschäfts sind und nicht schwerwiegend in den mitgliedschaftlichen Bereich der Aktionäre eingreifen.[512]

Bei der Ausübung dieser Leitungsaufgabe ist dem Vorstand ein Ermessensspielraum eingeräumt.[513] Auch wenn das Gesetz dies nicht ausdrücklich bestimmt, ist jedoch auch dieses Ermessen durch Ausübungsvorgaben begrenzt.[514] Selbstverständlich muss der Vorstand sich bei seinen Maßnahmen im von Satzung und Gesetz vorgegebenen Rahmen sowie innerhalb des Unternehmensgegenstands bewegen.[515] Des Weiteren finden Vorstandsmaßnahmen ihre inhaltliche Begrenzung im Unternehmensinteresse, das sich aus dem Interesse von Aktionären, Gläubigern, Arbeitnehmern und der Öffentlichkeit[516] sowie anderer *stakeholder* zusammensetzt.[517] Wenn die einzelnen Interessen jedoch widerstreitend

---

die unternehmerische Macht des Einzelnen bei einer Kapitalerhöhung nicht mehr gesichert ist.

510 *Kort* in AktG Großkomm, § 76 Rn. 30 und 83.

511 Darunter fällt beispielsweise die Einberufung der Hauptversammlung (§ 121 Abs. 1 und 2 AktG) oder die Abgabe der Entsprechungserklärung (§ 161 AktG). Für eine vollständig erscheinende Aufzählung vgl. *Richter* in ArbHdb Vorstand, § 4 Rn. 14.

512 Derartige ungeschriebene Leitungsaufgaben sind etwa die Festlegung der Unternehmensstruktur, die Unternehmensplanung oder die Besetzung von Führungspositionen (*Kort* in AktG Großkomm, § 76 Rn. 36).

513 BGH, Urteil vom 21.4.1997 – II ZR 175/95, in BGHZ 135, 244, 253. Allerdings existieren auch Leitungsaufgaben, bei denen kein Ermessensspielraum besteht. Ein Beispiel ist etwa die Pflicht zur Einführung eines Überwachungssystems gem. § 91 Abs. 2 AktG (*Goette*, 50 Jahre BGH, 123, 126).

514 *Richter* in ArbHdb Vorstand, § 4 Rn. 17.

515 *Goette*, 50 Jahre BGH, 123, 125; *Kort* in AktG Großkomm, § 76 Rn. 45.

516 *Goette*, 50 Jahre BGH, 123, 127. Siehe auch Nr. 4.1.1 DCGK

517 Eine solche Ausrichtung nennt mittlerweile auch der Deutsche Corporate Governance Kodex (Nr. 4.1.1 DCGK). Daneben wird zudem vertreten, sich ausschließlich nach den Aktionärsinteressen zu richten („*shareholder value*") oder zumindest den Aktionärsinteressen grundsätzlich Vorrang einzuräumen (vgl. ausführlich zu diesem Punkt *Mertens/Cahn* in KölnerKomm AktG, 3. Aufl., § 76 Rn. 15 ff.).

sind, ist dem Vorstand eine Gewichtung und Bevorzugung von Einzelinteressen gestattet.[518] Hiervon unberührt bleibt der Tatbestand, dass der Vorstand das Unternehmen für den Rechtsträger, die Gesellschaft, leitet.[519] Langfristig muss er sich daher am Interesse der Gesellschaft ausrichten, was in erster Linie die Bestandssicherung und damit dauerhafte Rentabilität beinhaltet.[520] Innerhalb dieses abgegrenzten Ermessenspielraums kann der Vorstand Entscheidungen treffen, solange er dies von Verantwortungsbewusstsein getragen, am Unternehmenswohl ausgerichtet, nach sorgfältiger Ermittlung der Entscheidungsgrundlage und ohne unverantwortliche Risikobereitschaft pflichtgemäß tut.[521]

§ 2 Spanien

Das spanische Recht geht unbeschadet der Regeln zur europäischen Aktiengesellschaft[522] von einem monistischen Verwaltungssystem für die Aktiengesellschaft aus. Die Verwaltung besteht aus einem einheitlichen Verwaltungsorgan. Dabei gibt das Gesetz in Art. 210.1 LSC vier verschiedene Möglichkeiten für seine Ausgestaltung vor.[523] Bei börsennotierten Gesellschaften jedoch gibt es nach dem Gesetz lediglich den Verwaltungsrat.[524] Diesem obliegen im Gegensatz zum dualistischen System in Deutschland sowohl die Leitungsaufgabe als auch die Überwachungsfunktion.[525] Bevor die einzelnen Kompetenzen des Verwaltungsorgans und seine Abgrenzung gegenüber der Hauptversammlung dargestellt

518 *Goette*, 50 Jahre BGH, 123, 127; *Richter* in ArbHdb Vorstand, § 4 Rn. 29.

519 *Richter* in ArbHdb Vorstand, § 4 Rn. 21.

520 *Goette*, 50 Jahre BGH, 123, 127; *Heinz* in Münch Anwalts Hdb Akt, § 22 Rn. 29. Folgerichtig weisen auch *Mertens/Cahn* in KölnerKomm AktG, 3. Aufl., § 76 Rn. 19, darauf hin, dass langfristig die einzelnen Konzepte der Ausrichtung in praktischer Konkordanz stehen.

521 Ähnlich der Formulierung des BGH, Urteil vom 21.4.1997 – II ZR 175/95, in BGHZ 135, 244, 253 f. in der ARAG-Entscheidung. Jene Kriterien bilden ebenfalls den Inhalt der mittlerweile gesetzlich kodifizierten sog. Business Judgement Rule, § 93 Abs. 1 S. 2 AktG (*Hüffer*, § 93 Rn. 8).

522 Vgl. Artt. 455 ff. LSC und speziell Art. 476 LSC.

523 Eine entsprechende Regelung fand sich zuvor nicht in der LSA. Art. 9, h) LSA nahm jedoch Bezug auf die unterschiedlichen Gestaltungsmöglichkeiten. Diese selbst waren und sind in Art. 124.1, a)-d) RRM genannt.

524 *Sánchez Calero*, Los administradores, 54. Vgl. etwa Art. 529 LSC, der dem Verwaltungsrat die Pflicht auferlegt, sich eine Geschäftsordnung zu geben, und somit diesen als vorhanden voraussetzt.

525 *Alonso Ureba/Chamorro Domínguez*, FS Karsten Schmidt, 1, 3.

werden, soll zunächst auf die Konfiguration des Organs Verwaltungsrat eingegangen werden.

A. *Der monistische Verwaltungsrat aus heutiger Sicht*

Der zunächst erheblich erscheinende Unterschied zwischen dualistischem und monistischem System erweist sich mit Blick auf die Ausgestaltung des Verwaltungsrats in der heutigen Praxis als weniger gravierend.[526] Im Zuge der in Spanien geführten Diskussion um gute *Corporate Governance* hat sich in den letzten Jahren ein Wandel von einem monistischen Modell der Leitung hin zu einem monistischen Modell der Überwachung vollzogen. Große Bedeutung in dieser Entwicklung ist dabei dem im Jahr 1998 von der CNMV veröffentlichten Muster einer Verwaltungsratsgeschäftsordnung (*reglamento tipo del consejo de administración*)[527] beizumessen. Nach Art. 5.2 dieser Geschäftsordnung ist es die Aufgabe des Verwaltungsrats, die tägliche Geschäftsführung an die Exekutivorgane[528] zu delegieren und seine Aktivität auf die Überwachung zu konzentrieren. Anschließend werden in Abgrenzung des Begriffs „tägliche Geschäftsführung" die Bereiche genannt, die der Verwaltungsrat selbst ausüben soll. Hierunter fallen die Festlegung der allgemeinen Unternehmensstrategie, die Besetzung führender Positionen sowie der Erwerb eigener Aktien.[529] Der Schwerpunkt der Überwachung als Aufgabe des Verwaltungsrats spiegelt sich auch in dessen Zusammensetzung wider, die durch Art. 8 der Geschäftsordnung geregelt wird. Demnach soll die weit überwiegende Mehrheit des Verwaltungsrats aus externen, nicht exekutiven Mitgliedern (*consejeros externos / consejeros no exjecutivos*) bestehen. Damit sind solche Personen gemeint, denen keinerlei Aufgabe in Bezug auf das operative Geschäft des Unternehmens zukommt. Ferner soll der

526 *Alonso Ureba*, Diferenciación de funciones y tipología de consejeros, 769, 772. Ebenso dazu, dass sich beide Systeme in ihrer Ausgestaltung stärker angepasst haben vgl. *Baums*, Bericht Corporate Governance, Rz. 18.

527 Vgl. zu diesem Reglamento *Alonso Ureba*, El modelo de administración de la SA cotizada en el código unificado de buen Gobierno corporativo, RDS Nr. 27, 2006.

528 Laut *Alonso Ureba/Chamorro Domínguez*, FS Karsten Schmidt, 1, 5, sind mit Exekutivorganen nicht allein die geschäftsführenden Mitglieder des Verwaltungsrats (consejeros ejecutivos), sondern auch andere Personen oder Organe gemeint, an die im Rahmen von Art. 249 LSC Aufgaben delegiert werden können.

529 *Alonso Ureba/Chamorro Domínguez*, FS Karsten Schmidt, 1, 8, meinen, dass die Exklusivkompetenz des Verwaltungsrats in diesen Bereichen in keinem Widerspruch zu seiner Überwachungsaufgabe steht, da diese Bereiche durchaus funktional der Überwachung zugerechnet werden könnten.

Verwaltungsrat in seinen externen Mitgliedern die Zusammensetzung des Gesellschaftskapitals abbilden. Hierbei sollte sich das Verhältnis von dauerhaften Beteiligungen und frei gehandeltem Kapital in dem Verhältnis von abhängigen Mitgliedern (*consejeros dominicales*) und unabhängigen Mitgliedern (*consejeros independientes*) widerspiegeln. Des Weiteren sieht die Geschäftsordnung in Art. 14 die Schaffung von mindestens drei Ausschüssen vor, die die Trennung von Überwachung und Geschäftsführung ebenfalls unterstreichen: Neben dem Prüfungsausschuss (*comisión de auditoría*)[530] und einem Ausschuss für Fragen der Berufung und Vergütung (*comisión de nombramientos y retribuciones*)[531] soll der Verwaltungsrat einen Exekutivausschuss (*comisión ejecutiva*)[532] einrichten. Letzterem kommen sämtliche delegierbaren Kompetenzen des Verwaltungsrats dauerhaft zu. Da der Exekutivausschuss seinerseits der Zusammensetzung des Verwaltungsrats entsprechen soll, stellt dieser letztlich einen verkleinerten und somit flexibleren, sich häufiger treffenden Verwaltungsrat dar. Während dem Exekutivausschuss die kontinuierliche Überwachung zwischen den Verwaltungsratssitzungen zufällt,[533] verstärkt die Zuweisung der beiden wichtigen Bereiche Prüfung und Personal an eigene Ausschüsse ohne Mitglieder der Geschäftsführung die von den Mitgliedern der Geschäftsführung organisatorisch getrennte Überwachungsaufgabe des Verwaltungsrats.

Auch der Gesetzgeber hat den Wandel hin zum Überwachungsorgan durch gesetzliche Änderungen bekräftigt. So sieht die 18. Zusatzvorschrift der LMV die Einführung eines Prüfungsausschusses (*Comité de auditoría*) für börsennotierte Gesellschaften zwingend vor, wobei jedoch die konkrete Ausgestaltung des Ausschusses weitestgehend der Gesellschaft überlassen bleibt.[534] Im Rahmen des Transparenzgesetzes verlangt der neu eingeführte Art. 225.2 LSC[535] nun ausdrücklich von den Verwaltungsräten, sich intensiv über den Zustand der

---

530 Vgl. dazu Art. 16 der Geschäftsordnung.

531 Vgl. dazu Art. 17 der Geschäftsordnung.

532 Vgl. dazu Art. 15 der Geschäftsordnung.

533 *Alonso Ureba/Chamorro Domínguez*, FS Karsten Schmidt, 1, 9, weisen darauf hin, dass dieser Ausschuss – obgleich sein Name etwas anderes vermuten lässt – keinerlei exekutiven Charakter besitzt, sondern der Überwachung zuzuordnen ist.

534 So heißt es in Absatz 4 der Zusatzvorschrift Nr. 18 der LMV (disposición adicional decimonovena): „*El número de miembros, las competencias y las normas de funcionamiento de dicho Comité se fijará estatutariamente* […]. *Entre sus competencias estarán, como mínimo, las siguientes*".

535 Dieser lautet: „*Cada uno de los administradores derberá informarse diligentemente sobre la marcha de la sociedad.*"

Gesellschaft zu informieren. Die spanische Unternehmenspraxis ist den Empfehlungen und Gesetzesänderungen gefolgt und hat ihre Satzungen und Geschäftsordnungen in den letzten Jahren angepasst.[536] Daher folgen aus dem monistischen System keine Auswirkungen auf die Kompetenzabgrenzung zwischen Verwaltung und Hauptversammlung.

B. Die Kompetenzen der Verwaltung

Neben weiteren im Gesetz genannten Kompetenzen[537] kommt der Verwaltung gem. Art. 209 LSC die Vertretung der Gesellschaft und die Führung der Geschäfte zu.[538] Diese allgemeine Zuweisung wird in Bezug auf die Vertretung der Gesellschaft nach außen durch die Artt. 233 ff. LSC konkretisiert, wonach diese ausschließlich der Verwaltung zukommt.[539] Wenn diese aus mehreren Personen besteht, stipuliert Art. 233.2, d) LSC[540] den Grundsatz der Gesamtvertretung, lässt jedoch in der Satzung abweichende Regelungen bis zur Einzelvertretung zu. Die Vertretungsmacht kann gem. Art. 234 LSC gegenüber Dritten grundsätzlich nicht beschränkt werden.[541] Zwar scheint der erste Satz des Art. 234.1 LSC den Vertretungsumfang zunächst auf den Unternehmensgegenstand[542] zu

---

536 *Alonso Ureba/Chamorro Domínguez*, FS Karsten Schmidt, 1, 6.

537 Beispielsweise die Einberufung einer Hauptversammlung (Art. 166 LSC). Daneben nennt der *Código unificado* (Fn. 480) in seiner Empfehlung Nr. 8 auch in Bezug auf die Verwaltung Kompetenzen, die vom Verwaltungsrat in seiner Gesamtheit wahrgenommen werden sollten.

538 *Alonso Ledesma*, El papel de la junta general, 615, 639; *Sánchez Calero*, Los administradores, 46. Dabei handelt es sich nicht um von anderen Organen abgeleitete oder gar übertragene Kompetenzen, was in den Vorschriften zur Verantwortlichkeit der Verwaltung, insbesondere in Art. 236.2 LSC, deutlich zum Ausdruck kommt.

539 Daneben ist auch eine rechtsgeschäftliche Vertretung durch andere Personen denkbar, die hier jedoch nicht weiter betrachtet wird.

540 Vor Schaffung der LSC ergab sich das gleiche Ergebnis aus einer Zusammenschau von Art. 128 LSA und Art. 124.2, d) RRM.

541 Vgl. noch bezogen auf die alte Gesetzeslage *Sánchez Calero*, Los administradores, 231: „*Pero en la vertiente externa de esa relación* [...] *el ámbito del poder representativo viene determinado por la Ley y éste es el propósito del artículo 129.*"

542 Das spanische Gesetz spricht von „*objeto social*", was mit Gesellschaftszweck übersetzt werden kann. Gem. Artt. 23 b) LSC, 117 RRM ist das *objeto social* in der Satzung zusammen mit den von ihm umfassten Aktivitäten zu nennen. Bei dem Begriff handelt es sich somit um den Unternehmensgegenstand, definiert als Abgrenzung der einsetzbaren Mittel zur Erreichung des Grunds des Zusammenschlusses,

beschränken.[543] In Zusammenschau mit dem zweiten Satz dieses Absatzes sowie dem zweiten Absatz der Norm ergibt sich jedoch, dass die Beschränkung auf den Unternehmensgegenstand nur dann gegenüber Dritten wirkt, wenn diese die Beschränkung durch den Unternehmensgegenstand kannten oder kennen mussten.[544] Da hiervon nicht generell ausgegangen werden kann, hat die Beschränkung der Vertretungsmacht auf den Unternehmensgegenstand im Außenverhältnis seine Bedeutung größtenteils verloren.[545] Selbst die Eintragung einer Beschränkung im Handelsregister (*Registro Mercantil*) wirkt dem zuvor Gesagten gem. Art. 234.1 LSC nicht entgegen.[546]

Anders verhält es sich bei der Geschäftsführungsbefugnis im Innenverhältnis einer börsennotierten Aktiengesellschaft. Hier gelten zunächst die vom Gesetz vorgenommenen Kompetenzzuweisungen. Denkbar sind jedoch Maßnahmen, wie beispielsweise die Zahlung einer *prima de asistencia*, für die das Gesetz keinem Organ die Kompetenz ausdrücklich zuweist. In diesen Fällen greift zunächst die generelle Zuständigkeit der Verwaltung,[547] die ihre Grenze in Abgrenzung zum Organ Hauptversammlung jedoch im Unternehmensgegenstand findet.[548]

---

des Gesellschaftszwecks (*Seibt* in Schmidt/Lutter AktG, § 23 Rn. 34). Vgl. auch die Unterscheidung in Art. 363.1 a) und c) LSC in „*objeto*" und „*fin social*".

543 In der LSA von 1951 war noch eine Beschränkung der Vertretung durch den Unternehmensgegenstand vorgesehen.

544 Kritik in Bezug auf diesen etwas umständlichen Aufbau der Norm übt *Sánchez Rus*, Objeto social y poder de representación, 2421, 2438. In dieselbe Richtung *Martínez Sanz/Pütz* in Comentarios LSA, Art. 129, 1461. Die spanische Formulierung lässt die Beweislast der Gesellschaft nicht eindeutig erkennen. Gem. Art. 9 Abs. 1 S. 2 RiLi 68/151/EWG ist die spanische Norm jedoch dahingehend zu interpretieren (*Sánchez Rus*, Objeto social y poder de representación, 2421, 2438).

545 Laut *Sánchez Calero*, Los administradores, 250, geht damit die spanische Regelung nicht so weit wie § 82 Abs. 1 AktG, die praktischen Folgen wären jedoch nahezu identisch.

546 In unmittelbarem Zusammenhang mit dieser Vorschrift steht Art. 124.1 RRM, der untersagt, statutarische Kompetenzzuschreibungen an die Verwaltung in das Handelsregister einzutragen (vgl. auch RDGRN de 26 de julio de 2006, BOE Nr. 205, 28.8.2006, 31288 f.).

547 *Martínez Sanz/Pütz* in Comentarios LSA, Art. 123, 1368. Wie jedoch bereits im Zusammenhang mit der Hauptversammlung gesehen, kann eine klärende Kompetenzzuweisung durch die Satzung der Gesellschaft erfolgen.

548 *Sánchez Calero*, Los administradores, 250; *Sánchez Rus*, Objeto social y poder de representación, 2421, 2439. Vgl. *Martínez Sanz/Pütz* in Comentarios LSA, Art. 129, 1461 f., mit Verweisen auf die Interpretation, dass Absatz 1 der Norm sich auf die interne Geschäftsführung, Absatz 2 sich auf die externe Vertretung bezieht.

Außerhalb dessen liegende Maßnahmen fallen in die Kompetenz der Hauptversammlung.[549] Gem. Art. 117 RRM müssen der Unternehmensgegenstand und die damit verbundenen Aktivitäten in die Satzung der Gesellschaft aufgenommen werden. Beide dürfen gem. Art. 117.3 RRM nicht zu allgemein formuliert sein und sich beispielsweise auf jede rechtlich zulässige Handelsaktivität beziehen. Ob eine konkrete Maßnahme vom Unternehmensgegenstand gedeckt ist, ist jedoch bisweilen schwer zu beurteilen.[550] So ist bereits offen, ob *a priori* allein auf die Maßnahme und ihre möglichen Auswirkungen abzustellen ist oder ob *a posteriori* die tatsächlichen Auswirkungen einer Maßnahme zu betrachten sind. Die spanische Lehre und Rechtsprechung scheinen aus Praktikabilitätsgründen zu Letzterem zu tendieren.[551] Ferner stellt sich die Frage, ob eine Maßnahme direkt dem Unternehmensgegenstand förderlich sein muss oder ob auch indirekt positiv wirkende Maßnahmen in den Kompetenzbereich der Verwaltung fallen. Die gleiche Frage stellt sich bei neutralen Maßnahmen, die weder positiv noch negativ auf den Unternehmensgegenstand wirken. Es besteht Einigkeit, dass sowohl indirekte als auch neutrale Maßnahmen in den Kompetenzbereich der Verwaltung fallen,[552] sodass dessen Grenze erst bei offensichtlich dem Unternehmensgegenstand widersprechenden Maßnahmen erreicht wird.[553]

4. Teil: Die rechtliche Stellung des Aktionärs in der Aktiengesellschaft

Das Verhältnis des Aktionärs zur Gesellschaft drückt sich sowohl bei der Teilnahme an als auch bei der Stimmabgabe in der Hauptversammlung aus und gewinnt damit Bedeutung für die Präsenz bei Hauptversammlungen. Die Kenntnis

---

549 Dies erklärt sich aus der Struktur einer Aktiengesellschaft, konkret aus der Unterwerfung des Aktionärs unter das Mehrheitsprinzip, der Trennung von Eigentum und Leitung sowie der grundsätzlich ausgeschlossenen Möglichkeit, die Einlagen zurückfordern zu können. Die Unveränderbarkeit des Gesellschaftszwecks durch die Verwaltung stellt das Gegengewicht zu zuvor genannten Beschränkungen des Aktionärs dar (vgl. dazu ausführlich *Sánchez Rus*, Objeto social y poder de representación, 2421, 2422).

550 *Sánchez Calero*, Los administradores, 252.

551 RDGRN de 17 de noviembre de 2006, Fundamento de Derecho 2. b); *Sánchez Calero*, Los administradores, 254. *Martínez Sanz/Pütz* in Comentarios LSA, Art. 129, 1463 f., sehen beide Ansätze als in praktischer Hinsicht problematisch an.

552 STS de 6 de julio de 2006, Res. 722/2006, Fundamento de Derecho 4.; RDGRN de 17 de noviembre de 2006, Fundamento de Derecho 2. c).

553 *Martínez Sanz/Pütz* in Comentarios LSA, Art. 129, 1464.

der rechtlichen Stellung des Aktionärs in der Aktiengesellschaft ist des Weiteren für die Frage nach der rechtlichen Ausgestaltbarkeit eines Präsenzbonus hilfreich.

§ 1 Deutschland

A. *Ein Überblick über die Mitgliedschaft des Aktionärs*

Der Begriff „Mitgliedschaft" wird im AktG selbst nicht genannt. Lediglich das Vereinsrecht nennt ihn in § 38 BGB ausdrücklich. Mitgliedschaft ist mithin ein rechtswissenschaftlicher Begriff,[554] der als *„die Stellung einer Person infolge ihrer Zugehörigkeit zu einem Verband"* definiert wird.[555] So meint das AktG bisweilen die Mitgliedschaft, obwohl es den Begriff der „Aktie" verwendet.[556] Dem Begriff „Mitgliedschaft" kommen verschiedene Bedeutungen zu: Die Stellung eines Mitglieds zu seinem Verband und somit auch die Stellung des einzelnen Aktionärs zu seiner Gesellschaft ist geprägt von beiderseitigen Rechten und Pflichten. Der Begriff „Mitgliedschaft" beschreibt somit die Gesamtheit jener Rechte und Pflichten,[557] also das Rechtsverhältnis zwischen Mitglied und Verband. Daneben wird die Mitgliedschaft als verselbstständigter Gegenstand verstanden, der die Rechte und Pflichten zusammenfasst und als Einheit übertragen werden kann.[558] Grundlage dieser Ansicht ist das sog. Abspaltungsverbot, nach dem grundsätzlich[559] einzelne Rechte oder Pflichten nicht von der Mitgliedschaft abgespalten werden können.[560] Schließlich herrscht in Literatur und Rechtsprechung die Ansicht vor, dass die Mitgliedschaft selbst ein subjektives Recht darstellt und

554 *Lutter*, AcP 180, 84, 88.

555 Vgl. beispielsweise *Lutter*, AcP 180, 84, 86.

556 So *Mimberg* in Hdb börsenAG, § 36 Rn. 2 hinsichtlich §§ 11 und 71 AktG. Auch die §§ 237 ff. AktG sprechen von Aktien im Sinne von Mitgliedschaft (siehe dazu Fn. 566).

557 Anstelle vieler *Brändel* in AktG Großkomm, § 1 Rn. 81; *Mimberg* in Hdb börsenAG, § 36 Rn. 1.

558 *Lutter*, AcP 180, 84, 99.

559 Von dem Abspaltungsverbot nicht erfasst werden die sog. Gläubigerrechte, bei denen sich das Mitgliedschaftsrecht in einen schuldrechtlichen Anspruch gewandelt hat (z. B. der konkrete Zahlungsanspruch, der mit dem wirksamen Gewinnverwendungsbeschluss entsteht), vgl. *Mimberg* in Hdb börsenAG, § 36 Rn. 17.

560 BGH, Urteil vom 17.11.1986 – II ZR 96/86, in NJW 1987, 780, 781; *Heider* in MünchKomm AktG, § 8 Rn. 89.

deliktsrechtlichen Schutz genießt.[561] Eine Gegenposition vertreten *Hadding* und *Beuthien*:[562] Ein Rechtsverhältnis könne nicht zugleich subjektives Recht sein. Der Begriff „Rechtsverhältnis" umfasse gerade beides, nämlich Rechte und Pflichten, die *„schwerlich insgesamt ein subjektives Recht sein"* könnten. Dieser Argumentation tritt vor allem *Habersack*[563] entgegen. Er ist der Meinung, dass auch Rechtsverhältnisse durchaus subjektive Rechte darstellen können, und verweist insbesondere auf beschränkt dingliche Rechte und familiäre Rechte, die als gesetzlich geregelte Rechtsverhältnisse als subjektive Rechte anerkannt sind. Zudem weist er darauf hin, dass sich das mitgliedschaftliche Rechtsverhältnis in wesentlichen Punkten von anderen Rechtsverhältnissen unterscheide und daher die Anerkennung als subjektives Recht gerechtfertigt sei.[564]

Der Erwerb der Mitgliedschaft an einer Aktiengesellschaft ist auf zwei Wegen möglich: zunächst als originärer Erwerb durch Übernahme von Aktien bei Gründung der Gesellschaft bzw. bei einer Kapitalerhöhung, des Weiteren im Wege des derivativen Erwerbs, bei dem die Mitgliedschaft von einem bisherigen Mitglied im Rahmen der Gesamt- oder Einzelrechtsnachfolge erlangt wird.[565]

---

561 Bereits 1920 hat das RG, Urteil vom 26.11.1920 - VII Zivilsenat 286/20, in RGZ 100, 274, 278, entschieden, *„daß der Geschäftsanteil an einer Gesellschaft m.b.H. als ein sonstiges Recht im Sinne des § 823 Abs. 1 BGB erachtet ist."* Für die Aktiengesellschaft folgte 1938 eine gleichlautende Entscheidung, RG, Urteil vom 21.9.1938 - II. Zivilsenat 183/37, in RGZ 158, 248, 254. Im Jahr 1990 hat der BGH in einem Urteil zum Vereinsrecht dies allgemein für die Mitgliedschaft bestätigt, BGH, Urteil vom 12.3.1990 - II ZR 179/89, in BGHZ 110, 323, 327. Als Stimmen der Literatur vgl. beispielsweise *Habersack*, Die Mitgliedschaft, passim; *Flume*, Allg. Teil BGB I/2, 258; *Lutter*, AcP 180, 84, 102.

562 *Beuthien*, FS Herbert Wiedemann, 755, 756 und 758 (*„Vielmehr ist grundsätzlich Recht Recht und Pflicht bleibt Pflicht"*); *Hadding*, FS Alfred Kellermann, 91, 103.

563 *Habersack*, Die Mitgliedschaft, 71 und 73.

564 *Habersack*, Die Mitgliedschaft, 78, stellt hier vor allem auf das organisationsrechtliche Element von Gesellschaftsvertrag und Satzung sowie auf das Abspaltungsverbot ab. Der Gesellschaftsvertrag bzw. die Satzung erschöpfe sich nämlich nicht darin, ein Rechtsverhältnis mit gegenseitigen Rechten und Pflichten zu begründen, vielmehr enthalte es auch die Befugnis, am Verbandsleben teilzunehmen und dessen Schicksal zu bestimmen. Das Abspaltungsverbot, das dazu führe, dass über die Einzelbestandteile zum Großteil nicht verfügt werden könne, gebe Anlass dazu, auch die Mitgliedschaft als Ganzes als subjektives Recht zu qualifizieren (*Habersack*, Die Mitgliedschaft, 82). Insofern verfestigt laut *Habersack* das Abspaltungsverbot die Mitgliedschaft zu einem vollkommenen Verfügungsgegenstand.

565 *Mimberg* in Hdb börsenAG, § 36 Rn. 14; *Lutter*, AcP 180, 84, 97.

Mit dieser rechtsgeschäftlichen Übertragung ist zugleich die Beendigung der Mitgliedschaft beim Veräußerer verbunden. Ebenso endet die Mitgliedschaft bei im Gesetz geregelten Fällen. So ist mit Auflösung der Gesellschaft gem. § 262 AktG die Beendigung der Mitgliedschaft verbunden. Gleiches gilt, wenn gem. §§ 237 ff. AktG Aktien[566] von der Gesellschaft eingezogen werden. In gleichem Sinne wirken der Ausschluss säumiger Aktionäre gem. § 64 AktG, die Kapitalherabsetzung gem. § 222 Abs. 4 S. 2 AktG und der sog. *Squeeze-Out* nach den §§ 327a ff. AktG. Die Beendigung der Mitgliedschaft hat grundsätzlich[567] den Verlust sämtlicher von ihr verkörperten Rechte und Pflichten zur Folge.

Neben der Mitgliedschaft können zwischen einem Aktionär und der Gesellschaft schuldrechtliche Rechtsbeziehungen bestehen, die von der Mitgliedschaft losgelöst sind und den allgemeinen Vorschriften des BGB unterliegen. Diese können jedoch im Einzelfall durch das Gleichbehandlungsgebot des § 53a AktG und die aktienrechtliche Kapitalerhaltungsnorm des § 57 AktG eingeschränkt werden, sofern sie in ihrer konkreten Ausformung von der Aktionärsstellung maßgeblich beeinflusst werden.[568]

B. Die Rechte des Aktionärs

Die mit einer Mitgliedschaft verbundenen Rechte des Aktionärs lassen sich auf verschiedene Weise kategorisieren. Am häufigsten findet sich die Unterscheidung zwischen Verwaltungs- und Vermögensrechten.[569]

---

566 Dabei ist mit dem Begriff „Aktie" nicht das Wertpapier gemeint, sondern gerade die Mitgliedschaft des Aktionärs (vgl. zu der Mehrdeutigkeit des Begriffs „Aktie" im Aktienrecht *Gätsch* in Hdb börsenAG, § 5 Rn. 1 ff.). Für die Entstehung des Mitgliedschaftsrechts ist seine Verbriefung in einer Aktie als Wertpapier nicht erforderlich, sondern hat lediglich deklaratorischen Charakter (*Vatter* in AktG-Komm, § 10 Rn. 27).

567 Anders ist es ausnahmsweise bei nicht voll erbrachten Sacheinlagen sowie, wenn entgegen § 10 Abs. 2 S. 1 AktG Inhaberaktien ausgegeben und diese übertragen wurden. Im letzteren Fall trifft den gutgläubigen Erwerber nicht die Pflicht zur Leistung der Bareinlage, diese verbleibt beim Veräußerer (*Bungeroth* in MünchKomm AktG, § 54 Rn. 13 und 14). Zudem kann über die Haftungstatbestände gem. §§ 64 Abs. 4 S. 2, 65 AktG die Einlagepflicht noch fortwirken (*Mimberg* in Hdb börsenAG, § 36 Rn. 16).

568 Vgl. zu dem aktienrechtlichen Gleichbehandlungsgebot in diesem Kapitel unter 4. Teil: § 1D.IV., Seite 1 ff. und bezüglich der Kapitalerhaltung im Aktienrecht in diesem Kapitel unter 6. Teil: § 1A., Seite 158 ff.

569 An Stelle vieler *Dauner-Lieb* in KölnerKomm AktG, 3. Aufl., § 11 Rn. 9. Weitere Möglichkeiten der Kategorisierung sind die Unterscheidungen in eigennützige

I. Verwaltungsrechte

Unter Verwaltungsrechten – auch Herrschaftsrechte genannt – werden diejenigen Rechte verstanden, die dem Aktionär Einfluss auf die Willensbildung der Gesellschaft zusichern.[570] Diese Rechte stehen somit in unmittelbaren Bezug zur Beschlussfassung der Hauptversammlung. Im Einzelnen beinhalten diese Rechte den Anspruch auf die Teilnahme an der Hauptversammlung (§ 118 Abs. 1 AktG), das Rederecht in der Versammlung,[571] das Auskunftsrecht (§ 131 AktG) sowie die verschiedenen Einsichtsrechte (unter anderem §§ 175 Abs. 2, 293f Abs. 1, 327c Abs. 3 AktG) und das Stimmrecht (§§ 133 ff. AktG).[572] Die Rechte zur Verhinderung unrechtmäßiger Einflussnahme anderer Aktionäre sowie die Kontrollrechte des Aktionärs stellen ebenfalls Verwaltungsrechte dar. Unter die zuvor genannten Verhinderungs- und Kontrollrechte fallen das Recht zur gerichtlichen Feststellung der Nichtigkeit von Hauptversammlungsbeschlüssen (§ 249 AktG), das Anfechtungsrecht (§ 245 AktG) sowie das Recht zur Erhebung der allgemeinen Aktionärsklage.[573] Hierunter fallen auch die zahlreichen Minderheitenrechte[574] wie beispielsweise das Recht auf Bestellung eines Sonderprüfers (§ 142 Abs. 2 AktG)[575] und die sog. derivative Haftungsklage (§ 148 AktG).[576]

---

und uneigennützige Rechte oder in Haupt- und Hilfsrechte, vgl. *Mimberg* in Hdb börsenAG, § 36 Rn. 6 und 7.

570 *Raiser/Veil*, Kapitalgesellschaften, § 11 Rn. 22.

571 Dieses Recht ist nicht ausdrücklich im Gesetz geregelt. Unstreitig folgt aber aus dem Frage-, Antrags- und Stimmrecht, dass der Aktionär grundsätzlich auch das Recht hat, sich zu erklären. Zudem geht nunmehr § 131 Abs. 2 S. 2 AktG ausdrücklich von dessen Existenz aus.

572 Siehe dazu ausführlich in diesem Kapitel unter 5. Teil: § 1A., Seite 133 ff.

573 Jene Klage – die im Gesetz nicht geregelt ist – dient dem Aktionär dazu, Eingriffe der Verwaltungsorgane in die Kompetenz der Hauptversammlung anzugreifen. Einen entsprechenden Unterlassungsanspruch des Aktionärs, der darauf basiert, dass der Aktionär bei Eingriffen in die Kompetenzen der Hauptversammlung in seiner eigenen Mitgliedsstellung verletzt wird, hat der BGH in seiner Holzmüller-Entscheidung anerkannt, vgl. BGH, Urteil vom 25.2.1982 – II ZR 174/80, in BGHZ 83, 122, 135.

574 Darunter sind die Rechte zu verstehen, die nicht dem einzelnen Aktionär, sondern lediglich einer Minderheit von Aktionären zustehen.

575 Hingewiesen sei an dieser Stelle allerdings auf § 315 S. 1 AktG, wonach bei einem faktischen Konzern jeder einzelne Aktionär ein Antragsrecht auf Bestellung eines Sonderprüfers hat.

576 Bei dieser Klage machen die Aktionäre Ansprüche der Gesellschaft im eigenen Namen auf Leistung an die Gesellschaft geltend. Insofern handelt es sich bei § 148

II. Vermögensrechte

Das für den Aktionär bedeutendste Vermögensrecht ist der Anspruch auf den ihm zustehenden Anteil am Bilanzgewinn gem. §§ 58 Abs. 4, 60 AktG.[577] Weitere Vermögensrechte sind der Anspruch auf die Vergütung von Nebenleistungen (§§ 55, 61 AktG), das Bezugsrecht bei Kapitalerhöhungen (§ 186 Abs. 1 AktG), das Recht auf Beteiligung am Liquidationserlös (§ 271 AktG) sowie die Abfindungs- und Ausgleichsansprüche (§§ 304, 305 AktG).

Aufgrund des Abspaltungsverbots können die Vermögensrechte nicht von der Mitgliedschaft getrennt werden. Davon zu unterscheiden ist jedoch der Fall der Gläubigerrechte, bei denen sich die einzelnen Rechte zu konkreten Ansprüchen verdichten und dem Aktionär unabhängig von der Mitgliedschaft zustehen. Sie sind einem schuldrechtlichen Anspruch vergleichbar und werden dementsprechend wie ein solcher behandelt.[578] Das Abspaltungsverbot will vermeiden, dass die Mitgliedschaft als subjektives Herrschaftsrecht in einzelne Bestandteile zerlegt wird.[579] Es kommt bei Gläubigerrechten nicht zum Tragen, da es in diesem Fall nicht um die Abtrennung eines Teils der Mitgliedschaft geht, sondern allein um die von der Mitgliedschaft losgelösten Früchte derselben.

C. Die Pflichten des Aktionärs

Aufgrund der Konzeption der Aktiengesellschaft als Kapitalsammelbecken für eine Vielzahl von Aktionären besteht die wesentliche Aktionärspflicht in der Leistung seiner geschuldeten Einlage, also in der Einbringung des vereinbarten Kapitals in die Gesellschaft (§§ 36 Abs. 2, 54 AktG). Diese Einlageverpflichtung kann sich gem. § 27 Abs. 1 AktG entweder auf eine Sacheinlage oder eine

---

AktG einerseits um einen Fall der gesetzlichen Prozessstandschaft, andererseits um einen gesetzlich geregelten Fall der *actio pro socio*.
Ob den einzelnen Klagemöglichkeiten des Aktionärs tatsächlich ein materiellrechtlicher Anspruch desselben zu Grunde liegt oder ob sie lediglich dem Aktionär prozessuale Befugnisse eröffnen, braucht an dieser Stelle nicht näher erläutert werden (vgl. zu dem Vorstehenden *Bezzenberger/Bezzenberger* in AktG Großkomm, § 148 Rn. 1 f. und 22 ff.).
Eine Vielzahl weiterer Minderheitenrechte findet sich über das Gesetz verstreut. Für eine umfassende Übersicht, die die Rechte nach der Möglichkeit der Abänderung durch Satzung kategorisiert, vgl. *Semler* in MünchHdb AG, § 42 Rn. 32–34 (Tabellarische Übersichten Teil I–III).

577 Siehe dazu in diesem Kapitel unter 6. Teil: § 1D., Seite 1 ff.

578 *Heider* in MünchKomm AktG, § 11 Rn. 21.

579 *Wiesner* in MünchHdb AG, § 17 Rn. 10.

Bareinlage beziehen. Der Höhe nach ist sie gem. § 54 Abs. 1 AktG auf den Ausgabebetrag der Aktie beschränkt. Diese Regelung ist zwingendes Recht und schließt eine statutarische Abweichung aus. Eine Nachschusspflicht der Aktionäre ist somit ausgeschlossen.[580] Zudem trifft den Aktionär eine Rückgewährpflicht gem. § 62 Abs. 1 AktG, sofern bei vorherigen Leistungen der Gesellschaft an den Aktionär gegen § 57 AktG[581] verstoßen wurde. Daneben können dem Aktionär zudem sog. Nebenpflichten obliegen. Beispielsweise erlaubt § 55 Abs. 1 AktG, die Inhaber von vinkulierten Namensaktien (§ 68 Abs. 2 AktG) zur Erbringung von wiederkehrenden, nicht in Geld bestehenden Leistungen zu verpflichten. Die Mitgliedschaft enthält auch eine Treupflicht des Aktionärs, auf die im folgenden Abschnitt ausführlich eingegangen wird.[582]

D. Individual- und Minderheitenschutz im Aktienrecht[583]

Die Aktiengesellschaft ist ein „nach vorne offener" Verband, bei dem *ex ante*, bei der Gründung der Gesellschaft, allein ein grober Rahmen für die Zukunft abgesteckt werden kann.[584] Das Mehrheitsprinzip (§§ 118 Abs. 1 und 133 Abs. 1 AktG) ergibt sich zwangsläufig aus der Notwendigkeit, die Entscheidungs- und Handlungsfähigkeit der Aktiengesellschaft zu erhalten.[585] Unter dem Stichwort der Legitimation von Hauptversammlungsentscheidungen wurden bereits Ausführungen zur Akzeptanz von Mehrheitsentscheidungen gemacht.[586] Dort ging es jedoch um die Akzeptanz, die auf einer möglichst großen Anzahl von Abstimmenden beruht. An dieser Stelle soll das Augenmerk auf den größtmöglichen Ausgleich widerstreitender Verbandsinteressen einerseits und unterschiedlicher Mitgliederinteressen andererseits für die Akzeptanz von

---

580 *Hüffer*, § 54 Rn. 5.

581 Siehe bezüglich der Kapitalerhaltung in diesem Kapitel unter 6. Teil: § 1A, Seite 158 ff.

582 Siehe bezüglich der Treupflicht in diesem Kapitel unter 4. Teil: § 1D.III., Seite 123 ff.

583 Die Reichweite dieses Begriffspaars ist nicht eindeutig. So ließe sich bereits sämtlichen zwingenden Vorschriften, die die Innenverhältnisse in einer AG betreffen, ein zumindest indirekter Schutzcharakter beimessen. Gleiches ließe sich über ökonomische Entschädigungsansprüche sagen. An dieser Stelle wird nach einer kurzen Verortnung der Thematik auf den sich nicht unmittelbar aus gesetzlichen Normen ergebenden Schutz eingegangen.

584 *Grundmann* in AktG Großkomm, § 133 Rn. 86; *Lutter*, AcP 180, 84, 92.

585 *Grundmann* in AktG Großkomm, § 133 Rn. 86; *Karsten Schmidt*, GesR, 452.

586 Vgl. dazu im 1. Kapitel unter 1. Teil: § 2C., Seite 1 ff.

Abstimmungsergebnissen gelegt werden.[587] Nur bei einem solchen optimalen Interessenausgleich wird die Entscheidung als „richtig“ im Sinne aller Mitglieder angesehen.[588] Dieser setzt ein mehr oder weniger atomisiertes Aktionariat voraus, bei dem sich stets neue Mehrheiten bilden können und sich der einzelne Aktionär bald der obsiegenden, bald der unterlegenen Seite zugehörig fühlt. *Wiedemann* zieht zur Verdeutlichung der Voraussetzungen der „Richtigkeitsgewähr“ einen Vergleich mit der Aushandlung eines Vertrags:[589] „*Bei stabilen Mehrheitsverhältnissen verbürgt das Beschlußergebnis jedoch sowenig eine Richtigkeitschance wie das In-sich-Geschäft oder der diktierte Vertrag: der herrschende Gesellschafter beschließt nicht, sondern ordnet an. In den genannten Fällen liegen nur der Form nach Beschlüsse oder Verträge vor, dem Inhalt nach einseitige Willensakte.*“[590] Fehlt es an der soeben beschriebenen Möglichkeit wechselnder Mehrheiten,[591] stellt sich die Frage nach Schutzmechanismen. Der Individualschutz als Teil dieser Mechanismen begrenzt das Mehrheitsprinzip, indem er gewisse Bereiche ausklammert. Dagegen ist mit dem Minderheitenschutz lediglich eine Abschwächung des Mehrheitsdiktats verbunden.

Das deutsche Recht behandelt den Individual- und den Minderheitenschutz eher stiefmütterlich, obgleich bereits das Preußische Allgemeine Landrecht hierfür Regelungen vorsah. Dort hieß es:[592]

> *„§ 68. Gesellschaftliche Rechte, welche nicht sämmtlichen Mitgliedern, sondern nur Einem oder dem Anderen unter ihnen, als Mitgliede, zukommen, können denselben, wider ihren Willen, durch die bloße Stimmenmehrheit nicht genommen, oder eingeschränkt werden.*
>
> *§ 69. Ebendas gilt, wenn nicht allen, sondern nur Einem oder etlichen Mitgliedern neue Lasten oder Verbindlichkeiten auferlegt werden sollen.“*

---

587 *Karsten Schmidt*, GesR, 452.

588 Daraus folgt aber auch, wie *Karsten Schmidt*, GesR, 461, bemerkt, dass die inhaltliche Überprüfung von Hauptversammlungsbeschlüssen durch den Richter nur sehr eingeschränkt erfolgen kann, da in diesem Fall der Richter seine Vorstellungen an die Stelle des Mitgliederwillens setzt.

589 *Wiedemann*, Gesellschaftsrecht I, 406.

590 *Wiedemann*, Gesellschaftsrecht I, 406. Mit anderen Worten wird aus den Einzelwillen der Aktionäre kein Kollektivwille geformt, sondern der Einzelwille eines Aktionärs wird als Kollektivwille übernommen.

591 Sowohl *Henze*, DStR 1993, 1823, als auch *Wiedemann*, Gesellschaftsrecht I, 363, bezweifeln, dass atomisierte Aktionärsgemeinschaften die Regel sind.

592 Vgl. Allgemeines Landrecht für die Preußischen Staaten, Band 1–3, Berlin 1835, Zweiter Theil, Sechster Titel.

§ 241 Nr. 4 AktG definiert die äußersten Grenzen für diesen Schutz, indem Mehrheitsbeschlüsse nicht gegen zwingendes Recht und gegen die guten Sitten verstoßen dürfen. Innerhalb gesetzeskonformer Mehrheitsbeschlüsse bleibt das Gesetz jedoch vage und bietet nur vereinzelt und mit Blick auf bestimmte Beschlussgegenstände einen gewissen Schutz. Zunächst schreibt das Gesetz an verschiedenen Stellen erhöhte Mehrheitserfordernisse vor. Für den einzelnen Aktionär vollumfassenden Schutz bietet es bei der geforderten Einstimmigkeit bei der Umwandlung einer AG in eine Personengesellschaft gem. §§ 193, 233 Abs. 1 UmwG. In den meisten Fällen verlangt das Gesetz jedoch lediglich eine qualifizierte Kapitalmehrheit. Diese findet sich bei Grundlagengeschäften wie etwa Satzungsänderungen (§ 179 Abs. 2 S. 1 AktG), dem Formwechsel (§ 240 Abs. 1 S. 1 UmwG) oder Kapitalmaßnahmen.[593] Da die jeweiligen Normen keine Aussage zur Stimmenmehrheit treffen, stellt die qualifizierte Kapitalmehrheit eigentlich eine Mehrheitskombination von qualifizierter Kapitalmehrheit und einfacher Stimmenmehrheit gem. § 133 Abs. 1 AktG dar. Das Gesetz setzt somit begrifflich eine qualifizierte Kapitalmehrheit nicht mit einer qualifizierten Stimmenmehrheit gleich. Letztere gilt beispielsweise bei der vorzeitigen Abberufung von Aufsichtsratsmitgliedern (§ 103 Abs. 1 S. 2 AktG) oder wenn die Hauptversammlung die Zustimmung des Aufsichtsrats zu Geschäftsführungsmaßnahmen ersetzt (§ 111 Abs. 4 S. 4 AktG). Diese begriffliche Unterscheidung hat bei börsennotierten Gesellschaften heutzutage jedoch ihre Bedeutung verloren, da Mehrheitsstimmrechte gem. § 12 Abs. 2 AktG grundsätzlich unzulässig und Höchststimmrechte gem. § 134 Abs. 1 S. 2 AktG nur bei nicht börsennotierten Gesellschaften erlaubt werden. Damit ist ein Auseinanderfallen von Stimmenmehrheit und Kapitalmehrheit nicht denkbar. Schließlich eröffnet das Gesetz bei einigen Beschlussgegenständen die Möglichkeit, dass die Gesellschaften die Mehrheitserfordernisse in der Satzung abändern bzw. weitergehende Beschlusserfordernisse aufstellen. Bei diesen gesetzlichen Öffnungsklauseln lassen sich einseitige oder beiderseitige Ermächtigungen unterscheiden, je nachdem, ob das Gesetz lediglich eine Verschärfung oder auch eine Abschwächung der Mehrheitserfordernisse zulässt.[594] Schließlich enthält das Gesetz sog. Minderheitenrechte, die nicht dem einzelnen Aktionär, sondern einem prozentualen Teil des Aktionariats zustehen.[595]

---

593 Vgl. §§ 182 Abs. 1 S. 1, 193 Abs. 1 S. 1, 202 Abs. 1 S. 1, 207 Abs. 2 S. 1, 221 Abs. 1 S. 2, 222 Abs. 1 S. 1 AktG.

594 Vgl. etwa § 179 Abs. 2 S. 2 AktG, der beide Möglichkeiten beinhaltet.

595 Vgl. beispielsweise §§ 122 Abs. 1 und Abs. 2, 124 Abs. 1, 142 Abs. 2, 148 AktG.

Sowohl Rechtsprechung[596] als auch Literatur[597] empfinden den gesetzlichen Schutz seit Langem als unzureichend und unflexibel[598] und haben mit der Zeit ein flexibles System des Individual- und Minderheitenschutzes entwickelt. Ausgangspunkt dieser Entwicklung waren die Sonderrechtstheorien (I.). Heutzutage erschöpft sich der Individual- und Minderheitenschutz in der Kernbereichslehre (II.), der Anerkennung von Treupflichten (III.) sowie in dem aktienrechtlichen Prinzip der Gleichbehandlung (IV.).

I. Sonderrechte

Dogmatische Grundlage für den Individualrechtsschutz war zunächst der Gedanke, Sonderrechte von Verbandsmitgliedern anzuerkennen. In Anlehnung an § 35 BGB bildeten sich verschiedene Sonderrechtstheorien heraus. Diese Vorschrift des Vereinsrechts normiert, dass Sonderrechte eines Mitglieds nicht ohne dessen Zustimmung durch Beschluss der Mitgliederversammlung beeinträchtigt werden können. Das Aktiengesetz hingegen kannte und kennt den Begriff des Sonderrechts nicht. Folglich gab es abweichende Meinungen über den Begriffsinhalt. Während manche Vertreter unter Sonderrechten Abweichungen von den allgemein üblichen Mitgliedschaftsrechten verstanden, definierten andere die Sonderrechte als die Rechte, die dem Berechtigten nicht ohne seine Zustimmung

---

596 1908 weigerte sich das RG zwar noch, eine Beschränkung der Mehrheitsmacht in einem Fall des Bezugsrechtsausschlusses anzuerkennen, vgl. RG, Urteil vom 8.4.1908 – I. Zivilsenat 595/07, in RGZ 68, 235, 245. Bereits 1924 jedoch äußerte sich das Gericht bei einem Fall der Kapitalerhöhung anders. Vgl. RG, Urteil vom 18.1.1924 – II Zivilsenat 263/23, in RGZ 108, 41, 43: „*Sodann ist ein Verstoß gegen das Gesetz auch darin zu finden, daß das Bezugsrecht des § 282 Abs. 1 HGB. unter Verletzung der Rechte der Minderheit ausgeschlossen wurde.* […]. *Das verstößt gegen das Gebot einer billigen und gerechten Behandlung der Aktionäre bei der Ausgabe neuer Aktien.*“ Ausdrücklich äußert sich das RG 1931. Vgl. RG, Urteil vom 31.3.1931 – II. Zivilsenat 222/30, in RGZ 132, 149, 163: „*Schon aus dem Gesagten ergibt sich, dass Maßnahmen* […] *wegen der damit verbundenen Beeinträchtigung der besonderen kapitalistischen Minderheitsrechte für Verwaltung und Mehrheit eine sorgfältige und gewissenhafte Prüfung in der Richtung nötig machen, ob sich der verfolgte Zweck nicht auch in sehr viel schonenderer Form erreichen läßt.*“

597 *Könige/Stranz/Pinner*, Komm HGB 1906, § 250 Anm. 9; *Zöllner*, Schranken mitgliedschaftlicher Stimmrechtsmacht, 287.

598 *Wiedemann*, Gesellschaftsrecht I, 421, spricht von „*schematischer Fürsorge,* [neben der …] *die Kontrolle durch flexible Schranken der Mehrheitsabstimmung* […] *die theoretisch größere Rolle* [spielt].“

entzogen werden können.[599] Auch die rechtliche Begründung für Sonderrechte wurde diskutiert. Dabei stellte *Lehmann*[600] auf die objektive Wesentlichkeit eines Rechts für den durchschnittlichen Aktionär ab. Wenn das Vertrauen des Aktionärs in ein bestimmtes Recht wesentlich für seine Mitgliedschaft in dem Verband gewesen sei, könne ihm dieses Recht nicht ohne seine Zustimmung entzogen werden. *Könige/Stranz/Pinner*[601] hingegen bezogen sich zur Begründung auf das Aktiengesetz selbst und darin enthaltene Grundprinzipien. Für das RG[602] war maßgeblich, ob ein Recht lediglich dem Vorteil des Verbandsmitglieds dienen soll. Derartige Rechte seien unentziehbare Sonderrechte.[603]

Heutzutage ist weitestgehend anerkannt, dass der Gebrauch des Begriffs „Sonderrecht" keinerlei Aufschluss über die Grenze von Mehrheitsentscheidungen bringt.[604] Insofern ist die nach wie vor vorhandene Verwendung des Begriffs wohl eher der Gewohnheit geschuldet.

---

599 *Wiedemann*, Gesellschaftsrecht I, 358. Vgl. zu den verschiedenen Theorien, die den Begriff „Sonderrechte" zu bestimmen versuchten, *Kellner*, Sonderrechte, 2 ff.

600 *Lehmann*, Recht der Aktiengesellschaften, 205 f.: *„Am ehesten dürfte man der Sachlage gerecht werden, wenn man vom Standpunkt der einzelnen Körperschaft aus diejenigen Bestandteile des Mitgliedschaftsrechts als sonderrechtliche bezeichnet, die für den Durchschnittsakitonär von solcher Wichtigkeit sind, daß er ohne sie nicht der Aktiengesellschaft beigetreten wäre."* Allerdings merkt Lehmann an, dass seine Interpretation im Wesentlichen der französisch-belgischen Auffassung der *bases essentielles* entspräche. Auch erachtet er den Begriff des „Sonderrechts" als bedenklich (*ders.*, Recht der Aktiengesellschaften, 396).

601 *Könige/Stranz/Pinner*, Komm HGB 1906, § 250 Anm. 9: *„Es ist vielmehr davon auszugehen, daß Sonderrechte Rechte sind, die den Aktionären als einzelnen, vor anderen oder allen, als allgemeine Mitgliedschaftsrechte zustehen.* [...] *Sonderrecht ist daher nach der hier vertretenen Ansicht das Recht, dessen Verletzung den grundlegenden Prinzipien des Aktienrechts, insbesondere dem Prinzip der Gleichberechtigung, sowie dem Rechte der Aktionäre auf Mitgenuß und Mitverwaltung widersprechen würde."*

602 RG, Urteil vom 4.4.1908 – I. Zivilsenat 302/07, in RGZ 68, 210, 211 f.

603 In dem Fall hatte das RG zu entscheiden, ob eine Einschränkung der Freiheit zur Veräußerung der Geschäftsanteile zulässig sei. Das RG führte aus: *„Die Veräußerlichkeit der Geschäftsanteile ist eine Befugnis, die* [...] *lediglich zum Vorteile des Mitglieds dienen soll. Es handelt sich nicht um ein Recht, sich in Angelegenheiten der Gesellschaft als deren Organ zu betätigen."*

604 *Heider* in MünchKomm AktG, § 11 Rn. 14; *Hüffer*, § 11 Rn. 6; *Wiedemann*, Gesellschaftsrecht I, 360. Auch *Karsten Schmidt*, GesR, 472, gebraucht zwar den Begriff, bestimmt diesen jedoch dann über den Kernbereich von Mitgliedschaftsrechten. Weniger absolut in der Ablehnung des Begriffs *Dauner-Lieb* in KölnerKomm AktG, 3. Aufl., § 11 Rn. 24.

II. Kernbereichslehre

Nach dem Scheitern der Sonderrechtstheorien hat sich die Lehre vom Kernbereich der Mitgliedschaft entwickelt. Danach besitzt die Mitgliedschaft eines Verbandsmitglieds einen je nach konkreter Ausgestaltung des Verbands unterschiedlichen Kernbereich, der nicht zur Disposition der Mehrheit steht. Ihren Ursprung hat die Kernbereichslehre im Recht der Personengesellschaften. Als ihr Ausgangspunkt gilt ein Urteil des BGH[605] aus dem Bereich der Kommanditgesellschaft. In dem zu entscheidenden Fall musste sich das Gericht mit der Frage beschäftigen, ob durch Vereinbarung im Gesellschaftsvertrag das Stimmrecht eines Kommanditisten ausgeschlossen werden kann. In seiner Entscheidung stellte der BGH klar, dass diese Form des Stimmrechtsausschlusses durch eine sachliche Schranke begrenzt sein müsse.[606] Die Grenze sah der BGH dort, *„wo Gesellschafterbeschlüsse in Frage stehen, die in die Rechtsstellung dieses Kommanditisten eingreifen."*[607] In der Literatur wurde daraufhin gefordert, nicht nur den Stimmrechtsausschluss zu begrenzen, sondern bestimmte Rechte generell dem Mehrheitswillen zu entziehen.[608] Mittlerweile erkennt der BGH[609] an, dass Rechte aufgrund des Kernbereichs der Mitgliedschaft unentziehbar sein können. Allerdings ist bisher eine allgemein gültige Klärung des Inhalts des Kernbereichs nicht gelungen. Vielmehr hängt dieser von der jeweiligen Gesellschaftsform und der Ausgestaltung der konkreten Gesellschaft ab.[610]

III. Treupflichten

Die Treupflicht – so ist es mittlerweile auch für die Aktiengesellschaft anerkannt[611] – ist Teil des Rechtsverhältnisses Mitgliedschaft.[612] Ihre Rechtsgrundlage

---

605 BGH, Urteil vom 14.5.1956 – II ZR 229/54, in BGHZ 20, 363 ff.

606 BGH, Urteil vom 14.5.1956 – II ZR 229/54, in BGHZ 20, 363, 368.

607 BGH, Urteil vom 14.5.1956 – II ZR 229/54, in BGHZ 20, 363, 370.

608 Vgl. *Flume*, Allg. Teil BGB I/1, 217 f.; *Wiedemann*, Gesellschaftsrecht I, 362.

609 Vgl. beispielsweise BGH, Urteil vom 5.11.1984 – II ZR 111/84, in NJW 1985, 974 f., und BGH, Urteil vom 19.11.1984 – II ZR 102/84, in NJW 1985, 972 f., in denen der BGH jeweils den Begriff „Kernbereich" ausdrücklich nennt.

610 *Habermeier* in Staudinger BGB, § 709 Rn. 51; *Karsten Schmidt*, GesR, 472; *Schäfer* in MünchKomm BGB, § 709 Rn. 93.

611 *Hüffer*, FS Ernst Steindorff, 59, 64.

612 Vgl. *Karsten Schmidt*, GesR, 588, der die Treupflicht als Teil der Mitgliedschaft charakterisiert, aber zudem darauf hinweist, dass auch die Treupflicht, gleich anderen Loyalitätspflichten in Schuldverhältnissen allgemein, bereits im Anbahnungsverhältnis und auch noch im Abwicklungsverhältnis der Mitgliedschaft bestehen kann. So wohl auch *Henze/Notz* in AktG Großkomm, Anh § 53a Rn. 41.

ist umstritten und bisweilen wird auf § 242 BGB[613] oder auf § 705 BGB[614] abgestellt. Eine dritte Ansicht sieht die Rechtsgrundlage in beiden Vorschriften sowie in allgemeinen Grundsätzen des Gesellschaftsrechts.[615]

Die Begründung einer Treupflicht wurde im Lauf der Zeit auf verschiedene Ansätze gestützt.[616] Zunächst wurde auf das mitgliedschaftliche Gemeinschaftsverhältnis abgestellt, weshalb die Treupflicht zunächst lediglich zwischen Gesellschaftern einer Personenhandelsgesellschaft anerkannt war, deren Charakteristikum die persönliche Bindung zwischen den Gesellschaftern ist. Später sah man in der Treupflicht eine Pflicht zur Förderung des gemeinsamen Gesellschaftszwecks. Diese Begründung ermöglichte ihre Anerkennung auch bei den auf Unpersönlichkeit angelegten Körperschaften. Heute wird die Treupflicht als Ergänzung zur Rechtsmacht innerhalb eines Verbands verstanden, dahingehend, dass mit der Macht eine entsprechende Verantwortung korreliert.[617] Dieses Verständnis von Treupflicht als Instrument der Machtbegrenzung macht sie zu einem Teil des Minderheitenschutzes. Primär ist die Treupflicht jedoch ein Instrument zum Ausgleich der unterschiedlichen Interessen in einem Verband, indem sie eine Abwägung dieser Interessen erforderlich macht.[618] Die Treupflicht geht so verstanden über den reinen Minderheitenschutz hinaus, da die Interessenabwägung nicht nur die Interessen der Mehrheit gegenüber der Minderheit beschränkt, sondern ihr Ergebnis auch eine Begrenzung der Minderheitsinteressen zugunsten der Mehrheit sein kann. Die Sichtweise der Treupflicht als Korrelat zur Rechtsmacht bewirkt, dass ihr Inhalt nicht einheitlich

613 So wohl unter anderem *Karsten Schmidt*, GesR, 588, der auf aus § 242 BGB resultierende Loyalitätspflichten abstellt, die sich zu Förderungs- und Interessenwahrungspflichten verdichten können.

614 Vgl. beispielsweise *Lutter*, AcP 180, 84, 102 und 117.

615 Vgl. etwa *Hüffer*, FS Ernst Steindorff, 59, 72 f., der §§ 242, 705 BGB als Teilelemente eines weitergreifenden Rechtsgedankens versteht, der auch im Wettbewerbsverbot gem. §§ 112, 113 HGB, im Prinzip der Gleichbehandlung gem. § 53a AktG, im Verbot unzulässiger Verfolgung von Sondervorteilen gem. § 243 Abs. 2 AktG sowie in der offenen Formulierung des Anfechtungstatbestands gem. § 243 Abs. 1 AktG zum Ausdruck kommt.

616 Vgl. *Karsten Schmidt*, GesR, 588; *Mimberg* in Hdb börsenAG, § 36 Rn. 29 f.

617 BGH, Urteil vom 5.6.1975 – II ZR 23/74, in BGHZ 65, 15, 19; BGH, Urteil vom 1.2.1988 – II ZR 75/87, in BGHZ 103, 184, 195; *Karsten Schmidt*, GesR, 800; *Lutter*, AcP 180, 84, 114; *Zöllner*, Schranken mitgliedschaftlicher Stimmrechtsmacht, 343.

618 *Karsten Schmidt*, GesR, 593; *Lutter*, AcP 180, 84, 121; *Zöllner*, Schranken mitgliedschaftlicher Stimmrechtsmacht, 343.

und abstrakt bestimmt werden kann.[619] Vielmehr kommt es erneut auf die reale Struktur des jeweiligen Verbands an, wofür die Verbandsform lediglich ein Indiz darstellt.[620] Allgemein kann von der Pflicht gesprochen werden, die Interessen der Gesellschaft zu wahren und zu fördern und dabei zudem auf die Interessen der Mitgesellschafter Rücksicht zu nehmen.[621]

Die Rechtsprechung hat die Treupflicht in der Aktiengesellschaft durch mehrere Urteile akzeptiert. So wurde eine Treupflicht zwischen den Gesellschaftern im Rahmen der ITT-Entscheidung[622] zunächst für die Körperschaft der GmbH und dann bei der Linotype-Entscheidung[623] für die AG selbst anerkannt. In seiner Girmes-Entscheidung[624] erkannte der BGH schließlich zudem eine Treupflicht für Minderheitsaktionäre an. Sofern das Gericht Beschlüsse auf Erforderlichkeit und Verhältnismäßigkeit überprüft,[625] dient ihm die Treupflicht nun als dogmatische Grundlage.[626]

---

619 *Mimberg* in Hdb börsenAG, § 36 Rn. 32. Vgl. zum Versuch eine Generalklausel zu formulieren *Hüffer*, FS Ernst Steindorff, 59, 69. Hinsichtlich des Inhalts der Treupflicht bezogen auf das Stimmrecht siehe zudem in diesem Kapitel unter 5. Teil: § 1A.IV, Seite 141 ff.

620 *Lutter*, AcP 180, 84, 105; *Hüffer*, FS Ernst Steindorff, 59, 75: *„Treupflichten sind rechtsformübergreifend anzuerkennen, soweit die Mitgliedschaft in der Gesellschaft kontrollbedürftige Einwirkungsmöglichkeiten begründet oder soweit nach der Realstruktur der Gesellschaft eine schutzbedürftige Vertrauensbeziehung besteht.“*

621 So etwa *Lutter*, JZ 1995, 1053, 1054. Ähnlich auch *Zöllner*, Schranken mitgliedschaftlicher Stimmrechtsmacht, 343.

622 BGH, Urteil vom 5.6.1975 – II ZR 23/74, in BGHZ 65, 15 ff.

623 BGH, Urteil vom 1.2.1988 – II ZR 75/87, in BGHZ 103, 184 ff.

624 BGH, Urteil vom 20.3.1995 – II ZR 205/94, in BGHZ 129, 136 ff.

625 Bei einigen Beschlüssen hat der BGH eine Beschlusskontrolle abgelehnt. So z. B. in seinem Linotype-Urteil (BGH, Urteil vom 1.2.1988 – II ZR 75/87, in BGHZ 103, 184 ff.) bezüglich eines Auflösungsbeschlusses. Bei Ausschluss des Bezugsrechts bei einer Kapitalerhöhung durch Sacheinlage (BGH, Urteil vom 13.3.1978 – II ZR 142/76, in BGHZ 71, 41, 45) hat der BGH andererseits eine Beschlusskontrolle vorgenommen. *Lutter*, ZGR 1981, 171, 176, liest aus den Entscheidungen des BGH folgendes System heraus: *„Mehrheitsentscheidungen, welche in die Position der Minderheit eingreifen, bedürfen der materiellen Rechtfertigung unter den Gesichtspunkten der Erforderlichkeit und Eignung, es sei denn, das Gesetz habe die Abwägung bereits selbst getroffen oder die Mehrheit allgemein vom Begründungszwang freigestellt.“*

626 *Henze/Notz* in AktG Großkomm, Anh § 53a Rn. 23; *Hüffer*, FS Ernst Steindorff, 59, 75.

IV. Das aktienrechtliche Gleichbehandlungsgebot

Der aktienrechtliche Gleichbehandlungsgrundsatz ist seit 1979 in § 53a AktG kodifiziert. Das Prinzip war davor bereits im allgemeinem Privatrecht[627] und auch speziell im Aktienrecht anerkannt.[628] § 53a AktG kommt daher lediglich eine klarstellende Funktion zu.[629] Der Gleichbehandlungsgrundsatz wird überwiegend als Ausprägung der Treupflicht im Verhältnis zwischen Gesellschaft und Gesellschaftern verstanden.[630] In der Praxis wirkt er sich vor allem als Teil des Minderheitenschutzes aus und beschränkt die Beschlussfreiheit der Hauptversammlung.[631]

Für den Aktionär stellt das Prinzip der Gleichbehandlung ein aus der Mitgliedschaft folgendes subjektives Recht im Sinne einer Abwehrbefugnis dar, das in § 53a AktG als Generalklausel formuliert ist.[632] In personeller Hinsicht ist der Adressat der Norm allein die Aktiengesellschaft, mithin deren Organe.[633] Unter den einzelnen Aktionären entfaltet der Gleichbehandlungsgrundsatz hingegen keine Wirkung. Inhaltlich wird das Gebot durch seinen Zweck beschränkt, das Mitgliedschaftsrecht zu schützen. Demnach erstreckt sich der Grundsatz nur auf Handlungen, die den mitgliedschaftlichen Bereich betreffen.[634] Außerhalb dieses Bereichs vorhandene schuldrechtliche Beziehungen werden nicht erfasst,

---

627 Zunächst scheint das Prinzip der Gleichbehandlung mit dem aus dem Privatrecht stammenden ebenfalls geltenden Prinzip der Vertragsfreiheit im Widerspruch zu stehen. Dies ist aber dann nicht der Fall, wenn es sich um privatrechtliche Beziehungen handelt, „*bei denen alle oder eine Gruppe von Beteiligten nicht in einem irgendwie auf Austausch gerichteten Verhältnis einander gegenüberstehen, sondern im Rahmen ihrer Rechtsbeziehungen – meistens mit gleichartigen Interessen – koordiniert sind*" (*Hueck*, Gleichmäßige Behandlung im Privatrecht, 4).

628 *Hueck*, Gleichmäßige Behandlung im Privatrecht, 35 und 40.

629 *Fleischer* in Schmidt/Lutter AktG, § 53a Rn. 1; *Henze/Notz* in AktG Großkomm, § 53a Rn. 5. Zur Historie des Gleichheitsgrundsatzes im Schrifttum vgl. *Raiser*, ZHR 111, 75, 81, mit weiteren Nachweisen.

630 *Henze/Notz* in AktG Großkomm, § 53a Rn. 7 f.; kritisch *Fleischer* in Schmidt/Lutter AktG, § 53a Rn. 12. Zu dieser schon länger anhaltenden Diskussion vgl. *Raiser*, ZHR 111, 75, 83 f., mit weiteren Nachweisen. Wie bei der Treupflicht wird auch beim Prinzip der Gleichbehandlung eine dogmatische Diskussion über die Rechtsgrundlage geführt. Dazu ausführlich *Hueck*, Gleichmäßige Behandlung im Privatrecht, 83 ff.

631 *Fleischer* in Schmidt/Lutter AktG, § 53a Rn. 2; *Henze/Notz* in AktG Großkomm, § 53a Rn. 26; *Hueck*, Gleichmäßige Behandlung im Privatrecht, 41.

632 *Hüffer*, § 53a Rn. 4.

633 *Hüffer*, § 53a Rn. 4.

634 *Henze/Notz* in AktG Großkomm, § 53a Rn. 26.

sofern diese nicht gerade aufgrund der Aktionärsstellung eingegangen wurden.[635] § 53a AktG stellt zwingendes Recht dar und kann nicht durch die Satzung ausgeschlossen werden.[636] Auch ein Verzicht des Aktionärs auf seinen Schutz ist nur möglich, wenn dieser Verzicht sich auf einen konkreten Einzelfall bezieht.[637]

Für die Beurteilung einer Ungleichbehandlung ist entweder auf die Beteiligungsquote oder auf die Aktionärsstellung als Bewertungsmaßstab abzustellen.[638] Das Gesetz kennt jedoch vereinzelt spezielle Bewertungsmaßstäbe, die den allgemeinen Maßstab des § 53a AktG verdrängen. Einen solchen Fall stellt § 60 AktG bei der Gewinnverteilung dar. Absatz 1 bestimmt in Spezialität zu § 53a AktG, dass sich der Gewinnanteil des Aktionärs nach dessen Anteil am Grundkapital bemisst. Gem. § 60 Abs. 3 AktG kann von diesem Maßstab durch Satzungsregelung abgewichen werden. Diese Ermächtigung ist mit Blick auf den Gleichbehandlungsgrundsatz dergestalt zu verstehen, dass ein anderer Gleichbehandlungsmaßstab festgelegt werden kann.[639] Den Gleichbehandlungsgrundsatz selbst stellt das Gesetz nicht zur Disposition.[640] Wird in der Satzung ein abweichender Gleichbehandlungsmaßstab vereinbart, muss sich dieser im Rahmen des Erlaubten gem. § 53a AktG bewegen.[641]

Nicht jede am Gleichbehandlungsmaßstab gemessene Ungleichbehandlung stellt jedoch zugleich einen Verstoß gegen § 53a AktG dar. Denn die Norm konstituiert *„einen Gleichbehandlungsgrundsatz, nicht aber allgemeine Gleichheit im*

---

635 *Henze/Notz* in AktG Großkomm, § 53a Rn. 41.

636 *Fleischer* in Schmidt/Lutter AktG, § 53a Rn. 32.

637 *Henze/Notz* in AktG Großkomm, § 53a Rn. 93 ff.

638 *Hueck*, Gleichmäßige Behandlung im Privatrecht, 46 f. und 202, spricht unabhängig vom Gegenstand der Handlung vom Grundsatz der relativen Gleichbehandlung, da stets an die Höhe der Kapitalbeteiligung angeknüpft werde. Bezüglich der Vermögensrechte ist dem zuzustimmen. In Bezug auf die Verwaltungsrechte hingegen könnte auch von einem Grundsatz der absoluten Gleichbehandlung gesprochen werden. Jeder Aktionär hat beispielsweise das Recht, in der Hauptversammlung das Wort zu ergreifen, unabhängig von der Höhe seiner Beteiligung. Letztere mag dann jedoch bei ungleicher Behandlung – beispielsweise unterschiedlichen Redezeiten für Kleinaktionäre einerseits und dem Großaktionär andererseits – als rechtfertigender Grund zu berücksichtigen sein.

639 *Henze/Notz* in AktG Großkomm, § 53a Rn. 85.

640 *Henze/Notz* in AktG Großkomm, § 53a Rn. 85.

641 *Henze/Notz* in AktG Großkomm, § 53a Rn. 54.

Gesellschaftsrecht.“[642] Für die Feststellung eines Verstoßes müssen im Einzelfall daher folgende Voraussetzungen vorliegen:

Die ersten beiden Voraussetzungen folgen aus der Formulierung des § 53a AktG, „*Aktionäre unter gleichen Voraussetzungen gleich zu behandeln*“. Das Gesetz erlaubt an verschiedenen Stellen den Gesellschaften eine Differenzierung und somit die Schaffung unterschiedlicher Voraussetzungen. Beispielsweise kann eine Gesellschaft gem. § 11 AktG verschiedene Aktiengattungen etablieren. Betrifft eine Maßnahme der Gesellschaft die Unterschiede zwischen den einzelnen Gattungen, kommt ein Verstoß gegen § 53a AktG nicht in Betracht.[643] Vielmehr gilt der Grundsatz dann nur innerhalb derselben Aktiengattung. Als zweite Voraussetzung für einen Verstoß muss eine Ungleichbehandlung vorliegen. Diese bestimmt sich anhand objektiver Kriterien.[644] Erfasst werden die formale und die materielle Ungleichbehandlung. Zwingend erforderlich ist daher nicht eine nach außen erkennbare ungleiche Behandlung (formal), vielmehr reichen auch unterschiedliche Auswirkungen derselben Handlung auf die Aktionäre aus (materiell). Schließlich darf als letzte Voraussetzung die Ungleichbehandlung nicht gerechtfertigt sein. Da mit Schaffung des § 53a AktG das geltende Prinzip ohne Abänderungen kodifiziert werden sollte,[645] ist das Fehlen dieser Voraussetzung im Wortlaut der Norm irrelevant. Die Rechtfertigung der Ungleichbehandlung ist Ausfluss der Mitgliedschaft als einem lebendigen Verhältnis, das nicht frei von Veränderungen und äußeren Einflüssen ist.[646] Es versteht sich von selbst, dass sich Aktionäre in ihrer Bedeutung für die Gesellschaft unterscheiden. Der Gesellschaft muss daher ein gewisses Maß an Flexibilität und die Möglichkeit, differenziert zu handeln, eingeräumt werden. Daher erfasst der Gleichbehandlungsgrundsatz allein die ungerechtfertigte, mithin willkürliche Ungleichbehandlung.[647] Diese scheidet bei Vorliegen eines sachlichen Grundes aus. Wann

642 Zitat gem. *Karsten Schmidt*, GesR, 463. So auch *Hueck*, Gleichmäßige Behandlung im Privatrecht, 173.

643 *Henze/Notz* in AktG Großkomm, § 53a Rn. 87.

644 *Henze/Notz* in AktG Großkomm, § 53a Rn. 68.

645 Vgl. Begr. RegE zum Gesetz zur 2. Gesellschaftsrechtsrichtlinie, BT-Drs. 8/1678, 13, wo es heißt: „*Eine sachliche Änderung des geltenden Rechtszustandes ist mit der Einfügung dieser neuen Vorschrift nicht beabsichtigt.*“

646 *Hueck*, Gleichmäßige Behandlung im Privatrecht, 175, spricht davon, dass der Gleichbehandlungsgrundsatz „*seiner allzugroßen Starrheit entkleidet und in einer dem Gerechtigkeitsgedanken entsprechenden Weise den Bedürfnissen und der Dynamik des Rechtslebens angepaßt wird.*“

647 *Fleischer* in Schmidt/Lutter AktG, § 53a Rn. 34; *Hueck*, Gleichmäßige Behandlung im Privatrecht, 177 f.; *Zöllner*, Schranken mitgliedschaftlicher Stimmrechtsmacht, 302.

ein Grund als sachlich anzusehen ist, bestimmt *Hueck*[648] nach folgender dreistufiger Prüfung: Zunächst muss die unterschiedliche Behandlung einen Bezug zu dem Typus des Rechtsverhältnisses haben. Der Familienstand beispielsweise ist im Gesellschaftsrecht grundsätzlich ohne Bedeutung, während er in einem Arbeitsrechtsverhältnis als sachlicher Grund gelten könnte. Des Weiteren muss die Unterscheidung mit der konkreten Ausgestaltung des Rechtsverhältnisses im Einklang stehen. Bezogen auf die Aktiengesellschaft wäre an dieser Stelle etwa zwischen Publikumsgesellschaften und personalistisch geprägten Gesellschaften zu unterscheiden. Zuletzt muss die Ungleichbehandlung mit dem Rechtsverhältnis in unmittelbarem sachlichem Zusammenhang stehen. Im Gesellschaftsrecht muss die Ungleichbehandlung somit aufgrund eines anerkennenswerten Gesellschaftsinteresses erfolgen. Schließlich muss eine sich auf das Gesellschaftsinteresse beziehende, die Aktionäre ungleich behandelnde Maßnahme die Maßstäbe der Verhältnismäßigkeit erfüllen, mithin geeignet, erforderlich und verhältnismäßig im engeren Sinne sein.[649]

§ 2 Spanien

An dieser Stelle werden die in Spanien mit der Aktionärseigenschaft verbundenen Rechte und Pflichten vorgestellt (A.). Aufgrund weitestgehender Übereinstimmung mit der Regelungssituation in Deutschland kann dies recht knapp geschehen. Auch ist ein erneutes Eingehen auf die Mitgliedschaft als Rechtsverhältnis nicht erforderlich. In einem zweiten Abschnitt ist der Grundsatz der Gleichbehandlung nach spanischem Recht darzustellen (B.). Eine umfassendere Beschäftigung mit dem Minderheitenschutz hingegen kann unterbleiben, da die *prima de asistencia* ohne Beteiligung der Hauptversammlung und ohne statutarische Regelung gewährt wird. Eine Abstimmung über dieses Instrument innerhalb des Organs Hauptversammlung existiert nicht.[650]

---

648 *Hueck*, Gleichmäßige Behandlung im Privatrecht, 186.

649 *Henze/Notz* in AktG Großkomm, § 53a Rn. 70.

650 Vgl. zum Minderheitenschutz allgemein sowie konkret bzgl. des Schutzes über Art. 204.1 LSC aufgrund eines Verstoßes gegen das Gesellschaftsinteresse *Caballol I Angelats* in Comentarios LSA, Art. 115, 1171 ff.; *Garrigues*, La protección de las minorías, 95 ff.; *Polo*, Abuso o tiranía, 2269 ff.

Gem. Art. 91 LSC sind mit der Stellung als Aktionär sämtliche in Gesetz und Satzung anerkannten Rechte verbunden. Eine nicht abschließende Aufzählung von Rechten beinhaltet Art. 93 LSC. Dem Aktionär kommen somit die Vermögensrechte der Gewinn- und Liquidationsbeteiligung sowie das Bezugsrecht zu. Zudem nennt die Norm ausdrücklich die Verwaltungsrechte der Teilnahme und Stimmabgabe sowie das Recht auf Information und zur Anfechtung von Hauptversammlungsbeschlüssen.[651] Obgleich nicht in Art. 93 LSC genannt, verfügt der Aktionär, im Umkehrschluss zu den in Artt. 123, 124 LSC genannten Einschränkungsmöglichkeiten, über ein Recht zur freien Übertragung seiner Aktien.[652] Unabhängig von dieser Aufzählung gewährt das Gesetz dem Aktionär an anderer Stelle[653] zudem das Recht, in bestimmten Fällen durch Rückgabe seiner Aktien aus der Gesellschaft auszuscheiden.

Wichtigste Pflicht des Aktionärs in Spanien ist gem. Artt. 79 und 81 ff. LSC die Leistung der Einlage auf die von ihm gezeichneten Aktien. Daneben kann die Satzung gem. Artt. 86 ff. LSC dem Aktionär Nebenleistungspflichten auferlegen.[654] Erhält der Aktionär Dividenden oder Abschlagszahlungen auf den Gewinn außerhalb des gesetzlich erlaubten Umfangs, stipuliert Art. 278 LSC eine Rückzahlungspflicht des Aktionärs. Sie steht jedoch unter der Einschränkung, dass dieser die Regelwidrigkeit der Zahlung kannte oder kennen musste. Schließlich trifft den Aktionär auch nach spanischem Recht eine Treupflicht (*deber de lealtad del socio*).[655] Diese folgt aus dem Gründungsvertrag einer Gesellschaft, der über das in Gesetz und Satzung Geregelte hinausgehende Wirkungen entfaltet. Die Basis für diese Ansicht geht auf Art. 1258 CC zurück. Dieser lautete sinngemäß:[656] „*Verträge kommen durch die bloße Einigung zustande und verpflichten von da an nicht nur zur Erfüllung des ausdrücklich Vereinbarten, sondern auch zu allen Folgen, die gemäß ihrer Natur Treu und Glauben, der Verkehrssitte und dem Gesetz entsprechen.*“ Aus dem Bezug auf Treu und Glauben sowie die Verkehrssitte leite sich eine Verpflichtung aller Verbandsmitglieder ab,

651 Vgl. Artt. 204 ff. LSC.

652 *Broseta Pont/Martínez Sanz*, Derecho Mercantil I, 377.

653 Vgl. Artt. 346 ff. LSC und 15 LME.

654 Laut *Bonardell Lenzano/Cabanas Trejo* in Comentarios LSA, Art. 36, 426, kann die Pflicht praktisch jeden erdenklichen Inhalt haben. Vor allem exisitiert nicht die aus § 55 AktG bekannte Einschränkung auf nicht in Geld bestehende Leistungen.

655 Vgl. dazu und zu den folgenden Ausführungen *Fernández-Albor Baltar* in Comentarios LSA, Art. 48, 505, sowie *Coutinho de Abreu*, RDS Nr. 19, 2002, 39 ff.

656 Übersetzung entnommen aus *Peuster*, Código Civil, Artikel 1258.

zur Erreichung des Verbandszwecks beizutragen.[657] Ausfluss dieser Verpflichtung sei die Treupflicht. Ein Verstoß gegen sie bedeute zugleich einen Verstoß gegen den Grundsatz Treu und Glauben gem. Art. 7.1 CC. Dabei wirke die Pflicht im Verband sowohl vertikal im Verhältnis Verbandsmitglied zu Verband als auch horizontal zwischen den einzelnen Verbandsmitgliedern. Bei der Aktiengesellschaft sei allerdings bezogen auf das horizontale Verhältnis der Inhalt der Treupflicht aufgrund der fehlenden persönlichen Beziehung zwischen den Verbandsmitgliedern recht begrenzt. An dieser Stelle wird deutlich, dass sich der Inhalt der Treupflicht, die Frage nach der Reichweite von Treu und Glauben sowie Verkehrssitte, allein anhand der konkreten Umstände klären lässt und die Verbandsform lediglich ein Indiz darstellt.

B. Grundsatz „Igualdad de trato" *und Satzungsfreiheit gem. Art. 28 LSC*

Im Zusammenhang mit dem Grundsatz der Gleichbehandlung finden sich in der spanischen Literatur die Begriffe *„paridad de trato"* und *„igualdad de trato"*. Im technischen Sinne bringt der erste Begriff eine strikte Gleichbehandlung zum Ausdruck, während der zweite einen Bezug auf existierende Unterschiede beinhaltet, sodass Gleiches gleich und Ungleiches ungleich zu behandeln ist.[658] Beim Gebot der Gleichbehandlung werden die beiden Begriffe jedoch als Synonyme im Sinne des Begriffs *„igualdad de trato"* verwendet.[659] Eine gesetzliche Normierung dieses Prinzips erfolgte bei der Schaffung des spanischen Umwandlungsgesetzes mit der Ley 3/2009, de 3 de abril,[660] indem man dem Abschnitt über die Aktionärsrechte den Art. 50 bis. LSA hinzufügte. Auch die Nachfolgenorm des Art. 97 LSC befindet sich in dem entsprechenden Abschnitt. Aufgrund dieser Stellung wird dem Gleichbehandlungsgrundsatz eine allgemeine Gültigkeit bezüglich sämtlicher Maßnahmen gegenüber einem Aktionär beigemessen.[661] An diesem Verständnis dürfte auch die zusätzlich neu eingefügte Regelung in Art. 514 LSC in Bezug auf die Hauptversammlung nichts ändern.

Der Inhalt der Artt. 97 und 514 LSC entspricht dem des deutschen Pendants, weshalb die dortigen Ausführungen an dieser Stelle nicht wiederholt werden

657 *Coutinho de Abreu*, RDS Nr. 19, 2002, 39, 50 und 51, der jedoch eher eine negative Unterlassungspflicht als eine positive Handlungspflicht sieht.

658 *Ortuño Baeza*, Reducción de Capital, 22.

659 *Ortuño Baeza*, Reducción de Capital, 22.

660 Vgl. Fn. 347.

661 *Miquel Rodríguez* in Comentarios LSA, Apéndice, A-243.

sollen.[662] Insbesondere wird keine formale Gleichheit verlangt, sondern lediglich willkürliche Ungleichbehandlung bei gleichen Voraussetzungen verboten.[663] Folge der ausdrücklichen Normierung ist, dass das Prinzip der Gleichbehandlung nunmehr unproblematisch bei der Satzungsfreiheit gem. Art. 28 LSC zu beachten ist.[664] Diese Norm bestimmt die Reichweite der Satzungsfreiheit und stipuliert, dass die Satzung jegliche Vereinbarung beinhalten kann, solange diese nicht im Widerspruch zu gesetzlichen Regelungen oder zu den grundlegenden Prinzipien einer Aktiengesellschaft steht. Art. 28 LSC ist dabei eine spezielle Ausformung des Grundsatzes der Privatautonomie im Vertragsrecht,[665] dessen grundlegende Normierung in Art. 1255 CC enthalten war. Die Norm besagte sinngemäß:[666] *„Die Vertragsschließenden können die Vereinbarungen, Klauseln und Bedingungen festsetzen, die sie für angebracht halten, sofern sie nicht gegen die Gesetze, die Moral oder die öffentliche Ordnung verstoßen."* Damit ist die Satzungsfreiheit mehreren Grenzen unterworfen. Zunächst dürfen zwingende Normen des Gesetzes nicht missachtet werden, wobei damit jegliche gesetzliche Regelung gemeint ist.[667] Des Weiteren darf kein Widerspruch zu den grundlegenden Prinzipien einer Aktiengesellschaft bestehen. Diese Einschränkung existiert erst seit der LSA 1989, wobei der Gesetzgeber mit diesem Zusatz lediglich die Klarstellung erreichen wollte, dass unter „Gesetz" nicht allein das ausdrücklich geschriebene Gesetz zu verstehen ist, sondern die Gesamtheit der rechtlichen Ordnung inklusive seiner Wertungen.[668] Als spezielle Ausformung der Privatautonomie im Gesellschaftsrecht sind zudem die aus Art. 1255 CC folgenden Beschränkungen, Moral und öffentliche Ordnung, zu beachten.[669]

---

662 Vgl. dazu in diesem Kapitel unter 4. Teil: § 1D.IV, Seite 1 ff.

663 *Ortuño Baeza*, Reducción de Capital, 22; *Rodríguez González*, RDS 2010, 379, 390.

664 Die wohl überwiegende Ansicht stütze eine Berücksichtigung vor der Normierung bereits auf den Gleichbehandlungsgrundsatz als eines der *„principios configuradores"* der Aktiengesellschaft (*Miquel Rodríguez* in Comentarios LSA, Apéndice, A-243).

665 *Miquel Rodríguez* in Comentarios LSA, Art. 10, 150; *Velasco San Pedro/Tapia Hermida* in Sánchez Calero Comentarios LSA, Art. 10, 320.

666 Übersetzung entnommen aus *Peuster*, Código Civil, Artikel 1255.

667 *Velasco San Pedro/Tapia Hermida* in Sánchez Calero Comentarios LSA, Art. 10, 321.

668 *Velasco San Pedro/Tapia Hermida* in Sánchez Calero Comentarios LSA, Art. 10, 321. A. A. *Miquel Rodríguez* in Comentarios LSA, Art. 10, 152.

669 *Velasco San Pedro/Tapia Hermida* in Sánchez Calero Comentarios LSA, Art. 10, 321.

5. Teil: Das Teilnahme- und Stimmrecht des Aktionärs

In diesem Abschnitt wird das jeweilige Stimm- und Teilnahmerecht des Aktionärs betrachtet. Die konkrete Ausgestaltung dieser beiden Rechte steht in unmittelbarem Zusammenhang mit der Thematik der Hauptversammlungspräsenzen. Zudem stellen die beiden Rechte die möglichen Anknüpfungspunkte für eine Bonusgewährung dar. Insofern ist für den weiteren Verlauf der Untersuchung eine eingehendere Betrachtung dieser Rechte sinnvoll.

§ 1 Deutschland

A. Das Stimmrecht des Aktionärs

Das Stimmrecht ist das wichtigste Verwaltungsrecht des Aktionärs.[670] Aus der Sicht des Personenverbands Aktiengesellschaft ist ein aus den Einzelwillen der Aktionäre gebildeter kollektiver Wille unerlässlich.[671] Dieser wird nach der Konzeption des Aktienrechts in der Hauptversammlung durch Beschlussfassung geformt. Im ersten Kapitel wurde bereits aufgezeigt, dass das Stimmrecht für die geringen Präsenzen mit ihren Problemen Zufallsmehrheiten, fehlende Legitimationswirkung von Hauptversammlungsentscheidungen und mangelnde Unternehmenskontrolle durch die Aktionäre von entscheidender Bedeutung ist. Eine intensivere Beschäftigung mit diesem Recht scheint daher geboten. Zunächst wird auf dieses Recht allgemein eingegangen (I.), bevor seine verschiedenen Ausübungsmöglichkeiten (II.) und mit ihm verbundene Sonderfragen (III.) betrachtet werden. Schließlich wird die mögliche Beschränkung des Stimmrechts aufgrund der Treupflicht dargelegt (IV.).

I. Das Stimmrecht im Allgemeinen

Das Stimmrecht wird allgemein definiert als die Befugnis, an Beschlüssen der Hauptversammlung durch Stimmabgabe mitzuwirken.[672] Maßgebliche Normen für dieses Recht sind § 12 AktG sowie als dessen Konkretisierung und Ergänzung die §§ 134 – 136 AktG. Dabei bringt § 12 AktG drei Bestandteile des

670 So zumindest der BGH, Urteil vom 19.12.1977 – II ZR 136/76, in BGHZ 70, 117, 122.

671 Diese Aussage trifft auf sämtliche Personenverbände zu. Vgl. *Zöllner*, Schranken mitgliedschaftlicher Stimmrechtsmacht, 10.

672 *Heider* in MünchKommAktG, § 12 Rn. 6; *Hüffer*, § 12 Rn. 2; *Marsch-Barner* in Hdb börsenAG, § 34 Rn. 93; *Semler* in MünchHdb AG, § 34 Rn. 1; *Spindler* in Schmidt/Lutter AktG, § 134 Rn. 6.

Stimmrechts zum Ausdruck: Gemäß Absatz 1 Satz 1 ist grundsätzlich mit jeder Aktie ein Stimmrecht verbunden (Grundsatz der Allgemeinheit). Aus § 12 Abs. 1 S. 1 und Abs. 2 AktG folgt der Gedanke des gleichen Stimmgewichts für alle Aktien (Grundsatz der Gleichheit). Als dritter Bestandteil folgt aus der Norm, dass Stimmrecht und Aktie untrennbar miteinander verbunden sind, das Recht somit nicht außerhalb der Mitgliedschaft existieren kann.[673] Demnach sind im Grundsatz Entstehung und Erlöschen des Stimmrechts an das Bestehen der Mitgliedschaft gekoppelt. Jedoch konkretisiert § 134 Abs. 2 S. 1 AktG den Beginn des Stimmrechts und fordert die vollständige Leistung der Einlage, sofern gem. Satz 3 die Satzung keine abweichende Regelung trifft. Für den Ausnahmefall keiner vollständig eingezahlten Aktie bei Fehlen einer anderweitigen Satzungsregelung sorgt das Gesetz dafür, dass das Organ Hauptversammlung und damit die Gesellschaft stets handlungsfähig ist, denn in diesem Fall richtet sich das Stimmverhältnis gem. § 134 Abs. 2 S. 5 AktG nach der Höhe der geleisteten unvollständigen Einlagen.

Das Gesetz lässt Ausnahmen von den Grundsätzen der Allgemeinheit und der Gleichheit zu. Die erste dieser Ausnahmen bilden die stimmrechtslosen Vorzugsaktien gem. § 12 Abs. 1 S. 2 AktG i. V. m. §§ 139 ff. AktG. Gemäß § 139 Abs. 2 AktG kann die Gesellschaft bis höchstens zur Hälfte des Grundkapitals stimmrechtslose Aktien ausgeben. Als Ausgleich für den Stimmrechtsverlust wird den Inhabern dieser Aktien gem. § 139 Abs. 1 AktG ein Vorzug gegenüber den stimmberechtigten Aktien gewährt. Die Wechselwirkung zwischen Stimmrechtsverzicht und Vorzug wird in § 140 Abs. 2 AktG deutlich, wonach bei nicht vollständiger Gewährung des Vorzugs den Vorzugsaktionären ein Stimmrecht zukommt. Dabei ist unter Vorzug nicht jegliche Besserstellung zu fassen. Gemeint ist allein der Dividendenvorzug. Dieser muss sich jedoch nicht in einer höheren Dividende ausdrücken, auch wenn die Praxis den Vorzugsaktionären in aller Regel eine erhöhte Dividende gewährt. Ausreichend als Kompensation für den Stimmrechtsverlust ist eine Berücksichtigung der Vorzugsaktionäre vor den übrigen Aktionären bei der Gewinnverteilung.[674] Die Höhe der den

---

673 *Hüffer*, § 12 Rn. 3.

674 *Bezzenberger*, Vorzugsaktien, 43, der daher auch den in der Schweiz heute noch gebräuchlichen Begriff der „Prioritätsaktie“ für genauer hält. So bestimmt beispielsweise § 24 Abs. 3 der Satzung der MAN SE in der Fassung vom 6. Juni 2013 Folgendes: „*Der jährliche Bilanzgewinn wird in nachstehender Reihenfolge verwandt: – zur Zahlung eines für die Vorzugsaktionäre ohne Stimmrecht bestimmten Vorzugsgewinnanteils von 0,11 Euro je Vorzugsaktie ohne Stimmrecht.* [...]; *– zur Zahlung eines für die Stammaktionäre bestimmten Gewinnanteils von bis zu 0,11 Euro je Stammaktie; – zur*

Vorzugsaktionären zustehende Dividende kann in der Satzung als fester Betrag oder als fester Prozentsatz vom Nennbetrag der Aktie festgesetzt werden.[675] Der Gesellschaft steht es frei, andere Arten von Vorzugsaktien mit anderen Vorzügen zu schaffen.[676] Sollen Aktien jedoch ohne Stimmrecht ausgestattet werden, ist die Befolgung der Voraussetzungen der §§ 139 ff. AktG unerlässlich.[677] Wird der Vorzug durch Satzungsänderung aufgehoben oder erlischt er aufgrund von Befristung, werden die stimmrechtslosen Vorzugsaktien zu stimmberechtigten Stammaktien.[678] Allerdings ist gem. § 141 AktG für die vollständige oder teilweise Aufhebung des Vorzugs die Zustimmung der Vorzugsaktionäre erforderlich.

Eine weitere Ausnahme von den Grundsätzen enthält § 134 Abs. 1 S. 2 AktG, wonach nicht börsennotierte Gesellschaften das Stimmrecht auf einen bestimmten Höchstbetrag begrenzen können. Die Beschränkung der Möglichkeit auf nicht börsennotierte Unternehmen ist 1998 durch das KonTraG ergänzt worden. Bei börsennotierten Gesellschaften vormals noch existierende Höchststimmrechte sind gem. § 5 Abs. 7 EGAktG zum 1. Juni 2000 erloschen. Als letzte Ausnahme wäre früher noch die Möglichkeit der Schaffung von Mehrstimmrechten zu erwähnen gewesen. Aufgrund einer durch das KonTraG eingeführten Änderung ist diese Möglichkeit nun gemäß dem damals neu eingefügten § 12 Abs. 2 AktG verboten. Zuvor existierende Mehrstimmrechte sind gem. § 5 Abs. 1 EGAktG zum 1. Juni 2003 erloschen, sofern nicht die Hauptversammlung vor diesem Datum mit einer Mehrheit von drei Vierteln des vertretenen Grundkapitals ihre Fortgeltung beschlossen hat.

II. Ausübung des Stimmrechts

Die Ausübung des Stimmrechts kann auf unterschiedliche Weise erfolgen: zum einen durch den Aktionär selbst, indem dieser physisch an der Versammlung teilnimmt oder sich elektronischer Medien gem. § 118 Abs. 1 S. 2 AktG bzw. des Instruments der Briefwahl gem. § 118 Abs. 2 AktG bedient. Daneben hat

---

gleichmäßigen Zahlung eines zusätzlichen Gewinnanteils an die Stammaktionäre und die Vorzugsaktionäre ohne Stimmrecht nach dem Verhältnis ihrer Anteile am Grundkapital."

675 *Bezzenberger*, Vorzugsaktien, 44.

676 *Hüffer*, § 139 Rn. 5.

677 *Bezzenberger*, Vorzugsaktien, 88, unter Hinweis darauf, dass das Institut der stimmrechtslosen Vorzugsaktie vom Gesetz standardisiert ist und die Regelung abschließend i. S. d. § 23 Abs. 5 S. 1 AktG ist; *Butzke*, HV der AG, Kapitel E Rn. 28; *Hueck*, Gleichmäßige Behandlung im Privatrecht, 47.

678 *Bezzenberger* in AktG Großkomm, § 139 Rn. 32.

der Aktionär gem. § 134 Abs. 3 S. 1 AktG die nicht durch Satzung ausschließbare[679] Möglichkeit der Rechtsausübung durch andere Personen. Die Norm gewährt jedoch allein eine rechtsgeschäftliche Vertretung im Sinne der Abgabe einer eigenen Willenserklärung durch einen Dritten. Sie schließt nicht die Möglichkeiten eines Stimmrechtsboten, das bloße Überbringen einer fremden Willenserklärung, ein.[680] Neben der in der Praxis wenig relevanten Regelung dieser individuellen Stimmrechtsvertretung stellt die Norm zudem die Basis für die Formen organisierter rechtsgeschäftlicher Stimmrechtsvertretung dar und wird um weitere Vorschriften ergänzt.[681] Lässt sich der Aktionär durch ein Kreditinstitut oder durch andere geschäftsmäßig Handelnde bzw. Aktionärsvereinigungen vertreten, ist diese Vertretung neben § 134 Abs. 3 AktG den besonderen Regeln des § 135 AktG unterworfen.[682] Daneben kann sich der Aktionär auch der Variante des Gesellschaftsvertreters bedienen, dessen Zulässigkeit nun wegen § 134 Abs. 3 S. 5 AktG allgemein anerkannt ist.[683] Neben diesen Möglichkeiten rechtsgeschäftlicher Vertretung ist die gesetzliche Vertretung des Aktionärs nicht ausgeschlossen.

Die Regelung des § 135 AktG in Bezug auf die Stimmrechtsausübung durch Kreditinstitute und geschäftsmäßig Handelnde ist äußerst ausführlich und umfangreich. Dieser Umstand ist der Suche des Gesetzgebers nach folgendem Gleichgewicht geschuldet: Einerseits ist er versucht, im Interesse der Hauptversammlungspräsenzen das Depotstimmrecht attraktiv auszugestalten und einen regen Gebrauch durch die Banken[684] zu gewährleisten. Gleichzeitig liegt es jedoch im Interesse des Gesetzgebers, dass bei fehlender Einzelweisung des Aktionärs dessen mutmaßlicher Wille weitestgehend verwirklicht wird. Dementsprechend hat das Kreditinstitut gem. § 135 Abs. 1 S. 7 AktG dem Aktionär zunächst die Erteilung von Einzelweisungen durch Formblatt oder Bildschirmformular zu erleichtern. Gibt der Aktionär dennoch keine Weisungen zu den einzelnen Tagesordnungspunkten, ist der Bank die Ausübung der Vollmacht gem. Abs. 1 S. 4 nur entsprechend eigener Abstimmungsvorschläge oder entsprechend der Vorschläge der Verwaltung erlaubt. Handelt es sich jedoch um die Hauptversammlung

679 *Butzke*, HV der AG, Kapitel E Rn. 64.
680 *Grundmann* in AktG Großkomm, § 134 Rn. 102.
681 *Grundmann* in AktG Großkomm, § 134 Rn. 95.
682 Siehe zu § 135 AktG sogleich im Anschluss.
683 Siehe hierzu ausführlich sogleich im Anschluss.
684 Gem. § 135 Abs. 8 AktG gelten die Absätze 1 bis 7 über Kreditinstitute auch für geschäftsmäßig Handelnde. Wird im Folgenden allein von den Kreditinstituten oder Banken gesprochen, gilt das Gesagte daher auch für diese.

der Bank selbst, ist gem. § 135 Abs. 3 S. 3 AktG stets eine Einzelweisung des Aktionärs erforderlich. Gleiches gilt gem. Abs. 3 S. 4 bei Gesellschaften, an denen die bevollmächtigte Bank mit mehr als 20 Prozent beteiligt ist. Im Hinblick auf die zu unterbreitenden eigenen Abstimmungsvorschläge verlangt zudem § 135 Abs. 2 AktG, dass diese dem Aktionär rechtzeitig zugehen und bei der Erstellung seine Interessen im Vordergrund stehen. Zudem verpflichten Satz 4 und 5 desselben Absatzes die Bank, den Aktionär über ihre personellen und wirtschaftlichen Verflechtungen mit der zur Hauptversammlung einladenden Gesellschaft zu informieren. Schließlich muss das Kreditinstitut gem. § 135 Abs. 2 S. 2 AktG organisatorische Vorkehrungen treffen, die einen Konflikt zwischen Aktionärsinteresse und Eigeninteresse der Bank vermeiden sollen.

Auch die Figur des Gesellschaftsvertreters gem. § 134 Abs. 3 S. 5 AktG[685] unterliegt gewissen Einschränkungen, wobei deren Umfang mangels eindeutiger gesetzlicher Regelung umstritten ist. Dabei geht es zunächst um die Frage, ob der bestellte Stimmrechtsvertreter neben der Vertreterstellung zugleich Arbeitnehmer oder Organmitglied der Gesellschaft sein kann. Die überwiegende Ansicht[686] schließt die Zulassung von Organmitgliedern generell aus und lässt Arbeitnehmer nur bei Erteilung ausdrücklicher Weisungen durch den Vertretenen[687] zu. Ob eine solche ausdrückliche Weisung eine generelle Voraussetzung für die Stimmrechtsausübung durch den Gesellschaftsvertreter bildet, ist ebenfalls offen. Mit Verweis auf den oben in Bezug auf Kreditinstitute genannten § 135 Abs. 3 S. 3 AktG wird dies von der herrschenden Meinung gefordert.[688] Da jedoch laut *Rieckers*[689] die in der Praxis verwendeten Weisungsformulare in der Regel zu allen Tagesordnungspunkten Ankreuzmöglichkeiten und zudem die

685 Hier wird die Stimmrechtsvertretung von der die Hauptversammlung abhaltenden Gesellschaft selbst organisiert (*Grundmann* in AktG Großkomm, § 134 Rn. 119).

686 Vgl. etwa *Hüffer*, § 134 Rn. 26b, *Spindler* in Schmidt/Lutter AktG, § 134 Rn. 63. A. A. *Rieckers* in AktGKomm, § 134 Rn. 54, der bei Erfordernis einer konkreten Weisung auch Organmitglieder für zulässig hält.

687 Eine ausdrückliche Weisung erfordert Eindeutigkeit in der Äußerung, nicht aber eine Einzelweisung. Ausreichend ist somit die generelle Weisung, im Sinne der Verwaltungsvorschläge abzustimmen (*Rieckers* in AktGKomm, § 134 Rn. 57).

688 Vgl. etwa *Grundmann* in AktG Großkomm, § 134 Rn. 124; *Hüffer*, § 134 Rn. 26b; *Spindler* in Schmidt/Lutter AktG, § 134 Rn. 63; *Volhard* in MünchKomm AktG, § 134 Rn. 39. *Rieckers* in AktGKomm, § 134 Rn. 56 hingegen verzichtet vollständig auf eine ausdrückliche Weisung, sofern der Gesellschaftsvertreter weder Organmitglied noch Arbeitnehmer der Gesellschaft ist.

689 *Rieckers* in AktGKomm, § 134 Rn. 54.

Option vorsehen, in allen Punkten im Sinne der Verwaltung zu stimmen, dürfte die Relevanz dieser Frage in der Praxis eher gering sein.

Neben der Vertretung eröffnet das Gesetz auch die Möglichkeit der Ermächtigung bzw. Legitimationsübertragung als Form der Stimmrechtsausübung durch Dritte. Zumindest mittelbar folgt ihre Zulässigkeit aus den §§ 129 Abs. 3, 136 Abs. 6 AktG.[690] Die Stimmrechtsausübung beinhaltet die Abgabe einer eigenen Willenserklärung im eigenen Namen. Abgetreten wird somit die Befugnis der Stimmrechtsausübung, sodass die Ermächtigung auf dem Rechtsgedanken des § 185 BGB basiert.[691] Diese Variante erfordert allerdings, dass sich der Ermächtigte in der Hauptversammlung als Rechtsinhaber legitimiert. Da bei Inhaberaktien allein der Besitz der Aktien zu der Annahme der Aktionärseigenschaft führt, ist neben der Ermächtigung die Besitzeinräumung erforderlich.[692] Bei Namensaktien richtet sich die Legitimation gem. § 67 Abs. 2 S. 1 AktG allein nach der Eintragung im Aktienregister.[693] Sofern der Ermächtigte nicht bereits im Aktienregister eingetragen ist, müsste die Eintragung für die Legitimationsübertragung auf den Ermächtigten entsprechend geändert werden.[694]

III. Sonderfragen zur Stimmrechtsausübung

In bestimmten Konstellationen ist die Berechtigung zur Stimmrechtsausübung nicht unmittelbar ersichtlich. Dazu zählt zunächst die Situation einer sich in den Händen einer Rechtsgemeinschaft[695] befindlichen Aktie. Für diese Fälle bestimmt § 69 Abs. 1 AktG für das Verhältnis Rechtsgemeinschaft zur Aktiengesellschaft, dass die Gemeinschaft ihre Rechte nur durch einen gemeinschaftlichen Vertreter ausüben kann. Dadurch soll die Gesellschaft vor möglichen Problemen

---

690 *Semler* in MünchHdb AG, § 36 Rn. 19.

691 *Spindler* in Schmidt/Lutter AktG, § 134 Rn. 62.

692 *Zöllner* in KölnerKomm AktG, 2. Aufl., § 134 Rn. 100. Bei effektiven Stücken erfolgt die Besitzeinräumung durch Übergabe. Befinden sich die Aktien in der Girosammelverwahrung, wäre eine Umbuchung der Aktien für das Führen des Nachweises der Berechtigung erforderlich.

693 *Semler* in MünchHdb AG, § 36 Rn. 8.

694 *Butzke*, HV der AG, Kapitel E Rn. 97.

695 Dabei kommen vor allem Gesamthandsgemeinschaften in Form von Erbengemeinschaften und ehelichen Gütergemeinschaften in Betracht. Nicht erfasst sind juristische Personen oder Personenhandelsgesellschaften, da diese eigene Rechtspersönlichkeit besitzen bzw. sie gem. §§ 124, 161 Abs. 2 HGB Träger von Rechten sein können. Aufgrund der von der Rechtsprechung anerkannten Teilrechtsfähigkeit der Außengesellschaft bürgerlichen Rechts dürfte auch hier § 69 AktG nicht anwendbar sein (so auch *Merkt* in AktG Großkomm, § 69 Rn. 12).

aufgrund der Existenz mehrerer Berechtigter geschützt werden.[696] Ihr gegenüber übt allein der gemeinschaftliche Vertreter sämtliche Mitgliedschaftsrechte aus.[697] Die Rechtsgemeinschaft ist in der Wahl des Vertreters frei. Sie kann sogar mehrere Vertreter bestimmen, wenn sie mit Rücksicht auf § 69 Abs. 1 AktG gleichzeitig Gesamtvertretung anordnet.[698]

Weitere Konstellationen finden sich im Zusammenhang mit bedingt dinglichen Rechten. Die durch die Aktie verkörperte Mitgliedschaft ist frei veräußerlich. Sie stellt ein subjektives Recht dar[699] und kann mit einem Nießbrauch belastet oder verpfändet werden. Im Fall der Verpfändung verbleibt das Stimmrecht nach wohl einheitlicher Meinung beim Aktionär, dem Pfändungsgläubiger stehen allein die Vermögensrechte zu.[700] Im Falle des Nießbrauchs werden bezüglich der Auswirkungen auf das Stimmrecht im Wesentlichen vier Ansichten vertreten: Zwei Ansichten nehmen gegensätzliche Positionen ein: zum einen, dass das Stimmrecht beim Gesellschafter verbleibe,[701] zum anderen dem Nießbraucher zukomme.[702] Hinzu treten zwei vermittelnde Lösungsansätze. Der erste Ansatz unterscheidet nach dem jeweiligen Beschlussgegenstand in substanzbezogene und nutzungsbezogene Beschlüsse. Bei Ersteren sei der Nießbrauchbesteller stimmberechtigt, bei Letzteren solle dem Nießbraucher das Stimmrecht zustehen.[703] Der andere Ansatz befürwortet die Vergemeinschaftung des Stimmrechts, so dass sich die Nießbrauchbeteiligten bezüglich der Stimmrechtsaus-

---

696 *Hüffer*, § 69 Rn. 1.

697 *Hüffer*, § 69 Rn. 5.

698 *Hüffer*, § 69 Rn. 4. Zur Begründung warum bei Gesamtvertretung keine analoge Anwendung von § 69 Abs. 1 AktG geboten sein soll, *Merkt* in AktG Großkomm, § 69 Rn. 18 f. Wird Einzelvertretung vereinbart, wäre § 69 Abs. 1 AktG analog anzuwenden (*Merkt* in AktG Großkomm, § 69 Rn. 18).

699 Siehe dazu im 2. Kapitel unter 4. Teil: § 1A., Seite 113 ff.

700 *Hüffer*, § 118 Rn. 27; *Mülbert* in AktG Großkomm, § 118 Rn. 50; *Semler* in MünchHdb AG, § 36 Rn. 11; *Spindler* in Schmidt/Lutter AktG, § 134 Rn. 7.

701 So unter anderem *Karsten Schmidt*, ZGR 1999, 601, 609 f., für den der Gesichtspunkt der Praktikabilität entscheidend ist und der dafür plädiert, die Ergebnisse der Aufspaltungslösung oder der Vergemeinschaftungs-lösung durch Vertragsgestaltung herbeizuführen.

702 So etwa *Flume*, Allg. Teil BGB I/1, 362 f., der aber Akte, die die Mitgliedschaft des Nießbrauchbestellers betreffen, ausnimmt.

703 *Schäfer* in MünchKomm BGB, § 705 Rn. 99, der sich auf den aus den §§ 1036 Abs. 1, 1066 Abs. 1 BGB folgenden Grundsatz beruft, der Nießbraucher sei für die laufenden Angelegenheiten alleine zuständig.

übung einigen müssen. Ansonsten verfalle das Stimmrecht.[704] Der BGH hat bisher keine klare Stellung bezogen.[705] In einem Fall hat das Gericht dem Nießbraucher das Stimmrecht für einen die Grundlagen der Gesellschaft betreffenden Beschluss verweigert.[706] Dabei ließ es jedoch ausdrücklich offen, wem in sonstigen Fällen das Stimmrecht zustehen solle.[707] In einem späteren Beschluss im Zusammenhang mit einer Wohnungseigentumsgesellschaft stellte das Gericht pauschal klar, dass der Nießbrauch das Stimmrecht des Wohnungseigentümers unberührt lasse.[708] Das Gericht wies jedoch zugleich darauf hin, dass es sich bei Wohnungseigentum um Nießbrauch an einer Sache und nicht, wie etwa beim Gesellschaftsanteil, um Nießbrauch an einem Recht handle.[709] Nach einer Entscheidung des OLG Koblenz in Bezug auf einen GmbH-Geschäftsanteil verbleibt das Stimmrecht grundsätzlich beim Gesellschafter.[710]

Bei der Sicherungsübertragung von Aktien herrscht erneut weitestgehend Einigkeit.[711] Da bei diesem Rechtsgeschäft das Eigentum übertragen wird, wachsen dem Sicherungsnehmer gegenüber der Gesellschaft auch die aus dem Eigentum resultierenden Rechte zu.[712] Das im Verhältnis Sicherungsgeber zu Sicherungsnehmer entstehende Treuhandverhältnis[713] beschränke die Rechtsmacht des Treuhänders allein im Innenverhältnis. Für die wirksame Stimmabgabe im Außenverhältnis habe die Einhaltung dieser Beschränkung keine Bedeutung.[714]

---

704 Für diese Ansicht insbesondere *Schön*, ZHR 158, 1994, 229, 261 f.

705 Dies mag der geringen praktischen Bedeutung des Nießbrauchs an Aktien geschuldet sein, auf die *Butzke*, HV der AG, Kapitel C Rn. 8 hinweist.

706 BGH, Urteil vom 9.11.1998 – II ZR 213/97, in NJW 1999, 571, 572.

707 BGH, Urteil vom 9.11.1998 – II ZR 213/97, in NJW 1999, 571, 572.

708 BGH, Beschluss vom 7.3.2002 – V ZB 24/01, in NJW 2002, 1647, 1648.

709 BGH, Beschluss vom 7.3.2002 – V ZB 24/01, in NJW 2002, 1647, 1648.

710 OLG Koblenz, Urteil vom 16.1.1992 – 6 U 963/91, in NJW 1992, 2163, 2164.

711 Soweit ersichtlich, ist lediglich *Bärwaldt* in ArbHdb HV, § 8 Rn. 28, der Ansicht, der Aktionär bleibe auch im Falle der Sicherungsübereignung Inhaber der Verwaltungsrechte. Dies ergäbe im Zweifel eine Auslegung der der Sicherungsübereignung zugrunde liegenden Sicherungsabrede. Umfassend zum Verhältnis Treugeber, Treuhänder und Gesellschaft, bezogen auf das Stimmrecht, *Armbrüster*, Treuhänderische Beteiligung, 229 ff.

712 *Armbrüster*, Treuhänderische Beteiligung, 229; *Beuthien*, ZGR 1974, 26, 78.

713 *Bassenge* in Palandt BGB, § 903 Rn. 35 und § 930 Rn. 13.

714 *Armbrüster*, Treuhänderische Beteiligung, 237 f.; *Semler* in MünchHdb AG, § 38 Rn. 2.

IV. Stimmrechtsschranken

Das Stimmrecht kann im Einzelfall gewissen Beschränkungen unterliegen, die vom Entzug des Stimmrechts über das Gebot zur Stimmabgabe bis hin zur inhaltlichen Begrenzung der Stimmrechtsausübung führen. Der vollständige Entzug des Stimmrechts nach den gesetzlichen Vorschriften ist aufgrund der Spezialität der Fälle für die weitere Untersuchung ohne Bedeutung.[715] Im Folgenden wird lediglich die ungeschriebene, sich aus der Treupflicht[716] ergebende Möglichkeit der Stimmrechtsbeschränkung betrachtet. Diese nicht auf konkrete Fälle beschränkte und im Einzelfall zu beurteilende Stimmrechtsschranke dient der Ergänzung der unflexiblen gesetzlichen Beschränkungen. In der Praxis kommt ihr weitaus größere Bedeutung zu.[717] Allgemein beinhaltet die Treupflicht die Wahrung und Förderung der Gesellschaftsinteressen unter Berücksichtigung der Interessen der Mitgesellschafter.[718] Im konkreten Einzelfall kann sich daraus eine Beschränkung des Stimmrechts des einzelnen Aktionärs ergeben.

Diskutiert wird in diesem Zusammenhang zunächst die Frage, wer Adressat einer das Stimmrecht beschränkenden Treupflicht sei.[719] Nach einer Ansicht ist auf die Stimmrechtsmacht des Einzelnen abzustellen.[720] Adressaten der Beschränkung seien insofern Mehrheitsaktionäre und Aktionäre mit Sperrminoritäten, nicht aber Klein- und Kleinstaktionäre.[721] In dieselbe Richtung geht die Ansicht, nach der auf die Wirkung der Stimmrechtsausübung abzustellen ist.[722] Eine gegensätzliche Ansicht stellt allein auf den Inhalt der Treupflicht ab und

---

715 Derart starre, unabhängig vom Einzelfall anzuwendende Beschränkungen des Stimmrechts folgen aus §§ 71b, 71d S. 4, 136 Abs. 1, 142 Abs. 1 S. 2 und 3 AktG sowie §§ 20 Abs. 7 AktG, 21, 28 WpHG.

716 Siehe zur Treupflicht allgemein in diesem Kapitel unter 4. Teil: § 1D.III., Seite 123 ff. Die Stimmrechtsbeschränkung aufgrund der Treupflicht stellt nur einen Teilaspekt des Komplexes Treupflichten dar, da hier nur die Treupflicht von Aktionären gegenüber der Gesellschaft und gegenüber Mitaktionären Bedeutung erlangen kann und es allein um die Beschränkung des Stimmrechts geht.

717 *Grundmann* in AktG Großkomm, § 136 Rn. 47.

718 Vgl. Fn. 621.

719 Vgl. ausführlich zu dieser Frage *Beckerhoff*, Treupflichten bei der Stimmrechtsausübung, 48 ff.

720 *Bungeroth* in MünchKomm AktG, Vor § 53a Rn. 27.

721 Von dieser Aussage ausgenommen wird der Sonderfall, dass ein Beschluss Einstimmigkeit erfordert, so dass auch der sonst unbedeutende Kleinaktionär erhebliche Stimmrechtsmacht besitzt, vgl. *Brändel* in AktG Großkomm, § 1 Rn. 86, der jedoch ebenfalls wohl eine grundsätzliche Treuepflicht bejaht.

722 *Dreher*, ZHR 157, 150, 156.

erkennt eine grundsätzliche Treupflichtbindung aller Aktionäre bei der Stimmrechtsausübung an.[723] Allein anhand des Inhalts der Treupflicht sei zu bestimmen, ob ein konkretes Abstimmungsverhalten treuwidrig oder treumäßig sei. Die Auswirkungen einer treuwidrigen Stimmrechtsausübung seien allein bei der Kausalität möglicher Rechtsfolgen relevant. Der BGH hat bisher keine eindeutige Stellung bezogen. In seiner Girmes-Entscheidung[724] finden sich vielmehr widersprüchliche Aussagen.[725]

Mit Blick auf die inhaltliche Reichweite der Treupflicht bei der Stimmrechtsausübung gilt Folgendes: Gemäß der allgemeinen Definition dieser Pflicht und ihrer Rechtfertigung als ausgleichendes Korrelat zur Rechtsmacht ist ihr Inhalt in Abhängigkeit zur Möglichkeit der Einflussnahme auf anderweitige Interessen zu definieren. Diese können sowohl das Gesellschaftsinteresse als auch andere Aktionärsinteressen sein,[726] sodass beide zu einer Stimmrechtsbegrenzung führen können.

Das Gesellschaftsinteresse wird regelmäßig mit dem Gesellschaftszweck, dem Grund des Zusammenschlusses in einem Verband, eng verwoben sein. So beschreibt *Hüffer* das Interesse auch dergestalt, dass der Gesellschaftszweck im Rahmen des Unternehmensgegenstandes zu fördern ist.[727] Um in Bezug auf ein entgegenstehendes Gesellschaftsinteresse zu einer gewissen Verallgemeinerung zu gelangen, wird zwischen eigennützigen und uneigennützigen Mitgliedschaftsrechten des Aktionärs unterschieden.[728] Letztere werden diesem allein zur Förderung des Gesellschaftszwecks verliehen, weshalb seine Individualinteressen

723 *Beckerhoff*, Treupflichten bei der Stimmrechtsausübung, 67; *Henze*, BB 1996, 489, 496; *Fleischer* in Schmidt/Lutter AktG, § 53a Rn. 50; *Lutter*, JZ 1995, 1053, 1054.

724 BGH, Urteil vom 20.3.1995 – II ZR 205/94, in BGHZ 129, 136 ff.

725 So heißt es auf Seite 145 der Entscheidung: „*Mit der Ausübung seines Stimmrechts vermag der einzelne Kleinaktionär aber in der Regel keinen Einfluß zu nehmen, so daß die ihm obliegende Verantwortung, aus der eine Pflicht zur Rücksichtnahme folgt, nicht zum Tragen kommt. Das ändert sich dann, wenn er als Minderheitsgesellschafter eine Beteiligung erreicht, die es ihm ermöglicht, die Durchsetzung bestimmter Rechte zu erzwingen oder die Fassung wirksamer Beschlüsse zu verhindern.*“ Auf Seite 146 der Entscheidung heißt es sodann: „*Geht man davon aus, daß die Frage, ob den Aktionär bei der Stimmrechtsausübung eine Treupflicht gegenüber den übrigen Aktionären trifft, nach dem Inhalt der jeweils in Betracht kommenden Pflicht, nicht aber nach dem Umfang der Pflichtbindung zu entscheiden ist, ist die Treupflichtbindung für die Aktionäre jeder der drei genannten Gruppen relevant*“.

726 *Henze/Notz* in AktG Großkomm, Anh § 53a Rn. 52.

727 *Hüffer*, § 186 Rn. 26.

728 *Henze/Notz* in AktG Großkomm, Anh § 53a Rn. 53; *Hüffer*, § 53a Rn. 17.

bei jenen Rechten stets hinter den Gesellschaftsinteressen zurückzustehen haben. Es liegt in der Natur des Stimmrechts, dass diese Unterscheidung nicht überzeugen kann. Zwar lässt sich das Stimmrecht den uneigennützigen Mitgliedschaftsrechten zurechnen,[729] maßgeblich für das Verhältnis Aktionärsinteresse zu Gesellschaftsinteresse ist jedoch der jeweilige Beschlussgegenstand.[730] Wird beispielsweise über die Gewinnverwendung Beschluss gefasst, mag das Stimmrecht selbst ein uneigennütziges Recht sein, der Beschlussinhalt betrifft jedoch eindeutig den eigenen Nutzen des Aktionärs. Die erhoffte Verallgemeinerung greift daher in Bezug auf das Stimmrecht nicht, sodass letztlich der Inhalt der Treupflicht bei der Stimmrechtsausübung allein mit Blick auf den Einzelfall anhand des konkreten Beschlussgegenstands bestimmt werden kann.[731]

Auch aus der Pflicht zur Rücksichtnahme auf die Interessen der Mitaktionäre kann sich eine Beschränkung des Stimmrechts ergeben. Da die Treupflicht auf der Mitgliedschaft beruht[732] können jedoch nur mitgliedschaftliche Interessen der Mitaktionäre relevant werden.[733] Ein Eingriff in derartige Interessen beschränkt dann nicht die Möglichkeiten der Stimmrechtsausübung, wenn er durch ein überwiegendes Gesellschaftsinteresse gerechtfertigt ist.[734] Ob ein solches überwiegendes Gesellschaftsinteresse vorliegt, ist anhand einer Verhältnismäßigkeitsprüfung zu klären,[735] es sei denn, diese hat der Gesetzgeber bereits

729 *Hüffer*, § 53a Rn. 17.

730 *Henze/Notz* in AktG Großkomm, Anh § 53a Rn. 54; *Zöllner*, Schranken mitgliedschaftlicher Stimmrechts-macht, 344.

731 Im Einzelfall sind dann die entgegenstehenden Interessen und ihre jeweilige Intensität abzuwägen (*Zöllner*, Schranken mitgliedschaftlicher Stimmrechtsmacht, 344).

732 *Henze/Notz* in AktG Großkomm, Anh § 53a Rn. 25.

733 *Schwab* in Schmidt/Lutter AktG, § 243 Rn. 3; *Zöllner*, Schranken mitgliedschaftlicher Stimmrechtsmacht, 350.

734 So in seiner Kali- und Salz-Entscheidung der BGH, Urteil vom 13.3.1978 – II ZR 142/76, in BGHZ 71, 40, 46. Dort heißt es bezogen auf den Bezugsrechtsausschluss: *„Der Senat kommt daher zu dem Ergebnis, daß der Ausschluß des Bezugsrechts bei einer Kapitalerhöhung nur zulässig ist, wenn er aus der Sicht im Zeitpunkt der Beschlußfassung auch bei gebührender Berücksichtigung der Folgen für die ausgeschlossenen Aktionäre durch sachliche Gründe im Interesse der Gesellschaft gerechtfertigt ist.“* *Steiner*, Hauptversammlung, 199.

735 In derselben Entscheidung (Fn. 734) heißt es weiter: *„Die Prüfung, ob diese (ungeschriebene) sachliche Wirksamkeitsvoraussetzung erfüllt ist, schließt die im neueren Schrifttum geforderte Abwägung der Interessen und der Verhältnismäßigkeit von Mittel und Zweck ein.“* Die Wahrung der Verhältnismäßigkeit als Voraussetzung hatte bereits das RG, Urteil vom 31.3.1931 – II Zivilsenat 222/30, in RGZ 132, 149, 163,

selbst vorgenommen.[736] Zwischen Gesellschaftsinteresse und Interesse der Mitaktionäre besteht somit eine Wechselwirkung dahingehend, dass ein starkes Gesellschaftsinteresse zu einer erhöhten Treupflicht gegenüber der Gesellschaft führt, andererseits aber stärkere Eingriffe in die Interessen der Mitaktionäre erlaubt.

Der Stimmrechtsbeschränkung durch Treupflicht ist noch ein letzter Aspekt hinzuzufügen. Je nach Beschlussgegenstand trifft die Hauptversammlung auf die Zukunft gerichtete Entscheidungen.[737] Sie stellen zudem unternehmerische Entscheidungen dar, deren Sinnhaftigkeit und Erfolg von einer Vielzahl externer Faktoren abhängt. Die Frage nach der Sinnhaftigkeit einer Entscheidung lässt sich daher zum Zeitpunkt der Beschlussfassung nur selten verbindlich beantworten. Im Nachhinein und bei Misserfolg einer getroffenen Entscheidung eine Verletzung der Treupflicht aufgrund fehlenden überwiegenden Gesellschaftsinteresses zu bejahen, erscheint unbillig. Daher steht dem Aktionär bei seiner Stimmrechtsausübung ein unternehmerisches Ermessen zu.[738] Eine Treupflichtverletzung kann nur darauf beruhen, dass aus der *Ex-ante*-Perspektive das Ermessen durch den Aktionär fehlerhaft ausgeübt wurde. Dies ist dann zu verneinen, wenn das Stimmrecht *nach dem tatsächlichen Bild, wie es sich zur Zeit der Beschlussfassung darbot, aufgrund sorgfältiger, von gesellschaftsfremden Erwägungen freier Abwägung*[739] ausgeübt wurde. Aus dem Ermessensspielraum des Aktionärs folgt zudem, dass nur in seltenen Fällen, nämlich bei einer Reduzierung des Ermessens auf null, die Treupflicht zu einer positiven Stimmpflicht führen kann.[740]

---

angedeutet. *Steiner*, Hauptversammlung, 199; *Zöllner*, Schranken mitgliedschaftlicher Stimmrechtsmacht, 351.

736 Vgl. bereits Fn. 625.

737 Dies gilt sicherlich nicht für alle Beschlüsse, die in der Hauptversammlung gefasst werden können. Zu denken wäre unter anderem an den Verzicht auf Ersatzansprüche gegenüber der Gesellschaft gem. § 93 Abs. 4 S. 3 AktG.

738 *Lutter*, ZGR 1981, 171, 175.

739 So die Formulierung des BGH, Urteil vom 13.3.1978 – II ZR 142/76, in BGHZ 71, 40, 50, bezüglich eines Beschlusses zur Kapitalerhöhung gegen Sacheinlagen.

740 Laut *Zöllner*, Schranken mitgliedschaftlicher Stimmrechtsmacht, 354, wäre von einer solchen Stimmpflicht in der Aktiengesellschaft jedoch nur auszugehen, soweit Einstimmigkeit erforderlich ist.

B. Das Teilnahmerecht des Aktionärs

Das Gesetz regelt das Teilnahmerecht des Aktionärs nicht ausdrücklich.[741] Vielmehr folgt es aus der Funktion des Organs Hauptversammlung im Zusammenhang mit § 118 Abs. 1 S. 1 AktG, wonach die Aktionäre ihre Rechte in den Angelegenheiten der Gesellschaft in der Hauptversammlung ausüben.[742] Das Teilnahmerecht ist mithin zwingende Voraussetzung für die Ausübung weiterer Aktionärsrechte. Demnach erfasst es neben der physischen Präsenz auch die Berechtigung zur Einsichtnahme in das Teilnehmerverzeichnis sowie das Recht, sich durch das Stellen von Anträgen und durch Äußerungen aktiv an der Versammlung zu beteiligen.[743] Das Teilnahmerecht kann nicht vom Stimmrecht abgeleitet werden, denn selbstverständlich steht es auch den Inhabern von stimmrechtslosen Vorzugsaktien zu. Schließt das Gesetz hingegen sämtliche Mitgliedschaftsrechte aus, ist davon auch das Teilnahmerecht erfasst. Daraus lässt sich für das Teilnahmerecht folgender Grundsatz ableiten: Der Inhaber eines mitgliedschaftlichen Rechts ist zur Teilnahme an der Hauptversammlung berechtigt, wenn die Ausübung des Rechts die Teilnahme voraussetzt.[744] Dabei kann das Teilnahmerecht Beschränkungen unterliegen, sofern diese zur Aufrechterhaltung der Ordnung in der Versammlung erforderlich sind.[745] Die Aktionäre sind gegenüber der Gesellschaft nicht zur Teilnahme verpflichtet.[746]

Für die Situationen der Rechtsgemeinschaft und bei Existenz beschränkt dinglicher Rechte gilt in Bezug auf das Teilnahmerecht, dass nur der gem. § 69 Abs. 1 AktG bestimmte gemeinschaftliche Vertreter sämtliche Mitgliedschaftsrechte ausüben kann. Demnach steht auch nur ihm das Recht zur Teilnahme an der Hauptversammlung zu. Bei der Pfändung verbleibt das Teilnahmerecht beim Aktionär, da diesem auch das Stimmrecht zusteht.[747] Der Pfandgläubiger, dem allein das Dividenden- und das Verwertungsrecht zukommen,[748] bedarf zur

741 *Spindler* in Schmidt/Lutter AktG, § 118 Rn. 22.

742 *Mülbert* in AktG Großkomm, § 118 Rn. 47.

743 *Mülbert* in AktG Großkomm, § 118 Rn. 26.

744 So ähnlich etwa *Armbrüster*, Treuhänderische Beteiligung, 307.

745 Die Maßnahmen, die der Vorsitzende der Versammlung entsprechend dem Verhältnismäßigkeitsgrundsatz treffen kann, reichen von Abmahnung über Begrenzung der Redezeit bis hin zum Wortentzug. Nach vorheriger Androhung ist auch eine Verweisung aus dem Saal der Versammlung möglich (*Semler* in MünchHdb AG, § 36 Rn. 51).

746 Einhellige Meinung; statt vieler *Hüffer*, § 118 Rn. 24.

747 *Semler* in MünchHdb AG, § 36 Rn. 11.

748 Siehe dazu in diesem Kapitel unter 5. Teil: § 1A.III., Seite 138 ff.

Ausübung dieser Rechte nicht des Teilnahmerechts. Bei der Sicherungsübereignung steht allein dem Sicherungsnehmer das Teilnahmerecht zu. In anderen Treuhandverhältnissen kann beiden Parteien ein Teilnahmerecht zustehen, sofern sie jeweils Inhaber von Mitgliedschaftsrechten sind, deren Ausübung eine Teilnahme voraussetzt.[749] Auch beim Nießbrauch richtet sich das Teilnahmerecht nach dem zuvor genannten Grundsatz. Somit ist je nach Zuteilung der mitgliedschaftlichen Rechte[750] derjenige zur Teilnahme berechtigt, der zur Ausübung seiner Rechte auf die Teilnahme angewiesen ist.[751]

§ 2 Spanien

Die spanischen Regelungen des Stimm- und Teilnahmerechts des Aktionärs unterscheiden sich zum Teil erheblich von denen in Deutschland. Diese Unterschiede werden im folgenden Abschnitt dargestellt.

A. Das Stimmrecht des Aktionärs

Die angesprochenen Unterschiede folgen sowohl aus der rechtlichen Ausgestaltung des Stimmrechts als auch aus dem Umgang mit dem Recht in der spanischen Unternehmenspraxis. Insofern ist zunächst auf die rechtliche Ausgestaltung einzugehen (I.), bevor die Einzelheiten zur Beschlussfassung (II.) und zur Stimmrechtsvertretung (III.) dargestellt werden.

I. Das Stimmrecht im Allgemeinen

Auch das spanische Recht kennt in Bezug auf das Stimmrecht die Grundsätze der Allgemeinheit und der Gleichheit.[752] Als Ausnahme vom Grundsatz der Allgemeinheit sind erneut die stimmrechtslosen Vorzugsaktien gem. Artt. 98 ff. LSC zu nennen. Jedoch ist an dieser Stelle auf den Unterschied hinzuweisen, dass das spanische Gesetz zwingend die Gewährung einer Mehrdividende als Vorzug verlangt.[753] Art. 99.1 LSC stipuliert im ersten Satz, dass Inhaber stimmrechtloser Vorzugsaktien Anspruch auf eine jährliche, in der Satzung als fest

---

749 Laut *Armbrüster*, Treuhänderische Beteiligung, 308, setzen neben dem Stimmrecht vor allem das Rederecht und das Recht zur Beschlussanfechtung eine Teilnahme voraus.

750 Siehe zu den einzelnen Ansichten im 2. Kapitel unter 5. Teil: § 1A.III., Seite 138 ff.

751 *Semler* in MünchHdb AG, § 36 Rn. 11, rät, den Unklarheiten beim Nießbrauch durch eindeutige vertragliche Regelungen zu begegnen.

752 *Broseta Pont/Martínez Sanz*, Derecho Mercantil I, 375.

753 *Fernández-Albor Baltar* in Comentarios LSA, Art. 91, 934.

oder variabel ausgestaltete Mindestdividende haben. Sofern diese gewährt wurde, steht ihnen gem. Satz 2 darüber hinaus die den Stammaktionären bewilligte Dividende zu. Neben dieser Mehrdividende sieht Art. 101 LSC einen weiteren Vorzug zwingend[754] vor: Inhaber stimmrechtsloser Vorzugsaktien sind im Fall der Liquidation der Gesellschaft bei vorhandenem Gesellschaftsvermögen vor den Stammaktionären zu berücksichtigen.[755]

Der Grundsatz der Stimmgleichheit erfährt mit der Möglichkeit der Schaffung von Höchststimmrechten gem. Art. 188.3 LSC eine Ausnahme. Bis zum Inkrafttreten der LSC galt diese Möglichkeit im Gegensatz zum deutschen Recht auch für börsennotierte Gesellschaften. So enthielten laut CNMV[756] im Jahr 2009 insgesamt sechs Satzungen der im IBEX-35 notierten Gesellschaften entsprechende Stimmrechtsbeschränkungen. Fünf dieser Gesellschaften sahen dabei ein Limit von 10 Prozent vor, während die sechste Gesellschaft eine Begrenzung von 3 Prozent festschrieb. Sowohl die Rechtfertigung solcher Höchststimmrechte als auch ihre rechtliche Zulässigkeit *de lege lata* wurden, auch in Bezug auf börsennotierte Gesellschaften, diskutiert.[757] Bei diesen Gesellschaften sollte die Beschränkung dem Schutz vor feindlicher Übernahme dienen. Damit stellte sich die Frage, ob darin ein legitimer Zweck zur Rechtfertigung von Eingriffen in den Grundsatz der Stimmgleichheit zu sehen sei.[758] Der rechtlichen

754 Hier liegt der Unterschied zum deutschen Recht. Gem. § 271 Abs. 2 AktG i. V. m. § 11 AktG ist zwar die Schaffung einer am Liquidationserlös zu bevorzugenden Aktiengattung möglich, den Vorzugsaktionären kommt jedoch dieses Privileg nicht zwingend zu.

755 Sofern Vorzugsaktien vorhanden sind, repräsentieren Stammaktionäre somit eine Art nachrangiges Eigenkapital. Allerdings sind vor den Vorzugsaktionären stets sämtliche Gläubiger der Gesellschaft zu befriedigen (*Fernández-Albor Baltar* in Comentarios LSA, Art. 91, 910), weshalb die Bedeutung dieses Vorzugs relativ gering sein dürfte.

756 „Informe anual de Gobierno Corporativo de las compañías del IBEX-35" aus 2009 (Fn. 292), 48.

757 *Recalde Castells* in Comentarios LSA, Art. 105, 1080 ff.

758 Fraglich ist, ob dies jedoch der einzige Effekt solcher Klauseln und damit das wahre Ziel ihrer Einführung ist. Als Nebeneffekt ist sicherlich ein gewisser Schutz der Verwaltung vor Aktionärsdruck anzunehmen. So auch *Recalde Castells* in Comentarios LSA, Art. 105, 1082. *Alonso Ledesma*, El papel de la junta general, 615, 656, äußerte Verwunderung darüber, dass gerade die CNMV als Überwachungsorgan für den Kapitalmarkt sich nicht stärker zu diesem Thema geäußert hatte.

Zulässigkeit stand zwar das Gemeinschaftsrecht nicht entgegen,[759] mit Blick auf die stimmrechtslosen Vorzugsaktien wurde die Zulässigkeit jedoch in Frage gestellt, da gem. Artt. 98 ff. LSC der Entzug des Stimmrechts an die Gewährung einer Kompensation zu knüpfen sei.[760] In der spanischen Politik gab es daher immer wieder Bestrebungen hinsichtlich einer Streichung dieser Möglichkeit der Stimmrechtsbeschränkung.[761] Im Rahmen der Zusammenfassung der Regelungen für Kapitalgesellschaften wurde gem. dem damaligen Art. 515 LSC Höchststimmrechte bei börsennotierten Gesellschaften zunächst untersagt. Diese Untersagung wurde mit Umsetzung der Aktionärsrechterichtlinie in Spanien[762] teilweise wieder zurückgenommen. Nunmehr regelt Art. 527 LSC, dass statutarische Höchststimmrechte nur im Fall eines öffentlichen Übernahmeangebots unbeachtlich sind, sofern der Bieter nicht selbst zuvor von dem statutarischen Höchststimmrecht betroffen war und durch das Angebot mehr als 70 Prozent des stimmberechtigten Kapitals auf sich vereinen konnte.

Gem. Art. 179.2 LSC können spanische Gesellschaften zudem eine für die Teilnahme an der Hauptversammlung erforderliche Mindestanzahl von Aktien vorschreiben. Diese Möglichkeit wirkt sich zwar auf die Ausübung des Stimmrechts mittelbar aus, unmittelbar stellt sie aber eine Beschränkung des Teilnahmerechts dar. Insofern wird diese Regelung im Rahmen des Teilnahmerechts behandelt.[763]

II. Beschlussfassung

Um an der Beschlussfassung in der Hauptversammlung teilnehmen zu können, muss sich der Aktionär im Vorfeld der Versammlung anmelden und seine Aktionärseigenschaft nachweisen.[764] Die maßgeblichen Normen für die Anmeldung und den Nachweis sind die Artt. 118, 122 und 179.3 LSC. Aus ihnen folgt

---

759 *Recalde Castells* in Comentarios LSA, Art. 105, 1082. Es besteht zwar sicherlich eine Nähe zu den Europäischen Grundfreiheiten. Das Urteil des EuGH, Urteil vom 23.10.2007 - C-112/05, in Bezug auf das VW-Gesetz macht jedoch in Absatz 26 deutlich, dass staatliche Maßnahmen zur Vermeidung von Übernahmen problematisch sind. Eine von den Aktionären getroffene Satzungsregelung jedoch nicht.

760 *Alonso Ledesma*, El papel de la junta general, 615, 656.

761 Vgl. El País vom 20.2.2010, „El PSOE propone eliminar la limitación de voto en las empresas". Die in dem Artikel in Rede stehende Gesetzesinitiative wurde schließlich jedoch mit der Ley 12/2010, de 30 de junio ohne Streichung der Ermächtigung zu Höchststimmrechten umgesetzt.

762 Vgl. Fn. 351.

763 Vgl. dazu in diesem Kapitel unter 5. Teil: § 2B, Seite 156 f.

764 *Miquel Rodríguez* in Comentarios LSA, Art. 104, 1072.

zunächst die Notwendigkeit, zwischen Namensaktien (*acciones nominativas*) und Inhaberaktien (*acciones al portador*) zu unterscheiden. Bei Letzteren wäre zudem nach der Verwahrart[765] zu differenzieren. Für die in dieser Arbeit betrachteten börsennotierten Gesellschaften schreibt Art. 496.1 LSC jedoch die Sammelverwahrung von Aktien zwingend vor, sodass vorliegend allein die Anmelde- und Nachweisvoraussetzungen für Namensaktien und sammelverwahrte Inhaberaktien relevant sind.

Hinsichtlich der Namensaktien folgt der Nachweis der Aktionärseigenschaft gem. Art. 116.2 LSC aus der Eintragung in das von der Gesellschaft selbst geführte Aktienregister. Ähnliches gilt für die sich in Sammelverwahrung befindenden Inhaberaktien.[766] Die rechtliche Ausgestaltung der Sammelverwahrung ist in der LMV geregelt, auf die Art. 118.1 LSC verweist. Ergänzt werden die dortigen Regelungen zudem durch das Real Decreto 116/1992, de 14 de febrero, sobre Representación de valores por medio de anotaciones en cuenta y compensación y liquidación de operaciones bursátiles (kurz RD 116/1992). Gem. Art. 7.1 LMV ist für sammelverwahrte Aktien ebenfalls ein Register (*registro contable*)[767] zu führen, wobei diese Aufgabe nicht von der Gesellschaft selbst, sondern gem. Art. 44 bis.1 LMV von der dafür zuständigen Gesellschaft Iberclear wahrgenommen wird.[768] Gem. Artt. 11 LMV, 15.1 RD 116/1992 wird vermutet, dass der im Register als Inhaber der Aktien Eingetragene auch tatsächlicher Inhaber dieser Aktien ist. Schließlich ist Iberclear gem. Artt. 118.3 und 497 LSC verpflichtet, den einzelnen Gesellschaften die notwendigen Informationen für die Identifizierung der Aktionäre mitzuteilen. Der Nachweis der Aktionärseigenschaft erfolgt somit auch bei sammelverwahrten Inhaberaktien über eine entsprechende Registereintragung.

Die bei der Darstellung des deutschen Rechts als „Sonderfragen zur Stimmrechtsausübung" titulierten Situationen existieren in Spanien gleichermaßen. Allerdings hat der spanische Gesetzgeber durch die Artt. 126 ff., 502 LSC für

765 Gem. Art. 92 LSC können effektive Stücke der Aktien an die Aktionäre ausgegeben (*acciones representadas pro medio de títulos*) oder die Aktien in einer Sammelverwahrung aufbewahrt werden (*acciones representadas pro medio de anotaciones en cuenta*).

766 Vgl. allgemein zur Legitimierung bei sammelverwahrten Aktien *Vara de Paz*, Acciones anotadas en cuenta, 1633, 1645 f.

767 Über den unglücklichen Gebrauch des Begriffs „*registro*" und die Nichtanwendbarkeit der Prinzipien des Registerrechts *Recalde Castells*, Registros de accionistas, 2897, 2901.

768 *Vara de Paz*, Acciones anotadas en cuenta, 1633, 1637.

Klarheit gesorgt. Hat eine Rechtsgemeinschaft die Aktionärsstellung inne, muss sie gem. Art. 126 LSC einen gemeinsamen Vertreter für die Ausübung der Rechte bestimmen. In Bezug auf den Nießbrauch verbleiben gem. Art. 127.1 LSC die Aktionärsstellung und die Befugnis zur Ausübung der Aktionärsrechte beim Inhaber der Aktien, es sei denn, die Satzung der Gesellschaft trifft eine abweichende Regelung. Gleiches gilt gem. Art. 132.1 LSC für die Verpfändung bzw. gem. Art. 133 LSC für die Pfändung von Aktien. Allein die Sicherungsübereignung wurde nicht speziell geregelt, wobei aufgrund der Übertragung des Eigentums sämtliche Rechte unproblematisch dem Sicherungsnehmer zustehen.[769]

Die Voraussetzungen für die Fassung eines Hauptversammlungsbeschlusses waren in Spanien bisher umstritten. Bisher normierte Art. 93.1 LSA sinngemäß,[770] dass in einer wirksam konstituierten Hauptversammlung die Mehrheit der Aktionäre entscheidet. Woraus die Mehrheit zu bestehen habe, blieb offen. Die wohl überwiegende Ansicht ging von dem Erfordernis der absoluten Mehrheit aus und verlangte für die Annahme eines Beschlusses eine Zustimmung von mehr als der Hälfte der anwesenden oder vertretenen stimmberechtigten Aktien.[771] Die Gegenansicht hingegen sah eine relative Mehrheit, also das Überwiegen der Ja-Stimmen gegenüber den Nein-Stimmen, als ausreichend an.[772] Mit der Schaffung der LSC dürfte sich diese Diskussion weitestgehend erübrigt haben. Zwar wurde Art. 93.1 LSA wörtlich in Art. 159.1 LSC übernommen, neu eingefügt wurde jedoch Art. 201 LSC. Die ersten beiden Absätze dieser Vorschrift lauten sinngemäß:[773] In der Aktiengesellschaft werden die Beschlüsse der Hauptversammlung mit einfacher Mehrheit der Stimmen der anwesenden oder vertretenen Aktionäre gefällt. Für die Beschlussfassung bei den in Art. 194 genannten Fällen ist eine Zustimmung von zwei Dritteln des in der Versammlung anwesenden oder vertretenen Kapitals erforderlich [...]. Dabei bringt Absatz 2 deutlich

---

769 So auch die einhellige Meinung in Deutschland, vgl. in diesem Kapitel unter 5. Teil: § 1A.III, Seite 138 ff.

770 Art. 93.1 LSA lautete: „*Los accionistas, constituidos en junta general debidamente convocada, decidirán por mayoría en los asuntos propios de la competencia de la junta.*“

771 *Broseta Pont/Martínez Sanz*, Derecho Mercantil I, 420; *Miquel Rodríguez* in Comentarios LSA, Art. 93, 1000, mit weiteren Nachweisen.

772 *Miquel Rodríguez* in Comentarios LSA, Art. 93, 1000 mit weiteren Nachweisen.

773 Art. 201.1 LSC lautet: „*En la sociedad anónima los acuerdos sociales se adoptarán por mayoría ordinaria de los votos de los accionistas presentes o representados.*“ Art. 201.2 LSC lautet: „*Para la adpoción de los acuerdos a que se refiere el artículo 194, será necesario el voto favorable de los dos tercios del capital presente o representado en la junta...*“.

das Erfordernis einer absoluten Mehrheit zum Ausdruck. Absatz 1 ist zwar durchaus einer anderen Interpretation zugänglich, allerdings ist nicht ersichtlich, weshalb der Gesetzgeber neben einem erhöhten Zustimmungserfordernis für besondere Beschlussgegenstände auch die für die Zustimmung relevante Grundmenge ändern sollte.[774]

Bei der Beschlussfassung sind zudem Ausführungen zur Ermittlung des Abstimmungsergebnisses zu machen. Das Gesetz trifft diesbezüglich keine Aussage. Artt. 23 lit. f) LSC, 126.1 RRM verlangen lediglich, dass die Satzung Bestimmungen über die Beschlussfassung enthält. Die Satzungen der im IBEX-35 notierten Gesellschaften geben jedoch zumeist keinen Aufschluss über das Verfahren, sondern legen dieses in den bei diesen Gesellschaften zwingend notwendigen Geschäftsordnungen der Hauptversammlungen fest. Ganz überwiegend wird darin die Substraktionsmethode (*sistema de deducción negativa*) zur Stimmermittlung vorgesehen.[775] Mit Blick auf die Tatsache, dass es sich bei der Stimmabgabe um eine Willenserklärung handelt, wird die in Spanien vorherrschende Praxis jedoch kritisch betrachtet.[776] Bei der Substraktionsmethode handelt es sich um eine rechnerische Erleichterung zur Stimmermittlung.[777] Es werden lediglich zwei der drei Abstimmungsmöglichkeiten ermittelt, um die auf die dritte Möglichkeit entfallenden Stimmen zu berechnen. Voraussetzung ist somit die Kenntnis der aktuellen Anzahl teilnehmender stimmberechtigter Aktien im Zeitpunkt der Abstimmung. Zur deren Ermittlung greifen spanische Unternehmen auf die gem. Art. 192 LSC zu erstellende sog. *lista de asistentes* zurück.[778] Ihr primärer Zweck besteht jedoch in der Feststellung der wirksamen Konstituierung der Hauptversammlung durch Erreichen des Mindestquorums.[779] Anders als das deutsche Teilnehmerverzeichnis gem. § 129 Abs. 1 S. 2 AktG[780]

774 Auch die in den Geschäftsordnungen für Hauptversammlungen enthaltenen Regeln zur Abstimmung ergeben nur Sinn bei Erfordernis einer absoluten Mehrheit, bezogen auf das anwesende stimmberechtigte Kapital. Siehe dazu sogleich im Anschluss.

775 *Sánchez Calero*, RDBB Nr. 104, 2006, 9, 31. Vgl. beispielsweise Art 18.4 der Hauptversammlungsgeschäftsordnung von Abertis oder Art. 30.4 der Hauptversammlungsgeschäftsordnung des Banco Popular.

776 Vgl. dazu allgemein *Sánchez Calero*, RDBB Nr. 104, 2006, 9, 31 ff.

777 So zumindest die Ansicht des BGH, vgl. Fn. 920.

778 *Sánchez Calero*, RDBB Nr. 104, 2006, 9, 31.

779 *Morral Soldevila* in Comentarios LSA, Art. 111, 1121; *Sánchez Calero*, La junta general, 247.

780 Nach überwiegender Ansicht ist das Teilnehmerverzeichnis aktuell zu halten, um seinen Zweck der Erleichterung des Ablaufs der Hauptversammlung erreichen zu

wird diese Liste daher grundsätzlich nicht im Laufe der Versammlung entsprechend den Zugängen und Abgängen von Aktionären angepasst.[781] Damit bleiben Aktionäre unberücksichtigt, die die Versammlung zum Zeitpunkt der Abstimmung bereits verlassen haben oder die erst nach Erstellung der *lista de asistentes* erschienen sind.[782] Neben dem Verfahren zur Ermittlung des Abstimmungsergebnisses wird auch der Inhalt der von den Gesellschaften getroffenen Regelungen bisweilen kritisiert. Dies wird am Beispiel des Art. 18.4 der Hauptversammlungsgeschäftsordnung der Gesellschaft Abertis besonders deutlich: Danach geht die Gesellschaft von der Annahme aus, dass sämtliche zum Zeitpunkt der Abstimmung nicht mehr anwesenden Aktionäre, die ihr Verlassen nicht dem Notar gegenüber mitgeteilt haben, den Vorschlägen der Verwaltung zustimmen. Ausgangspunkt für die Ermittlung des Abstimmungsergebnisses ist mithin die Annahme, dass das gesamte laut *lista de asistentes* anwesende stimmberechtigte Kapital zustimmt. Von diesem Wert werden sodann die Gegenstimmen, Enthaltungen und offenen Stimmen[783] subtrahiert. Allerdings werden vom Versammlungsleiter allein die Gegenstimmen und die Enthaltungen ausdrücklich erfragt, die gegenüber dem Versammlungssekretär oder Notar schriftlich oder persönlich zu erklären sind. Die offenen Stimmen werden nicht erfragt und finden nur Berücksichtigung, wenn der Aktionär den Willen zur offenen Stimmabgabe ausdrücklich gegenüber Versammlungssekretär oder Notar äußert. Das soeben dargestellte Verfahren gilt jedoch nur für in der Tagesordnung enthaltene Beschlussgegenstände. Bei Beschlüssen, die auch ohne Nennung in der Tagesordnung gefällt werden können, wird die Substraktionsmethode umgekehrt. Ausgangspunkt ist in solchen Fällen die generelle Ablehnung, neben der Enthaltung muss nun die Zustimmung schriftlich oder persönlich erklärt werden.[784] Delikat daran ist, dass derartige Beschlüsse

---

können (*Werner* in AktG Großkomm, § 174 Rn. 20 mit weiteren Nachweisen). Soll das Verzeichnis über seinen gesetzlichen Zweck in Form einer Präsenzliste als Grundlage für die Ermittlung von Abstimmungsergebnissen dienen, ist die jeweilige Aktualität zwingend (*Butzke*, HV der AG, Kapitel C Rn. 60).

781 *Sánchez Calero*, RDBB Nr. 104, 2006, 9, 31.

782 Vgl. dazu in den jeweiligen Geschäftsordnungen der Hauptversammlung Art. 13 für Abertis bzw. Art. 25.5 für den Banco Popular.

783 Der spanische Begriff lautet „*voto en blanco*". Damit wird zum Ausdruck gebracht, dass sich der Stimmberechtigte durch Stimmabgabe an der Abstimmung beteiligt, jedoch weder für oder gegen den Beschlussvorschlag stimmt.

784 Abertis stellt dabei keine Ausnahme dar. Nahezu identische Regelungen finden sich beispielsweise in den Hauptversammlungsgeschäftsordnungen von Banco Popular (Art. 30.4) und Banesto (Art. 18.5).

regelmäßig im Zusammenhang mit Aktionärsminderheitenrechten stehen. So sieht etwa Art. 238.1 LSC ausdrücklich von dem Erfordernis der Nennung des Beschlussgegenstands in der Tagesordnung ab, wenn es sich um die Geltendmachung von Schadensersatzansprüchen gegen die Verwaltungsratsmitglieder handelt. Gleiches gilt nach überwiegender Ansicht für die Abberufung von Verwaltungsratsmitgliedern gem. Art. 223.1 LSC.[785]

III. Stimmrechtsvertretung

Schließlich ist im Zusammenhang mit dem Stimmrecht der Aspekt der Stimmrechtsvertretung zu berücksichtigen.[786] Ihre gesetzliche Normierung findet sich in den Artt. 184 bis 187 sowie 522 bis 524 LSC. Die Grundlage für die Stimmrechtsvertretung bilden die in den Artt. 184 und 185 LSC enthaltenen Prinzipien.[787] Art. 186 LSC regelt den speziellen Fall der Stimmrechtsvertretung aufgrund einer Vollmacht, deren Erteilung entweder auf öffentlicher Anfrage (*solicitud pública de representación*) oder auf direkter Anfrage (*solicitud de representación*) durch Verwaltungsratsmitglieder, Depotverwahrer oder an der Sammelverwahrung von Aktien beteiligten Gesellschaften beruht. Eine Ausnahmeregelung für die Vertretung durch Ehegatten oder Verwandte enthält Art. 187 LSC, weshalb diese Norm keine eingehendere Betrachtung erfordert.

Vor allem in börsennotierten Gesellschaften kommt der Vertretung in Verbindung mit vorheriger Anfrage zur Vollmachtserteilung erhebliche Bedeutung zu.[788] Dementsprechend sieht sich auch der spanische Gesetzgeber der Herausforderung gegenüber, eine für die Reaktivierung der Hauptversammlung hilfreiche, die Apathie der Aktionäre überwindende Vertretungsregelung zu finden, die gleichzeitig eine hinreichende Kontrolle der Aktiengesellschaft durch Wahrung der

785 Das Gesetz sagt dies zwar nicht eindeutig, weshalb teilweise eine Nennung in der Tagesordnung als erforderlich erachtet wird. Die überwiegende Ansicht stützt sich auf die Formulierung „jederzeit" (*en cualquier momento*), was nur einen Verzicht auf das Erfordernis bedeuten könne. Vgl. *Martínez Sanz/Navarro Máñez* in Comentarios LSA, Art. 131, 1499.

786 Für eine ausführliche Darstellung dieser Thematik siehe *Rodríguez Artigas*, RDBB Nr. 104, 2006, 55; *Roncero Sánchez*, Captación del voto, 399 ff.

787 Grundsätzlich kann sich jeder zur Teilnahme berechtigte Aktionär vertreten lassen. Die Ermächtigung zur Vertretung muss schriftlich oder unter Zuhilfenahme moderner Kommunikationsmöglichkeiten erfolgen, sofern Letztere den Nachweis der Identität des Aktionärs sicherstellen. Die Ermächtigung gilt stets nur für eine konkrete Hauptversammlung und ist jederzeit widerrufbar.

788 *Roncero Sánchez*, Captación del voto, 399, 405; ders., Asistencia y representación, 37, 45.

Aktionärsinteressen bei der Vertretung gewährt.[789] Nachdem die LSA von 1951 eine Stimmrechtsvertretung noch verbot, hat sich der spanische Gesetzgeber mit der LSA von 1989 für weitreichende Vertretungsmöglichkeiten entschieden. Gem. Art. 186.1 LSC ist bei öffentlicher Anfrage nach Vertretung bzw. bei direkter Anfrage durch eines der zuvor genannten Subjekte der Vertretungserklärung die Tagesordnung der Versammlung, eine Aufforderung zur Abgabe konkreter Instruktionen für die Stimmabgabe sowie die beabsichtigte Stimmausübung durch den Vertreter bei fehlenden Instruktionen beizufügen. Als Ergänzung dazu normiert Absatz 3, dass bei Vertretung von mehr als drei Aktionären durch dieselbe Person eine öffentliche Anfrage zur Vertretung vermutet wird.

Die Regelungen werden unter mehreren Gesichtspunkten kritisiert und allgemein als unbefriedigend angesehen.[790] Zunächst gilt die Anerkennung der Möglichkeit einer Vertretung durch Verwaltungsratsmitglieder oder Beschäftigte der Gesellschaft aufgrund möglicher Eigeninteressen als problematisch.[791] Zudem wird die alleinige Bindung der besonderen Anforderungen an das Merkmal der Vertretungsanfrage als unglücklich angesehen, da die erhöhten Anforderungen des Art. 186.1 LSC leicht umgangen werden könnten. Dem hat der Gesetzgeber zwar mit der Vermutung des Art. 186.3 LSC entgegenzuwirken versucht, doch wird auch diese Norm als misslungen kritisiert. Ihr Bezug auf die Vertretung von mehr als drei Aktionären sei zu eng. Zudem würde die erst nach erfolgter Vertretung feststellbare Vermutungswirkung den Vertreter zu den besonderen, im Vorfeld der Vertretung relevanten formellen Anforderungen verpflichten. Weiterer Kritikpunkt ist die oberflächliche Regelung der Vertretungsanfrage. Offen lasse das Gesetz neben der juristischen Natur der Anfrage insbesondere, wann und mit welchem Inhalt diese zu erfolgen habe. So stellt sich die Frage, ob der zur Vertretung Anfragende die Möglichkeit der Ablehnung der Vertretung hat, wenn die Instruktionen des Aktionärs zur Stimmabgabe nicht seinen Vorstellungen entsprechen.[792] Schließlich werden die besonderen

789 Vgl. *Roncero Sánchez*, Captación del voto, 399, 401, der von grundsätzlich entgegengesetzten Zielen und der Notwendigkeit eines Gleichgewichts spricht.

790 Vgl. zu den einzelnen Kritikpunkten *Rodríguez Artigas*, RDBB Nr. 104, 2006, 55, 61 ff.; *Roncero Sánchez*, Captación del voto, 399, 415 ff.

791 Der Gesetzesentwurf zur LSA von 1979 sah noch ein Verbot von Vertretung durch Verwaltungsratsmitglieder und sonstige im engen Verhältnis zur Gesellschaft stehende Personen vor (*Trías Sagnier*, Inversores institucionales, 334).

792 Für eine Bindungswirkung der Anfrage als rechtsverbindliches Angebot zur Vertretung *Trías Sagnier*, Inversores institucionales, 335. A. A. *Roncero Sánchez*, Captación del voto, 399, 415.

Anforderungen des Art. 186.1 LSC im Hinblick auf die Versorgung des Aktionärs mit Informationen als ungenügend bewertet. Das Beifügen der Tagesordnung allein sei unbefriedigend. Sinnvoller sei es, wenn der Aktionär auch über die Beziehungen des Vertreters zu der Gesellschaft informiert würde. Der Anfragende solle zudem eigene Abstimmungsvorschläge bereits mit der Anfrage unterbreiten. Schließlich sollten Instruktionen zur Stimmabgabe nicht lediglich erbeten, sondern deren Erteilen auch durch einfachste Gestaltung der Formulare vereinfacht werden. Auch die in die Ley de Transparencia eingefügte und sich nun in Art. 526 LSC wiederfindende Regelung zu Interessenkonflikten ist nicht frei von Kritik.[793] Vor allem sei ihr subjektiver Anwendungsbereich mit der Beschränkung auf Verwaltungsratsmitglieder sowie dem Erfordernis der persönlichen Betroffenheit des Vertreters zu eng gefasst. Bei börsennotierten Gesellschaften hat der Gesetzgeber mit dem neuen Art. 523 LSC einen der zuvor genannten Kritikpunkte aufgegriffen und die Verpflichtung des Vertreters normiert, den Aktionär unverzüglich über mögliche Interessenkonflikte zu unterrichten. Als Beispielsfälle möglicher Konfliktsituationen nennt die Norm insbesondere verschiedene Beziehungen des Vertreters zur Gesellschaft.

In der Praxis geben die Aktionäre in aller Regel keinerlei Instruktionen für die Stimmrechtsausübung ab, sondern schicken lediglich die unterschriebene Teilnehmerkarte zurück.[794] Diese Tatsache spiegelt sich auch in den Einberufungen der Gesellschaften zu den Hauptversammlungen und in den Hauptversammlungsgeschäftsordnungen wider. Diese Dokumente enthalten überwiegend die Bestimmung, dass bei fehlender Nennung einer konkreten Person der Präsident der Hauptversammlung als bevollmächtigt gilt.[795] Diesen Posten nimmt in aller Regel der Präsident des Verwaltungsrats ein.[796] Im Fall fehlender Instruktionen ist der Vertreter in der Stimmrechtsausübung frei[797] bzw. eine Stimmabgabe im Sinne der Verwaltung wird bereits angekündigt.[798] Folglich wird der weit

---

793 *Rodríguez Artigas*, RDBB Nr. 101, 2006, 55, 68 f.; *Roncero Sánchez*, Captación del voto, 399, 430 ff.

794 *Tapia Hermida*, Junta General en SA cotizada, 2917, 2949.

795 Vgl. etwa Art. 22 der Hauptversammlungsgeschäftsordnung des Banco Popular.

796 Vgl. etwa Art. 9.1 der Hauptversammlungsgeschäftsordnung von Ebro.

797 So etwa beim Banco Sabadell gem. Art. 10.5 der Hauptversammlungsgeschäftsordnung.

798 Vgl. etwa Art. 13.1 der Hauptversammlungsgeschäftsordnung von Telefónica, sofern der Beschluss-gegenstand von der Verwaltung auf die Tagesordnung gesetzt wurde. In der Norm heißt es weiter sinngemäß: Bei nicht in der Tagesordnung enthaltenen Abstimmungen bzw. bei nicht von der Verwaltung formulierten

überwiegende Teil des in der Hauptversammlung durch Vertretung anwesenden Kapitals von der Verwaltung selbst vertreten und stimmt in deren Sinne ab.[799]

Da Artt. 186 und 522 ff. LSC auch für die Vertretung durch das depotführende Kreditinstitut gilt, sind die Regelungen zum Depotstimmrecht in Deutschland und Spanien nicht vergleichbar. Dieser Umstand dürfte zumindest teilweise auch erklären, weshalb ein Rückgang des Depotstimmrechts in Spanien[800] nicht als Grund für die geringen Hauptversammlungspräsenzen angeführt wird. Die in Deutschland genannten Gründe für den Rückzug der Banken liegen in Spanien nicht vor.

B. Das Teilnahmerecht des Aktionärs

Das spanische Recht beinhaltet mit Bezug auf das Teilnahmerecht in den Artt. 179.2 und 189.1 LSC eine dem deutschen Recht unbekannte Besonderheit. Gemäß Art. 179.2 LSC kann die Satzung einer Gesellschaft das Innehaben einer Mindestanzahl von Aktien zur Voraussetzung für die Teilnahme an der Hauptversammlung machen, wobei die Mindestanzahl nicht die Grenze von ein Promille des Grundkapitals übersteigen darf. Innerhalb der Gesellschaften des IBEX-35 ist der Gebrauch derartiger Satzungsbestimmungen in den letzten Jahren stetig zurückgegangen.[801] Im Jahr 2012 verlangten 17 Gesellschaften eine Mindestanzahl von Aktien, 2011 und 2010 waren es noch 18 bzw. 19 Gesellschaften. Für die Teilnahme an den Versammlungen der Gesellschaft Mapfre waren dabei mindestens 1.500 Aktien erforderlich. Fünf weitere Gesellschaften verlangten die Zahl von mindestens 1.000 Aktien. Drei lagen in der Spannweite zwischen 500 und 1.000, während knapp die Hälfte zwischen 100 und 500 Aktien forderte. Als Gegenstück zum Erfordernis einer Mindestanzahl an Aktien erklärt Art. 189.1 LSC die Zusammenlegung einzelner Aktienbestände für zulässig.

Mit der Möglichkeit einer für die Teilnahme erforderlichen Mindestanzahl von Aktien will Art. 179.2 LSC die Funktionsfähigkeit von Hauptversammlungen

---

Beschlussgegenständen übt der Vertreter das Stimmrecht unter Berücksichtigung der Interessen der Gesellschaft und des Aktionärs in angemessener Weise aus.

799 *Roncero Sánchez*, Asistencia y representación, 37, 45.

800 Zur großen Bedeutung des Depotstimmrechts vgl. *Trías Sagnier*, Inversores institucionales, 340 f.

801 Für Zahlen aus den Jahren 2006 und 2007 siehe *Fernández Torres*, Participación de los accionistas, 255, 260. Für die Jahre 2010 bis 2012 finden sich Zahlen im den Estadísticas de Gobierno Corporativo de las Compañías del Ibex 35 – Anexo I Datos individuales de las compañías del Ibex 35, (Fn. 294), Cuadro 1.4.

großer Aktiengesellschaften mit breit gestreutem Aktionariat erleichtern.[802] Dementsprechend spricht die Norm ausdrücklich allein von einer Beschränkung der Teilnahme und lässt das Stimmrecht unberührt. Allerdings ist ohne persönliche Teilnahme an der Hauptversammlung die Ausübung des Stimmrechts in der Versammlung nicht möglich. Auch die Möglichkeit der Vertretung dürfte dem Aktionär verschlossen sein, der die Mindestanzahl von Aktien nicht erreicht, denn Art. 184.1 LSC verlangt als grundlegende Norm der Vertretungsregeln ein Teilnahmerecht des Aktionärs.[803] Wenngleich die Vertretung durch die depotführende Bank oder den Verwaltungsrat dem Ziel der Erleichterung der Funktionsfähigkeit der Versammlung nicht entgegenstehen sollte, dürfte der eindeutige Wortlaut des Art. 184.1 LSC auch dieser Vertretungsvariante entgegenstehen. Anders dürfte jedoch die vor der Versammlung durch Briefwahl erfolgte Stimmabgabe zu bewerten sein. Hier ist schwerlich von einer Teilnahme zu sprechen. Diese Lesart bekräftigt auch Art. 189.3 LSC, wonach per Briefwahl abgegebene Stimmen für die Bestimmung des Mindestquorums als anwesend gelten. Aus diesem ausdrücklichen Hinweis lässt sich im Umkehrschluss folgern, dass in der Briefwahl keine Teilnahme zu sehen ist. Auch nennt Art. 189.2 LSC ein Recht zur Teilnahme nicht als Voraussetzung für diese Abstimmungsvariante. Schließlich ist auch nicht ersichtlich, dass der Ausschluss dieser Abstimmungsvariante im Hinblick auf die Funktionsfähigkeit der Hauptversammlung notwendig sein sollte.

Trotz des indirekten Ausschlusses der persönlichen oder durch Vertretung erfolgten Stimmrechtsausübung dürften die Auswirkungen von Mindestanzahlerfordernissen an Aktien auf die Präsenzen in Hauptversammlungen äußerst gering sein.[804] Die genannten Größenordnungen betreffen den Bereich der Kleinst- und Kleinaktionäre, die nur einen geringen Teil des Grundkapitals unter sich aufteilen und zum ganz überwiegenden Teil ohnehin an Hauptversammlungen nicht teilnehmen.

Schließlich ist die Teilnahme wie in Deutschland auch nach spanischem Recht der formellen Einschränkung der Anmeldung unterworfen. Gem. Art. 179.3 LSC ist jedoch für Namensaktien und Aktien in Sammelverwahrung stets ausreichend, dass der Aktionär fünf Tage vor der Hauptversammlung in das entsprechende Register eingetragen ist.

---

802 *Recalde Castells* in Comentarios LSA, Art. 105, 1077.

803 *Miquel Rodríguez* in Comentarios LSA, Art. 106, 1095.

804 So auch *Fernández Torres*, Participación de los accionistas, 255, 261.

6. Teil: Kapitalerhaltung und Gewinnverwendung

Bei der Gewährung eines Präsenzbonus erfolgt eine Zahlung durch die Gesellschaft an die Aktionäre. Jeglicher Abfluss von Vermögen der Gesellschaft an die Gesellschafter ist mit Blick auf die Regeln zur Kapitalerhaltung bzw. zur Gewinnverwendung zu betrachten.

§ 1 Deutschland

A. Die Regeln zur Kapitalerhaltung bei Aktiengesellschaften

Gemäß § 1 Abs. 1 S. 2 AktG haftet allein das Gesellschaftsvermögen den Gläubigern für die Verbindlichkeiten der Gesellschaft. Für die Gläubiger ist das Gesellschaftsvermögen daher von erheblicher Bedeutung. Das Gesetz würdigt dies auf zweifache Weise. Zum einen stellt es durch verschiedene Regelungen sicher, dass bei Gründung der Gesellschaft ein gewisses Grundkapital vorhanden ist.[805] Zum anderen wird die Entnahme von Kapital durch die Aktionäre während des Bestehens der Gesellschaft begrenzt.[806] An dieser Stelle ist der Begriff der Kapitalerhaltung einzuordnen.

§ 57 Abs. 1 S. 1 AktG verbietet die Rückgewähr der geleisteten Einlagen an die Aktionäre. Nach einhelliger Ansicht verbietet die Norm über ihren Wortlaut hinaus jede Form von Ausschüttung an die Aktionäre zu Lasten des Grundkapitals und der gebundenen Rücklagen der Gesellschaft.[807] Ein anderes Verständnis der Norm stünde auch im Widerspruch zu den gem. Art. 17 Abs. 1 RiLi 2012/30/EU europarechtlich vorgegebenen Mindestanforderungen. Da das Verbot vor allem dem Schutz der Gläubigerinteressen dient,[808] steht § 57 Abs. 1 S. 1 AktG nicht zur Disposition der Aktionäre.[809] Im Einzelnen ergibt sich somit folgendes Bild: Die Bilanz einer Gesellschaft weist auf ihrer Aktivseite

---

805 An dieser Stelle sind das Mindestkapital von 50.000 € gem. § 7 AktG sowie die Normen zur tatsächlichen Leistung der Einlagen und deren freien Verfügbarkeit gem. §§ 36 Abs. 2, 36a AktG zu nennen.

806 *Lutter*, FS Ernst Stiefel, 505, 506.

807 So *Bezzenberger*, Kapital Aktiengesellschaft, 202. Etwas komplizierter drückt es *Lutter*, FS Ernst Stiefel, 505, 524, aus: „*Der […] Grundsatz der Kapitalerhaltung besagt, daß Ausschüttungen an Gesellschafter nur vorgenommen werden dürfen, wenn das Netto-Vermögen der Gesellschaft, errechnet nach den gesetzlichen Bewertungsregeln der §§ 252 ff. HGB über die Bilanz, höher ist als die Ziffer des Grund- bzw. Stammkapitals.*“

808 Vgl. etwa *Kuhner*, ZGR 2005, 753, 759.

809 So auch *Lutter*, FS Ernst Stiefel, 505, 525.

das Gesellschaftsvermögen und auf ihrer Passivseite das dem Vermögen gegenüberstehende Kapital aus. Die Kapitalerhaltung dient der Bindung des Eigenkapitals. Dieses Verständnis setzt voraus, dass das Gesellschaftsvermögen das Fremdkapital übersteigt. Dadurch ist auch ohne explizite Nennung im Gesetz das Gesellschaftsvermögen in Höhe des Fremdkapitals von einer Ausschüttung ausgeschlossen. Bezüglich des verbleibenden Eigenkapitals verbietet § 57 Abs. 1 S. 1 AktG die Ausschüttung des in der Satzung festgelegten Grundkapitals[810] sowie der gebundenen Rücklagen.[811] Gebundene Rücklage ist zunächst die Kapitalrücklage, in die gem. § 272 Abs. 2 HGB vor allem bei der Ausgabe von Aktien die Differenz zwischen Ausgabebetrag und Nennbetrag einzuzahlen ist.[812] Auch die von § 150 Abs. 1 AktG geforderte gesetzliche Rücklage ist eine gebundene Rücklage.[813] Nicht von § 57 Abs. 1 AktG für Ausschüttungen gesperrt ist demnach das die vorherigen Positionen übersteigende Gesellschaftsvermögen. Allerdings können im Einzelfall auch Teile der frei verfügbaren Rücklagen von der Gewinnausschüttung ausgenommen sein. Zum Schutz der Gläubiger ordnet dies § 268 Abs. 8 HGB an, sofern ein Unternehmen von bestimmten Aktivierungsmöglichkeiten Gebrauch gemacht hat.

B. Die (offene) Gewinnausschüttung

Auch bezüglich des ungesperrten Gesellschaftsvermögens ist die Gesellschaft in ihren Verfügungsmöglichkeiten nicht völlig frei. Gemäß § 57 Abs. 3 AktG kann unter den Aktionären allein der Bilanzgewinn verteilt werden. Aus dieser Norm folgt eine doppelte Beschränkung: Zum einen verbietet sie die Verteilung von Gesellschaftsvermögen an die Aktionäre, soweit es sich nicht um die Verteilung des Bilanzgewinns handelt,[814] zum anderen folgt aus ihr in Zusammenschau mit § 158 Abs. 1 S. 1 AktG eine Beschränkung des Umfangs der ausschüttbaren

---

810 Gem. § 7 AktG mindestens 50.000 €.

811 *Bezzenberger*, Kapital Aktiengesellschaft, 202.

812 Dies regelt § 272 Abs. 2 Nr. 1 HGB. Die weiteren Beträge, die gem. § 272 Abs. 2 Nr. 2–4 HGB in die Kapitalrücklage einzustellen sind, dürften nur eine untergeordnete Bedeutung haben.

813 *Bezzenberger*, Kapital Aktiengesellschaft, 21, weist mit Recht darauf hin, dass der Begriff „gesetzliche Rücklage“ missverständlich sei, da auch andere Rücklagen gesetzlich angeordnet seien.

814 *Hüffer*, § 57 Rn. 31. Laut *Bayer* in MünchKomm AktG, § 57 Rn. 7, und *Henze* in AktG Großkomm, § 57 Rn. 9, folgt diese Beschränkung bereits aus § 57 Abs. 1 S. 1 AktG.

Summe.[815] Ausschüttungsfähig ist demnach allein der Überschuss aus dem abgelaufenen Geschäftsjahr, zuzüglich eines möglichen Gewinnvortrags, sowie Beträge aus aufgelösten Rücklagen, abzüglich eines möglichen Verlustvortrags und den in Rücklagen eingestellten Beträgen.

Über die Verwendung des Bilanzgewinns hat gem. §§ 58 Abs. 3, 119 Abs. 1 Nr. 2, 174 Abs. 1 S. 1 AktG die Hauptversammlung zu bestimmen. Aus § 175 Abs. 1 S. 1 AktG lässt sich entnehmen, dass sie über die Verwendung des gesamten Bilanzgewinns entscheiden muss.[816] Wie die zuvor erwähnte Errechnung des Bilanzgewinns verdeutlicht, spiegelt diese Kennziffer nur sehr bedingt den wirtschaftlichen Erfolg einer Gesellschaft im jeweiligen Geschäftsjahr wider. Durch Auflösung von Rücklagen ist auch bei einem Jahresfehlbetrag die Verteilung eines Bilanzgewinns möglich. Umgekehrt kann auch ein Jahresüberschuss gem. § 158 Abs. 1 S. 1 Nr. 4 lit. d) AktG in andere Gewinnrücklagen eingestellt[817] und der Bilanzgewinn verringert werden. Einer derartigen Schmälerung des Bilanzgewinns sind durch § 58 AktG allerdings Grenzen gesetzt. Da gem. § 172 S. 1 AktG der Jahresabschluss in der Regel durch Vorstand und Aufsichtsrat festgestellt wird, ist zumeist die Grenze des § 58 Abs. 2 S. 1 Akt einschlägig. Hiernach kann maximal die Hälfte eines Jahresüberschusses[818] in andere Gewinnrücklagen einstellt und somit der Kompetenz der Hauptversammlung zur Entscheidung über die Verwendung entzogen werden.[819]

Aus den §§ 58 Abs. 3 und 174 Abs. 2 AktG ergeben sich die der Hauptversammlung zur Verfügung stehenden Verwendungsmöglichkeiten hinsichtlich des Bilanzgewinns. Demnach besteht die Möglichkeit der Ausschüttung an die Aktionäre bzw. der Einstellung des Bilanzgewinns in Gewinnrücklagen. Ohne den Gewinn in Rücklagen einzustellen, kann er gem. §§ 58 Abs. 3 S. 1, 174 Abs. 2 Nr. 3 AktG schlicht auf das nächste Jahr vortragen werden. Schließlich kann die Hauptversammlung gem. § 58 Abs. 3 S. 2 AktG bei entsprechender Ermächtigung durch die Satzung eine andere Verwendung beschließen.[820] Hinsichtlich der Wahl einzelner Verwendungsmöglichkeiten und ihrem Umfang sind der

815 Eine solche schreibt Art. 17 Abs. 3 RiLi 2012/30/EU vor.

816 *Drygala* in KölnerKomm AktG, 3. Aufl., § 58 Rn. 91.

817 Die Einstellung in andere Gewinnrücklagen dürfte bei der Feststellung des Jahresabschlusses den größten Spielraum für die Ermittlung des Bilanzgewinns eröffnen.

818 Gemäß § 58 Abs. 2 S. 4, Abs. 1 S. 3 AktG richtet sich die einstellbare Hälfte nach dem sog. bereinigten Jahresüberschuss, mithin dem Jahresergebnis nach Abzug der Einstellung in die gesetzliche Rücklage und eines etwaigen Verlustvortrags.

819 Gemäß § 58 Abs. 2 S. 2 und 3 AktG kann die Satzung eine andere Regelung treffen.

820 Siehe dazu ausführlich in diesem Kapitel unter 6. Teil: § 1B.I., Seite 161 ff.

Hauptversammlung nahezu keine Beschränkungen gesetzt. Allein bezüglich des Gewinnvortrags und der Einstellung in Gewinnrücklagen zieht § 254 Abs. 1 AktG eine Minimalgrenze. Danach ist an die Aktionäre mindestens ein Gewinn in Höhe von vier Prozent des Grundkapitals auszuschütten, sofern nicht die Erhaltung der Lebens- und Widerstandsfähigkeit der Gesellschaft eine Einstellung in die Gewinnrücklagen bzw. einen Gewinnvortrag erforderlich macht. Kommt der Verwendungsbeschluss dieser Mindestausschüttung nicht nach, kann er unter den Voraussetzungen des § 254 Abs. 2 AktG angefochten werden.[821] Die konkrete Verteilung des Gewinns auf die einzelnen Aktionäre wird durch § 60 AktG vorgegeben. Die ersten beiden Absätze enthalten dabei den Grundsatz der gleichmäßigen Gewinnverteilung entsprechend dem Anteil des Aktionärs am Grundkapital. Der dritte Absatz enthält die Möglichkeit, durch Regelung in der Satzung von diesem Grundsatz abzuweichen.[822]

I. Der Begriff „andere Verwendung" i. S. d. § 58 Abs. 3 S. 2 AktG

Der Begriff „andere Verwendung" im Sinne des § 58 Abs. 3 S. 2 AktG bedarf einer genaueren Darstellung. Die herrschende Meinung versteht hierunter allein Zuwendungen an Dritte, insbesondere zur Förderung gemeinnütziger Zwecke.[823] Eine andere Ansicht vertritt *Wangemann*,[824] der den Begriff nicht auf Zuwendungen an Dritte beschränkt sehen will. Die herrschende Meinung stützt sich maßgeblich auf die Begründung zum Regierungsentwurf, in dem es heißt:[825]

> *„Will die Hauptversammlung im Gewinnverwendungsbeschluß den Bilanzgewinn weder in Rücklage stellen noch unter die Aktionäre verteilen, sondern einem Dritten, etwa einer gemeinnützigen Anstalt, zuwenden, so bedarf sie hierzu einer Ermächtigung in der Satzung (Absatz 2 Satz 2). Diese Erschwerung ist deshalb gerechtfertigt, weil in diesem Fall die Interessen der Aktionäre stärker als durch eine Rücklagenbildung berührt werden. Während bei einer Verwendung des Bilanzgewinns zur Rücklagenbildung die Aktionäre an den dazu verwandten Beträgen beteiligt bleiben, sind die an Dritte gezahlten Beträge für sie endgültig verloren."*

---

821 Der Gesetzgeber hat durchaus erkannt, dass Minderheitsaktionäre in ihrem Dividendeninteresse stark beeinträchtigt werden können und hat dies grundsätzlich akzeptiert. Durch § 254 AktG soll lediglich ein völliges Aushungern der Minderheit verhindert werden (*Drygala* in KölnerKomm AktG, 3. Aufl., § 58 Rn. 101).

822 Siehe hierzu ausführlicher in diesem Kapitel unter 6. Teil: § 1B.II., Seite 1 ff.

823 *Henze* in AktG Großkomm, § 58 Rn. 81; *Hüffer*, § 58 Rn. 25; *Drygala* in KölnerKomm AktG, 3. Aufl., § 58 Rn. 109.

824 *Wangemann*, Finanzielle Anreize, 91 f.

825 Vgl. BT-Drs. IV/171, 114.

Wangemann ist der Ansicht, dass die Norm vor allem den Gewinnanspruch der Aktionäre schützen will. In einem Erst-recht-Schluss argumentiert er, wenn mit einer Satzungsermächtigung *„eine Verteilung des Bilanzgewinns an Dritte zulässig ist* [...], *muss es doch* [...] *erst recht zulässig sein, unter den gleichen Bedingungen eine Gewinnverwendung zu beschließen, von der neben ‚Dritten' auch die stimmberechtigten Aktionäre profitieren.*"[826]

Richtig ist, dass das Gesetz selbst nicht von Dritten spricht. *Wangemann* ist auch darin zuzustimmen, dass eine andere Verwendung zugunsten der Aktionäre für sie einen geringeren Eingriff bedeuten würde als der endgültige Vermögensverlust aufgrund von Zuwendungen an Nichtaktionäre. Dennoch ist die Ansicht *Wangemanns* abzulehnen, denn auf den Schutzzweck der Norm und den daraus folgenden Erst-recht-Schluss kommt es vorliegend nicht an. Diese Argumentation verkennt, dass das Gesetz bewusst und eindeutig zwischen Gewinnverwendung und Gewinnverteilung unterscheidet[827] und mit beiden Begriffen verschiedene Dinge benennt. Gewinnverwendung ist dabei als Oberbegriff zu verstehen, unter den die Verteilung des Gewinns an die Aktionäre sowie dessen Einstellung in Rücklagen und der Gewinnvortrag als einzelne Verwendungsarten fallen. Daraus erklärt sich, dass mit „anderer Verwendung" andere als die bereits im Gesetz genannten Verwendungsarten gemeint sind. Diese Interpretation wird auch von der Beschränkung auf Dritte in der Gesetzesbegründung gestützt.[828] Auch widerspricht die Ansicht von *Wangemann* der Gesetzesstruktur. Wenn eine andere Art der Gewinnverteilung zugleich eine andere Art der Gewinnverwendung wäre, müsste man sich fragen, weshalb das Gesetz in § 60 Abs. 3 AktG „erneut" eine statutarische Regelung zur Gewinnverteilung erlaubt.[829]

---

826 *Wangemann*, Finanzielle Anreize, 92.

827 Deutlich wird dies in § 58 Abs. 3 S. 2 AktG selbst, aber auch bei der Zusammenschau mit § 60 AktG.

828 Dabei beruht die Beschränkung auf Dritte in der Gesetzesbegründung wohl auf folgender Überlegung: Wie bereits gesehen, folgt aus § 57 Abs. 1 und 3 AktG, dass Zuwendungen aus dem Gesellschaftsvermögen an die Aktionäre bei der Verteilung des Bilanzgewinns möglich sind. Soll die Verwendung aber eine andere sein, also gerade nicht Gewinnverteilung zugunsten der Aktionäre bzw. Einbehaltung des Gewinns durch Rücklagenbildung bzw. Gewinnvortrag, bleibt nach Ansicht des Gesetzgebers als Begünstigter der Verwendung nur ein Dritter übrig.

829 Der einzige Unterschied wäre dann, dass im Rahmen des § 58 Abs. 3 S. 2 AktG die Hauptversammlung individuell die besondere Gewinnverteilung mit einfacher Mehrheit beschließen könnte, während im Falle des § 60 Abs. 3 AktG die in der Satzung vorgesehene besondere Gewinnverteilung zwingend einzuhalten und für

II. „Anderer Maßstab der Gewinnverteilung" i. S. d. § 60 Abs. 3 AktG

Gemäß § 60 Abs. 3 AktG kann die Satzung Ausnahmen von dem gesetzlichen Maßstab der Gewinnverteilung vorsehen und diesen verdrängen.[830] Sofern die Satzung nur eine partielle Ausnahme enthält, gelten ergänzend die gesetzlichen Regelungen. Dabei muss die Satzung die andere Art der Gewinnverteilung selbst und zwingend bestimmen.[831] Eine Delegation dieser Möglichkeit an ein anderes Organ oder Dritte wird von § 60 Abs. 3 AktG nicht gedeckt.[832] *Henze*[833] drückt es folgendermaßen aus: *„Die Hauptversammlung, ein anderes Organ der AG oder ein Dritter können nicht - auch nicht in der Satzung - ermächtigt werden, die Abweichungen generell oder nach jeder Beschlussfassung über den auszuschüttenden Betrag festzulegen."* Allerdings hat das BayObLG[834] in einem Fall zur GmbH folgende Satzungsregelung für zulässig erachtet: *„Der ausgeschüttete Gewinn steht den Gesellschaftern entsprechend ihren Geschäftsanteilen zu, soweit sie nicht unter Zustimmung des Betroffenen etwas anderes beschließen."* In seinen Entscheidungsgründen geht das Gericht unter anderem auf § 60 Abs. 3 AktG ein, sodass sich auch in der Literatur zur AG Hinweise auf die mögliche Zulässigkeit solcher Klauseln finden lassen.[835] Nach Argumentation des Gerichts informiere die strittige Klausel den Rechtsverkehr in ausreichender Weise über die Möglichkeit einer von der Satzung abweichenden Gewinnverteilung durch die Gesellschafter.[836] Jedenfalls müsse eine solche Klausel dann möglich sein, wenn die aufgrund der Klausel getroffenen Beschlüsse auch in Form von satzungsdurchbrechenden Beschlüssen zulässig wären.[837] Öffnungsklauseln

---

eine Änderung der Satzung durch die Hauptversammlung mind. eine Dreiviertel-Mehrheit erforderlich wäre.

830 *Henze* in AktG Großkomm, § 60 Rn. 16; *Hüffer*, § 60 Rn. 6; *Drygala* in KölnerKomm AktG, 3. Aufl., § 60 Rn. 22.

831 BGH, Urteil vom 28.6.1982 - II ZR 69/81, in BGHZ 84, 303, 311; *Bayer* in MünchKomm AktG, § 60 Rn. 16; *Henze* in AktG Großkomm, § 60 Rn. 18; *Hüffer*, § 60 Rn. 6; *Drygala* in KölnerKomm AktG, 3. Aufl., § 60 Rn. 24.

832 *Henze* in AktG Großkomm, § 60 Rn. 18; *Hüffer*, § 60 Rn. 6; *Drygala* in KölnerKomm AktG, 3. Aufl., § 60 Rn. 24.

833 *Henze* in AktG Großkomm, § 60 Rn. 18.

834 BayObLG, Beschluss vom 25.5.2001 - 3Z BR 31/01, in BayObLGZ, 2001, 137 ff.

835 Vgl. etwa *Bayer* in MünchKomm AktG, § 60 Rn. 16, dort Fn. 40: *„Abw. für die GmbH allerdings BayObLGZ 2001, 137, 139 (Öffnungsklausel zulässig)."* *Hüffer*, § 60 Rn. 6: *„Bloße Öffnungsklauseln für Fälle gelegentlicher Abweichung vom gesetzlichen Verteilungsschlüssel hält BayObLGZ 2001, 137, 139 f. für zulässig."*

836 BayObLG, Beschluss vom 25.5.2001 - 3Z BR 31/01, in BayObLGZ, 2001, 137, 140.

837 BayObLG, Beschluss vom 25.5.2001 - 3Z BR 31/01, in BayObLGZ, 2001, 137, 140.

dürften trotz dieser OLG-Entscheidung dennoch im Rahmen einer AG unzulässig sein. Der Wortlaut des § 60 Abs. 3 AktG spricht ausdrücklich von einer abweichenden Gewinnverteilung durch die Satzung. Der Gesetzgeber hätte sicherlich eine andere Formulierung gewählt, hätte er tatsächlich eine statutarische Ermächtigung der Aktionäre zur Bestimmung der Gewinnverteilung zulassen wollen. So heißt es beispielsweise in § 58 Abs. 3 S. 2 AktG: „*Sie* [die Hauptversammlung] *kann ferner, wenn die Satzung sie hierzu ermächtigt, auch eine andere Verwendung* [...] *beschließen.*“ Daneben ist zu hinterfragen, warum das Gesetz eine Bestimmung der Gewinnverteilung durch die Satzung selbst verlangt. Ein Grund liegt sicherlich in dem vom BayObLG genannten Schutz des Rechtsverkehrs, indem sich Altaktionäre sowie zukünftige Aktionäre über die Regeln der Gewinnverteilung informieren können. Wäre dies der einzige Grund, könnte man die Meinung des BayObLG teilen. Denn die diskutierte Klausel bringt zum Ausdruck, dass es keinerlei Gewähr für einen konstanten Maßstab der Gewinnverteilung gibt. Wer sich dennoch an der Gesellschaft beteiligt, lässt sich wissentlich auf diese Unsicherheit ein. Ein derartiger „Schutz“ wäre jedoch auch durch eine dem § 58 Abs. 3 S. 2 AktG ähnelnde Formulierung zu erreichen. Der Wortlaut des § 60 Abs. 3 AktG lässt daher darauf schließen, dass der Gesetzgeber einen weitergehenden Schutz erreichen wollte. Die Satzung kann zwar jegliche Form der Gewinnverteilung vorsehen, der Aktionär kann aber nicht durch eine plötzlich anders beschlossene Verteilung überrascht werden. Voraussetzung ist vielmehr zunächst eine Satzungsänderung im Rahmen der Hauptversammlung, die erst bei der nächsten Gewinnverteilung zum Tragen kommt. Dementsprechend wird man auch die Anerkennung satzungsdurchbrechender Beschlüsse ablehnen müssen. Die Rechtsprechung erkennt zwar die Existenz derartiger, vom Satzungsinhalt abweichender Beschlüsse mit Blick auf die Vertragsfreiheit der Gesellschafter an,[838] hat aber die inhaltlichen Anforderungen an derartige Beschlüsse bisher offen gelassen. Der BGH[839] hat lediglich festgestellt, dass eine hinter den formellen Voraussetzungen einer Satzungsänderung zurückbleibende Satzungsdurchbrechung nicht nichtig sei. Offen blieb, ob ein solcher Beschluss jedoch anfechtbar wäre.[840] Letztlich nähme

838 BGH, Urteil vom 25.1.1960 - II ZR 22/59, in BGHZ 32, 17, 29.

839 BGH, Urteil vom 7.6.1993 - II ZR 81/92, in ZIP 1993, 1074, 1075.

840 Die Literatur ist hingegen der Ansicht, dass ein die Satzung durchbrechender Beschluss die Voraussetzungen einer Satzungsänderung erfüllen müsse. Lediglich bezüglich der Frage, ob ein derartiger Beschluss auch der Eintragung ins Handelsregister bedarf, besteht Uneinigkeit. Vgl. *Lawall*, DStR 1996, 1169, 1170; *Priester*, ZHR 151 (1987), 40, 45.

die Anerkennung derartiger Beschlüsse dem Aktionär jedoch stets das Vertrauen, bis zu einer Änderung der Satzung auf ihren Inhalt vertrauen zu können. Somit ist nach der hier vertretenen Ansicht eine Öffnungsklausel im Rahmen des § 60 Abs. 3 AktG nicht zulässig, unabhängig davon, ob sie eine Öffnung bezüglich des Verteilungsmaßstabs selbst bewirkt oder lediglich die Entscheidung über die Anwendung eines anderen konkreten Verteilungsmaßstabs offen lässt.

Inhaltlich können im Rahmen des § 60 Abs. 3 AktG die unterschiedlichsten Gewinnverteilungsregelungen getroffen werden.[841] Bei einer bereits existenten Gesellschaft wäre für eine Änderung der Gewinnverteilung jedoch eine Satzungsänderung nötig, die gem. § 179 Abs. 2 AktG grundsätzlich eines mit der Mehrheit von drei Vierteln des vertretenen Grundkapitals gefassten Beschlusses der Hauptversammlung bedarf. Je nach Inhalt der geänderten Gewinnverteilung kann aufgrund des Individual- und Minderheitenschutzes[842] eine solche Mehrheit jedoch nicht ausreichend sein. Da der Anspruch des Aktionärs auf den Bilanzgewinn gem. § 58 Abs. 4 AktG das zentrale mitgliedschaftliche Vermögensrecht des Aktionärs darstellt,[843] folgt aus der Kernbereichslehre bei nachträglicher Beschränkung des Gewinnanspruchs die Notwendigkeit der Zustimmung aller betroffenen Aktionäre.[844]

C. Die verdeckte Gewinnausschüttung

Der Begriff „verdeckte Gewinnausschüttung" beschreibt den Fall, dass die Gesellschaft dem Aktionär außerhalb der gesetzlich vorgesehenen Situationen Gesellschaftsvermögen zukommen lässt. In der Regel schließt in diesem Zusammenhang die Gesellschaft mit ihrem Aktionär ein Drittgeschäft ab, das die Vermögensverschiebung verdecken soll. Dabei ist einer Gesellschaft das Unterhalten rechtsgeschäftlicher Beziehungen zu ihren Aktionären durchaus gestattet.[845] Erst der konkrete Inhalt des Rechtsgeschäfts macht es zu einer verdeckten

---

841 *Henze* in AktG Großkomm, § 60 Rn. 20; *Drygala* in KölnerKomm AktG, 3. Aufl., § 60 Rn. 24. Statutarische Gewinnverteilungsregeln mögen zwar häufig im Zusammenhang mit Vorzugsaktien stehen, zwingend ist dies allerdings nicht. Eine Beispiel für eine relativ komplexe Gewinnverteilung findet sich in § 21der Satzung der Metro AG in der Fassung vom 8.5.2013.

842 Siehe dazu in diesem Kapitel unter 4. Teil: § 1D, Seite 118 ff.

843 *Henze* in AktG Großkomm, § 58 Rn. 85.

844 So zumindest die herrschende Meinung, vgl. *Bayer* in MünchKomm AktG, § 60, Rn. 19; *Henze* in AktG Großkomm, § 58 Rn. 89, und § 60 Rn. 21; *Hüffer*, § 60 Rn. 8; *Drygala* in KölnerKomm AktG, 3. Aufl., § 60 Rn. 28.

845 *Henze* in AktG Großkomm, § 57 Rn. 35.

Gewinnausschüttung. Eine solche besteht – allgemein ausgedrückt – in einem Geschäft zwischen Gesellschaft und Aktionär, dessen Konditionen von der Aktionärsstellung beeinflusst werden und somit nicht den Konditionen gegenüber einem beliebigen Dritten entsprechen.[846] Für die Angemessenheit der Konditionen ist jedoch nicht die alleinige Vorteilhaftigkeit des Geschäfts für den Aktionär relevant.[847] Maßgeblich ist vielmehr ein sog. Drittvergleich, d. h., ob dasselbe Geschäft mit einem Nichtaktionär als Vertragspartner zu anderen Konditionen abgeschlossen worden wäre.[848] Ob das Geschäft eine Verfügung über nicht ausschüttungsfähiges Vermögen beinhaltet, ist dabei irrelevant, da nach deutschem Recht nicht allein die Einlagenrückgewähr (§ 57 Abs. 1 AktG), sondern jegliche Vermögenszuwendung an Aktionäre außerhalb des Bilanzgewinns untersagt ist (§ 57 Abs. 3 AktG). Insofern ist ein dem Drittvergleich nicht standhaltendes Geschäft stets als verdeckte Gewinnausschüttung zu qualifizieren.[849]

Beim Drittvergleich ist jedes einzelne Geschäft anhand objektiver Kriterien zu beurteilen und auf ein objektives Missverhältnis zwischen Leistung und Gegenleistung zum Nachteil der Gesellschaft zu untersuchen.[850] Allerdings ist dabei ein je nach Geschäftssituation unterschiedlicher Ermessensspielraum der Gesellschaft zu berücksichtigen.[851] Dieser geht gegen null, wenn etwa die Gesellschaft eine am Markt handelbare Leistung erwirbt. Verkauft sie hingegen eine solche Leistung, besteht ein unternehmerisches Ermessen mit Blick auf eine gewisse Unterschreitung des Marktpreises. Werden Leistungen ausgetauscht, für die kein Marktpreis existiert, muss das Missverhältnis zwischen Leistung und Gegenleistung erheblich sein. Erst dann hätte die Gesellschaft ihren in diesem Fall erheblichen Ermessensspielraum überschritten. Aufgrund des Ermessensspielraums wird schließlich diskutiert, ob für die Qualifizierung als verdeckte Gewinnausschüttung auch das subjektive Bewusstsein der Gesellschaft vorhanden sein muss, eine Vermögenszuwendung an den Aktionär aufgrund seiner

846 *Henze* in AktG Großkomm, § 57 Rn. 35.

847 *Bayer* in MünchKomm AktG, § 57 Rn. 33.

848 *Bayer* in MünchKomm AktG, § 57 Rn. 31.

849 *Lutter*, FS Ernst Stiefel, 505, 526.

850 Vgl. dazu *Bayer* in MünchKomm AktG, § 57 Rn. 37; *Henze* in AktG Großkomm, § 57 Rn. 40.

851 *Bayer* in MünchKomm AktG, § 57 Rn. 38 und 40; *Lutter*, FS Ernst Stiefel, 505, 528.

Aktionärseigenschaft vorzunehmen.[852] Die wohl überwiegende Ansicht in der Literatur lehnt dies jedoch ab.[853]

D. Der Dividendenanspruch des Aktionärs

Gemäß § 58 Abs. 4 AktG haben die Aktionäre Anspruch auf den Bilanzgewinn, soweit er nicht von der Verteilung an die Aktionäre ausgeschlossen ist. Die Norm bringt allein das allgemeine Recht des Aktionärs auf Gewinnbeteiligung zum Ausdruck,[854] das untrennbar mit der Mitgliedschaft verbunden ist.[855] Es entsteht erst mit ordnungsgemäßer Feststellung des einen Bilanzgewinn ausweisenden Jahresabschlusses.[856] Von diesem allgemeinen Gewinnbeteiligungsrecht ist der konkrete schuldrechtliche Anspruch des Aktionärs auf Dividendenzahlung zu unterscheiden. Da ohne Gewinnverwendungsbeschluss der Hauptversammlung eine Gewinnverteilung nicht feststeht, entsteht ein konkreter Anspruch auf Dividendenzahlung erst mit Wirksamkeit des Verwendungsbeschlusses.[857] Davor hat der einzelne Aktionär lediglich einen Anspruch auf Fassung eines Gewinnverwendungsbeschlusses unbestimmten Inhalts.[858] Der konkrete schuldrechtliche Anspruch auf Dividendenzahlung wird wie jeder andere schuldrechtliche Anspruch behandelt. Er besteht somit losgelöst von der Mitgliedschaftsstellung und kann vor allem nach den allgemeinen Regeln übertragen werden.[859] Die inhaltliche Konkretisierung bezüglich des Anspruchs des einzelnen Aktionärs erfolgt *ipso iure* gem. § 60 AktG.[860]

Beim Dividendenanspruch ist erneut auf die bereits beim Teilnahme- und beim Stimmrecht angesprochenen Sonderkonstellationen

852 Diese Meinung stützt sich auf die Tatsache, dass es der Gesellschaft – wie bereits erwähnt – erlaubt ist, unternehmerische Fehler zu machen, und dass ihr bei bestimmten Situationen unternehmerisches Ermessen eingeräumt wird. Vgl. *Wilhelm*, FS Werner Flume, 337, 379.

853 *Bayer* in MünchKomm AktG, § 57 Rn. 45, *Henze* in AktG Großkomm, § 57 Rn. 47; *Hüffer*, § 57 Rn. 11. Mit einer differenzierten Ansicht *Drygala* in KölnerKomm AktG, 3. Aufl., § 57 Rn. 88 ff.

854 *Bayer* in MünchKomm AktG, § 58 Rn. 97; *Henze* in AktG Großkomm, § 58 Rn. 85.

855 *Henze* in AktG Großkomm, § 58 Rn. 86.

856 *Henze* in AktG Großkomm, § 58 Rn. 87.

857 *Bayer* in MünchKomm AktG, § 58 Rn. 103; *Henze* in AktG Großkomm, § 58 Rn. 94; *Drygala* in KölnerKomm AktG, 3. Aufl., § 58 Rn. 132.

858 *Drygala* in KölnerKomm AktG, 3. Aufl., § 58 Rn. 127.

859 *Henze* in AktG Großkomm, § 58 Rn. 94.

860 *Bayer* in MünchKomm AktG, § 58 Rn. 103.

einzugehen. Unproblematisch sind die Fälle der Rechtsgemeinschaft und der Sicherungsübereignung. Der Anspruch auf Dividendenzahlung steht der Rechtsgemeinschaft bzw. dem Sicherungsnehmer zu. Auch wenn im Rahmen der Sicherungsabrede Anderweitiges vereinbart wird, hat dies für das Außenverhältnis gegenüber der Gesellschaft keinerlei Bedeutung. Die Verpfändung der Aktie wirkt sich nicht auf die Teilnahme- und Stimmberechtigung des Aktionärs aus.[861] Dieser bleibt grundsätzlich[862] auch Inhaber des Anspruchs auf Dividendenzahlung.[863] Beim Nießbrauch hingegen steht der Anspruch auf Zahlung einer Dividende dem Nießbraucher zu.[864] Je nachdem, welcher Ansicht hinsichtlich der Auswirkungen des Nießbrauchs auf das Teilnahme- und Stimmrecht gefolgt wird,[865] können Teilnahme- und Stimmrecht einerseits und Dividendenanspruch andererseits auseinanderfallen.

§ 2 Spanien

Mit Blick auf die mögliche rechtliche Ausgestaltung eines Präsenzbonus in Deutschland ist ein Blick auf die spanischen Regelungen zur Kapitalerhaltung und auf die einzelnen Formen der Zuwendungen an Aktionäre sinnvoll. Dabei kann sich die Darstellung der Kapitalerhaltungsregeln (A.) nahezu auf die Wiedergabe der Normen beschränken, da diese auf europäischen Vorgaben beruhen und sich somit von der deutschen Regelung nicht unterscheiden. Ausführlicher ist im Anschluss auf die verschiedenen Möglichkeiten von Zuwendungen der Gesellschaft an die Aktionäre (B.) sowie auf den Aspekt der verdeckten Zuwendungen (C.) einzugehen.

---

861 Vgl. dazu in diesem Kapitel unter 5. Teil: § 1A.III., Seite 138 ff.

862 Anders wäre dies nur, wenn ausdrücklich ein Nutzungspfandrecht gem. § 1213 Abs. 1 BGB vereinbart wäre. Aufgrund der regelmäßigen Unverbrieftheit von Aktien richtet sich das Pfandrecht in der Regel nach den §§ 1273 ff. BGB. Gem. § 1273 Abs. 2 BGB ist die in § 1213 Abs. 2 BGB enthaltene gesetzliche Vermutung zum Vorliegen eines Nutzungspfandrechts bei Aktienverpfändungen nicht anwendbar.

863 *Hoffmann*, WM 2007, 1547, 1553; *Stupp*, DB 2006, 655, 656. Diesbezüglich leicht missverständlich ist die Aussage von *Semler* in MünchHdb AG § 38 Rn. 2, wo es heißt: „*Dem Pfandgläubiger steht nur das Recht auf Dividendenbezug und das Verwertungsrecht zu.*"

864 *Butzke*, HV der AG, Kapitel C Rn. 8; *Frank* in Staudinger BGB, Anh zu §§ 1068 f., Rn. 110.

865 Vgl. dazu in diesem Kapitel unter 5. Teil: § 1A.III., 138 ff.

A. *Die Regeln zur Kapitalerhaltung*

Das Prinzip der Kapitalerhaltung (*retención patrimonial*) ist an verschiedenen Stellen im Gesetz verankert.[866] Unter anderem ist es in den Regeln zur Gewinnverwendung gem. Artt. 273 ff. LSC enthalten, die für die vorliegende Arbeit relevant sind. Bei der Gewinnverwendung findet sich die maßgebliche Norm in Art. 273.2 S. 1 LSC, der sinngemäß lautet:[867] Nach Berücksichtigung der in Gesetz und Satzung vorgesehenen Verwendungen ist die Zahlung von Dividenden zu Lasten des Nettogewinns (*beneficio del ejercicio*)[868] oder der frei verfügbaren Rücklagen nur möglich, sofern das Nettovermögen[869] das Grundkapital nicht unterschreitet bzw. es als Folge der Zahlung unterschreiten würde.

Die Gewinnverwendung wird somit zunächst durch den Vorrang gesetzlich oder statutarisch vorgesehener Verwendungen begrenzt. Eine derartige gesetzliche Verwendung sieht etwa der dritte Satz von Art. 273.2 LSC vor und verlangt den Ausgleich vorheriger Verluste, sofern das Nettovermögen das Grundkapital unterschreitet. Obwohl das Gesetz selbst nur von Grundkapital spricht, erfasst der Begriff zudem die gesetzlich oder statutarisch normierten, nicht frei verfügbaren Rücklagen.[870] Weitere gesetzlich vorgeschriebene Verwendungen finden sich in Art. 273.3 und 4 LSC, die Rücklagen für die Kosten der Forschung und

---

866 So etwa in den Artt. 134 bis 158 LSC im Zusammenhang mit dem Erwerb eigener Aktien, bei durch die Gesellschaft gewährter finanzieller Unterstützung sowie bezüglich wechselseitiger Beteiligungen der Gesellschaft. Ausdruck findet das Prinzip auch in den Regelungen zur Vermögensminderung aufgrund erwirtschafteter Verluste, vgl. Artt. 327 und 363.1.e) LSC.

867 Art. 273.2 Satz 1: „*Una vez cubiertas las atenciones previstas por la ley o los estatutos, sólo podrán repartirse dividendos con cargo al beneficio del ejercicio, o a reservas de libre disposición, si el valor del patrimonio neto no es o, a consecuencia del reparto, no resulta inferior al capital social.*"

868 Die Begriffe „*beneficio de ejercicio*" und „*beneficio neto*" bringen das Gleiche zum Ausdruck (*Massaguer Fuentes*, Noticias UE, Nr. 152, 1997, 43). Definiert wird der Begriff „*beneficio neto*" als Überschuss des Nettovermögens auf der Aktivseite der Bilanz über das Grundkapital und die Rücklagen auf der Passivseite der Bilanz (*García Luengo/Soto Vázquez*, Comentarios y jurisprudencia LSA, 852 f.; *Massaguer Fuentes*, Noticias UE, Nr. 152, 1997, 43; *Sánchez Calero*, Principios Derecho Mercantil, 295).

869 „Nettovermögen" wird definiert als das gesamte auf der Aktivseite der Bilanz ausgewiesene Vermögen abzüglich des auf der Passivseite ausgewiesenen Fremdkapitals (*Espín Gutiérrez*, Capital y patrimonio neto, 453, 480).

870 *Boquera Matarredona* in Comentarios LSA, Art. 213, 2058; *García Luengo/Soto Vázquez*, Comentarios y jurisprudencia LSA, 851.

Entwicklung bzw. für den in der Bilanz ausgewiesenen Firmen- und Geschäftswert (*fondo de comercio*) vorsehen. Schließlich sieht Art. 274.1 LSC die Bildung der sog. gesetzlichen Rücklage vor und verlangt die Einstellung von 10 Prozent des Jahresergebnisses, bis die Rücklage 20 Prozent des Grundkapitals erreicht hat.

Erst nach Erfüllung sämtlicher gesetzlich auferlegter Verwendungen sind die statutarisch festgelegten Verwendungen zu berücksichtigen.[871] Hierunter sind z. B. die in der Satzung vereinbarten Vorteile zugunsten von Gründern und Förderern der Gesellschaft gem. Art. 27.1 LSC einzuordnen. Des Weiteren kann die Satzung die Bildung von an einen speziellen Zweck gebundenen oder ungebundenen Rücklagen vorsehen. Vor einer Gewinnverteilung sind zudem die privilegierten Aktien gem. Art. 95 LSC zu berücksichtigen, sofern die in der Satzung festgelegte Privilegierung aus einem Anspruch auf Vorzugsdividende besteht. Schließlich ist an dieser Stelle der in der Satzung festgelegte Vorzug für stimmrechtslose Vorzugsaktien gem. Art. 99 LSC zu nennen.

Dass die Einhaltung der gesetzlichen und statutarischen Beschränkungen der Hauptversammlung auferlegt wird, ist Folge der Regelungen zur Feststellung des Jahresabschlusses. Dieser wird gem. Art. 253.1 LSC vom Verwaltungsrat formuliert. Bei dieser Formulierung handelt es sich jedoch allein um einen Entwurf. Im Unterschied zum deutschen Regelfall erfolgt die Feststellung des Jahresabschlusses gem. Art. 272.1 LSC stets durch die Hauptversammlung. Erst mit der Feststellung gilt der Jahresabschluss als endgültig.[872] Anders als im deutschen Recht, bei dem die Hauptversammlung erst nach Feststellung des Jahresabschlusses und bei Vorliegen eines Bilanzgewinns entscheiden kann, fällt nach spanischem Recht die Entscheidung über die Verwendung des gesamten Jahresergebnisses in die Kompetenz der Hauptversammlung, wenngleich sie aufgrund des Vorrangs der gesetzlichen und statutarischen Vorgaben erneut nur bezüglich der Verwendung des Nettogewinns frei in ihrer Entscheidung ist.

Die zweite sich aus Art. 273.2 LSC ergebende Beschränkung verbietet die Verteilung des Nettogewinns oder der frei verfügbaren Rücklagen, sofern dadurch das Nettoaktivvermögen das Grundkapital der Gesellschaft zuzüglich der

---

871 *Boquera Matarredona* in Comentarios LSA, Art. 213, 2061.

872 *Boquera Matarredona* in Comentarios LSA, Art. 213, 2060; *Sánchez Calero*, Principios Derecho Mercantil, 285.

nicht frei verfügbaren, gesetzlich oder statutarisch festgelegten Rücklagen unterschreiten würde.[873]

B. Gewinnverteilung an die Aktionäre

Dem Wortlaut des Art. 273.2 LSC lassen sich lediglich zwei Verwendungsmöglichkeiten für den Nettogewinn entnehmen: die Verteilung des Gewinns an die Aktionäre als Dividende sowie seine freiwillige Einstellung in Rücklagen. Daneben ist jedoch auch ohne ausdrückliche Nennung im Gesetz die Vortragung des Gewinns möglich.[874] Ebenso können Teile des Nettogewinns zugunsten Dritter verwendet werden, sofern der der Gesellschaft entzogene Betrag nur einem prozentual moderaten Teil des Nettogewinns entspricht.[875] Vor Beschluss einer Dividendenausschüttung steht dem Aktionär nur ein abstraktes Recht auf Gewinnbeteiligung zu.[876] Im Einzelfall kann jedoch auch dieses abstrakte Recht bei unterlassener Gewinnausschüttung an die Aktionäre verletzt werden, sodass eine Anfechtung des Verwendungsbeschlusses gem. Art. 204.1 LSC möglich ist. Dies wurde zumindest für die Fälle bejaht, in denen über Jahre keinerlei Gewinnausschüttung erfolgte und sich dies nicht mit dem Wohl der Gesellschaft rechtfertigen ließ.[877] Die Aufteilung des ausgeschütteten Nettogewinns auf die einzelnen Stammaktionäre legt Art. 275.2 LSC zwingend fest.[878] Demnach

873 *García Luengo/Soto Vázquez*, Comentarios y jurisprudencia LSA, 851.
Eine Beschränkung enthält zudem Art. 273.2 Satz 2 LSC. Sie beruht jedoch ausschließlich auf der Bilanzierungsmöglichkeit, Aktivvermögen zum aktuellen Wert ansetzen zu können. Daraus resultierende Buchgewinne werden von der Verteilung ausgenommen (*Boquera Matarredona* in Comentarios LSA, Art. 213, 2065).

874 Im sog. Plan General de Contabilidad (vgl. Real Decreto 1514/2007, de 16 de noviembre, por el que se aprueba el Plan General de Contabilidad, BOE Nr. 278, 20.11.2007, 47402 ff.) sind zumindest Gewinnvorträge (*remanente*) als Position auf der Passivseite einer Bilanz genannt, vgl. Suplemento del BOE Nr. 278, 50.

875 *Boquera Matarredona* in Comentarios LSA, Art. 213, 2064.

876 STS de 19 de marzo de 1997, Sala Primera, Fundamento de Derecho 1; *García Luengo/Soto Vázquez*, Comentarios y jurisprudencia LSA, 854.

877 STS de 26 de mayo de 2005, Sala Primera, Fundamento de Derecho 1 spricht von „acutación abusiva". SAP de Madrid de 7 de octubre de 2005, Fundamento de Derecho 2 formuliert die entscheidende Frage so: „[El acuerdo] *está justificado a los ojos del derecho o por el contrario es un acuerdo puramente arbitrario de quienes integran la mayoría del capital social a espaldas del socio minoritario.*" Vgl. auch *Sánchez Calero*, Principios Derecho Mercantil, 298.

878 *Boquera Matarredona* in Comentarios LSA, Art. 215, 2077.

verteilt sich der Betrag entsprechend dem auf die gezeichneten Aktien eingezahlten Grundkapital.

C. Irreguläre Zuwendungen an die Aktionäre

Die Thematik der irregulären Zuwendungen hat in Spanien nicht die in Deutschland anzutreffende Beachtung erfahren.[879] Zudem ist der Inhalt der spanischen Diskussion breiter und befasst sich nicht hauptsächlich mit durch vertragliche Absprachen verdeckten Gewinnausschüttungen. Beides kann man auf den Unterschied zurückzuführen, dass das spanische Recht keine dem § 57 Abs. 1 und 3 AktG entsprechende Norm enthält.[880] Das spanische Gesetz verbietet nicht ausdrücklich jegliche Zuwendung von Gesellschaftsvermögen an die Aktionäre außerhalb der Verteilung des Bilanzgewinns. Folglich muss eine Zuwendung an die Aktionäre nicht zwangsläufig durch vertragliche Absprachen verdeckt werden, sondern auch die Zulässigkeit offener, nicht im Rahmen der Gewinnverteilung erfolgter Zuwendungen wird diskutiert. Aus diesem Grund erscheint der Begriff „irreguläre Verwendungen" für die spanische Situation besser gewählt.

Allgemein formuliert geht es in der spanischen Diskussion um die rechtliche Zulässigkeit von Zuwendungen an Aktionäre, die außerhalb der gesetzlich geregelten Verfahren erfolgen, einen Vorteil für den Aktionär beinhalten[881] und bei denen die Motivation für diese Vorteilsgewährung auf der Aktionärsstellung beruht.[882] Dabei ist Ausgangspunkt der Überlegungen, dass Vermögenszuwendungen an die Aktionäre außerhalb der gesetzlich explizit geregelten Fälle nicht generell verboten sind. Vielmehr sind sie im Umkehrschluss zulässig, wenn ihnen nicht sonstige gesetzliche Regelungen oder Prinzipien entgegenstehen, was regelmäßig von der einzelnen konkreten Zuwendung abhängen wird.

---

879 *Paz-Ares*, RGD Nr. 577–578, 1992, 10079, 10085.

880 *Paz-Ares*, RGD Nr. 577–578, 1992, 10079, 10089; *Vaquerizo Alonso*, RDM Nr. 230, 1998, 1455, 1481.

881 Darunter ist eine Verminderung des Aktivvermögens der Gesellschaft zu sehen, entweder durch Fehlen einer Gegenleistung generell oder durch Fehlen einer äquivalenten Gegenleistung. Im letzteren Fall wird zur Bestimmung des Vorteils wie im deutschen Recht auf einen ordentlichen Kaufmann abgestellt und ein Drittvergleich angestellt (*Vaquerizo Alonso*, RDM Nr. 230, 1998, 1455, 1470 f.).

882 Vgl. für eine Definition des Begriffs „irreguläre Zuwendungen" *Vaquerizo Alonso*, RDM Nr. 230, 1998, 1455, 1463.

Irreguläre Zuwendungen werden zunächst an der gesetzlichen Kompetenzverteilung gemessen.[883] So wird bisweilen in Zuwendungen, die ohne Gegenleistung erfolgen, eine Verletzung der Hauptversammlungskompetenz zur Gewinnverteilung gesehen.[884] Dies kann jedoch nicht ohne Einschränkungen bejaht werden, sondern kann zunächst nur bei durch die Verwaltung der Gesellschaft veranlassten Zuwendungen gelten. Daneben ist im Hinblick auf durch die Verwaltung gewährte Spenden und kleinere Geschenke eine Ausnahme zu machen. Ihre Zulässigkeit ist anerkannt, obwohl sie eine Vermögenszuwendung an Aktionäre ohne Gegenleistung darstellen.[885] Schließlich kann im spanischen Recht auch nicht von einer ausschließlichen Kompetenz der Hauptversammlung bei der Gewinnverteilung gesprochen werden. Gemäß Art. 277 LSC kann auch die Verwaltung eine Abschlagszahlung auf den Gewinn (*cantidades a cuenta de dividendos*) beschließen.[886] Bei einer solchen Zahlung handelt es sich jedoch eindeutig um Dividenden.[887] *Vaquerizo Alonso*[888] sieht daher irreguläre Zuwendungen nicht zwingend im Konflikt mit der gesetzlichen Kompetenzverteilung.

Grundlegende Prinzipien, an die sich irreguläre Vermögenszuwendungen halten müssen, sind jedoch die Kapitalerhaltung und die Gleichbehandlung. Das Prinzip der Kapitalerhaltung beruht auf der RiLi 77/91/EWG, nunmehr ersetzt und neugefasst durch RiLi 2012/30/EU, die den Schutz der Gesellschaftsgläubiger verfolgt, indem „*insbesondere untersagt wird, daß das Kapital durch nicht geschuldete Ausschüttungen an die Aktionäre verringert wird, und indem die Möglichkeit einer Gesellschaft, eigene Aktien zu erwerben, begrenzt wird.*“[889]

---

883 Gerade im Hinblick auf diesen Einwand wird häufig zwischen direkten Zuwendungen und Zuwendungen in Form vorteilhafter Verträge unterschieden. Früher wurden beide Gruppen durch die Theorie des Doppelgeschäfts (*doble contrato*) gleichgestellt. Der für den Aktionär vorteilhafte Vertrag wurde in zwei Rechtsgeschäfte aufgespalten: in einen Vertrag mit ausgeglichener Gegenleistung sowie in eine Zuwendung ohne Gegenleistung. Mittlerweile hat sich jedoch die Ansicht durchgesetzt, dass eine solche Aufteilung sich i. d. R. nicht aus dem Willen der Vertragsparteien ableiten lässt und somit reine Fiktion ist (vgl. *Paz-Ares*, RGD Nr. 577–578, 1992, 10079, 10087; *Sánchez Andrés*, RGD Nr. 584, 1993, 4701, 4749).

884 In diese Richtung *Paz-Ares*, RGD Nr. 577–578, 1992, 10079, 10089.

885 *Vaquerizo Alonso*, RDM Nr. 230, 1998, 1455, 1476.

886 Nach der engeren deutschen Regelung ist gem. § 59 Abs. 1 AktG eine Ermächtigung des Vorstands durch die Satzung erforderlich.

887 Vgl. auch *Massaguer Fuentes*, Dividendos a cuenta, 28.

888 *Vaquerizo Alonso*, RDM Nr. 230, 1998, 1455, 1477 und 1479.

889 So die RiLi 77/91/EWG zu Beginn in den Gründen für die Erlassung einer europäischen Regelung.

Zwar begrenzen die einzelnen Regelungen die Verfügung über das Gesellschaftsvermögen nur in bestimmten Bereichen, aufgrund des klar formulierten Ziels des Gläubigerschutzes ist die Kapitalerhaltung jedoch als allgemeines Prinzip auf sämtliche Formen eines Vermögensabflusses an die Aktionäre anzuwenden.[890] Seitdem der Grundsatz der Gleichbehandlung in Art. 97 LSC ausdrücklich genannt ist, erlangt auch dieses Prinzip allgemeine Gültigkeit bezüglich sämtlicher Maßnahmen gegenüber einem Aktionär[891] und muss bei einer irregulären Vermögenszuwendung beachtet werden.[892]

890 *Paz-Ares*, RGD Nr. 577–578, 1992, 10079, 10090 f.: *Vaquerizo Alonso*, RDM Nr. 230, 1998, 1455, 1489. So auch die überwiegende Ansicht in der deutschen Literatur, vgl. *Fleischer*, ZGR Sonderheft Nr. 17, 114, 120; *Habersack/Verse*, Europäisches Gesellschaftsrecht, § 6 Rn. 34, jeweils mit weiteren Nachweisen. Zur Gegenansicht mit Literaturnachweisen vgl. *Fleischer*, ZGR Sonderheft Nr. 17, 114, 118 f.

891 Vgl. dazu bereits in diesem Kapitel unter 4. Teil: § 2B, Seite 131.

892 *Paz-Ares*, RGD Nr. 577–578, 1992, 10079, 10090 f.: *Vaquerizo Alonso*, RDM Nr. 230, 1998, 1455, 1494.

3. Kapitel: Die Einführung eines Präsenzbonus in Deutschland

Die im ersten Kapitel festgestellten abweichenden Präsenzen lassen sich möglicherweise zum Teil auf leicht unterschiedliche Aktionärsstrukturen zurückführen. Erkenntnis des zweiten Kapitels ist eine weitestgehende Konvergenz zwischen den für Hauptversammlungen maßgeblichen deutschen und spanischen Regelungen. Geringe Unterschiede zeigen sich allein in den Vorschriften zum Teilnahme- und Stimmrecht, konkret in den möglichen Teilnahmebeschränkungen durch das Fordern einer Mindestanzahl an Aktien sowie in den verschiedenen Vertretungsregelungen. Möglicherweise führen auch diese Unterschiede partiell zu abweichenden Präsenzen. Diese Unterschiede können jedoch keine Abweichungen in den durchschnittlichen Präsenzen von etwa 20 Prozent erklären. Dies erschient umso unwahrscheinlicher, als die im ersten Kapitel dargestellte Studie positive Auswirkungen der *prima de asistencia* auf die Präsenzquoten belegt. Folglich ist im dritten Kapitel der Frage nachzugehen, ob in Deutschland ein Präsenzbonus als Instrument zur Stärkung des Organs Hauptversammlung in Betracht gezogen werden sollte. Mit der Beantwortung dieser Frage stehen die Sinnhaftigkeit einer erzielten Präsenzsteigerung sowie die Bewertung anderer Möglichkeiten zur Präsenzsteigerung im Zusammenhang. Diese Fragen werden zu Beginn dieses Kapitels (1. Teil) behandelt. Eine Bonuseinführung ist ferner wesentlich mit der Frage nach ihrer rechtlichen Zulässigkeit bzw. ihrer Ausgestaltbarkeit im gegebenen Rechtsrahmen verbunden. Dieser Frage will dieses Kapitel nachgehen. Um dabei Erkenntnisse aus dem Instrument der *prima de asistencia* berücksichtigen zu können, soll es zunächst aus rechtlicher Sicht vorgestellt und erläutert werden (2. Teil), bevor sich daran die Frage nach einer zulässigen Ausgestaltung eines Präsenzbonus in Deutschland anschließt (3. Teil). Den Abschluss bildet eine Zusammenfassung der gewonnenen Erkenntnisse und ihre Bewertung (4. Teil).

1. Teil: Steigerung der Präsenz durch Präsenzbonus

Bisher wurde gezeigt, dass die Präsenzen auf den Hauptversammlungen spanischer Gesellschaften höher ausfallen und dies nicht vollends ohne den Gebrauch der *prima de asistencia* erklärt werden kann. Ob eine Präsenzerhöhung, die durch die Gewährung eines Bonus erreicht wird, sinnvoll ist angesichts der mit niedrigen Präsenzen verbundenen Probleme, ist jedoch bisher offen geblieben.

Auf diese Frage ist in diesem Abschnitt einzugehen (A.). Der Präsenzbonus ist zudem nicht die einzige diskutierte Möglichkeit zur Stärkung der Hauptversammlung. Insofern sollen die anderen Maßnahmen ebenfalls kurz betrachtet werden (B.).

§ 1 Sinnvolle Präsenzsteigerung durch Bonuszahlung

Die Untersuchung hat zwei Sachverhalte aufgezeigt: Zum einem wurde deutlich, dass die heutige Einstellung eines Großteils des Aktionariats zu seiner Gesellschaft geprägt ist von Desinteresse an dem Verlauf der Geschehnisse innerhalb der Gesellschaft und sich allein auf die Stellung des reinen Investors reduziert, der einen ökonomischen Vorteil aus seiner Beteiligung ziehen will.[893] Ziel der bisherigen gesetzgeberischen Maßnahmen war stets die Vereinfachung von Teilnahme und Stimmabgabe durch Senkung des Aufwands und Eliminierung von Hindernissen. Die aktuelle gesetzliche Regelung zeigt, dass der Aufwand für die Stimmrechtsausübung gegen null geht und auch sonstige Hindernisse weitestgehend eliminiert wurden.[894] Dennoch haben die bisherigen Maßnahmen die Präsenzen auf den Hauptversammlungen deutscher Gesellschaften nicht erhöht, was das Desinteresse des Aktionariats verdeutlicht.

Zum anderen folgt aus der bisherigen Untersuchung, dass eine Präsenzsteigerung allein dann sinnvoll erscheint, wenn sie aus der Teilnahme zahlreicher dem Bereich des *free float* zuzurechnender professioneller institutioneller Investoren resultiert. Als wesentliche Probleme niedriger Präsenzen wurden die Gefahr von Zufallsmehrheiten, die fehlende Legitimationswirkung der Hauptversammlung und die Gefahr unzureichender Kontrolle der Unternehmensführung beschrieben. Jede hohe Präsenz bannt zwar die Gefahr einer Zufallsmehrheit und beseitigt zudem das Problem der fehlenden Legitimation, aus ihr folgt jedoch nicht zwangsläufig die Möglichkeit einer verbesserten Unternehmenskontrolle durch die Aktionäre. Um diese zu verbessern, kommt der Zusammensetzung einer hohen Hauptversammlungspräsenz entscheidende Bedeutung zu, denn

---

893 Mit Blick auf den institutionellen Investor bringt es *Roncero Sánchez*, Inversores institucionales, 665, 683, auf den Punkt: „*En principio, la finalidad que orienta la inversión realizada por cualquiera de estas instituciones es la búsqueda de la máxima rentabilidad asumiendo un nivel de riesgo aceptable. Esa preocupación actúa tanto como orientador de los criterios de selección de la inversión como definidor de su estrategia de participación en las sociedades en las que invierten.* [...] *el inversor institucional actúa como un puro accionista-inversor: no participa en la sociedad ni ejerce sus derechos como accionista; su única preocupación es la rentabilidad.*“

894 So auch *Noack*, BB 2005, Heft 42, Die erste Seite.

die bisherigen Darstellungen haben verdeutlicht, dass eine wirksame Kontrolle durch die Anteilseigner und der Ausgleich der widerstreitenden Interessen unter den Aktionären am besten durch eine möglichst breite Verteilung der Macht erreicht wird.[895] Im Interesse einer verbesserten Unternehmenskontrolle sollte das teilnehmende Aktionariat zudem die Fähigkeiten für eine „intelligente" Stimmabgabe mitbringen und sich mit den anstehenden Beschlussgegenständen auseinandersetzen.[896] Hieran wird deutlich, dass das primäre Ziel einer präsenzsteigernden Maßnahme nicht das Animieren von Klein- und Kleinstaktionären sein kann. Dass deren sehr zahlreiche Teilnahme die Gesellschaften zudem vor unlösbare logistische Probleme stellen würde, ist offensichtlich. Eine präsenzsteigernde Maßnahme muss daher auf professionelle institutionelle Investoren mit geringer prozentualer Beteiligung abzielen. Selbst wenn diesen die notwendige Kenntnis und Expertise für eine intelligente Kontrolle fehlen sollte, ist aufgrund ihrer professionellen Tätigkeit von einem hohen Informationsstand und Versiertheit auszugehen, die von den anderen Aktionärstypen nicht übertroffen wird.

Die entscheidende Frage lautet somit, ob die Aussicht auf den Erhalt eines Präsenzbonus etwas an der Passivität jener Investoren ändern würde. Die in Spanien mit der *prima de asistencia* gemachten Erfahrungen scheinen diese Frage zu bejahen. Dies ist durchaus auch nachvollziehbar. Der aus der Aktionärsbeteiligung für einen reinen Investor folgende Nutzen drückt sich ausschließlich in monetären Werten aus.[897] Dies dürfte bei institutionellen Investoren besonders ausgeprägt sein. Da dieser Aktionärsgruppe auch andere Wege der Einflussnahme offenstehen, sind die übrigen in der Aktie verbrieften Rechte von geringerem Wert. Bei einem institutionellen Anleger wird in aller Regel die Wertsteigerung im Vordergrund stehen, da er Anleger repräsentiert, deren Interesse auf Vermögensmehrung, zumindest auf Vermögenserhalt, gerichtet ist. Die *prima de asistencia* und auch ein möglicher Präsenzbonus setzen an jenem Streben nach monetären Vorteilen an und verknüpfen es mit dem Aspekt der Teilnahme und Stimmabgabe. Bezogen auf die institutionellen Investoren scheint bereits ein

895 In diese Richtung auch *Garrido/Rojo*, Capital Markets and Company Law, 434; *Roth*, ZIP 2003, 369, 375.

896 Ob und wie Letzteres erreichen werden kann, ist eine Frage der Ausgestaltung eines Präsenzbonus, sodass dort auf diesen Punkt eingegangen wird (vgl. in diesem Kapitel unter 3. Teil: § 1, Seite 201 ff.).

897 So auch *Beusch*, FS Winfried Werner, 15: „*Das Interesse des Aktionärs* [richtet] *sich in erster Linie auf die Aktie und erst in zweiter Linie auf das Schicksal der durch sie wirtschaftlich repräsentierten Aktiengesellschaft.*"

geringer nomineller Betrag pro Aktie auszureichen.[898] Diese Aussage wird zumindest durch die Erfahrungen mit der *prima de asistencia* in Spanien belegt,[899] wo signifikante Teilnahmezuwächse bei Aktionären aus dem Bereich des *free float* durch Zahlung weniger Cent pro Aktie erreicht werden. Insoweit haben sich die bisherigen Maßnahmen des Gesetzgebers als sinnvoll erwiesen. Der Großteil des Aktionariats bleibt zwar aufgrund mangelnden Interesses und nicht wegen der Kosten der Rechtsausübung der Hauptversammlung fern. Je niedriger jedoch der Aufwand für Teilnahme und Stimmrechtsausübung und somit der Aufwand zur Erfüllung möglicher Bonusvoraussetzungen ist, desto geringer kann auch der geleistete Bonus ausfallen und dennoch das Interesse des Investors wecken. Bei institutionellen Investoren mag noch hinzukommen, dass diese den von ihnen repräsentierten Privatanlegern gegenüber kaum rechtfertigen könnten, dass sie sich einen durch geringen Aufwand erzielbaren Zusatzverdienst entgehen lassen.[900] Fallen diese Investoren als Kapitalverwaltungsgesellschaften in den Anwendungsbereich des Kapitalanlagegesetzbuchs, ist zudem § 94 Abs. 1 S. 3 KAGB zu berücksichtigen. Nach dieser Norm soll die Gesellschaft das Stimmrecht aus Aktien von inländischen Gesellschaften selbst ausüben. Ob die Sollvorschrift eine generelle Pflicht zur Stimmrechtsausübung beinhaltet, ist umstritten.[901] Bejaht wird eine Pflicht jedoch dann, wenn sich aus den zu entscheidenden Angelegenheiten Nachteile für die Anleger ergeben könnten.[902] Insofern dürften sich Kapitalverwaltungsgesellschaften auch vor dem Hintergrund des § 94 KAGB zur Teilnahme an einer prämierten Hauptversammlung veranlasst sehen. Daher ist von einem Präsenzbonus durchaus eine erhöhte Beteiligung der institutionellen Anleger zu erwarten.[903]

Gegen eine Bonuszahlung ließe sich einwenden, dass sich die Gesellschaft das Interesse ihrer Aktionäre letztlich erkaufen würde und die uninteressierten Aktionäre allein mit Blick auf den Erhalt der Bonuszahlung an der Hauptversammlung teilnehmen. Bei Weiterbestehen des Desinteresses der Aktionäre wäre eine

---

898 Hinweise dahingehend, dass ein Bonus ökonomisch unmöglich ist, weil er die Transaktionskosten des Kleinanlegers ausgleichen müsse und somit nicht bezahlbar wäre (so z. B. *Lenz*, NZG 2006, 534, 535), verfehlen den Kern des Problems, da nicht beachtet wird, welche Aktionäre durch den Bonus animiert werden sollen.

899 Vgl. dazu im 1. Kapitel unter 2. Teil: § 3A, Seite 71 ff.

900 So auch *Dauner-Lieb*, WM 2007, 9, 10; *Noack*, BB 2005, Heft 42, Die erste Seite.

901 Vgl. dazu *Schmitz* in InvG, § 32 Rn. 10 zu der Vorgängernorm aus dem InvG.

902 *Schmitz* in InvG, § 32 Rn. 10.

903 Diese Einschätzung teilt auch *Hopt*, Handelsblatt vom 24.01.2007, 19, wobei ihm das Motivieren institutioneller Anleger nicht erstrebenswert erscheint.

erhöhte Unternehmenskontrolle durch die Aktionäre zweifelhaft. Die Argumentation gleicht jener, die gegen eine staatliche Wahlpflicht angeführt wird. Wäre der politisch uninteressierte Bürger gezwungen zu wählen, würde er seinem Ärger über die Pflicht durch Enthaltung oder gar durch das Wählen von Protestparteien Luft machen. Eine Verfälschung des Wahlergebnisses wäre die Folge.[904] Mag die Argumentation in Bezug auf eine Wahlpflicht verfangen, auf die Zahlung eines Präsenzbonus ist sie nicht übertragbar. Ein relativ geringer Bonus pro Aktie würde vor allem die dem *free float* zugehörigen institutionellen Investoren ansprechen, mithin Personen mit einer geringeren prozentualen Beteiligung. Nominell bedeutet eine geringere prozentuale Beteiligung an einer börsennotierten Gesellschaft jedoch in der Regel ein durchaus erhebliches Investment. Das mit dem erheblichen Investment verbundene finanzielle Interesse mag ohne Bonuszahlung den Investor zwar nicht zur Beteiligung in der Hauptversammlung bewegen, es dürfte ihn aber davon abhalten, unüberlegt seine Stimme abzugeben. Darüber hinaus wendet sich der Bürger mit Abgabe einer Proteststimme vom Staat ab. Eine derartige Abkehr kommt für den Investor schon aufgrund des investierten Kapitals jedoch nicht in Betracht. Er ist die Investition freiwillig eingegangen, woraus eine größere Identifizierung mit der Gesellschaft folgen dürfte. Auch ist das Gewicht der Proteststimme eines derartigen Investors in der Hauptversammlung größer als das der einzelnen Wählerstimme. Schließlich folgt aus dem Ergebnis einer politischen Wahl keine Entscheidung zu konkreten Fragen. Abstimmungen in der Hauptversammlung hingegen beinhalten zumeist Entscheidungen, die sich unmittelbar auf die Gesellschaft auswirken. Insofern ist eine unbedachte Stimmabgabe nicht zu erwarten.[905]

§ 2 Andere Möglichkeiten zur Erhöhung der Präsenz

Bereits heutzutage gibt das Aktiengesetz den Gesellschaften Möglichkeiten an die Hand, Zufallsmehrheiten zu vermeiden. Einer Aktiengesellschaft steht es insbesondere offen, gem. § 133 Abs. 1 Hs. 2 AktG sowohl für einzelne Beschlussgegenstände als auch ganz allgemein die Mehrheitserfordernisse zu verschärfen.[906]

---

904 So etwa *Lane*, Political Life, 342 f. Vgl. auch *Spindler*, GR in Diskussion, 31, 55, der meint, die Einführung eines Präsenzbonus führe zu Verzerrungen der Entscheidungen.

905 Das mangelnde Interesse und die fehlende Einbindung, die wesentliche Voraussetzung für die Argumentation von *Lane*, Political Life, 343, ist, liegt gerade nicht vor.

906 *Grundmann* in AktG Großkomm, § 133 Rn. 115, *Hüffer*, § 133 Rn. 15, *Schröer* in MünchKomm AktG § 133 Rn. 53. Grundsätzlich zulässig wäre auch die Einführung

Hierbei dürfte es sich um eine eher theoretische Möglichkeit handeln, denn eine allgemeine Erhöhung der Mehrheitsvoraussetzungen wäre mit einer Schwerfälligkeit verbunden, die in letzter Konsequenz auch zur Handlungsunfähigkeit des Organs Hauptversammlung führen könnte.[907] Gerade Publikumsgesellschaften sind als in die Zukunft gerichtete, nach vorne offene Verbände[908] anzusehen, die zudem auf ihre Attraktivität für Anleger achten müssen. Für sie kommen daher Verschärfungen beim Abstimmungsmechanismus aus praktischen Gründen nur in beschränktem Umfang in Betracht, wollen sie nicht das Risiko einer „Selbstfesselung" eingehen.

Eine andere Möglichkeit liegt in der Verpflichtung der Aktionäre zur Teilnahme an der Hauptversammlung oder gar zur Stimmabgabe. Entsprechende Gedanken in diese Richtung finden sich bei *Schneider/Burgard*.[909] Die Autoren kommen zu dem Ergebnis, dass eine solche Pflicht in der Satzung festgeschrieben werden könnte. Allerdings weisen sie zu Recht darauf hin, dass mit der Pflicht eine Sanktionsmöglichkeit bei Verletzung verbunden sein müsse, und schlagen eine Bindung des Anspruchs auf Gewinnbeteiligung an die Teilnahme in der Hauptversammlung vor.[910] Gegen diesen Vorschlag ergeben sich Bedenken. Der Erfolg einer solchen Pflicht hängt zwangsläufig von der Verteilbarkeit eines Gewinns ab. Ferner würde ein diesbezüglicher Beschluss zur Satzungsänderung wohl die Zustimmung sämtlicher Aktionäre voraussetzen.[911] Auch erwiese sich die Einführung einer statutarischen Teilnahmepflicht als unflexibel. Eine Koppelung der Teilnahmepflicht an den Anspruch auf Gewinnbeteiligung

---

eines Einstimmigkeitserfordernisses für alle Entscheidungen (*Zöllner*, Schranken mitgliedschaftlicher Stimmrechtsmacht, § 10 Fn. 6 und 93 f.).

907 *Zöllner*, Schranken mitgliedschaftlicher Stimmrechtsmacht, 94, der die Verbindung zwischen Erhaltung des Status quo und Einstimmigkeit einerseits und zwischen Verfolgung des Verbandszwecks und Mehrstimmigkeit andererseits darstellt. Daraus folgt: Je höher die Mehrheitsanforderungen sind, desto stärker wird die Zweckverfolgung in den Hintergrund gedrängt und die Unveränderlichkeit bestärkt.

908 Zu diesem Begriff siehe etwa *Lutter*, AcP 180, 92, der damit zum Ausdruck bringt, dass es der Natur der Aktiengesellschaft entspricht, einen Großteil auch der wesentlichen Fragen erst im Laufe ihres Verbandslebens zu entscheiden.

909 *Schneider/Burgard*, FS Karl Beusch, 783, 797.

910 *Schneider/Burgard*, FS Karl Beusch, 783, 798.

911 Vgl. ausführlich zur Notwendigkeit einer Zustimmung aller Aktionäre in diesem Kapitel unter 3. Teil: § 2A.II.1.c, Seite 1 ff. sowie unter 3. Teil: § 2B.II.1, Seite 222 ff.

rückt sie zudem stark in die Nähe des Instruments Präsenzbonus, stellt aber den weitaus stärkeren Eingriff in die Aktionärsposition dar.[912]

Auch der in jüngerer Vergangenheit gemachte Vorschlag der „Gesamtkapitalabstimmung“[913] stellt keinen gangbaren Weg zur Verbesserung der Präsenzen dar, da keine Willenserklärung der abwesenden Aktionäre vorliegt.[914] Unter Gesamtkapitalabstimmung ist die Wertung aller Stimmen als Ja-Stimmen zu verstehen, die nicht explizit als Nein-Stimmen oder Enthaltungen abgegeben werden. Von ihr werden jedoch auch die Stimmen jener Aktionäre erfasst, die nicht auf der Hauptversammlung vertreten sind. Die Stimmabgabe durch den Aktionär stellt eine Willenserklärung dar,[915] die als objektiver Komponente eines Erklärungstatbestands bedarf.[916] Da sich die abwesenden Aktionäre nicht äußern, wäre eine stillschweigende Willenserklärung anzuerkennen. Unter diesen Terminus fallen die konkludente Willenserklärung sowie das sog. beredte Schweigen.[917] Beides kann vorliegend nicht angenommen werden. Ein konkludenter Erklärungstatbestand wird angenommen, wenn das Verhalten einer Person einen mittelbaren Schluss auf einen bestimmten Rechtsfolgewillen jener Person erlaubt.[918] Das Nichterscheinen bei der Hauptversammlung erlaubt jedoch nicht zwingend den Schluss, dass der Aktionär dem zur Abstimmung stehenden Beschlussgegenstand zustimmen will. Vielmehr kann eine Vielzahl von Gründen den Aktionär von der Teilnahme abhalten. Auch der Hinweis auf

---

912 Wird die Beteiligung am Gewinn im vollen Umfang von der Teilnahme oder Stimmabgabe abhängig gemacht, entfällt das in der Aktie verkörperte Gewinnbeteiligungsrechts in seiner jetzigen Form. Insofern müsste eine Bindung des Gewinnanspruchs an die in der Satzung enthaltene Pflicht mit Art. 14 GG vereinbar sein.

913 Für diesen Vorschlag *Robert Koehler*, Vorsitzender des Vorstands der SGL Carbon AG, in einem Artikel in der Zeitschrift Finanzplatz, September 2006, „Die Einbeziehung des gesamten Kapitals in die Hauptversammlungsabstimmung ist Chance für Aktionäre und Unternehmen zugleich“, S. 20.

914 Ebenso in einem Interview *Krieger*, in der Börsen-Zeitung vom 13.07.2005, „Wenig Schutz für Unternehmen vor schädlichen Minderheitseinflüssen“ – Dividendenbonus für Stimmrechtsabgabe „würde HV-Präsenzen verbessern“, Recht und Kapitalmarkt, Seite 2.

915 So schon das RG, Urteil vom 16.9.1927 – II. Zivilsenat 21/27, in RGZ 118, 67, 69, und auch der BGH, Urteil vom 14.7.1954 – II ZR 342/53, in BGHZ 14, 264, 267.

916 *Ellenberger* in Palandt BGB, Einf von § 116 Rn. 7.

917 *Ellenberger* in Palandt BGB, Einf von § 116 Rn. 7 f.

918 *Armbrüster* in MünchKomm BGB, Vor § 116 Rn. 6.

die Subtraktionsmethode bei Auszählung der Stimmen hilft nicht weiter,[919] denn bei dieser Methode handelt es sich allein um eine rechnerische Erleichterung.[920] Bei gegebener Teilnehmerzahl werden nach Auszählung der Stimmen für zwei von drei Kategorien – Zustimmung, Enthaltung, Ablehnung – die Stimmen für die dritte Kategorie durch Subtraktion ermittelt. Die Substraktionsmethode beinhaltet daher nicht die Annahme eines Erklärungstatbestands. Selbst wenn ein solcher angenommen würde, wären die objektiven Umstände andere. Ein anwesender Aktionär mag konkludent seine Ablehnung erklären, sofern er zuvor weder Zustimmung noch Enthaltung geäußert hat. Doch lägen für diese Annahme weitaus mehr Anhaltspunkte vor als die bloße Abwesenheit.

Auch die Variante des beredten Schweigens verfängt nicht. Damit dem Schweigen ein Erklärungswert beigemessen werden kann, muss dieses als Erklärungszeichen vereinbart bzw. anerkannt sein.[921] Ohne ausdrückliche Vereinbarung ist die Anerkennung beispielsweise dann anzunehmen, wenn der Angestellte eine Äußerung tätigt und der anwesende Geschäftsinhaber nicht widerspricht. Insofern lässt sich keine klare Grenze zur konkludenten Willenserklärung ziehen.[922] Aus der reinen Abwesenheit des Aktionärs lässt sich Entsprechendes nicht herleiten. Da das Gesetz Schweigen in diesem Fall nicht als Erklärungszeichen anerkennt,[923] müsste dies in der Satzung ausdrücklich vereinbart werden. Dagegen steht jedoch die in § 23 Abs. 5 AktG stark eingeschränkte Satzungsfreiheit,[924] derzufolge vom Gesetz nur dann abgewichen werden kann, wenn das Gesetz selbst dies zulässt. Nach § 23 Abs. 5 S. 2 AktG darf das Gesetz nur in den Fällen ergänzt werden, in denen es keine abschließende Regelung enthält. Auf eine ausdrückliche Regelung zur Bewertung der Stimmen nicht erschienener Aktionäre verzichtet das Gesetz, es enthält jedoch Regelungen über die Ausübung des Stimmrechts.[925] Aus § 134 AktG in Verbindung mit § 118 Abs. 1 S. 1 AktG folgt,

---

919 Für *Koehler* (Fn. 913) ist die Anerkennung der Subtraktionsmethode ein maßgebliches Argument.

920 BGH, Beschluss vom 19.9.2002 – V ZB 37/02, in BGHZ 152, 63, 67.

921 *Jauernig* in BGB, Vor § 116 Rn. 9.

922 So auch *Kramer* in MünchKomm BGB, Vor § 116 Rn. 22.

923 Denkbar wäre wohl, dass das Gesetz in einer Norm statuiert, dass die Abwesenheit bei der Hauptversammlung als Zustimmung zu werten ist. Beispiele, in denen Schweigen kraft Gesetz einen Erklärungsgehalt zuerkannt wird, sind etwa §§ 108 Abs. 2 S. 2, 177 Abs. 2 S. 2 BGB, § 362 Abs. 1 S. 1 2. Hs. HGB.

924 Ausführlich zur Satzungsstrenge siehe im 2. Kapitel unter 2. Teil: § 1C., Seite 97 ff.

925 Ausführlicher zum Stimmrecht und dessen Ausübung siehe im 2. Kapitel unter 5. Teil: § 1A., Seite 133 ff.

dass das Stimmrecht grundsätzlich in der Hauptversammlung ausgeübt werden muss, solange das Gesetz nichts anderes bestimmt. In § 118 Abs. 2 AktG ist die Stimmabgabe außerhalb der Hauptversammlung anerkannt, während § 118 Abs. 1 S. 2 AktG die Teilnahme ohne physische Anwesenheit betrifft. Alle Varianten setzen ein Tätigwerden des Aktionärs zwingend voraus. Bloße Untätigkeit als Stimmabgabe zu werten, stellt daher eine Abweichung vom Gesetz dar, ohne dass sie vom Gesetz an anderer Stelle erlaubt wäre.

Abgesehen von der bezweifelten rechtlichen Zulässigkeit würde eine derartige Stimmenbewertung auch das Prinzip der Aktionärsherrschaft auf den Kopf stellen. Eine Unternehmenskontrolle durch die Aktionäre würde entfallen,[926] denn mit abnehmender Präsenz stiege die Zustimmung zu den Beschlussvorschlägen der Verwaltung. Die Verwaltung wäre nicht mehr gehalten, um die Zustimmung der Aktionäre für ihre Vorschläge zu werben. Von Aktionärsherrschaft und Aktionärsdemokratie könnte nicht mehr gesprochen werden.

Der Gesetzgeber sowie die Regierungsparteien der 17. Legislaturperiode haben sich verschiedentlich positiv gegenüber der Möglichkeit der Einführung einer Treuedividende geäußert, durch die langfristiges Engagement der Aktionäre belohnt und gefördert werden soll. In seiner Beschlussempfehlung zum Grünbuch der Kommission 2011[927] äußerte der Rechtsausschuss des Deutschen Bundestages, dass die Einführung einer Treuedividende überlegenswürdig sei.[928] In einem Entschließungsantrag der Fraktionen CDU/CSU und FDP zur Aktienrechtsnovelle 2012[929] wird die Bundesregierung unter ausdrücklichen Hinweis auf die Treuedividende dazu aufgefordert *„in der nächsten Wahlperiode* [...] *auch auf nationaler Ebene geeignete Maßnahmen für eine verbesserte Incentivierung des langfristigen Eigentümerengagements bei börsennotierten Aktiengesellschaften zu prüfen.“*

Die Treuedividende als Incentivierungsform weist gewisse Parallelen zum Dividendenbonus auf. Die Incentivierung erfolgt monetär und ist am Aktionärsverhalten ausgerichtet. Durch die monetäre Ausrichtung dürfte auch sie insbesondere für institutionelle Anleger interessant sein. Die Treuedividende greift den in Kapitel 1 unter 1. Teil, § 2 D. beschriebenen Aspekt auf, dass die Exit-Option in der Regel kein wirksamer Sanktionsmechanismus der Aktionäre ist, sondern massiver Druck des Kapitalmarkts bisweilen womöglich zu überhastetem und unüberlegten Handeln führt. Wenngleich der Vorschlag der

926 So auch *Krieger*, Fn. 914.

927 Vgl. Fn. 3.

928 BT-Drs. 17/6506, 6.

929 BT-Drs. 17/14239, 3.

Treuedividende somit in die richtige Richtung geht, greift er doch zu kurz, da die Treuedividende kein aktives Verhalten von Aktionären fordert. Der Aktionär wird daher nicht dazu incentiviert, sich vor jeder Hauptversammlung mit den Beschlussgegenständen auseinanderzusetzen. Vielmehr ist zu erwarten, dass ein Bezieher der Treuedividende so lange sich ruhig verhält und der Unternehmensführung unbeteiligt gegenüber steht, wie er eine ausreichende Dividendenrendite von der Gesellschaft erhält. Eine frühzeitige Kontrolle durch aktives Handeln der Aktionäre wird durch die Treuedividende daher nicht erreicht. Diese Unzulänglichkeit der Treuedividende scheinen auch ihre Befürworter zu kennen, wenn es im Entschließungsantrag heißt „*Verantwortung ist wohl schwer zu incentivieren* [...].“ Aus den zuvor dargestellten Gründen[930] dürfte bei institutionellen Investoren mit kleinere prozentualer Beteiligung jedoch allein die Incentivierung zu aktivem Handeln erforderlich sein, ein verantwortungsvolles Handeln dieser Investoren wäre dann nahezu eine automatische Folge.

2. Teil: Die *prima de asistencia* als Modell für einen Präsenzbonus

Die Untersuchung hat gezeigt, dass die *prima de asistencia* zu einer Steigerung der Hauptversammlungspräsenzen geführt hat und dass eine solche auch durch einen Präsenzbonus erreicht werden kann. Bei der Frage der rechtlichen Ausgestaltung eines solchen Präsenzbonus wird zunächst eine rechtliche Betrachtung des spanischen Instruments vorgenommen, um die dabei gewonnenen Erkenntnisse bei den sich anschließenden Überlegungen berücksichtigen zu können. Die rechtliche Betrachtung der *prima de asistencia* unterteilt sich dabei in zwei Abschnitte. Zunächst ist die Ausgestaltung des Instruments in der spanischen Unternehmenspraxis zu betrachten (§ 1). Daran anschließend wird die Diskussion hinsichtlich ihrer rechtlichen Zulässigkeit nach spanischem Recht dargestellt (§ 2).

§ 1 Die inhaltliche Ausgestaltung der *prima de asistencia*

Die Zahlung der *prima de asistencia* ist keinen speziellen gesetzlichen Regeln unterworfen. Für ihre inhaltliche Ausgestaltung ist dementsprechend einziger Anhaltspunkt die Ankündigung der Gewährung des Instruments durch die Gesellschaft in der Einberufung zur Hauptversammlung. Doch selbst jene Ankündigungen geben bisweilen wenig Aufschluss darüber, welcher Aktionär unter

930 Vgl. hierzu in diesem Kapitel unter 1. Teil: § 1, Seite 176 ff.

welchen Voraussetzungen einen Anspruch auf die Bonuszahlung hat. So heißt es sinngemäß in einem Fall von Iberdrola,[931] dass die *prima de asistencia* den anwesenden oder vertretenen Aktionären zusteht, sofern sie ihre Anwesenheit oder Vertretung vorschriftsmäßig nachweisen. Im Fall der Einladung zur Hauptversammlung von Duro Felguera[932] wird noch knapper angekündigt, dass 0,02 Euro pro anwesender oder vertretener Aktie bezahlt werden. Die Ankündigung von Endesa ist zwar ausführlicher, doch folgen auch aus ihr keine genauen Voraussetzungen. Dort heißt es sinngemäß,[933] dass die in irgendeiner Form – persönlich, durch Vertretung oder durch Stimmabgabe in Form der Briefwahl – an der Hauptversammlung teilnehmenden Aktionäre Anrecht auf die *prima de asistencia* haben, sofern die Aktien fünf Tage vor der Versammlung in das entsprechende Register für Sammelverwahrung eingetragen waren.

Diese Beispiele verdeutlichen, dass in der spanischen Unternehmenspraxis allein die Teilnahme der Aktionäre an der Hauptversammlung stets ausreichend für den Erhalt der *prima de asistencia* ist. Wobei bei Endesa Teilnahme nicht im juristischen Sinn zu verstehen ist, denn die ebenfalls erfasste Briefwahl gem. Art. 189.2 LSC dürfte nach der hier vertretenen Ansicht nicht als Teilnahme im juristischen Sinne gelten.[934] Zudem kommen gemäß den Beispielen allein Aktionäre als Empfänger der Zahlung in Betracht. Aufgrund anderer Rechtsbeziehungen zur Teilnahme Berechtigte[935] werden nicht als Begünstigte erfasst.

931 Vgl. die Einberufung zur Hauptversammlung von Iberdrola SA (BORME Nr. 37, 24.2.2010, 4001 ff.), wo es unter Información a la Junta, III heißt: „*La Sociedad abonará una prima de asistencia de 0,005 euros brutos por acción a los accionistas presentes o representados en la Junta general que hayan acreditado debidamente su asistencia o representación.*"

932 Vgl. Fn. 367.

933 Vgl. die Einberufung zur außerordentlichen Hauptversammlung von Endesa SA vom 6. August 2007 (BORME Nr. 151, 7.8.2007, 25959): „*Los accionistas que participen de cualquier forma en la Junta General, directamente, por representación o mediante voto a distancia, tendrán derecho a la percepción de una prima de asistencia de quince céntimos de euro brutos por acción (0,15 euros brutos por acción) siempre que las tengan inscritas en el correspondiente registro de anotaciones en cuenta con cinco días de antelación al previsto para la celebración de la Junta General en primera convocatoria.*"

934 Vgl. dazu im 2. Kapitel unter 5. Teil: § 2B, Seite 156 ff. Für die herrschende Meinung in Deutschland *Hüffer*, § 118 Rn. 15.

935 Beispielsweise Verwaltungsratsmitglieder, denen gem. Art. 180 LSC ein Recht zur Teilnahme an der Hauptversammlung zukommt.

Der Bezug auf das Teilnahmerecht des Aktionärs bedeutet für die verschiedenen Situationen Folgendes: Der Inhaber einer das Teilnahmerecht enthaltenden Aktie hat bei Ausübung des Rechts Anspruch auf die angekündigte *prima de asistencia*. Insofern werden von dem Instrument auch besondere Aktiengattungen, wie etwa privilegierte Aktien gem. Artt. 95, 498 f. LSC oder die rückerwerbbaren Aktien gem. Artt. 500 f. LSC, erfasst. Nichts anderes kann für die stimmrechtslosen Vorzugsaktien gem. Artt. 98 ff., 498 f. LSC gelten, da bei dieser Gattung allein das Stimmrecht, nicht aber das Teilnahmerecht ausgeschlossen ist.[936] Bei einer Sicherungsübereignung kommt nur dem Sicherungsnehmer das Teilnahmerecht und somit der Anspruch auf Erhalt der *prima de asistencia* zu. Im Fall des Nießbrauchs verbleibt gem. Art. 127.1 LSC bei fehlender anders lautender Regelung in der Satzung[937] das Teilnahmerecht beim Aktionär, dem Nießbrauchberechtigten steht die Dividende zu. Gleiches gilt gem. Art. 132.1 LSC für den Fall der Verpfändung. Die uneingeschränkte Bindung an die Teilnahme führt bei fehlender Satzungsregelung somit zu einem Auseinanderfallen von Anspruch auf Erhalt der *prima de asistencia* und Recht zum Dividendenbezug.[938] Kann bei Gemeinschaftseigentum gem. Art. 126 LSC das Teilnahmerecht allein von einem gemeinsamen Vertreter ausgeübt werden, steht im Außenverhältnis zur Gesellschaft allein dieser Person der Anspruch zu.

Bei eigenen Aktien bzw. bei von der Gesellschaft gehaltenen Aktien der Muttergesellschaft bestimmt Art. 148 a) LSC in seinem ersten Satz, dass diese Aktien keinerlei Verwaltungsrechte vermitteln. Für den Fall der an der Muttergesellschaft gehaltenen Aktien folgt daraus, dass die beherrschte Gesellschaft aus diesen Aktien kein Teilnahmerecht ableiten kann und somit ein Anspruch zum Bezug der *prima de asistencia* zu verneinen ist. Für eigene Aktien könnte sich aufgrund des zweiten Satzes des Art. 148 a) LSC jedoch ein anderes Ergebnis zeigen. Gemäß dieser Norm sind die Vermögensrechte aus eigenen Aktien proportional auf die übrigen Aktien zu verteilen. Anders als in Deutschland sind die Vermögensrechte somit nicht vorübergehend ausgeschlossen, sondern stehen lediglich anderen Berechtigten zu. Zudem erlangt in diesem Fall der Ausschluss des Teilnahmerechts keine Bedeutung, denn die Gesellschaft nimmt, vertreten durch ihre Organe, zwangsläufig an ihrer eigenen Hauptversammlung teil. Denkbar wäre also, den eigenen Aktien der Gesellschaft einen Anspruch auf Bezug der *prima de asistencia* zuzusprechen und jenen Betrag proportional

936 So auch *Farrando Miguel*, Primeras consideraciones sobre pirma, 292, 309.

937 Vgl. beispielsweise Art. 13 der Estatutos Sociales von Banco Español de Credito, S.A.

938 So auch *Farrando Miguel*, Primeras consideraciones sobre pirma, 292, 308.

auf die übrigen Bezugsberechtigten zu verteilen. Für eine solche Interpretation mag sprechen, dass die eigenen Aktien gem. Art. 148 b) LSC bei der Berechnung des konstitutiven Mindestquorums mitberücksichtigt werden und somit in gewisser Weise einen Beitrag zu einer erfolgreichen Hauptversammlung leisten. Allerdings nehmen von der Gesellschaft gehaltene eigene Aktien stets an der Hauptversammlung teil, eine Alternative existiert nicht. Vor allem hätte jedoch eine derartige Interpretation eine unnötige Zahlung an die teilnehmenden Aktionäre zur Folge, denn die späteren Teilnehmer der Hauptversammlung wissen im Vorfeld nicht, wie hoch die Teilnehmerquote letztlich sein wird. Insoweit können sie nur grob schätzen, welcher zusätzliche Betrag durch die proportionale Verteilung auf sie entfallen wird. Es erscheint unwahrscheinlich, dass diese proportionale Verteilung, zumal ungewiss in der exakten Höhe, zusätzliche Aktionäre zur Teilnahme an der Hauptversammlung animieren würde. In der Praxis berechtigen daher die eigenen Aktien der Gesellschaft auch nicht zum Bezug der *prima de asistencia*.[939]

Schließlich folgt aus den Ankündigungen als weitere Voraussetzung der Nachweis der Teilnahme gegenüber der Gesellschaft.[940] Da die Gesellschaften über die Form der Nachweiserbringung schweigen, ist davon auszugehen, dass dieser im Zusammenhang mit den Teilnehmerkarten sowie dem in der Versammlung erstellten Teilnehmerverzeichnis erbracht wird.

§ 2 Die rechtliche Einordnung der *prima de asistencia*

Obwohl das Instrument der *prima de asistencia* schon seit längerer Zeit existiert, findet sich im spanischen Gesellschaftsrecht keine Regelung hierzu. Weder die Regeln rund um die spanische Hauptversammlung noch die Vorschriften zur Feststellung des Jahresabschlusses bzw. zur Gewinnverteilung oder Kapitalerhaltung kennen das Instrument.[941] Lediglich in Normen aus dem Steuerrecht, auf die später noch näher eingegangen wird, taucht der Begriff „*prima de asistencia*" auf. Auch in der spanischen Rechtsprechung wurden Fragen zu diesem Thema aus dem Bereich des Gesellschaftsrechts soweit ersichtlich bisher

---

939 *Farrando Miguel*, Primeras consideraciones sobre pirma, 292, 310.

940 So zumindest die Einberufung zur Hauptversammlung von Iberdrola (Fn. 931), bei der es heißt: „*que hayan acreditado debidamente su asistencia o representación.*" Die Einschränkung von Edesa bezüglich der Eintragung der Aktien im Register gibt lediglich die allgemeine Voraussetzung für die Teilnahme gem. Art. 179.3 LSC wieder.

941 *Font Galán*, Homenaje Evelio Verdera y Tuells, 771, 791.

nicht behandelt. Gerichtsentscheidungen zu diesem Instrument finden sich lediglich bei steuerrechtlichen[942] und arbeitsrechtlichen[943] Streitfällen. Wenn die spanische Lehre versucht, das durch die Praxis geschaffene Instrument rechtlich einzuordnen, erfolgt diese Einordnung allein aufgrund der inhaltlichen Ausgestaltung und der tatsächlichen Abläufe bei seiner Gewährung.

A. *Konfliktpotential der* prima de asistencia

Die vereinzelten Gerichtsentscheidungen zur *prima de asistencia* verdeutlichen, dass der Gebrauch des Instruments nicht frei von Konflikten ist. So vermutet auch *Font Galant*,[944] dass sein Gebrauch in der derzeit in Spanien angewandten Form bisweilen der verdeckten Gewinnausschüttung bzw. der Vermeidung einer Beteiligung der Arbeitnehmer am Gewinn dient. Die *prima de asistencia* hat eine Anreizfunktion mit dem Ziel, die Apathie der Aktionäre zu überwinden und sie zu einer Teilnahme an der Hauptversammlung zu animieren.[945] Das Bemühen um die Umkehrung der Apathie des Aktionariats ist legitim, weil Gesetzgeber auf europäischer und spanischer Ebene versuchen, Verbesserungen in diesem Bereich zu erzielen.[946] Allerdings sind die Auswirkungen einer solchen Zahlung vielfältig und tangieren vor allem Regelungen im Bereich des Gesellschaftsrechts. Die Gesellschaft selbst, die Verwaltungsratsmitglieder, die Arbeitnehmer, die Finanzbehörden, Wettbewerber der Gesellschaft sowie ihre Gläubiger sind Parteien mit in der Regel unterschiedlichen Interessen. Eine Vielzahl gesetzlicher Regelungen dient gerade dem Schutz von Einzelinteressen bzw. dem Ausgleich von Interessengegensätzen, so bei den Regeln zur Kapitalerhaltung.[947] Sofern die Gewährung des Instruments den Bereich derartiger Vorschriften tangiert, ohne diese allerdings zu beachten, besteht zumindest die Gefahr, dass der Gebrauch des Instruments auch der Verfolgung anderer, möglicherweise nicht zulässiger Ziele dient.

---

942 STS (Sala de lo Contencioso-Administrativo, Sección 3ª) de 3 de mayo de 1989, RJ\1989\3730 im Fall Hidroeléctrica de Cataluña, S. A., gegen Hacienda Pública.

943 SAN (Sala de lo Social), de 16 de abril de 1990, La Ley 1374/1990 im Fall Federación Estatal de Banca y Ahorro de CC.OO. gegen Banco Bilbao Vizcaya, S. A.

944 *Font Galán*, Homenaje Evelio Verdera y Tuells, 771, 772 und 773.

945 *Font Galán*, Homenaje Evelio Verdera y Tuells, 771, 772 und 792.

946 So auch *Font Galán*, Homenaje Evelio Verdera y Tuells, 771, 795. Vgl. zu den Gesetzesänderungen im 2. Kapitel unter 2. Teil: § 2, Seite 60 ff. Mit Blick auf den europäischen Gesetzgeber vgl. Fn. 217.

947 Vgl. dazu im 2. Kapitel unter 6. Teil: § 2A, Seite 169 ff.

Das Konfliktpotential wird in den zuvor angesprochenen Gerichtsurteilen deutlich. Im Fall Hidroeléctrica de Cataluña, S. A., gegen Hacienda Pública ging es um die Frage, ob die für die Zahlung der *prima de asistencia* aufgewendeten Summen für die Gesellschaft notwendige Kosten der Geschäftsführung und somit steuerlich vom Unternehmensgewinn abzusetzen seien.[948] Die Gesellschaft wollte eine steuerliche Berücksichtigung erreichen, während der Fiskus verständlicherweise den gesamten Gewinn besteuern wollte. Der Fall Federación Estatal de Banca y Ahorro de CC.OO., gegen Banco Bilbao Vizcaya, S. A., verdeutlicht die entgegenstehenden Interessen zwischen Aktionären und Arbeitnehmern. Bisweilen wird in spanischen Tarifverträgen eine Gewinnbeteiligung der Arbeitnehmer vereinbart, deren Höhe sich an der ausgeschütteten Dividende bemisst.[949] Daher musste das Gericht die Frage klären, ob die *prima de asistencia* bei der Berechnung der Gewinnbeteiligung zu berücksichtigen sei. In seinem Urteil lehnte das Gericht eine Berücksichtigung ab, da bei der Gewinnausschüttung weder der exakte Betrag bekannt gewesen sei, noch jeder Aktionär in den Genuss der Zahlung käme und daher die Zahlung keine Dividende darstelle.[950]

B. *Abgrenzung der* prima de asistencia *zu anderen Zuwendungen*

Die *prima de asistencia* stellt zwar nicht die einzige Zuwendungen der Gesellschaft an die Aktionäre außerhalb der Gewinnverteilung dar, mangels Vergleichbarkeit kann die Zulässigkeit der sonstigen Zuwendungen jedoch nicht auf sie übertragen werden. Oft wollen spanische Unternehmen ihren Aktionären das Erscheinen bei der Hauptversammlung mit kleineren Präsenten (*regalos* oder *obsequios*) „schmackhaft" machen.[951] Dabei sind neben Sachgeschenken auch Geldgeschenke denkbar.[952] Zumindest als zulässig anerkannt[953] sind zudem Zahlungen an die anwesenden Aktionäre, um deren Kosten für die Teilnahme an der Hauptversammlung – zumindest teilweise – zu kompensieren. Auch

948 *Font Galán*, Homenaje Evelio Verdera y Tuells, 771, 774.

949 *Font Galán*, Homenaje Evelio Verdera y Tuells, 771, 776 f.

950 SAN (Sala de lo Social), de 16 de abril de 1990, La Ley 1374/1990, Fundamento jurídico 4.

951 Vgl. etwa Punkt F in der Einladung zur Hauptversammlung von Ebro Puleva aus dem Jahr 2010 (Entrega de Obsequio) (BORME Nr. 81, 30.4.2010, 11549 ff.).

952 Nichts anderes stellen zumindest die in Frankreich zu findenden *jetons de présence* dar.

953 *Font Galán*, Homenaje Evelio Verdera y Tuells, 771, 797. Laut *Farrando Miguel*, Primeras consideraciones sobre pirma, 292, 305, sind derartige Kostenerstattungen in Spanien allerdings nicht anzutreffen.

Maßnahmen rund um eine Hauptversammlung wie etwa die Einrichtung eines kostenlosen Shuttleservices[954] oder das Angebot kostenloser Verpflegung sind als Zuwendungen der Gesellschaft an die Aktionäre einzustufen, denn diese Maßnahmen stellen für die Gesellschaft einen finanziellen Aufwand dar, der den Aktionären zugute kommt und diesen allein aufgrund der Aktionärsstellung gewährt wird.[955] Ziel all dieser Zuwendungen ist, dem Aktionär die Teilnahme an der Hauptversammlung so angenehm und einfach wie möglich zu machen. Schließlich erfolgen diese Zuwendungen ohne gesetzliche Regelung, stellen mithin sog. irreguläre Zuwendungen dar.[956] Insoweit sind sie somit mit der Zahlung einer *prima de asistencia* vergleichbar. Die Zulässigkeit dieser kleinen Geschenke und Aufmerksamkeiten wird von der Lehre jedoch nur anerkannt,[957] sofern folgende Voraussetzungen erfüllt sind:[958] Die Zuwendung muss von moderater Höhe sein und jedem anwesenden Aktionär gewährt werden. Zudem muss die Gesellschaft mit der Zuwendung ein eigenes Interesse verfolgen und darf durch die Gewährung der Zuwendung nicht gegen das Prinzip der Kapitalerhaltung verstoßen.

Drei der vier genannten Voraussetzungen dürften unmittelbar nachvollziehbar sein. Die Gesellschaft soll nur etwas „verschenken", wenn es ihrem eigenen Interesse dient. Selbstverständlich ist auch die Einhaltung gesetzlicher Prinzipien. Nachvollziehbar ist zudem die Voraussetzung, dass sich die Gesamtkosten in einem moderaten Rahmen bewegen sollen. Diese Voraussetzung wird man auf das Fehlen einer gesetzlichen Regelung zurückführen müssen. Bei einem moderaten Gesamtaufwand ist davon auszugehen, dass die Gewährung einer Zuwendung nicht zu den zuvor erwähnten Interessenkonflikten führt. Das Erfordernis, eine Zuwendung an eine Person und nicht an Aktien zu binden, dürfte hingegen nicht zwingend sein. Es ist wohl eher zwingende Folge des Bestrebens, die Gesamtkosten einer solchen Zuwendung in einem moderaten Rahmen zu halten. Zur Vermeidung einer Verletzung einzelner Parteiinteressen trägt es jedoch nicht bei. Allein darum geht es bei der Frage, ob eine in der Praxis ohne

954 Vgl. bspw. die Anmerkung am Ende der Einladung zur Hauptversammlung von Enagas aus dem Jahr 2010 (servicio de autobús) (BORME Nr. 56, 24.3.2010, 5983 ff.).

955 Vgl. zu diesen Voraussetzungen *Vaquerizo Alonso*, RDM Nr. 230, 1998, 1455, 1462 ff.

956 Vgl. dazu in 2. Kapitel unter 6. Teil: § 2C, Seite 172 ff.

957 *Vaquerizo Alonso*, RDM Nr. 230, 1998, 1455, 1476.

958 Bzgl. der folgenden Voraussetzungen *Font Galán*, Homenaje Evelio Verdera y Tuells, 771, 802 f.

gesetzliche Grundlage vorgenommene Zuwendung zulässig ist. Unabhängig von der Gewährung pro Kopf oder pro Aktie können die mit der *prima de asistencia* verbundenen absoluten Aufwendungen jedoch nicht als moderat eingestuft und die Zulässigkeit sonstiger Zuwendungen nicht auf die *prima de asistencia* übertragen werden.

C. Rechtliche Zulässigkeit von Zuwendungen in Form der prima de asistencia

Aus der fehlenden Vergleichbarkeit des Instruments mit den weiteren irregulären Zuwendungen folgt nicht die generelle Unzulässigkeit der Zahlung. Bevor sich dieser Thematik zugewandt wird, ist zunächst zu untersuchen, wie die Zahlung einer *prima de asistencia* rechtlich einzuordnen ist (I.). In diesem Zusammenhang ist auf die einzelnen gesetzlichen Regelungen des spanischen Steuerrechts sowie auf die Gerichtsentscheidungen und die sonstigen behördlichen Äußerungen im Zusammenhang mit der *prima de asistencia* einzugehen. Im Anschluss daran ist nach der rechtlichen Zulässigkeit des Instruments zu fragen (II.).

I. Rechtliche Einordnung der *prima de asistencia*

Die *prima de asistencia* ist gesellschaftsrechtlich als Rückzahlung von Gesellschaftsvermögen und nicht als Geschäftsführungsaufwand einzuordnen. Zudem ist dem Instrument die Dividendeneigenschaft abzusprechen. Die *prima de asistencia* hat im spanischen Steuerrecht – im Gegensatz zum spanischen Gesellschaftsrecht – bereits Beachtung gefunden. So taucht der Begriff etwa im spanischen Einkommenssteuerrecht[959] auf. Auch mit Blick auf Unternehmensgewinne haben sich die spanischen Steuerbehörden bereits mit diesem Instrument auseinandergesetzt.[960] Der gesetzlichen Regelung lässt sich entnehmen,

---

959 Art. 25 „Rendimientos íntegros del capital mobiliario" de la Ley del Impuesto sobre la Renta de las Personas Físicas (TRLIRPF), de 28 de noviembre de 2006: *„Tendrán la consideración de rendimientos íntegros del capital mobiliario los siguientes: 1. Rendimientos obtenidos por la participación en los fondos propios de cualquier tipo de entidad. Quedan incluidos dentro de esta categoría los siguientes rendimientos, dinerarios o en especie: a) Los dividendos, primas de asistencia a juntas y participaciones en los beneficios de cualquier tipo de entidad. [...] d) Cualquier otra utilidad, distinta de las anteriores, procedente de una entidad por la condición de socio, accionista, asociado o partícipe."*

960 Die sog. *Subdirección General de Impuestos sobre las Personas Jurídicas* ist ein Teil des spanischen Finanzministeriums (*Ministero de Economía y Hacienda*) und gibt sowohl verbindliche als auch unverbindliche Stellungnahmen (*Consultas vinculantes/non vinculantes*) zum Bereich der Besteuerung juristischer Personen heraus.

dass steuerrechtlich die *prima de asistencia* als Einnahme aus einer Beteiligung verstanden wird, die dem Aktionär aufgrund seiner Aktionärsstellung zufließt. Allerdings verwendet das Gesetz sowohl den Begriff „Dividende" wie auch „*prima de asistencia*". Somit ist davon auszugehen, dass beide Zahlungen nicht gleichzusetzen sind. In seinem Urteil von 1989 hatte der spanische Tribunal Supremo[961] für das Steuerrecht die gesetzliche Normierung bereits vorgezeichnet: Er entschied, dass der Aufwand einer *prima de asistencia* nicht den Gewinn der gewährenden Gesellschaft schmälere. Das Instrument sei keine zur Gewinnerzielung notwendige Ausgabe. Da die Zahlung an die anwesenden Aktionäre aufgrund ihrer Aktionärsstellung geleistet werde, handele es sich bei ihr vielmehr um eine Rückzahlung von Gesellschaftsvermögen. Diese Ansicht wurde von den Steuerbehörden bestätigt. Auch die Subdirección General de Impuestos sobre las Personas Jurídicas[962] nannte in der von ihr abgegebenen verbindlichen Stellungnahme[963] die *prima de asistencia* eine Rückzahlung von Gesellschaftsvermögen. Darüber hinaus stellte sie weiter fest, dass sie nicht als Dividende einzustufen sei. Der Stellungnahme lag die Anfrage zu Grunde, ob die durch Zahlung der *prima de asistencia* erhaltenen Beträge bei der Vermeidung von Doppelbesteuerung abzugsfähig seien. Das spanische Steuerrecht sieht sinngemäß vor,[964] dass Dividenden oder Gewinnbeteiligungen, wenn sie bereits einer Besteuerung in Spanien unterworfen waren, beim Empfänger nicht in voller Höhe einer erneuten Besteuerung unterliegen. Nach Einschätzung der Behörde stellt die *prima de*

961 STS (Sala de lo Contencioso-Administrativo, Sección 3ª), de 3 de mayo de 1989, RJ\1989\3730, Fundamento jurídico 2: „*No puede discutirse el hecho de que el pago de primas por asistencia a Junta General Extraordinario de accionistas, sea una retribución de capital. Lo que determina esta calificación es que se abone a quienes tienen el carácter de accionistas, sean todos o parte de ellos, y es evidente que aunque no asistan a la Junta convocada la totalidad de accionistas, los que asisten lo hacen con el carácter de tales, y lo que por este concepto perciben es, precisamente por ser accionista y asistir a la Junta.*"

962 Vgl. diesbezüglich Fn. 960.

963 Consulta vinculante V2254-05 de la Subdirección General de Impuestos sobre las Personas Jurídicas, erlassen am 7.11.2005.

964 Art. 28.1 „Deducción para evitar la doble imposición interna: Dividendos y plusvalías de fuente interna" de la Ley 43/1995 del Impuesto sobre Sociedades (TRLIS), de 27 de diciembre de 1995:
„*Cuando entre las rentas del sujeto pasivo se computen dividendos o participaciones en beneficios de otras entidades residentes en España se deducirá el 50 por 100 de la cuota íntegra que corresponda a la base imponible derivada de dichos dividendos o participaciones en beneficios.*"

asistencia keine Dividende oder Gewinnbeteiligung i. S. der steuerrechtlichen Norm dar. Eine Gewinnbeteiligung oder eine Dividende setzen die Feststellung eines Jahresabschlusses und einen Gewinnverwendungsbeschluss voraus. An beiden fehle es bei der *prima de asistencia*. Auch die Audiencia Nacional hat in einem Urteil aus dem Bereich des Arbeitsrechts die Einstufung als Dividende abgelehnt.[965]

Obwohl diese Aussagen zur *prima de asistencia* nicht aus dem Bereich des Gesellschaftsrechts stammen, sind sie jedoch auf dieses übertragbar. Die jeweiligen Begründungen beinhalten keinen speziellen steuerrechtlichen Hintergrund. Ihnen liegt vielmehr die Tatsache einer Zahlung seitens der Gesellschaft an die Aktionäre zugrunde und sie stellen allgemeingültig fest, dass diese Zahlungen gerade aufgrund der Aktionärseigenschaft erfolgen. Da die Artt. 272 und 273 LSC und somit das Gesellschaftsrecht selbst den Jahresabschluss und Gewinnverwendungsbeschluss zur Voraussetzung einer Dividende machen, folgt die Verneinung der Dividendeneigenschaft der *prima de asistencia* aus dem Gesellschaftsrecht selbst.[966]

II. Überlegungen zur rechtlichen Zulässigkeit

Die *prima de asistencia* ist somit als Zahlung von Gesellschaftsvermögen an die Aktionäre zu werten, die aufgrund der Aktionärsstellung erfolgt und keinerlei Regelung unterliegt. Damit erfüllt die Zahlung sämtliche Merkmale, die für eine Einstufung als irreguläre Zuwendung erforderlich sind.[967] Es stellt sich nunmehr die Frage nach der rechtlichen Zulässigkeit dieser konkreten irregulären Zuwendung. Diese ist zu bejahen, wenn ihr nicht gesetzliche Regelungen oder allgemein gültige Prinzipien entgegenstehen.

1. Gesetzliche Kompetenzverteilung

Die gesetzliche Kompetenzverteilung steht der Zulässigkeit der *prima de asistencia* nicht entgegen, da die Entscheidung über ihre Gewährung in die Zuständigkeit der Verwaltung fällt. Diesbezüglich ist vor folgendem Hintergrund zunächst die Möglichkeit einer Annexkompetenz[968] der Verwaltung zu diskutieren. Gemäß

965 Vgl. Fn. 950.

966 So auch *Font Galán*, Homenaje Evelio Verdera y Tuells, 771, 782, hinsichtlich der Einstufung als Rückzahlung von Kapitalvermögen.

967 Vgl. zu den Merkmalen irregulärer Zuwendungen im 2. Kapitel unter 6. Teil: § 2C, Seite 172 ff.

968 Zu Annexkompetenzen in der AG allgemein vgl. *Fleischer/Wedemann*, GmbHR 2010, 449 ff.

Artt. 164.1, 166 LSC muss die Verwaltung einmal im Jahr eine Hauptversammlung einberufen. Für eine wirksame Konstituierung ist gem. Artt. 193, 194 LSC eine bestimmte Teilnahmequote erforderlich. Ohne ausdrückliche Nennung im Gesetz wird man der Verpflichtung zur Durchführung einer Hauptversammlung eine Kompetenz der Verwaltung dahingehend entnehmen können, die für die Durchführung der Versammlung erforderlichen Maßnahmen zu treffen. Die wohl unbestrittene Kompetenz des Vorstands zur Anmietung einer geeigneten Versammlungsörtlichkeit, zur Tätigung von Ausgaben für die Verpflegung der Aktionäre u. Ä. wird rechtlich als derartiger Ausfluss der Durchführungspflicht einzustufen sein. Da in Spanien ein Mindestquorum für die wirksame Konstituierung existiert und die *prima de asistencia* eine Animierung der Aktionäre zur Teilnahme verfolgt, ließe sich das Instrument in unmittelbaren Zusammenhang zu der Durchführung der Hauptversammlung bringen. Trotz dieses Zusammenhangs ist eine Annexkompetenz zur Gewährung der *prima de asistencia* jedoch abzulehnen. Denn anders als etwa die Anmietung einer Örtlichkeit wird die *prima de asistencia* nicht als unerlässliche Voraussetzung für die Durchführung einer Hauptversammlung anzusehen sein.[969] Sie fällt auch nicht wie das Catering in den weiteren Bereich der Durchführung. Beim Mindestquorum handelt es sich zudem um eine vom Gesetzgeber aufgestellte Hürde mit der bewusst einkalkulierten Möglichkeit des Scheiterns der Konstituierung. Eine darauf fußende Annexkompetenz wäre daher letztlich widersprüchlich.

Entsprechend der obigen Ausführungen zu den Kompetenzen der Verwaltung[970] wird die Gewährung der *prima de asistencia* allerdings von der generellen Zuständigkeit in Geschäftsführungsangelegenheiten umfasst.[971] Diese kommt bei Ermangelung einer gesetzlichen Kompetenzzuweisung in Frage und findet ihre Grenze im in der Satzung festgelegten Unternehmensgegenstand. Eine anderweitige gesetzliche Kompetenz läge im Fall der *prima de asistencia* in der Zuständigkeit der Hauptversammlung für die Gewinnverteilung in Form von Dividenden, wenn die Zahlung als Dividendenzahlung einzustufen wäre. Dies kann nicht bereits mit Hinweis auf die oben genannte Einschätzung der Subdirección General verneint werden, die die Dividendeneigenschaft wegen Fehlens des Jahresabschlusses und des Beschlusses zur Gewinnverwendung verneint.

---

969 So etwa der 1. Leitsatz der Entscheidung BVerfG, Urteil vom 27.10.1998 – 1 BvR 2306/96, in BVerfGE 98, 265. Dazu, dass die aus dem Staatsorganisationsrecht stammenden Voraussetzungen grundsätzlich auch im Gesellschaftsrecht gelten, *Fleischer/Wedemann*, GmbHR 2010, 449, 454.

970 Vgl. dazu im 2. Kapitel unter 3. Teil: § 2B, Seite 110 ff.

971 Vgl. dazu im 2. Kapitel unter 3. Teil: § 2B, Seite 110 ff.

Denn eine Kompetenzverletzung hätte gerade deren Fehlen zur Folge. Dennoch liegt aus zwei Gründen eine Dividendenzahlung nicht vor:[972] Zum einen steht die *prima de asistencia* nicht allen gewinnberechtigten Aktionären zu, sondern lediglich den an der Hauptversammlung teilnehmenden. Die Aufteilung des ausgeschütteten Nettogewinns auf die einzelnen Stammaktionäre legt Art. 275.2 LSC zwingend fest.[973] Die Norm sieht dabei nicht die Möglichkeit vor, den Verteilungsmaßstab für die Gewinnverteilung an die Stammaktionäre abweichend zu regeln. Zum anderen ist für den Erhalt der *prima de asistencia* ein aktives Verhalten seitens der Aktionäre erforderlich. Am Gewinn wird der Aktionär gem. Art. 93 a) LSC jedoch allein aufgrund seiner Aktionärsstellung beteiligt, ohne dass weitere Voraussetzungen erfüllt sein müssen.

Zudem überschreitet die Gewährung der *prima de asistencia* nicht die Grenze des Unternehmensgegenstands. Bei den Zuständigkeiten der Verwaltung wurde bereits dargelegt, dass eine derartige Grenzüberschreitung erst bei offensichtlich dem Unternehmensgegenstand widersprechenden Geschäftsführungsmaßnahmen gegeben ist, neutrale Maßnahmen hingegen in den Kompetenzbereich der Verwaltung fallen.[974] Der gem. Artt. 23 b) LSC, 117 RRM zwingend in die Satzung aufzunehmende Unternehmensgegenstand umreißt die geschäftlichen Aktivitäten der Gesellschaft sowie die bei diesen Aktivitäten erlaubten Maßnahmen. Seine Festschreibung in der Satzung ist aufgrund der Charakteristika einer Kapitalgesellschaft erforderlich. Geführt wird eine Aktiengesellschaft nicht von den Aktionären, sondern von Dritten. Zudem unterwerfen sich die Aktionäre dem Majoritätsprinzip und können die von ihnen geleistete Einlage nicht zurückfordern. Diese Situation macht eine klare Definition der Aktivitäten erforderlich, für die die Aktionäre ihr Geld zur Verfügung stellen.[975] Diese Definition schließt selbstverständlich neutrale Maßnahmen nicht aus, die losgelöst vom Unternehmensgegenstand in jeder Gesellschaft vorkommen können. Wenn beispielsweise der Vorstand von Siemens zur Aufklärung der Schmiergeld-Affäre externe Berater und Anwaltskanzleien beauftragt, steht diese Maßnahme in keinerlei Zusammenhang zum Unternehmensgegenstand dieses Unternehmens. Die Gewährung einer *prima de asistencia* mit dem Ziel, die Apathie der Aktionäre zu vermindern und für höhere Präsenzquoten zu sorgen, stellt ebenfalls eine für den Unternehmensgegenstand neutrale Maßnahme der Geschäftsführung dar und wird dementsprechend von der generellen

---

972 So auch *Farrando Miguel*, Primeras consideraciones sobre pirma, 292, 317 f.

973 Vgl. dazu im 2. Kapitel unter 6. Teil: § 2B, Seite 171 f.

974 Vgl. dazu im 2. Kapitel unter 3. Teil: § 2B, Seite 110 ff.

975 *Sánchez Rus*, Objeto social y poder de representación, 2421, 2422.

Geschäftsführungszuständigkeit der Verwaltung gedeckt. *Farrando Miguel*[976] und *Font Galán*[977] lehnen zwar die Qualifizierung des Instruments als Maßnahme der Geschäftsführung ab, tun dies allerdings mit dem Hinweis, dass damit lediglich die gesetzlichen Grenzen zum Schutz der Gläubiger umgangen werden sollen. Dies ist jedoch keine Frage der Kompetenzverteilung, sondern der Beachtung weiterer gesetzlicher Regelungen und Prinzipien.[978]

Schließlich kommt der Verwaltung die Kompetenz zur Verpflichtung der Gesellschaft gegenüber den Aktionären zu. Zunächst ist zu betonen, dass die Verwaltung zur Vertretung der Gesellschaft nach außen befugt ist.[979] Mangels gesetzlicher Regelung kann der tatsächliche Ablauf der Geschehnisse als Auslobung (*promesa pública de recompensa*) interpretiert werden.[980] In der Ankündigung der Zahlung einer *prima de asistencia* für die Teilnahme an der Hauptversammlung in der Einberufung zur Hauptversammlung liegt das Aussetzen einer Belohnung für die Vornahme einer Handlung. Mit der Veröffentlichung der Einberufung in Tageszeitung und BORME liegt zudem eine öffentliche Bekanntmachung vor, die sich an einen individuell unbestimmten Personenkreis richtet.[981] Folge dieser Interpretation ist, dass die Gesellschaft sich bereits mit der Einberufung einseitig zur Zahlung der ausgelobten Belohnung verpflichtet, auch wenn der teilnehmende Aktionär von dieser keine Kenntnis hatte. Hier

---

976 *Farrando Miguel*, Primeras consideraciones sobre pirma, 292, 316.

977 *Font Galán*, Homenaje Evelio Verdera y Tuells, 771, 805.

978 *Farrando Miguel*, Primeras consideraciones sobre pirma, 292, 318 f., lehnt neben der Qualifizierung des Instruments als Maßnahme der Geschäftsführung auch die Einstufung als Gewinnverteilung ab. Ohne nähere Einordnung der *prima de asistencia* und näherer Begründung seiner Ansicht ist er der Meinung, dass die Gewährung der Zahlung durch die Verwaltung entweder in der Satzung enthalten sein solle oder die Hauptversammlung diese genehmigen müsse. Es ist zu vermuten, dass Zweifel des Autors an der Geschäftsführungsbefugnis der Verwaltung seiner Meinung zugrunde liegen.

979 Vgl. dazu im 2. Kapitel unter 3. Teil: § 2B, Seite 110 f.

980 Der spanische CC enthält keinerlei Regelung zur Auslobung. Sie wird jedoch von Lehre und Rechtsprechung anerkannt, wobei § 657 BGB als Grundlage dient (*Díez-Picazo/Gullón Ballesteros*, Sistema de derecho civil II, 147)

981 Die Einberufung richtet sich grundsätzlich an die Aktionäre der Gesellschaft. Voraussetzung ist jedoch die Ungewissheit darüber, welche und wie viele Personen die Möglichkeit der Kenntnisnahme haben (*Sprau* in Palandt BGB, § 657 Rn. 3). Dies ist bei der Veröffentlichung in Presse und BORME gegeben. Die Aktionärsstellung beschränkt lediglich den Kreis der Personen, die die gewünschte Handlung vornehmen können.

liegt der Vorteil gegenüber der Annahme eines Vertragsschlusses durch Angebot und Annahme. Für diese Variante wäre in der Ankündigung der Zahlung in der Einberufung ein Angebot zu sehen, das der einzelne Aktionär durch Teilnahme konkludent annimmt. *Font Galan*[982] wendet gegen eine vertragliche Verpflichtung der Gesellschaft ein, dass das Teilnahmerecht als essentielles Verwaltungsrecht des Aktionärs nicht dem Handel zur Verfügung stehe und daher weder der Aktionär sich zur Teilnahme verpflichten noch die Gesellschaft eine Verpflichtung zur Entlohnung der Teilnahme eingehen könne. Dem ist zu entgegnen, dass die Auslobung als einseitiges Rechtsgeschäft gerade keine Verpflichtung des Aktionärs zur Teilnahme birgt. Gleiches muss für die Interpretation eines Vertragsschlusses gelten, da erst in der Teilnahme die konkludente Annahme des Angebots zu sehen wäre. Die Nichtteilnahme hätte als einzige Folge ein Erlöschen des Angebots zur Folge. Des Weiteren ist nicht das Recht selbst Gegenstand des Rechtsgeschäfts, sondern vielmehr dessen Ausübung. Das diese „erkauft" wird, ist *per se* nicht verwerflich, es liegt vielmehr geradezu in der Natur eines finanziellen Anreizes, die Ausübung einer bereits existenten Möglichkeit oder eines existenten Rechts interessanter zu machen.

2. Prinzip der Kapitalerhaltung

In der Beachtung des Prinzips der Kapitalerhaltung liegt das maßgebliche Problem der *prima de asistencia* in ihrer derzeitigen Form. *Farrando Miguel* und *Font Galán* ist darin zuzustimmen, dass die Regeln zum Schutz der Gläubiger durch die konkrete Art und Weise der Gewährung der *prima de asistencia* durch die Verwaltung nicht umgangen werden dürfen. Es wurde bereits dargelegt,[983] dass der RiLi 2012/30/EU ein allgemeines Prinzip der Kapitalerhaltung zu entnehmen ist, das auch außerhalb der ausdrücklichen gesetzlichen Regelungen Beachtung findet, weshalb die außerhalb der gesetzlichen Regelungen erfolgende Zahlung einer *prima de asistencia* die Regeln der Kapitalerhaltung nicht verletzen darf. Das spanische Recht kennt kein allgemeines Verbot von Zuwendungen an Aktionäre außerhalb des Bilanzgewinns. Ein solches folgt auch nicht aus der europäischen Richtlinie. Diese sieht in Art. 17 Abs. 1 als absolute Grenze jeglicher Zuwendungen an Aktionäre ein Mindestnetto-aktivvermögen in der Höhe des Grundkapitals zuzüglich der nicht frei verfügbaren Rücklagen vor. Zudem beschränkt Art. 17 Abs. 3 RiLi 2012/30/EU den zuwendbaren Betrag auf den

982 *Font Galán*, Homenaje Evelio Verdera y Tuells, 771, 803, ohne auf die Auslobung einzugehen.

983 Vgl. dazu im 2. Kapitel unter 6. Teil: § 2C, Seite 172 ff.

Bilanzgewinn. Insofern fordert die Richtlinie keine Beschränkung der Zuwendungsmöglichkeiten auf die Gewinnverteilung.[984] Allerdings setzt die europäische Regelung mit ihrer Beschränkung des Betrags auf den Bilanzgewinn für eine Beurteilung der Zulässigkeit einer Zuwendung *a priori* faktisch das Vorliegen eines Jahresabschlusses voraus bzw. macht zumindest die Sicherstellung der Beschränkung einer Zuwendung auf bisher erwirtschaftete Gewinne erforderlich.[985] Existiert, wie bei der *prima de asistencia*, kein Jahresabschluss oder vorläufiger Abschluss zum Zeitpunkt der Zuwendung, lässt sich ihre Zulässigkeit lediglich *a posteriori* beurteilen. In der Absicht, die Gläubiger einer Gesellschaft zu schützen, verlangt die europäische Richtlinie, dass lediglich bereits im Geschäftsjahr erwirtschaftete Gewinne an die Aktionäre ausgeschüttet werden. Mit diesem Ziel dürfte eine nachträgliche, anhand von Jahresabschluss und Gewinn- und Verlustrechnung[986] beurteilte Zulässigkeit einer erfolgten Zahlung nicht vereinbar sein. Würde nachträglich die Unzulässigkeit der Zahlung festgestellt, müsste diese von den Aktionären zurückgefordert werden. Der Schutz der Gläubiger wäre mithin weitaus geringer als bei einer vor der Zahlung erfolgten Betrachtung der Zulässigkeit.

3. *Grundsatz der Gleichbehandlung*

Die Zulässigkeit der *prima de asistencia* ist auch mit Blick auf den Grundsatz der Gleichbehandlung problematisch. Dieser entfaltet Wirkung im Verhältnis des Aktionärs zur Gesellschaft, sofern durch Handlungen mitgliedschaftliche Bereiche betroffen sind.[987] Da die Zahlung der *prima de asistencia* aufgrund der Aktionärsstellung erfolgt, ist ihre rechtliche Zulässigkeit auch am Grundsatz der Gleichbehandlung zu messen.

Zunächst ist eine ungerechtfertigte Ungleichbehandlung zwischen teilnehmenden und nicht teilnehmenden Aktionären, zwischen prämierten und nicht

---

984 In dieser Hinsicht geht § 57 Abs. 3 AktG somit über die Vorgaben der Richtlinie hinaus.

985 Vgl. diesbezüglich die spanische Regelung zu Abschlagszahlungen auf den Bilanzgewinn. Art. 277 LSC geht zwar über § 59 AktG hinaus, da er auch eine Abschlagszahlung während des laufenden Geschäftsjahrs zulässt. Durch das Erfordernis eines wirtschaftlichen Zwischenberichts (estado contable) soll jedoch gem. Art. 277 b) LSC keine Verteilung oberhalb der erzielten Gewinne vermieden werden.

986 Der vom Tribunal Supremo entschiedene Rechtsstreit (Fn. 961) belegt die Einordnung der Zahlung als Aufwand, obwohl diese Einordnung steuerrechtlich nicht anerkannt wurde.

987 Vgl. zum Grundsatz der Gleichbehandlung im 2. Kapitel unter 4. Teil: § 2B, Seite 131 f.

prämierten Aktionären, abzulehnen. Zwar ist eine Ungleichbehandlung trotz gleicher Voraussetzungen gegeben. Aufgrund der Legitimität des Zwecks der *prima de asistencia*, die Teilnahme zu entlohnen, dürfte in der tatsächlichen Teilnahme jedoch ein sachlicher Grund zur Rechtfertigung dieser Ungleichbehandlung gesehen werden.

Eine Verletzung des Gleichbehandlungsgrundsatzes kann sich jedoch aus der Möglichkeit ergeben, eine Mindestanzahl von Aktien als Voraussetzung für die Teilnahme zu fordern.[988] An dieser Stelle ist nach dem für den Bonusbezug erforderlichen Verhalten zu unterscheiden. Die zusätzliche Teilnahmevoraussetzung einer Mindestanzahl an Aktien beschränkt die Teilnahmemöglichkeiten der Klein- und Kleinstaktionäre. Unter der Prämisse, dass sowohl die Teilnahme als auch die Stimmabgabe per Briefwahl zum Erhalt der *prima de asistencia* berechtigt,[989] stehen diesen Aktionären der Zusammenschluss bzw. die Briefwahl als Möglichkeiten zur Erlangung der Bezugsberechtigung offen. Der Nachteil gegenüber anderen Aktionären, denen auch die persönliche Teilnahme bzw. die Vertretungsmöglichkeit offenstehen, stellt zwar eine Ungleichbehandlung dar, diese liegt jedoch im Teilnahmerecht und schlägt allein auf die Thematik der *prima de asistencia* durch. Die Ungleichbehandlung in Bezug auf das Teilnahmerecht dürfte jedoch aufgrund der gesetzlichen Regelung unproblematisch sein.

Anders verhält es sich, wenn allein die Teilnahme im juristischen Sinne, die persönliche Anwesenheit oder Vertretung, zum Bezug der *prima de asistencia* berechtigt.[990] Klein- und Kleinstaktionäre hätten dann nicht die Möglichkeit, die Voraussetzungen zum Bezug des Instruments zu erfüllen. Die Ungleichbehandlung läge somit zwischen teilnehmenden Aktionären einerseits und nicht teilnehmenden, jedoch per Briefwahl abstimmenden Aktionären andererseits. Mit dem Ziel der *prima de asistencia*, die Präsenzen auf Hauptversammlungen zu erhöhen, um damit die Probleme niedriger Präsenzen zu vermeiden, ließe sich diese Ungleichbehandlung wohl nicht rechtfertigen.

4. *Zusammenfassung*

Die spanische Unternehmenspraxis stellt für die Zahlung der *prima de asistencia* allein auf die Teilnahme des Aktionärs an der Hauptversammlung ab und trifft keine weiteren Einschränkungen. Nach der hier vertretenen Ansicht handelt es sich bei der Zahlung um eine irreguläre Zuwendung von Gesellschaftsvermögen

988 Vgl. dazu im 2. Kapitel unter 5. Teil: § 2B, Seite 156 ff.

989 Wie es etwa die Ankündigung im Fall Endesa vermuten lässt (Fn. 933).

990 Nach dem Wortlaut der Ankündigung im Fall Iberdrola (Fn. 931) scheint dies bei dieser Gesellschaft der Fall zu sein.

an die Aktionäre, die in den Kompetenzbereich der Verwaltung fällt. Irreguläre Zuwendungen sind nicht *per se* verboten, müssen jedoch unter anderem das Prinzip der Kapitalerhaltung und den Grundsatz der Gleichbehandlung der Aktionäre wahren. In ihrer derzeitigen Form ist die *prima de asistencia* jedoch mit dem Prinzip der Kapitalerhaltung unvereinbar. Konsequenz dieser Einschätzung ist zunächst, dass in Form der *prima de asistencia* erhaltene Zahlungen grundsätzlich von den jeweiligen Aktionären an die Gesellschaft zurückzugewähren sind. Das spanische Recht ordnet diese Rückgewähr in Art. 278 LSC ausdrücklich für unrechtmäßig gezahlte Dividenden und Abschlagszahlungen auf Dividenden an. Der in dieser Norm enthaltene Gedanke gilt entsprechend aber auch für die *prima de asistencia* als irreguläre Zuwendung,[991] da die Norm der Umsetzung der allgemeiner formulierten europarechtlichen Regelung dient. Art. 18 der RiLi 2012/30/EU ordnet allgemein an: „*Jede Ausschüttung, die entgegen Artikel 17 erfolgt, ist von den Aktionären, die sie empfangen haben, zurückzugewähren, wenn die Gesellschaft beweist, dass diesen Aktionären die Unzulässigkeit der an sie erfolgten Ausschüttung bekannt war oder sie darüber nach den Umständen nicht in Unkenntnis sein konnten.*" Gemäß Art. 17 Abs. 4 der RiLi 2012/30/EU umfasst der Begriff „Ausschüttung" unzweifelhaft nicht nur Dividenden, sondern jegliche Zahlung von Gesellschaftsvermögen an die Aktionäre. Gläubigerin eines Anspruchs gegen den einzelnen Aktionär auf Rückgewähr der erhaltenen Zahlung ist die Gesellschaft. Allerdings könnte man argumentieren, dass den Aktionären (bisher noch) der in Art. 18 verankerte Gutglaubensschutz zugute kommt. Dieser umfasst auch den Rechtsirrtum des Aktionärs. Da die Zahlung einer *prima de asistencia* trotz ihrer Verbreitung bisher nicht vor dem Hintergrund einer unrechtmäßigen Ausschüttung diskutiert wurde, mag man dem einzelnen Aktionär auch keine fahrlässige Unkenntnis vorwerfen können. Der Pflicht des Aktionärs zur Rückgewähr korrespondiert mit einem Anspruch der Gesellschaft auf Erstattung. Die Gesellschaft muss im Rahmen dieses Anspruchs die Kenntnis bzw. fahrlässige Unkenntnis des Aktionärs bzgl. der Unzulässigkeit der Ausschüttung nachweisen.[992]

Sofern eine Gesellschaft eine Mindestanzahl von Aktien als Voraussetzung für die Teilnahme an der Hauptversammlung fordert und zugleich allein die Teilnahme in Form persönlicher Anwesenheit oder Vertretung prämiert, verstößt

991 So auch *Boquera Matarredona* in Comentarios LSA, Art. 217, 2088: "[…] *estamos ante una distribución irregular de dividendos cuando se infringe una norma legal.*"
992 *Boquera Matarredona* in Comentarios LSA, Art. 217, 2092.

diese Ausgestaltung der *prima de asistencia* zudem gegen den Grundsatz der Gleichbehandlung.

3. Teil: Der Präsenzbonus in Deutschland

Der dritte Teil dieses Kapitels geht der Frage nach, ob und in welcher Form ein Präsenzbonus in Deutschland als Instrument rechtlich zulässig ist. Dabei ist zunächst auf das Verhalten einzugehen, das zum Bezug des Bonus berechtigen könnte (§ 1). Anschließend sind die möglichen rechtlichen Qualifizierungen eines solchen Bonus zu betrachten (§ 2). Da die Zahlung eines Präsenzbonus nicht an alle Aktionäre erfolgt, wird sodann die Zahlung eines Präsenzbonus vor dem Gebot der Gleichbehandlung betrachtet (§ 3). Den Abschluss dieses Teils bilden Überlegungen zur Erforderlichkeit einer einheitlichen europäischen Regelung (§ 4).

§ 1 Zum Bonusbezug berechtigendes Verhalten

A. Stimmabgabe in der Hauptversammlung

Bei der Suche nach dem zum Bonusbezug berechtigenden Verhalten sind die Probleme niedriger Präsenzen im Blick zu behalten. Demnach mag zunächst vieles für die Stimmabgabe als maßgebliches Verhalten sprechen. Durch eine höhere Teilnehmerzahl kann die Hauptversammlung an Bedeutung gewinnen. Ähnliches gilt für die fehlende Legitimation von Hauptversammlungsentscheidungen, denn allein die vermehrte Teilnahme der Eigner an der Versammlung dürfte den beschlossenen Entscheidungen Legitimation verleihen. Mit Blick auf die Vermeidung von Zufallsmehrheiten und eine verbesserte Unternehmenskontrolle durch die Aktionäre erscheint hingegen eine erhöhte Stimmabgabe erforderlich. Schließlich stehen Zufallsmehrheiten und Stimmabgabe in unmittelbarem Zusammenhang und aus alleiniger Teilnahme folgt noch keine Kontrolle.

Allerdings würde die Wahl der Stimmabgabe als Anknüpfungspunkt zu offensichtlichen Problemen führen. Zunächst würde stimmrechtslosen Vorzugsaktionären von vornherein der Zugang zum Präsenzbonus verwehrt und es wäre die Frage zu stellen, inwieweit dies mit dem Grundsatz der Gleichbehandlung zu vereinbaren ist.[993] Zudem kann die Stimmabgabe nicht zwangsläufig als

993 Vgl. zum Grundsatz der Gleichbehandlung im 2. Kapitel unter 4. Teil: § 1D.IV., Seite 1 ff. Allerdings wäre jene Ungleichbehandlung wohl durch einen sachlichen Grund gerechtfertigt, da Vorzugsaktionäre mangels Stimmrecht nicht direkt zu dem legitimen Zweck der Vermeidung von Zufallsmehrheiten und verbesserter Unternehmenskontrolle beitragen können (so auch *Klühs*, ZIP 2006, 107, 109).

einheitlicher Vorgang angesehen werden. Vielmehr stehen bei einer Hauptversammlung regelmäßig mehrere Beschlussvorschläge zur Abstimmung, sodass auch eine teilweise Ausübung des Stimmrechts möglich ist. In diesem Fall wäre die Frage zu klären, ob nur Stimmabgaben zu gewissen Punkten die Bonusberechtigung auslösen bzw. ob eine partielle Stimmabgabe auch nur zu einer partiellen Bonusberechtigung führt. Zwar dürfte die Erfassung des Abstimmungsverhaltens einzelner Aktionäre technisch möglich sein. Andererseits dürfte eine solche und eine daran anknüpfende entsprechende Quotelung der Bonuszahlung für die Unternehmen derart aufwendig sein, dass die Attraktivität eines Präsenzbonus stark eingeschränkt wäre. Aus rein praktischer Sicht müsste somit die zumindest einmalige Stimmabgabe zum vollständigen Bonusbezug berechtigen.

B. Teilnahme an der Hauptversammlung

Die Stimmabgabe als Anknüpfungspunkt für den Bonusbezug erscheint jedoch allein auf den ersten Blick erforderlich. Letztlich stehen aufgrund weitestgehender Übereinstimmung zwischen Stimmabgabe und Teilnahme, auch mit Blick auf Unternehmenskontrolle und Zufallsmehrheiten, letzterer als maßgeblichem Verhalten für den Bonusbezug keine Einwände entgegen. Das wird zudem durch die Tatsache bestätigt, dass wie dargestellt in Spanien bei der Zahlung der *prima de asistencia*, die in ihren Wirkungen einem Präsenzbonus als Vorbild dient, ebenfalls auf die Teilnahme abgestellt wird.

Dass ein Abstellen auf die Teilnahme einem erfolgreichen Präsenzbonus nicht entgegen steht, lässt sich wie folgt begründen: Zunächst ist das Verfahren der Stimmenauszählung bei Abstimmungen zu berücksichtigen. Als zulässig anerkannt sind die Subtraktionsmethode sowie die Additionsmethode.[994] Bei der Subtraktionsmethode ist Ausgangspunkt die Zahl der an der Hauptversammlung teilnehmenden Stimmen,[995] von der in der Praxis zumeist die Enthaltungen und Nein-Stimmen abgezogen werden.[996] Jede teilnehmende stimmberechtigte Aktie wird somit als abgegebene Stimme gewertet, sodass Teilnahme und Stimmabgabe

---

994 *Hüffer*, § 133 Rn. 23.

995 Voraussetzung für die Anwendung dieser Methode ist daher, dass für den Zeitpunkt der jeweiligen Abstimmung die Anzahl der anwesenden Abstimmungsberechtigten und ihre Stimmkraft feststeht (OLG Hamm, Urteil vom 27.5.2003 - 27 U 106/02, in NZG 2003, 924, 925).

996 DNotI, DNotI-Report 2002, 169, 170.

deckungsgleich sind.[997] Allerdings befindet sich aufgrund neuer technischer Möglichkeiten die grundsätzlich aufwendigere Additionsmethode[998] auf dem Vormarsch,[999] deren Folge keine Deckungsgleichheit zwischen Teilnahme und Stimmabgabe ist.

Unabhängig von der Abstimmungsmethode sollten jedoch die institutionellen Anleger als Zielgruppe eines Präsenzbonus nicht aus den Augen verloren werden. Es ist nicht zu erwarten, dass ein solcher Investor sich durch den Bonus zur Teilnahme animieren lässt, sich dann jedoch nicht an den Abstimmungen beteiligt.[1000] Dabei muss Beteiligung nicht notwendigerweise Stimmabgabe bedeuten. Vielmehr sind darunter auch Enthaltungen aufgrund bewusster Entscheidung zu fassen. Insofern ist auch bei der Additionsmethode von einer weitestgehenden Deckungsgleichheit zwischen Teilnahme und Stimmbeteiligung auszugehen.

Diese weitestgehende Deckungsgleichheit ermöglicht ein Abstellen auf die Teilnahme als bonusberechtigendes Verhalten, ohne dass von dieser Seite eine Schmälerung der positiven Auswirkungen eines Präsenzbonus zu erwarten wäre. Gleich wie in Spanien würden bei einem Abstellen auf die Teilnahme auch die Vorzugsaktionäre zur Teilnahme animiert. Deren verstärkte Anwesenheit dürfte jedoch zu keinen negativen Auswirkungen führen. Da ihnen bis auf das Stimmrecht sämtliche Rechte zustehen, ist vielmehr ein gewisser positiver Einfluss denkbar.[1001] Zumindest ist die Ansicht *Wangemanns*[1002] abzulehnen, die Teilnahme von Vorzugsaktionären führe zu einer Verlängerung der Hauptversammlung, da dieser Aktionärstypus sein fehlendes Stimmrecht durch exzessiven Gebrauch des Frage- und Rederechts kompensieren wolle. Dem Autor ist lediglich darin zuzustimmen, dass die Vorzugsaktionäre nicht zur Behebung des Problems der Zufallsmehrheiten beitragen.[1003] Eine Beteiligung der Vorzugsaktionäre etwa mit

997 Ebenso *Klühs*, ZIP 2006, 107, 109.

998 Bei dieser Methode werden die Ja- und die Nein-Stimmen ermittelt. Die Addition dieser beiden Werte ergibt die Anzahl der abgegebenen Stimmen. Enthaltungen werden aufgrund ihrer Irrelevanz für die Beschlussfassung nicht ermittelt. Vgl. zum Additionsverfahren *Semler* in MünchHdb AG, § 39 Rn. 35.

999 *Semler* in MünchHdb AG, § 39 Rn. 35.

1000 So auch *Wangemann*, Finanzielle Anreize, 62, nach dessen Meinung teilnehmende Aktionäre auch abstimmen.

1001 Der gleichen Ansicht *Klühs*, ZIP 2006, 107, 109.

1002 *Wangemann*, Finanzielle Anreize, 66.

1003 Das gilt auch für den Fall der Substraktionsmethode. Zwar werden auch die Vorzugsaktionäre vom Teilnehmerverzeichnis erfasst, soll dieses jedoch als Grundlage

nicht überzogenen kritischen oder zustimmenden Redebeiträgen ist jedoch positiv zu werten. Ein sinnloses Verschleppen der Hauptversammlung dürfte nicht zu erwarten sein, da Vorzugsaktionäre gerade zugunsten einer höheren Rendite auf ihr Stimmrecht verzichten. Dies tun sie in gewissem Vertrauen auf Management und Stammaktionäre. Außerdem bringen sie offen ihr vorrangiges Interesse an Rendite zum Ausdruck, Beteiligung und Einflussnahme interessieren sie gerade nicht.

Zudem spricht die praktische Durchführbarkeit für ein Abstellen auf die Teilnahme. Gemäß § 129 Abs. 1 S. 2 AktG muss bei jeder Hauptversammlung ein Teilnehmerverzeichnis geführt werden, in dem alle vertretenen Aktionäre, auch die ohne Stimmrecht, aufzuführen sind. Andere Teilnehmer wie etwa Verwaltungsmitglieder und Gäste werden hingegen nicht in das Verzeichnis aufgenommen.[1004] Da das Verzeichnis jedoch Zugänge, Abgänge und sonstige Veränderungen erfassen muss,[1005] lässt sich jederzeit die genaue Zahl der an der Hauptversammlung teilnehmenden Aktionäre feststellen. Jener Aspekt gibt den Gesellschaften einen erheblichen Gestaltungsspielraum, um die Bonusberechtigung an die Teilnahme zu knüpfen. Folge eines ständig aktualisierten Teilnehmerverzeichnisses ist zudem, dass bei Anwendung der Substraktionsmethode die bei der Darstellung zur Beschlussfassung in Spanien aufgeführten Kritikpunkte,[1006] die dort womöglich gegen ein Abstellen auf die Teilnahme und für ein Abstellen auf die Stimmabgabe für die Bonusberechtigung sprechen würden, in Deutschland nicht einschlägig sind.

Wird auf die Teilnahme als bonusberechtigendes Verhalten abgestellt, sollte dies die Briefwahl gem. § 118 Abs. 2 AktG nicht ausschließen. Insoweit sollte sich auch hier an das Vorbild der *prima de asistencia* angelehnt werden. Bekanntlich liegt in dieser keine Teilnahme an der Hauptversammlung.[1007] Selbstverständlich ist die Briefwahl jedoch eine Form der Stimmabgabe. Die Deckungsgleichheit zwischen Stimmabgabe und Teilnahme verdeutlicht, dass eine tatsächliche Stimmabgabe, die jedoch keine Teilnahme darstellt, erst recht mit einem Präsenzbonus honoriert werden sollte.

---

für die Substraktionsmethode dienen, ist eine getrennte Ausweisung der Vorzugsaktionäre erforderlich (vgl. *Butzke*, HV der AG, Anhang 4, S. 606).

1004 *Butzke*, HV der AG, Kapitel C Rn. 55.

1005 Dies gilt nach überwiegender Ansicht auch dann, wenn das Teilnehmerverzeichnis nicht als Präsenzliste herangezogen werden soll, *Werner* in AktG Großkomm, § 129 Rn. 16, mit weiteren Nachweisen.

1006 Vgl. dazu im 2. Kapitel unter 5. Teil: § 2A.II, Seite 148 ff.

1007 *Hüffer*, § 118 Rn. 15.

Schließlich ist mit Blick auf die Erfahrungen bei spanischen Gesellschaften noch eine Einschränkung zu machen. Der Vertretung auf der Hauptversammlung kommt große Bedeutung zu und diese Form der Teilnahme würde auch einen Großteil der zum Bonusbezug Berechtigten stellen. Die Darstellungen zur spanischen Vertretungspraxis haben jedoch gezeigt, dass die Vertretung eher zu einer Stärkung der Machtposition der Verwaltung oder des Vertreters allgemein führt.[1008] Dies kann nicht Ziel eines Präsenzbonus sein, der eine verbesserte Unternehmenskontrolle und die Vermeidung von Zufallsmehrheiten verfolgt. Obwohl die Vertretungsregeln des deutschen Aktiengesetzes stärker die Verwirklichung des Aktionärswillens verfolgen dürften, ist auch in Deutschland eine Stärkung der Machtposition des Vertreters nicht von der Hand zu weisen. Aus diesem Grund sollte bei einer Teilnahme durch Vertretung zwischen Depotstimmrecht und Gesellschaftsvertreter einerseits sowie den übrigen Vertretungsmöglichkeiten andererseits differenziert werden. Die Sorge um einen zu großen Einfluss der Banken sowie der Wille des Gesetzgebers, eine weitestgehende Verwirklichung des Aktionärswillens zu gewährleisten, wurden bereits dargestellt.[1009] Zumindest hinsichtlich der Verwirklichung des Aktionärswillens ergeben sich auch bei der Figur des Gesellschaftsvertreters Bedenken, was die Anwendung der Regeln zum Depotstimmrecht auf diese Vertreterfigur verdeutlicht.[1010] Anders stellt sich die Situation im Fall des § 135 Abs. 8 AktG bei Aktionärsvereinigungen und sonstigen Personen dar, die sich geschäftsmäßig gegenüber Aktionären zur Ausübung des Stimmrechts anbieten. Hier wird der Aktionär selbst aktiv und wendet sich an einen Dritten, damit dieser ihn vertritt. Sofern sich der Aktionär auf der Hauptversammlung gem. §§ 134 Abs. 3 S. 5, 135 AktG durch den Gesellschaftsvertreter oder das depotführende Kreditinstitut vertreten lässt, sollte daher in Abweichung zu der in Spanien gelebten Praxis die Abgabe konkreter Weisungen zusätzliche Voraussetzung für den Bonusbezug sein. Aufgrund der vorhandenen Formblätter, die die Weisungserteilung unproblematisch ermöglichen, sollte diese zusätzliche Voraussetzung die Animationswirkung des Bonus kaum oder gar nicht beeinträchtigen.

§ 2 Rechtliche Einordnung einer Bonuszahlung

Bei der Zahlung eines Präsenzbonus durch die Gesellschaft an die Aktionäre stellt sich die Frage nach ihrer rechtlichen Zulässigkeit. Dabei ist kein Grund

1008 Vgl. dazu im 2. Kapitel unter 5. Teil: § 2A.III, Seite 153 ff.
1009 Vgl. dazu im 1. Kapitel unter 1. Teil: § 3A, Seite 35 ff, sowie im 2. Kapitel unter 5. Teil: § 1A.II, Seite 135 ff.
1010 Vgl. dazu im 2. Kapitel unter 5. Teil: § 1A.II, Seite 135 ff.

ersichtlich, weshalb die zuvor dargestellten Qualifizierungen zur *prima de asistencia*[1011] nicht auf die Zahlung eines Präsenzbonus zu übertragen wären. Das bedeutet insbesondere, dass die Zahlung eines Präsenzbonus nicht als Geschäftsführungsaufwand qualifiziert werden kann. Ebenso wenig lässt sich die Bonuszahlung der Gruppe sonstiger zulässiger Zuwendungen an Aktionäre im Rahmen des Abhaltens einer Hauptversammlung zuordnen. Vielmehr ist jede Form der Bonuszahlung als Rückzahlung von Gesellschaftsvermögen an die teilnehmenden Aktionäre einzustufen, da die Zahlung aufgrund der Aktionärsstellung erfolgt. Vor diesem Hintergrund werden in diesem Abschnitt verschiedene Ausgestaltungsvarianten eines Bonus auf ihre Gültigkeit nach geltendem Recht untersucht. Sofern diese zu verneinen ist, wird die rechtliche Zulässigkeit *de lege ferenda* betrachtet. Im Einzelnen ist auf eine direkte Bonuszahlung in Form anderer Gewinnverwendung im Sinne des § 58 Abs. 3 S. 2 AktG (A.), auf eine Bonuszahlung in Form einer Extradividende (B.), auf eine durch den Vorstand veranlasste Bonuszahlung (C.) sowie auf eine Bonuszahlung mit vorheriger Genehmigung der Hauptversammlung (D.) einzugehen.

A. Direkte Bonuszahlung als „andere Gewinnverwendung“

I. Allgemein

§ 58 Abs. 3 S. 1 AktG bestimmt, dass die Hauptversammlung über die Verwendung des Bilanzgewinns entscheidet, und nennt als Verwendungsmöglichkeiten den Gewinnvortrag sowie weitere Einstellungen in die Gewinnrücklagen. Satz 2 dieser Norm lautet: *Sie kann ferner, wenn die Satzung sie hierzu ermächtigt, auch eine andere Verwendung als nach Satz 1 oder als die Verteilung unter die Aktionäre beschließen.*[1012] In diesem Abschnitt ist die Frage zu beantworten, ob die Zahlung eines Präsenzbonus als derartige andere Verwendung eingestuft werden kann.

Eine solche Qualifizierung bedeutet zunächst, dass bei Nichtausweisung eines Bilanzgewinns durch den Jahresabschluss sowie in Fällen außerordentlicher Hauptversammlungen[1013] eine Bonuszahlung nicht möglich ist. Die Kompetenz für die Entscheidung über die Zahlung eines Bonus liegt bei der Hauptversammlung. Diese trifft ihre Entscheidung jeweils in der zu prämierenden Versammlung selbst. Die Zahlung eines Präsenzbonus als andere Form der Gewinnverwendung ist im Gewinnverwendungsbeschluss gem. § 174 Abs. 2 AktG

1011 Vgl. dazu in diesem Kapitel unter 2. Teil: § 2C.I, Seite 191 ff.

1012 Siehe ausführlich hierzu im 2. Kapitel unter 6. Teil: § 1B.I, Seite 161 ff.

1013 Über die Gewinnverwendung wird gem. § 175 Abs. 1 S. 1 AktG in einer ordentlichen Hauptversammlung entschieden.

aufzuführen.[1014] Diese Norm spricht zwar nicht von den anderen Verwendungen, sie nennt jedoch allein die wesentlichen Punkte eines Gewinnverwendungsbeschlusses und ist nicht abschließend.[1015]

II. Probleme

Der Einstufung einer Bonuszahlung als andere Verwendung stehen einige Bedenken entgegen, die im Folgenden näher zu erörtern sind.

1. Praktikabilität

a. Verlust der Anreizfunktion

Ausgangspunkt der folgenden Überlegung ist, dass die Hauptversammlung durch entsprechende Satzungsregelung lediglich zu einer anderen Verwendung des Bilanzgewinns ermächtigt wird und sie an den von Vorstand und Aufsichtsrat gem. § 124 Abs. 3 S. 1, Abs. 4 S. 1 AktG zu unterbreitenden Beschlussvorschlag zur Gewinnverwendung[1016] in keinster Weise gebunden ist.[1017] Es ist somit denkbar, dass der Vorschlag von Vorstand und Aufsichtsrat einen Präsenzbonus in Form einer anderen Gewinnverwendung vorsieht, dieser jedoch in der Hauptversammlung nicht beschlossen wird. Nun lässt sich über die Wahrscheinlichkeit eines solchen Verlaufs spekulieren, da sich die Aktionäre in der Regel selbst benachteiligen würden.[1018] Im ersten Kapitel wurden hingegen schon ausführlich die möglichen unterschiedlichen Aktionärsinteressen dargestellt, sodass diese Situation nicht ausgeschlossen werden kann. Allein die Möglichkeit eines Ausbleibens der zur Animierung gedachten Zahlung könnte die Attraktivität eines Präsenzbonus verringern. Da gem. § 58 Abs. 4 AktG die Aktionäre jedoch kraft Satzung von der Gewinnbeteiligung ganz oder teilweise ausgeschlossen werden können, ist einhellige Meinung,[1019] dass die Satzung eine andere Gewinnverwendung verpflichtend vorschreiben kann. Eine solche statutarische Verpflichtung würde zwar jegliche Zweifel bezüglich der Gewährung

---

1014 *Brönner* in AktG Großkomm, § 174 Rn. 20.

1015 *Brönner* in AktG Großkomm, § 174 Rn. 17.

1016 *Hüffer*, § 124 Rn. 16.

1017 *Brönner* in AktG Großkomm, § 174 Rn. 12; *Hoffmann-Becking* in MünchHdb AG, § 46 Rn. 1.

1018 So auch *Wangemann*, Finanzielle Anreize, 90.

1019 *Bayer* in MünchKomm AktG, § 58 Rn. 91; *Henze* in AktG Großkomm, § 58 Rn. 81; *Hüffer*, § 58 Rn. 25 und 25a; *Drygala* in KölnerKomm AktG, 3. Aufl., § 58 Rn. 110.

eines Bonus ausräumen,[1020] zugleich würde der Hauptversammlung jedoch jegliche Flexibilität genommen, sich je nach Situation für einen gezielten Einsatz des Instruments zu entscheiden.

b. Sinn und Zweck des Gewinnverwendungsvorschlags

Bei dieser Variante der Bonuszahlung können Vorstand und Aufsichtsrat in ihrem Gewinnverwendungsvorschlag für den zu zahlenden Präsenzbonus keine konkreten Werte angeben. Dies ist jedoch unproblematisch, da Sinn und Zweck der Vorschlagspflicht auch bei angenäherten Werten gewahrt bleibt. Im Vorfeld der Versammlung ist die endgültige Teilnehmerzahl und somit die Anzahl der zum Bonusbezug berechtigten Personen nicht bekannt. Zudem ist die Hauptversammlung zwar weitestgehend frei in der Verteilung des im festgestellten Jahresabschluss ausgewiesenen Bilanzgewinns, sie muss jedoch den gesamten Bilanzgewinn verteilen.[1021] Lautet der Bonus auf einen fixen Betrag pro Aktie, ist daher die Höhe des auf die andere Gewinnverwendung entfallenden Gesamtbetrags frühestens mit Beginn der Hauptversammlung zu ersehen. Auf den Gewinnverwendungsbeschluss selbst bleibt dies ohne Auswirkungen, da dieser mit Kenntnis der Teilnehmerzahl unproblematisch entsprechend gefasst werden kann. Vorstand und Aufsichtsrat sind jedoch aufgrund der nicht bekannten Teilnehmerzahl außerstande, in ihrem Gewinnverwendungsvorschlag konkrete Werte anzugeben, sodass sich die Frage nach dem Sinn und Zweck der dem Vorstand und dem Aufsichtsrat obliegenden Vorschlagspflicht stellt sowie danach, ob dieser auch bei angenäherten Werten erreicht wird. Gesetzliche Anhaltspunkte für den Sinn und Zweck des Vorschlags finden sich in den §§ 124 Abs. 3, 170 Abs. 2 AktG. Aus ihnen lässt sich zunächst das Ziel der Unterrichtung entnehmen. § 124 AktG befasst sich allgemein mit der Bekanntmachung der Tagesordnung einer Hauptversammlung, um die Aktionäre über den Inhalt der bevorstehenden Versammlung zu unterrichten und ihnen eine angemessene Vorbereitung auf die Beschlussgegenstände zu ermöglichen.[1022] Auch § 170 AktG verfolgt das Ziel der Unterrichtung, jedoch bezogen auf den Aufsichtsrat. Der Vorstand hat Letzterem bestimmte Dokumente vorzulegen, damit dieser seiner Prüfungspflicht gem. § 171 AktG nachkommen kann.[1023] Des Weiteren bietet der Gewinnverwendungsvorschlag dem Vorstand die Möglichkeit, seine

---

1020 So auch *Wangemann*, Finanzielle Anreize, 90, der eine verpflichtende Satzungsregelung für vorteilhaft hält.

1021 *Brönner* in AktG Großkomm, § 174 Rn. 18.

1022 *Werner* in AktG Großkomm, § 124 Rn. 2.

1023 *Brönner* in AktG Großkomm, § 170 Rn. 10.

Vorstellungen von einer zweckmäßigen Gewinnverwendung kundzutun.[1024] Daraus lässt sich folgern, dass Ungewissheiten bezüglich der tatsächlichen Höhe der Bonuszahlung unproblematisch sind. Die wesentlichen Kernpunkte der Gewinnverwendung – ob etwa der Vorstand eine Bonuszahlung für zweckmäßig erachtet, in welcher Höhe diese nach seinem Willen ausfallen sollte, welcher Betrag erwartungsgemäß der anderen Verwendung zuzuführen ist, sowie das ungefähre Verhältnis dieses Betrags zu den sonstigen Gewinnverwendungen – sind aus dem Gewinnverwendungsvorschlag ersichtlich und ermöglichen sowohl den Aktionären eine Vorbereitung auf die Hauptversammlung als auch dem Aufsichtsrat die Wahrnehmung seiner Prüfungspflicht.

c. Mehrheitserfordernisse

Bei bereits bestehenden Gesellschaften setzt die Einführung einer statutarischen Ermächtigung oder Verpflichtung der Hauptversammlung eine Satzungsänderung voraus. An diese sind jedoch keine besonderen Mehrheitserfordernisse zu stellen, welche die Einführung eines Präsenzbonus praktisch unmöglich erscheinen ließen. § 179 Abs. 2 S. 1 AktG als allgemeine Vorschrift zur Satzungsänderung verlangt eine Mehrheit, die mindestens drei Viertel des vertretenen Grundkapitals umfasst. Gemeint ist damit die bereits erwähnte[1025] Mehrheitskombination von einfacher Stimmenmehrheit und qualifizierter Kapitalmehrheit. Sofern nicht der Unternehmensgegenstand geändert werden soll, kann gem. Satz 2 die Satzung ein geringeres Kapitalmehrheitserfordernis vorsehen. Von dieser Möglichkeit haben die großen börsennotierten Gesellschaften regen Gebrauch gemacht.[1026] Auch eine Satzungsänderung im konkreten Fall eines Präsenzbonus bedarf trotz ihrer Auswirkungen auf das allgemeine Gewinnbeteiligungsrecht der Aktionäre nicht der Zustimmung aller betroffenen Aktionäre.

1024 *Brönner* in AktG Großkomm, § 170 Rn. 12.

1025 Vgl. im 2. Kapitel unter 4. Teil: § 1D, Seite 118 ff.

1026 Vgl. etwa aus dem DAX30 § 13 Abs. 4 der Satzung der Allianz in der Fassung vom Juni 2012, die für Satzungsänderungen lediglich eine Mehrheit von zwei Dritteln vorsieht. Sofern mehr als die Hälfte des Grundkapitals vertreten ist, reicht sogar die einfache Mehrheit aus. Grundsätzlich einfache Mehrheit sehen z. B. die Deutsche Bank (§ 20 Abs. 1 der Satzung in der Fassung vom Mai 2013) und E.ON (§ 21 Abs. 1 der Satzung in der Fassung vom Juni 2011) vor. Gesellschaften aus dem MDAX, die einfache Mehrheit vorsehen, sind beispielsweise Bilfinger & Berger (§ 21 Abs. 1 der Satzung in der Fassung vom November 2012) und Fraport (§ 18 Abs. 1 der Satzung in der Fassung vom Mai 2013).

Die überwiegende Ansicht[1027] verlangt diese dann, wenn das Gewinnbeteiligungsrecht vollständig oder weit überwiegend ausgeschlossen wird. Als Begründung wird angeführt, dass der Aktionär aufgrund der Regelungen des § 58 Abs. 3 und 4 AktG in den Grenzen des § 254 Abs. 1 AktG keinen Anspruch auf Ausschüttung des Bilanzgewinns habe. Nur der weit überwiegende oder gänzliche Ausschluss des allgemeinen Gewinnbeteiligungsrechts sei ein Eingriff in die Mitgliedschaft, der aufgrund seiner Schwere die Zustimmung aller Betroffenen erfordere. *Wangemann*[1028] hingegen hält auch für den vorliegenden Fall der Bonuszahlung die Zustimmung aller betroffenen Aktionäre für erforderlich. Er begründet seine Ansicht mit einem Vergleich zu § 60 Abs. 3 AktG. Da jegliche Beschränkung des konkreten Gewinnanspruchs im Rahmen des § 60 Abs. 3 AktG der Zustimmung jedes Betroffenen bedürfe, müsse dies auch für einen Präsenzbonus in Form anderer Gewinnverteilung gem. § 58 Abs. 3 S. 2 AktG gelten, denn faktisch sei die Einführung des Präsenzbonus in dieser Form mit einer Änderung der Gewinnverteilung identisch. Um eine Umgehung der strengen Zustimmungserfordernisse im Rahmen des § 60 Abs. 3 AktG zu vermeiden, müssten die Zustimmungserfordernisse angepasst werden. Dieser Ansicht kann nicht gefolgt werden. Gerade im Hinblick auf den besonderen Fall der Einführung eines Präsenzbonus ist es fraglich, ob eine gem. § 60 Abs. 3 AktG geänderte Gewinnverteilung von der Zustimmung aller betroffenen Aktionäre abhängt.[1029] Da im Falle des § 60 Abs. 3 AktG die Satzung selbst die geänderte Gewinnverteilung festlegen muss, § 58 Abs. 3 S. 2 AktG hingegen zunächst nur von einer statutarischen Ermächtigung der Hauptversammlung spricht, käme die postulierte faktische Vergleichbarkeit ohnehin nur bei einer verpflichtenden Satzungsregelung in Betracht. Doch auch wenn die Auswirkungen einer zwingenden anderen Verwendung gem. § 58 Abs. 3 S. 2 AktG und einer statutarisch veränderten Gewinnverteilung faktisch zu demselben Ergebnis führen, ist eine Anpassung der Zustimmungserfordernisse dennoch zu verneinen. Beiden Vorschriften liegen jeweils unterschiedliche Situationen und unterschiedliche gesetzgeberische Wertungen zugrunde. Im Rahmen von § 58 Abs. 3 S. 2 AktG ist das allgemeine Gewinnbeteiligungsrecht des Aktionärs betroffen. Wie bereits dargestellt,[1030] ist

1027 *Bayer* in MünchKomm AktG, § 58 Rn. 121; *Henze* in AktG Großkomm, § 58 Rn. 89; *Drygale* in KölnerKomm AktG, 3. Aufl., § 58 Rn. 117. Konkret bezogen auf die Zahlung eines Präsenzbonus vgl. *Klühs*, ZIP 2006, 107, 112.

1028 *Wangemann*, Finanzielle Anreize, 95 f.

1029 Siehe in diesem Kapitel unter 3. Teil: § 2B.II.1., Seite 222 ff., bezüglich der Frage, ob dies tatsächlich der Fall ist und auch für die Einführung eines Präsenzbonus gilt.

1030 Siehe dazu im 2. Kapitel unter 6. Teil: § 1D., Seite 167 ff.

aus diesem Recht allein der Anspruch des Aktionärs abzuleiten, dass die Hauptversammlung einen Gewinnverwendungsbeschluss unbestimmten Inhalts fasst und über die Verwendung des Bilanzgewinns entscheidet. Weitere Ansprüche, vor allem ein Anspruch auf die Verteilung des Bilanzgewinns, hat der Aktionär zu diesem Zeitpunkt nicht. Schreibt die Satzung zwingend eine bestimmte Verwendung für einen Teil des Bilanzgewinns vor, wird kein Anspruch des einzelnen Aktionärs gekürzt, sondern lediglich das Organ Hauptversammlung in seinen Möglichkeiten der Gewinnverwendung beschränkt. Nach Fassen eines Gewinnverwendungsbeschlusses hingegen steht jedem einzelnen Aktionär ein konkreter schuldrechtlicher Dividendenanspruch zu, der inhaltlich *ipso iure* durch § 60 AktG ausgestaltet wird. Eine Änderung der Gewinnverteilung gem. § 60 Abs. 3 AktG wirkt sich daher auf einen bestehenden Anspruch des Aktionärs aus und besitzt somit eine andere Eingriffsqualität. Insofern dürfte nach der hier vertretenen Ansicht und mit Rücksicht auf die zahlreichen statutarischen Erleichterungen der Mehrheitserfordernisse in der Praxis eine Satzungsänderung und die Einführung einer anderen Gewinnverwendung praktisch kein Problem darstellen.

d. Sonderbeschlüsse

Sofern eine Gesellschaft neben Stammaktionären auch über Vorzugsaktionäre verfügt, stellt sich bei einer Satzungsänderung zwangsläufig die Frage nach dem Erfordernis eines Sonderbeschlusses der Vorzugsaktionäre.[1031] Wird auf das Teilnahmerecht für die Bonusberechtigung abgestellt, besteht zwar auch für diese Aktionärsgruppe die Möglichkeit, in den Genuss der Bonuszahlung zu kommen. Die Notwendigkeit eines Sonderbeschlusses könnte sich jedoch aus folgender Überlegung ergeben: Dem Vorzugsaktionär stehen weniger Möglichkeiten der Teilnahme zur Verfügung als den Stammaktionären. Insbesondere auf die bedeutenden Vertretungsmöglichkeiten der §§ 134 Abs. 3, 135 AktG kann er nicht zurückgreifen. Diese Normen sprechen ausschließlich von einer Vertretung bezüglich der Stimmrechtsausübung. Der Wortlaut lässt mithin diese Art der Vertretung bei einem stimmrechtslosen Aktionär nicht zu. Auf den ersten Blick mag dies der Tatsache geschuldet sein, dass bisher eine Teilnahmevertretung nicht als interessant und erstrebenswert erachtet und somit bisher nicht bedacht wurde. Hängt von der Teilnahme jedoch die Berechtigung zum Bonusbezug ab, erscheint eine reine Teilnahme durch Vertretung durchaus erwägenswert. Bei einem genaueren Blick sind in den genannten Normen jedoch spezielle

1031 Siehe diesbezüglich im 2. Kapitel unter 5. Teil: § 1A.I, Seite 117 ff.

Regelungen der allgemeinen Stellvertretung gem. §§ 164 ff. BGB zu sehen.[1032] Diese setzt die Abgabe einer Willenserklärung voraus und ist bei der Ausübung sonstiger Rechte, insbesondere bei reinen Realakten, nicht anwendbar.[1033] Die bloße Teilnahme beinhaltet keine Abgabe einer Willenserklärung. Gleiches gilt für das Frage- und Rederecht des Vorzugsaktionärs. Die Ausübung dieser Rechte beinhaltet zwar eine mündliche Erklärung. Eine Willenserklärung, die einen auf Herbeiführung einer Rechtsfolge gerichteten Willen zum Ausdruck bringt, stellt eine Frage oder eine Meinungsäußerung in Form eines Redebeitrags jedoch nicht dar. Da die §§ 134 Abs. 3, 135 AktG auf die Vertretung einer Vielzahl von Aktionären ausgelegt sind, kommt zudem aufgrund der Praktikabilität allein das Stimmrecht als Vertretungsgegenstand in Betracht. Der allein zur Teilnahme berechtigte Vorzugsaktionär ist somit in Bezug auf die Erfüllung der Bonusvoraussetzung dem Stammaktionär gegenüber faktisch benachteiligt.[1034]

Es stellt sich daher die Frage, ob jene faktische Benachteiligung der Vorzugsaktionäre das Erfordernis eines Sonderbeschlusses nach sich zieht. Ein solches kann sich aus § 141 AktG oder § 179 Abs. 3 AktG ergeben. Aufgrund der strengeren Verfahrenserfordernisse im Rahmen des § 141 AktG sind die dort aufgeführten Tatbestände gegenüber § 179 Abs. 3 AktG spezieller[1035] und mithin vorrangig zu prüfen. Im Rahmen des § 141 AktG kann die Notwendigkeit eines Sonderbeschlusses allein aus Absatz 1 folgen, da Absatz 2 in Bezug auf einen Präsenzbonus offensichtlich nicht einschlägig ist.[1036] Doch folgt auch aus § 141 Abs. 1 AktG nicht die Erforderlichkeit eines Sonderbeschlusses. Diese Norm erfasst lediglich unmittelbare Beeinträchtigungen.[1037] Eine solche ist dann nicht gegeben, wenn die Benachteiligung aus anderweitigen Beschlüssen oder

---

1032 Ohne dies ausdrücklich zu benennen vgl. etwa *Spindler* in Schmidt/Lutter AktG, § 134 Rn. 39.

1033 *Schilken* in Staudinger BGB, Vor zu §§ 164 ff. Rn. 38, sowie § 164 Rn. 7.

1034 Weitere vergleichbare Fälle sind nicht ersichtlich. Beim Höchststimmrecht gem. § 134 Abs. 1 S. 2 AktG besteht das Stimmrecht zumindest teilweise und ermöglicht somit eine Vertretung. Im Fall von §§ 71b und 71d AktG werden sämtliche Rechte, also auch das Teilnahmerecht, ausgeschlossen. Gleiches gilt für §§ 21, 28 WpHG.

1035 *Bezzenberger* in AktG Großkomm, § 141 Rn. 22; *Hüffer*, § 141 Rn. 23; *Wiedemann* in AktG Großkomm, § 179 Rn. 140; *Zöllner* in KölnerKomm AktG, 2. Aufl., § 179 Rn. 178.

1036 Auch eine Ausdehnung des Rechtsgedankens des § 141 Abs. 2 AktG über die tatbestandlichen Grenzen hinaus ist nicht möglich (*Hüffer*, § 141 Rn. 12).

1037 *Bezzenberger* in AktG Großkomm, § 141 Rn. 16; *Hüffer*, § 141 Rn. 4.

Maßnahmen folgt.[1038] Sofern durch die Satzungsänderung allein die Möglichkeit einer anderweitigen Verwendung geschaffen wird, ergibt sich eine Benachteiligung erst bei Fassen des Gewinnverwendungsbeschlusses. Auch wenn die geänderte Satzung zwingend den Präsenzbonus als andere Verwendung i. S. d. § 58 Abs. 3 S. 2 AktG vorsähe, läge darin keine Beeinträchtigung des Vorzugs.[1039] Vorzugsaktionäre werden bei einer Gewinnverteilung bevorzugt berücksichtigt. Bei der vorliegend diskutierten Variante eines Präsenzbonus handelt es sich jedoch nicht um eine Gewinnverteilung, sondern um eine andere Verwendung i. S. d. § 58 Abs. 3 S. 2 AktG.

Auch aus § 179 Abs. 3 AktG folgt kein Erfordernis eines Sonderbeschlusses.[1040] Aufgrund der unterschiedlichen Vertretungsmöglichkeiten ließe sich zwar argumentieren, dass die Vorzugsaktionäre als eine Gattung im Verhältnis zu der Gattung der Stammaktionäre faktisch benachteiligt werden. Jedoch muss auch im Rahmen des § 179 Abs. 3 AktG die Benachteiligung unmittelbar sein,[1041] was auch bei zwingender Vorsehung des Bonus als andere Verwendung zu verneinen ist. Die beschriebene faktische Auswirkung stellt keine unmittelbare Beeinträchtigung dar und der Gesetzgeber wollte einzelne Aktiengattungen nicht vor solchen Folgen einer Satzungsänderung schützen. Dieser hat mit § 141 Abs. 2 AktG einen Sonderfall mittelbarer Beeinträchtigung geregelt,[1042] der für die Abgrenzung von unmittelbarer und mittelbarer Beeinträchtigung herangezogen werden kann. Nach dieser Norm ist die Zustimmung der Vorzugsaktionäre bei der Begebung neuer Vorzugsaktien erforderlich, sofern diese den bisherigen Vorzugsaktien bei der Gewinnverteilung zumindest gleichgestellt sind. Hintergrund der Norm ist, dass durch die Begebung neuer Vorzugsaktien die Gefahr einer nicht vollständigen Bedienung des Vorzugs steigt und sich somit die bisherigen Vorzugsaktien wirtschaftlich verschlechtern.[1043] Diese Verschlechterung tritt jedoch unmittelbar mit der Begebung der neuen Aktien ein. Da § 141 Abs. 2 AktG jedoch einen Fall der mittelbaren Beeinträchtigung regelt, folgt daraus, dass für das Gesetz nicht die unmittelbare wirtschaftliche Verschlechterung des Werts der Vorzugsaktien maßgeblich ist, sondern die Beeinträchtigung des Vorzugsrechts bei einem

---

1038 *Bezzenberger* in AktG Großkomm, § 141 Rn. 22; *Hüffer*, § 141 Rn. 6.

1039 *Bezzenberger* in AktG Großkomm, § 141 Rn. 20.

1040 Dazu, dass diese Norm bei Nichtvorliegen der Voraussetzungen des § 141 AktG zu prüfen ist, vgl. *Bezzenberger* in AktG Großkomm, § 141 Rn. 22; *Wiedemann* in AktG Großkomm, § 179 Rn. 140.

1041 *Hüffer*, § 179 Rn. 44; *Wiedemann* in AktG Großkomm, § 179 Rn. 144.

1042 *Bezzenberger* in AktG Großkomm, § 141 Rn. 16; *Hüffer*, § 141 Rn. 12.

1043 *Bezzenberger* in AktG Großkomm, § 141 Rn. 26.

möglichen Ausfall der Bedienung des Vorzugs. Unmittelbarkeit ist somit nur dann anzunehmen, wenn auf das rechtliche Verhältnis zwischen zwei Aktiengattungen unmittelbar eingewirkt wird.[1044] Rechtlich gesehen ist im Fall des Präsenzbonus der Vorzugsaktionär dem Stammaktionär, bezogen auf die Bonusberechtigung und den Dividendenanspruch, vollständig gleich gestellt. Allein der faktisch durch den Vorzugsaktionär zu betreibende Aufwand für den Erhalt des Bonus ist größer. Insofern stellt sich die faktische Schlechterstellung der Vorzugsaktionäre als rein wirtschaftliche Beeinträchtigung dar. Eine solche bedarf jedoch allein im speziellen Fall des § 141 Abs 2 AktG der Zustimmung der Vorzugsaktionäre in Form eines Sonderbeschlusses.[1045] Zudem ist zu beachten, dass die Einführung eines Bonus für beide Aktiengattungen eine Besserstellung bedeutet, die faktisch unterschiedlich ausfällt. Das OLG Celle[1046] versteht die Vorschrift des § 179 Abs. 3 AktG über dessen direkten Wortlaut hinaus dahingehend, dass allein eine Verhältnisänderung der beiden Gattungen, die zu einem Nachteil einer Gattung, verglichen mit dem bisherigen Zustand, führt, eines Sonderbeschlusses bedarf.[1047]

2. Begriff „andere Verwendung"

Die Zahlung müsste unter den Begriff „andere Verwendung" subsumierbar sein. Auf den Inhalt dieses Begriffs wurde bereits eingegangen[1048] und erläutert, dass nach der hier vertretenen Ansicht eine andere Verwendung nach geltender Gesetzeslage weder eine Einstellung in Rücklagen noch Gewinnvortrag oder Gewinnverteilung sein kann.

a. De lege lata

Die Subsumption des Präsenzbonus unter den Begriff der „anderen Verwendung" scheitert nicht bereits daran, dass mit den teilnehmenden Aktionären nicht außen stehende Dritte Begünstigte jener anderen Gewinnverwendung

---

1044 Für die Frage der Unmittelbarkeit im Rahmen des § 141 AktG führt das OLG Frankfurt/M., Urteil vom 23.12.1992 – 21 U 143/91, in DB 1993, 272, 273, aus: *„Eine unmittelbare Beeinträchtigung in diesem Sinne setzt voraus, daß ein Eingriff in das Vorzugsrecht als solches vorliegt."*

1045 *Kiem*, ZIP 1997, 1627; *Zöllner* in KölnerKomm AktG, 1. Aufl., § 141 Rn. 18.

1046 OLG Celle, Urteil vom 30.10.2002 – 9 U 83/02, in NZG 2003, 184, 185: *„Nach dem Schutzzweck des § 179 Abs. 3 AktG rechtfertigt nur die Betroffenheit der bisherigen Rechtsposition durch einen Nachteil das Erfordernis eines Sonderbeschlusses der Aktionärsgattung. § 179 Abs. 3 AktG soll vor Eingriffen in die bestehende Mitgliedschaft schützen."*

1047 Ebenso *Seibt* in Schmidt/Lutter AktG, § 179 Rn. 52.

1048 Vgl. dazu im 2. Kapitel unter 6. Teil: § 1B.I., Seite 142 ff.

sind. Dies ist nach vorliegend vertretener Auffassung nicht zwingend erforderlich, denn die Beschränkung auf Dritte innerhalb der Gesetzesbegründung ist vielmehr einem logischen Schluss des Gesetzgebers geschuldet.[1049] Maßgeblich ist allein, ob eine konkrete Verwendung des Bilanzgewinns sich von den übrigen im Gesetz erwähnten Verwendungsarten unterscheidet. Dies ist im konkreten Fall einer direkten Zahlung des Präsenzbonus in Bezug auf die Verwendungsart der Gewinnverteilung zu verneinen.

In tatsächlicher Hinsicht ist die Verteilung von Gewinn Folgendes: Im Jahresabschluss wird ein Bilanzgewinn ausgewiesen. Von diesem Bilanzgewinn wird ein bestimmter Betrag zur Verteilung an die Aktionäre vorgeschlagen. Darüber wird in der Hauptversammlung Beschluss gefasst. Die Aufteilung des Betrags auf die einzelnen Aktionäre erfolgt gemäß den Regeln des § 60 AktG. Schließlich zahlt die Gesellschaft den entsprechenden Betrag an diejenigen Personen, die zum Zeitpunkt des Gewinnverwendungsbeschlusses die Aktionärseigenschaft innehatten.

Die direkte Zahlung eines Präsenzbonus gleicht in tatsächlicher Hinsicht der Gewinnverteilung erheblich: Auch hier muss der Jahresabschluss einen Bilanzgewinn ausweisen. Von diesem wird, zumindest bei einem festen nominalen Bonusbetrag pro Aktie, ein unbestimmter Gesamtbetrag zur Bonuszahlung vorgeschlagen. Über die Zahlung eines Präsenzbonus wird in der Hauptversammlung Beschluss gefasst. Die Aufteilung des Gesamtbetrags erfolgt entsprechend der statutarischen Regelung zum Präsenzbonus. Schließlich zahlt die Gesellschaft den Bonusbetrag an die Teilnehmer der Hauptversammlung. Die in Spanien angeführten Gründe zur Verneinung der Dividendeneigenschaft der *prima de asistencia* – fehlender Jahresabschluss und fehlender Gewinnverwendungsbeschluss[1050] – greifen bei dieser Variante nicht durch. Unterschiede zwischen Gewinnverteilung einerseits und direkter Bonuszahlung andererseits liegen somit allein in der Unbestimmtheit des Gesamtaufwands für den Bonus, der Aufteilung des Gesamtbonusbetrags und den Empfängern der Bonuszahlung.

Trotz dieser Unterschiede ist die direkte Bonuszahlung als Gewinnverteilung einzustufen. Daran ändert die einstweilige Unbestimmbarkeit des auf die Bonuszahlung entfallenden Gesamtbetrags nichts. Gleiches gilt für die Aufteilung des Gesamtbetrags auf die einzelnen Aktionäre, denn maßgeblich ist, dass in beiden Fällen im Vorhinein ein konkreter Aufteilungsmechanismus feststeht. Die Einordnung der Bonuszahlung als andere Gewinnverwendung statt als Gewinnverteilung ließe sich daher allein auf den Unterschied zurückführen, dass bei der

1049 Vgl. dazu Fn. 828.
1050 Vgl. 2. Teil: § 2C.I, Seite 169 f.

Gewinnverteilung die Zahlung an die Aktionäre erfolgt, während im Rahmen des Präsenzbonus an die Teilnehmer gezahlt wird. Doch auch dieser Unterschied rechtfertigt nicht die Einordnung der Bonuszahlung als andere Gewinnverwendung, denn grundsätzlich nehmen an der Hauptversammlung die Aktionäre teil. Dieser Grundsatz erfährt zumindest bei Gesellschaften mit Namensaktien keine Ausnahme. Der Namensaktionär muss sich für eine Teilnahme an der Hauptversammlung bei der Gesellschaft anmelden und seine Berechtigung durch Eintragung in das Aktienregister nachweisen. Innerhalb des Zeitraums zwischen Anmeldung und Tag der Hauptversammlung nimmt die Gesellschaft keinerlei Eintragungen im Aktienregister vor,[1051] sodass aufgrund der Vermutung des § 67 Abs. 2 AktG, auch bei zwischenzeitlich verkauften Aktien, Teilnehmer und Aktionär stets identisch sind. Anders liegt der Fall bei Inhaberaktien. Teilnahmevoraussetzungen sind hier erneut die Anmeldung sowie der Nachweis der Berechtigung. Dieser Nachweis erfolgt jedoch gem. § 123 Abs. 3 AktG durch einen in Textform erstellten Nachweis durch das depotführende Kreditinstitut, der sich auf den 21. Tag vor der Versammlung bezieht. Werden in diesem Zeitraum Inhaberaktien veräußert, wird der Erwerber gegenüber der Gesellschaft Aktionär. Der Altaktionär bleibt aber zur Teilnahme an der Hauptversammlung berechtigt. Bei innerhalb dieses Zeitraums veräußerten Inhaberaktien bedeutet dies, dass Teilnehmer und Aktionär auseinanderfallen. Allerdings sind das Nachweiserfordernis 21 Tage vor der Hauptversammlung und die daraus folgende *record date period* allein organisatorischen Zwängen geschuldet und ändern nichts an dem Grundsatz, dass der Aktionär an der Hauptversammlung teilnimmt. Dementsprechend sind Zahlungen an einen Aktionär mit Zahlungen an den Teilnehmer gleichzustellen. Abweichungen aufgrund organisatorischer Zwänge sind für die Qualifizierung der Bonuszahlung nicht relevant. Die vorliegend diskutierte Form der Bonuszahlung ist daher als Gewinnverteilung einzustufen und stellt keine andere Verwendung dar. Nach geltender Rechtslage ließe sich die Bonuszahlung nicht unter den Begriff „andere Verwendung" subsumieren.

1051 Dieses Aussetzen von Eintragungen im Vorfeld einer Hauptversammlung ist erlaubt, solange der Zeitraum angemessen ist. Laut Begründung zum Gesetzesentwurf soll die Frist nicht länger als sieben Tage sein. Mit Blick auf § 123 Abs. 2 AktG erachtet man sechs Tage als angemessen. Vgl. Begr. RegE zum NaStraG, BT-Drs. 14/4051, 11; *Hüffer*, § 67 Rn. 20.

b. De lege ferenda

Bleibt die Frage, ob eine Gesetzesänderung Abhilfe schaffen könnte. *Klühs*[1052] hat vorgeschlagen, § 58 Abs. 3 AktG um einen Satz 3 mit folgendem Wortlaut zu ergänzen: „*Die Zahlung einer Prämie für die Anwesenheit in der Hauptversammlung ist eine andere Verwendung im Sinne von Satz 2.*" Eine derartige Gesetzesänderung würde sicherlich die Einordnung des Präsenzbonus unter den Begriff „andere Verwendung" erlauben. Jedoch stünde eine derartige Änderung im Widerspruch zu der Gesetzessystematik, die die Gewinnverteilung gerade nicht als andere Verwendung ansieht und zum Schutz der Aktionäre eine statutarische Ermächtigung fordert.[1053] Jener Widerspruch zur Gesetzessystematik zeigt sich erneut deutlich bei Hinterfragung des einer Bonuszahlung zugrunde liegenden Rechtsverhältnisses.[1054]

3. Anspruch auf Bonuszahlung

Mit der von *Klühs* vorgeschlagenen Gesetzesänderung wäre eine rechtmäßige Zahlung des Präsenzbonus an die Teilnehmer einer Hauptversammlung möglich. Allerdings zeigt sich bei der Frage des der Bonuszahlung zugrunde liegenden Rechtsverhältnisses die Schwäche der vorgeschlagenen Lösung. Mit dieser würde zugleich eine Vertretungskompetenz der Hauptversammlung geschaffen. Eine solche ist, abgesehen von der Ausnahmevorschrift des § 142 Abs. 1 AktG,[1055] dem Gesetz fremd.

Als Rechtsgrundlage für einen Anspruch auf Bonuszahlung kann nicht das Rechtsverhältnis der Mitgliedschaft herangezogen werden. Im vorherigen Abschnitt wurde bereits dargestellt, dass bei während der *record date period* veräußerten Inhaberaktien Teilnahmerecht und Akionärsstellung auseinanderfallen. Den Anspruch auf Bonuszahlung aus der Mitgliedschaft herzuleiten, erscheint in dieser Situation schwierig, da die bonusberechtigte Person nicht Aktionär ist. Auch ein Fortwirken der Mitgliedschaft über die Veräußerung der Aktien hinaus ist abzulehnen.[1056] Zwar folgt die Bonusberechtigung aus der Teilnahme, die wiederum auf der Teilnahmeberechtigung beruht. Die Teilnahmeberechtigung

---

1052 *Klühs*, ZIP 2006, 107, 112, der allerdings eine Lösung *de lege lata* mangels Dritten als Begünstigten ablehnt.

1053 Siehe dazu im 2. Kapitel unter 6. Teil: § 1B.I., Seite 142 ff., unter Hinweis auf die Gesetzesbegründung in BT-Drs. IV/171, 114.

1054 Siehe dazu im folgenden Abschnitt.

1055 Vgl. dazu im 2. Kapitel unter 3. Teil: § 1, Seite 89 (Fn. 491).

1056 Auf Situationen, in denen Ansprüche über die Beendigung der Mitgliedschaft fortbestehen, wurde bereits am Rande hingewiesen (vgl. Fn. 567).

ist auch im Fall der veräußerten Inhaberaktien Ausfluss der zuvor bestandenen Mitgliedschaft. Zudem kennt das AktG eine Fortwirkung von Ansprüchen über die Beendigung der Mitgliedschaft hinaus beispielsweise bei den Haftungstatbeständen gem. §§ 64 Abs. 4 S. 2, 65 AktG. Jenen Fällen ist jedoch in ihrer zeitlichen Abfolge gemein, dass der Gesellschaft gegenüber einem bestimmten Aktionär eine konkrete Forderung entstanden ist, bevor die Mitgliedschaft endete. Insofern sind diese Fälle eher mit dem konkreten Gewinnanspruch des Aktionärs vergleichbar, da sie aus der Mitgliedschaft resultierende Ansprüche darstellen, die aufgrund ihrer Konkretisierung davon losgelöst fortbestehen. Die Inhaberaktien hingegen werden bereits vor der Teilnahme, vor Erfüllen der Anspruchsvoraussetzung zum Bonusbezug, verkauft und die Mitgliedschaft übertragen. Zu diesem Zeitpunkt existiert noch kein von der Mitgliedschaft losgelöster konkreter schuldrechtlicher Anspruch auf die Bonuszahlung. Für die Konstruierung einer Fortwirkung der Mitgliedschaft lassen sich diese gesetzlich geregelten Fälle einer Anspruchsfortwirkung daher nicht fruchtbar machen.

Der Anspruch auf Bonuszahlung ergibt sich vielmehr aus einem Vertragsverhältnis zwischen teilnehmenden Aktionär und der Gesellschaft. Insoweit ist der Aussage *Klühs*[1057] zuzustimmen, die Rechtsgrundlage liege in der „*Leistung auf einen satzungsmäßig festgelegten Anspruch, der den Bezugsberechtigten einen aus der Teilnahmeberechtigung entspringenden Aufwendungsersatz gewährt.*" Angesichts der Zahlung eines geringen Betrags pro Aktie und nicht pro Person, losgelöst von tatsächlich angefallenen Aufwendungen des Teilnehmers ist jedoch zweifelhaft, ob der Inhalt des Vertragsverhältnisses als Aufwendungsersatz zu qualifizieren ist. Aus den tatsächlichen Gegebenheiten der Zahlung eines Präsenzbonus lässt sich unproblematisch ein Vertragsschluss herleiten. Zumindest in Bezug auf die Teilnehmer zuvor veräußerter Inhaberaktien birgt die Annahme einer vertraglichen Rechtsgrundlage jedoch das Problem, dass ein Vertrag mit einer außerhalb der Gesellschaft stehenden dritten Person zustande käme. Da bei der vorliegend diskutierten Variante einer Bonuszahlung allein die Hauptversammlung verbindliche Entscheidungen trifft,[1058] würde der Vertrag

1057 *Klühs*, ZIP 2006, 107, 112.

1058 Die verbindliche Feststellung des Jahresabschlusses durch den Vorstand trifft keinerlei Aussage über die Zahlung eines Präsenzbonus. Der Gewinnverwendungsvorschlag ist nicht verbindlich, sodass sich auch hieraus keine Willenserklärung ableiten lässt. Eine Willenserklärung lässt sich daher lediglich aus dem verbindlichen Gewinnverwendungsbeschluss der Hauptversammlung ziehen, der eine Bonuszahlung vorsieht. Aus diesem Grund sind an dieser Stelle auch die Überlegungen zur Auslobung im Rahmen der Zahlung der *prima de asistencia* nicht übertragbar.

auf Seiten der Gesellschaft, entgegen der grundsätzlich dem Vorstand gem. § 78 Abs. 1 S. 1 AktG zustehenden Vertretungsbefugnis, durch das Organ Hauptversammlung geschlossen. Einen solchen Inhalt wollte der Gesetzgeber § 58 Abs. 3 S. 2 AktG wohl nicht beimessen, denn er ging bei der Möglichkeit einer anderen Verwendung vor allem von Zuwendungen an gemeinnützige Anstalten aus.[1059] Diese stellen zwar zweifelsohne ebenfalls außerhalb der Gesellschaft stehende Dritte dar. Jedoch lässt sich in dieser Situation kein Vertragsschluss konstruieren. Das Angebot zu einem Vertragsschluss könnte allein im Gewinnverwendungsbeschluss der Hauptversammlung gesehen werden. Diesem dürfte jedoch der äußere Tatbestand einer Willenserklärung abzusprechen sein. In erster Linie ist ein Hauptversammlungsbeschluss Ausdruck der Bildung des kollektiven Willens, mithin eine rein organinterne Angelegenheit. Mag man dieser internen Angelegenheit im Fall der teilnehmenden Aktionäre aufgrund der personellen Identität zwischen den Mitgliedern des Organs Hauptversammlung und den Teilnehmern noch einen Erklärungswert zumessen, so ist dies gegenüber einer völlig außenstehenden, nicht an der Hauptversammlung teilnehmenden Person ausgeschlossen. Wenn zudem der Beschluss ohne weitere Spezifizierung lediglich eine andere Verwendung in Form von Spenden vorsieht, wäre daraus zudem ein konkreter Vertragspartner nicht erkennbar.

Auch ein Vergleich mit der Ausnahmevorschrift des § 142 Abs. 1 AktG verfängt nicht. Diese Norm räumt der Hauptversammlung eine Vertretungsbefugnis für den Sonderfall ein, dass der Vorstand als originäres Vertretungsorgan aufgrund möglicher Interessenskonflikte nicht zur Verfügung steht.[1060]

III. Zwischenergebnis

Nach der vorliegend vertretenen Auffassung kann nach der geltenden Rechtslage ein Präsenzbonus nicht unter § 58 Abs. 3 S. 2 AktG eingeordnet werden. Mit der von *Klühs* vorgeschlagenen Gesetzesänderung wäre die Einordnung eines Präsenzbonus in Form einer anderen Verwendung zwar möglich, doch würde es sich um eine „unglückliche" Lösung handeln, die mit der Gesetzessystematik im Widerspruch steht. Zudem wäre der Einsatz des Instruments auf ordentliche

1059 Vgl. dazu im 2. Kapitel unter 6. Teil: § 1B.I, Seite 142 (Fn. 825).

1060 Dies verdeutlicht die Beschränkung in Satz 1 auf Vorgänge bei Gesellschaftsgründung oder im Rahmen der Geschäftsführung. Auch § 142 Abs. 1 S. 2 AktG bekräftigt, dass der Norm die Ausnahmesituation eines möglichen Interessenkonflikts zugrunde liegt. Vgl. *Bezzenberger* in AktG Großkomm, § 142 Rn. 6, der von einer Durchbrechung der Zuständigkeitsordnung bei Störung des Verhätlnisses von Leitungsmacht und Kontrolle spricht.

Hauptversammlungen und auf Geschäftsjahre beschränkt, in denen der Jahresabschluss einen Bilanzgewinn ausweist. Denkbar wäre jedoch, letzteren Nachteil durch die Regelung einer Nachzahlungsklausel abzuschwächen. Um ein gewisses Maß an Flexibilität zu erhalten, sollte die Satzung die Hauptversammlung lediglich zu einer anderen Verwendung des Bilanzgewinns ermächtigen und keine Verpflichtung vorsehen. Der Vorteil der Flexibilität wiegt höher als der Ausschluss der ohnehin nicht großen Unsicherheit letztlicher Bonusgewährung.

Bei der Satzungsregelung für die Bonusgewährung wären der Gesellschaft nahezu keine Grenzen gesetzt, sodass beispielsweise folgende Möglichkeiten in Betracht kämen:

Inhaltlich könnte die Satzung zunächst einen nominellen Betrag pro Aktie vorsehen:

> *„Die Hauptversammlung wird ermächtigt (verpflichtet), von dem Bilanzgewinn einen Betrag von 0,05 € pro Aktie als Prämie für die Teilnahme des Aktionärs an der Hauptversammlung zu verwenden. Ein Aktionär nimmt im Sinne des vorherigen Satzes an der Hauptversammlung teil, wenn er selbst auf der Versammlung anwesend ist oder sich vertreten lässt sowie, wenn er schriftlich oder im Wege elektronischer Kommunikation seine Stimme abgibt. Lässt sich der Aktionär durch einen von der Gesellschaft benannten Stimmrechtsvertreter i. S. d. § 134 Abs. 3 S. 5 AktG oder durch das depotführende Kreditinstitut im Rahmen des § 135 AktG vertreten, ist er nur bei Erteilung einer ausdrücklichen Weisung zu den einzelnen Gegenständen der Tagesordnung zum Bezug der Prämie berechtigt."*

Eine weitere Möglichkeit wäre, dass die Satzung einen nominellen Gesamtbetrag für die Bonusgewährung vorsieht:

> *„Die Hauptversammlung wird ermächtigt (verpflichtet), 10.000.000 € des Bilanzgewinns als Prämie für die Teilnahme der Aktionäre an der Hauptversammlung zu verwenden. Der Betrag wird auf die Aktionäre entsprechend ihres Anteils am insgesamt teilnehmenden Grundkapital aufgeteilt. Ein Aktionär nimmt …"*

Zuletzt wäre auch eine prozentuale Bestimmung des Bonusbetrags in Abhängigkeit des Bilanzgewinns denkbar. Allerdings sollte diese Variante mit einer nominellen Begrenzung des Betrags kombiniert werden:

> *„Die Hauptversammlung wird ermächtigt (verpflichtet), 10 % des Bilanzgewinns, maximal jedoch 10.000.000 €, als Prämie für die Teilnahme der Aktionäre an der Hauptversammlung zu verwenden. Sollte der Bilanzgewinn die 100.000.000 € nicht übersteigen, kann die Hauptversammlung auch über 10 % des Bilanzgewinns, maximal jedoch 5.000.000 €, als Prämie verwenden. Ein Aktionär nimmt …"*

Sämtliche Vorschläge könnten schließlich noch um folgende Nachzahlungsregelung ergänzt werden:

„Sofern der Bilanzgewinn nicht zur vollständigen Zahlung der Prämie ausreicht, wird der Rückstand, sobald ausreichend Bilanzgewinn vorhanden ist, nachgezahlt."

B. Bonuszahlung als Extradividende

I. Allgemein

Ein weiterer Ansatz ist, die Bonuszahlung als Teil der Dividende auszugestalten (Dividendenbonus). Das Gesetz eröffnet in § 60 Abs. 3 AktG die Möglichkeit, den auszuschüttenden Bilanzgewinn per Satzungsregelung abweichend von dem gesetzlichen Verteilungsmaßstab des § 60 Abs. 1 AktG zu verteilen (disquotale Gewinnverteilung). Solange sich die abweichende Verteilungsregelung unmittelbar aus der Satzung ergibt, sind dem Satzungsgeber nahezu keine inhaltlichen Grenzen gesetzt.[1061] Eine besondere Entlohnung der an der Hauptversammlung teilnehmenden Aktionäre mit einer erhöhten Dividende ist somit grundsätzlich denkbar. Wird eine abweichende Gewinnverteilung jedoch einmal geschaffen, ist sie bei jeder Gewinnverteilung anzuwenden. Flexibilität hinsichtlich gezielter Entlohnung der Teilnahme verspricht diese Bonusvariante daher nicht. Zudem ist erneut die Verteilung eines Bilanzgewinns Voraussetzung für die Bonuszahlung, weshalb das Instrument erneut bei einer außerordentlichen Hauptversammlung nicht zum Tragen kommen kann.

II. Probleme

Auch die Ausgestaltung des Bonus als disquotale Gewinnverteilung ist nicht frei von Problemen. Hinsichtlich der zunächst unbekannten Teilnahmequote und des damit auf den Dividendenbonus entfallenden Betrags gilt das im Rahmen des § 58 Abs. 3 S. 2 AktG Gesagte.[1062] Diese Tatsache ist auch im Rahmen des § 60 Abs. 3 AktG unproblematisch. Genauerer Betrachtung bedarf jedoch die Frage des Zustimmungserfordernisses bei einer nachträglichen Einführung des Bonus (1.), das Verhältnis von Dividendenbonus zu Vorzugsaktionären (2.) sowie die Problematik, dass Teilnahmerecht und Dividendenrecht in unterschiedlichen Händen liegen können (3.).

1061 Vgl. zu den Möglichkeiten im Rahmen des § 60 Abs. 3 AktG bereits im 2. Kapitel unter 6. Teil: § 1B.II., Seite 143 ff.
Ein Beispiel für eine recht umfangreiche Abweichung von der gesetzlichen Gewinnverteilung findet sich in § 21 der Satzung der Metro AG in der Fassung vom 5.5.2010 in Bezug auf die Vorzugsaktionäre.

1062 Vgl. dazu in diesem Kapitel unter 3. Teil: § 2A.II.1., Seite 184 ff.

1. *Zustimmungserfordernis für Satzungsänderung*

a. *Einstimmigkeit erforderlich*

In Anlehnung an die herrschende Meinung, nach der eine nachträgliche Änderung des Gewinnverteilungsmaßstabs grundsätzlich der Zustimmung aller betroffenen Aktionäre bedarf,[1063] wird diese auch für den konkreten Fall eines Dividendenbonus gefordert.[1064] Führt eine Gesellschaft einen Dividendenbonus ein, ergibt sich folgende Situation: Aktionäre, die zuvor allein aufgrund ihrer Aktionärseigenschaft entsprechend dem geltenden Verteilungsmaßstab an der Gewinnverteilung partizipiert haben, müssen nun für eine Partizipierung in gleichem Maße an der Hauptversammlung teilnehmen. Ein Teil des verteilten Gewinns wird konditioniert, indem die Teilnahme zur Voraussetzung des Bezugs des Dividendenbonus gemacht wird. Nicht abzustreiten ist somit, dass die Einführung eines Dividendenbonus zum Nachteil in den Gewinnverteilungsmaßstab aller Aktionäre eingreift. Da eine Zustimmung aller Aktionäre praktisch kaum zu erreichen ist, wird dieser Form eines Präsenzbonus ihre Durchführbarkeit abgesprochen.[1065]

b. *Keine Einstimmigkeit für Satzungsänderung*

Es stellt sich jedoch die Frage, ob mit den vorgenannten Stimmen für die Einführung eines Dividendenbonus tatsächlich die Zustimmung aller Aktionäre erforderlich ist. Denn maßgebliches Kriterium ist nicht der Eingriff in die Rechtsposition des Aktionärs, sondern die Schutzbedürftigkeit der Aktionäre sowie eine Abwägung der jeweiligen Interessen. Beides spricht im vorliegenden Fall nicht für das Erfordernis der Zustimmung aller Aktionäre.

Das Zustimmungserfordernis aller Betroffenen bei Satzungsänderungen folgt nicht aus dem Gesetz, sondern ist Ausdruck des ungeschriebenen Individual- und Minderheitenschutzes. Mit Erwerb der Aktionärseigenschaft entsteht die Mitgliedschaft als Rechtsverhältnis zwischen Aktionär und Gesellschaft.[1066] Grundsätzlich kommt jedem Einzelnen das Recht zur Selbstgestaltung seiner Rechtsverhältnisse nach eigenem Willen zu. Dies ist Ausdruck des Prinzips

---

1063 Vgl. dazu im 2. Kapitel unter 6. Teil: § 1B.II., Seite 143 ff.

1064 *Klühs*, ZIP 2006, 107, 111; *Noack*, BB 2005, Heft 42, Die erste Seite; *Wangemann*, Finanzielle Anreize, 83.

1065 *Klühs*, ZIP 2006, 107, 111; *Noack*, BB 2005, Heft 42, Die erste Seite; *Wangemann*, Finanzielle Anreize, 82.

1066 Vgl. dazu im 2. Kapitel unter 4. Teil: § 1A., Seite 99 ff.

der Privatautonomie.[1067] Daraus folgt, dass dem Inhaber seine Rechtsposition im Grundsatz nicht ohne seine Zustimmung genommen oder gekürzt werden kann. Die Privatautonomie und der dafür notwendige Freiheitsraum werden auf vielfältige Weise gewährleistet und geschützt.[1068] Dennoch gilt das Prinzip nicht unbegrenzt. Vielmehr kann der Gesetzgeber der Willensfreiheit und somit auch der Möglichkeit zur freien Gestaltung der eigenen Rechtsbeziehungen zu privaten Dritten Grenzen setzen.[1069] Auch bei den §§ 179 ff. AktG handelt es sich um eine derartige gesetzgeberische Grenze. Das Rechtsverhältnis der Mitgliedschaft wird inhaltlich unter anderem durch die Satzung der Gesellschaft bestimmt. Eine Satzungsänderung, die sich auf die Mitgliedschaft bezieht, führt zu einer Änderung jedes einzelnen Rechtsverhältnisses zwischen Gesellschaft und Aktionär. Erlaubt das Gesetz eine Änderung der Satzung, beschlossen durch eine bestimmte Mehrheit der Aktionäre, liegt darin eine Beschränkung der Willensfreiheit des einzelnen Aktionärs dahingehend, dass er sich bei der Ausgestaltung des Rechtsverhältnisses Mitgliedschaft der Mehrheit unterzuordnen hat. Da die §§ 179 ff. AktG allgemein von Satzungsänderungen sprechen, gilt diese Beschränkung der Willensfreiheit für jegliche Art von Satzungsänderung. Andererseits folgt aus dem grundrechtlichen Schutz der Privatautonomie eine Pflicht des Gesetzgebers und des Rechtsanwenders, die Parteien eines Rechtsverhältnisses vor Fremdbestimmung aufgrund fehlender Kräftegleichgewichte zu bewahren.[1070] Vor diesem Hintergrund ist sowohl der gesetzliche als auch der durch die Rechtsprechung entwickelte Individual- und Minderheitenschutz zu sehen. Das Gesetz kann somit erlauben, dass Rechtpositionen ohne Zustimmung des Betroffenen entzogen werden. Gleichzeitig muss aber Sorge für ein Gleichgewicht der Kräfte getragen werden. Maßgeblich für das Zustimmungserfordernis aller Betroffenen bei Satzungsänderungen ist daher nicht, ob ein Eingriff in eine vorhandene Rechtsposition vorliegt, sondern ob durch die Einführung eines Dividendenbonus ein Schutzbedürfnis auf Seiten der überstimmten Aktionäre entsteht, das deren Zustimmung erforderlich macht.

1067 *Di Fabio* in Maunz-Dürig GG, LfG. 39, Art. 2 Rn. 101; *Olzen* in Staudinger BGB, Einl zum SchuldR, Rn. 50.

1068 Auf Verfassungsebene schaffen vor allem die Grundrechte aus Artt. 2 Abs. 1, 9 Abs. 1, 12 Abs. 1 und 14 GG den Freiraum für die eigenverantwortliche Gestaltung des Lebens (*Papier* in Maunz-Dürig GG, LfG. 59, Art. 14 Rn. 1 und 4).

1069 Eine derartige gesetzliche Reglementierung muss sich jedoch am Grundgesetz messen lassen (*Di Fabio* in Maunz-Dürig GG, LfG. 39, Art. 2 Rn. 102).

1070 *Di Fabio* in Maunz-Dürig GG, LfG. 39, Art. 2 Rn. 107.

Ein derartiges Schutzbedürfnis ist aufgrund der geringen Eingriffsintensität sowie fehlender Schutzbedürftigkeit der Minderheit nicht vorhanden. Sicherlich ist einer Änderung des Verteilungsmaßstabs nicht die Qualität eines Eingriffs abzusprechen, seine Intensität ist jedoch äußerst gering. Bei einem Dividendenbonus handelt es sich nicht – wenn man so will – um den klassischen Eingriffsfall, in dem einem Aktionär oder einigen bzw. gar allen Aktionären eine Rechtsposition endgültig entzogen wird. Vielmehr wird ein kleiner Teil der Rechtsposition aller Aktionäre konditioniert. Die Aktionäre können somit nach wie vor im selben Umfang am Gewinn partizipieren, sie müssen lediglich mehr dafür tun. Zudem ist zu beachten, welches zusätzliche Handeln von den Aktionären verlangt wird. Sofern zur Bonusberechtigung das oben beschriebene Verhalten in Form der Teilnahme ausreicht, ist die zusätzliche Hürde – zumindest für die Stammaktionäre[1071] – äußerst gering und leicht zu nehmen. Aufgrund der Vielzahl von Möglichkeiten, sich vertreten zu lassen, ist es dem Stammaktionär ein Leichtes, die Kondition der Teilnahme zu erfüllen.

Weiterhin muss in der Situation eines Dividendenbonus das Bedürfnis einer Minderheit nach Schutz verneint werden. Zwei Gruppen mit unterschiedlichen Stärken im Sinne einer Mehrheit und einer Minderheit sind nicht gegeben, zumindest nicht im klassischen Sinne des Minderheitenschutzes, bei dem eine Gruppe von Aktionären versucht, sich zu Lasten der anderen Aktionäre einen Vorteil zu verschaffen. Bei der Einführung eines Präsenzbonus geht es vielmehr darum, eine für alle Aktionäre geltende zusätzliche Voraussetzung zum vollständigen Dividendenbezug zu schaffen.

Sollte das bisher Ausgeführte anders bewertet werden, folgt daraus nicht zwangsläufig ein Zustimmungserfordernis aller Betroffenen. Grund dafür ist die Abwägung einzelner Interessen, welche ebenfalls bei der Frage des Zustimmungserfordernis zu berücksichtigen sind. Denn nicht bei jedem Fall von Eingriff und Schutzbedürftigkeit stellt sich die Lehre einheitlich auf die Seite der Schutzbedürftigen. Diskutiert wird der Fall,[1072] dass eine Gesellschaft eine Kapitalerhöhung durchführt und die Gewinnverteilung der neuen Aktien im Verhältnis zu den alten Aktien gesondert regelt. Sofern alte und neue Aktien unterschiedlich behandelt werden, wäre eigentlich die Zustimmung aller Altaktionäre erforderlich. Da dies aus praktischer Sicht jedoch unmöglich erscheint, verlangt die allgemeine

---

1071 Siehe bzgl. der Schwierigkeiten für Vorzugsaktionäre in diesem Kapitel unter 3. Teil: § 2A.II.1.d, Seite 188 ff.

1072 Vgl. zu dem Fall und der entsprechenden Diskussion *Henze* in AktG Großkomm, § 60 Rn. 22 ff.

Auffassung nicht die Zustimmung aller.[1073] Begründet wird dies mit dem Verlust der notwendigen Flexibilität der Gesellschaft bei der Finanzierung, der sich auf die Projektplanung und Projektrealisierung auswirken würde. Dies wiederum würde die Situation der Gesellschaft allgemein verschlechtern, sodass letztlich die Aktionäre die Leittragenden wären. Nicht mehr einer Meinung ist die Literatur jedoch dann, wenn zusätzlich das Bezugsrecht für die jungen Aktien ausgeschlossen wird. Dies bedeutet, dass einige Stimmen in der Literatur den Verzicht auf Einstimmigkeit allein deshalb akzeptieren, weil nach ihrer Sicht das Recht zum Bezug neuer Aktien die Nachteile der Altaktionäre zumindest teilweise ausgleicht. Fällt dieser partielle Nachteilsausgleich weg, ist zum Schutze der Altaktionäre deren Zustimmung erforderlich.[1074] Die überwiegende Ansicht[1075] verzichtet jedoch auch hier auf eine Zustimmung aller Altaktionäre, sofern die Kapitalerhöhung inklusive Bezugsrechtsausschluss im Hinblick auf das Gesellschaftsinteresse geboten ist und die für die Gesellschaft erwünschten Vorteile nicht außer Verhältnis zu den Nachteilen der Altaktionäre stehen. Der Fall verdeutlicht, dass neben den Voraussetzungen des Eingriffs und der Schutzbedürftigkeit auch die Eingriffsintensität im Verhältnis zum Gesellschaftsinteresse zu beachten ist. Wie zuvor aufgezeigt, ist im Falle eines Dividendenbonus der Eingriff gering und betrifft alle Aktionäre gleichermaßen. Zudem verfolgt die Bonuseinführung den Zweck, die Präsenz der Aktionäre bei Hauptversammlungen zu erhöhen. Die Vermeidung der Gefahren geringer Präsenzen liegt nicht nur im Interesse der Gesellschaft, sondern vor allem auch im Interesse aller Aktionäre. Von einer verbesserten Kontrolle der Unternehmensführung und der Gewähr, dass beschlossene Entscheidungen der Mehrheit der Aktionäre entsprechen, profitiert in erster Linie das Aktionariat. Nicht nur die Abwägung des Gesellschaftsinteresses gegenüber dem Eingriff in die Aktionärsrechte fällt daher zugunsten des Gesellschaftsinteresses aus. Auch die Abwägung des Aktionärsinteresses gegenüber dem Eingriff in die Aktionärsrechte spricht zugunsten des Aktionärsinteresses. Wenn die überwiegende Ansicht im geschilderten Fall der Kapitalerhöhung einen erheblichen Eingriff[1076] in den Gewinnverteilungsmaßstab mit Blick auf das Gesellschaftsinteresse und somit

1073 *Henze* in AktG Großkomm, § 60 Rn. 22.

1074 *Hefermehl/Bungeroth* in Geßler/Hefermehl AktG, §60 Rn. 26.

1075 *Bayer* in MünchKomm AktG, § 60 Rn. 24; *Henze* in AktG Großkomm, § 60 Rn. 24; *Drygala* in KölnerKomm AktG, 3. Aufl., § 60 Rn. 35.

1076 In dem geschilderten Fall der Bevorzugung neuer Aktien in Verbindung mit einem Bezugsrechtsausschluss wird den Aktionären endgültig ein Teil ihrer Rechtsposition entzogen. Wird hingegen ein Bonus von vielleicht 0,05 € unter die Kondition der Teilnahme gestellt, liegt darin sicherlich ein weitaus geringerer Eingriff.

langfristig und mittelbar mit Blick auf das Wohl der Aktionärsgemeinschaft akzeptiert, ist nicht ersichtlich, weshalb dieselbe Argumentation nicht für einen Eingriff geringerer Intensität mit Blick auf das unmittelbar betroffene Aktionärsinteresse gerechtfertigt sein sollte.

2. Sonderbeschluss Vorzugsaktionäre

Auch im Rahmen des § 60 Abs. 3 AktG ist die Einführung eines Bonus mit Blick auf die Vorzugsaktionäre einer Gesellschaft zu betrachten. Das Erfordernis eines Sonderbeschlusses dieser Aktionärsgruppe ist zwar im Hinblick auf eine rein faktische Benachteiligung aus den bezüglich § 58 Abs. 3 S. 2 AktG genannten Gründen abzulehnen.[1077] Da die Einordnung des Bonus unter § 60 Abs. 3 AktG jedoch bei der Gewinnverteilung ansetzt, kommt bei der Ausgestaltung des Bonus eine unmittelbare Beeinträchtigung des Vorzugs in Betracht.

Bei dem den Vorzugsaktionären eingeräumten Vorzug ist zwischen dem sog. Gewinnvorzug[1078] und der sog. Mehrdividende zu unterscheiden. Hinter dem Begriff des Gewinnvorzugs verbirgt sich das besondere Mitgliedschaftsrecht der Vorzugsaktionäre, bei der Gewinnverteilung bevorzugt befriedigt zu werden.[1079] Die Dividende an die Vorzugsaktionäre wird also berücksichtigt, bevor eine Dividendenverteilung an die Stammaktionäre erfolgt. Von einer Mehrdividende wird gesprochen, wenn den Vorzugsaktionären eine höhere Dividende als den Stammaktionären zugesichert wird. Die Kombination von beidem ist in der Praxis der Regelfall,[1080] § 139 Abs. 1 AktG verlangt als Ausgleich für den Stimmrechtsausschluss jedoch allein den Gewinnvorzug.[1081] Umstritten ist die Frage, ob von § 141 Abs. 1 AktG[1082] auch eine über den notwendigen Vorzug

1077 Vgl. dazu ausführlich in diesem Kapitel unter 3. Teil: § 2A.II.1.d, Seite 188 ff.

1078 Gleichbedeutend sind die Begriffe Vorzugsdividende oder Vorzugsbetrag.

1079 *Bezzenberger* in AktG Großkomm, § 139 Rn. 11.

1080 Von den im DAX30 notierten Gesellschaften haben unter anderem BMW, Fresenius Medical Care, Fresenius, Henkel, RWE und VW Vorzugsaktien ausgegeben. Von den 50 im MDAX notierten Gesellschaften haben unter anderem Boss, Fuchs Petrolub und Pro7 Sat. 1 Vorzugsaktien ausgegeben. Bis auf RWE kombinieren die Satzungen der genannten Gesellschaften den Gewinnvorzug mit einer Mehrdividende.

1081 *Bezzenberger* in AktG Großkomm, § 139 Rn. 11; *Hüffer*, § 139 Rn. 8; *Zöllner* in KölnerKomm AktG, 2. Aufl., § 139 Rn. 11.

1082 Zu den Voraussetzungen der Norm und ihrem Verhältnis zu § 179 Abs. 3 AktG vgl. in diesem Kapitel unter 3. Teil: § 2A.II.1.d, Seite 188 ff.

hinaus gewährte Mehrdividende erfasst wird.[1083] Wird jedoch auf die Teilnahme als zum Bonusbezug berechtigendes Verhalten abgestellt, bedarf diese Streitfrage an dieser Stelle keiner Entscheidung. Da die Vorzugsaktionäre ebenfalls zur Teilnahme berechtigt sind, wirkt sich die Einführung eines Dividendenbonus nicht auf die Mehrdividende aus, denn bei mit einem Stammaktionär vergleichbaren Verhalten bekommen die Vorzugsaktionäre ihre Mehrdividende. Das Zustimmungserfordernis kann jedoch aus einer Beschränkung des gesetzlich zwingend notwendigen Gewinnvorzugs oder des Nachzahlungsrechts folgen. Sofern die Satzung schlicht die Zahlung einer Dividende an die an der Hauptversammlung teilnehmenden Aktionäre vorsieht, ist diese Dividende mit Fassung des wirksamen Gewinnverwendungsbeschlusses fällig.[1084] Der Gewinnvorzug als zeitliche Bevorzugung der Vorzugsaktionäre wäre somit beeinträchtigt mit der Folge, dass einer solchen Satzungsänderung gem. § 141 Abs. 3 AktG drei Viertel der von den Vorzugsaktionären abgegebenen Stimmen in einer gesonderten Versammlung zustimmen müssten.[1085] Ob eine solche Zustimmung der Vorzugsaktionäre in der Praxis erreichbar ist, kann an dieser Stelle nicht beantwortet werden. Sollte eine zustimmende Drei-Viertel-Mehrheit unwahrscheinlich sein bzw. die Gesellschaft den Aufwand einer gesonderten Versammlung vermeiden wollen, kann die Notwendigkeit eines Sonderbeschlusses der Vorzugsaktionäre jedoch durch entsprechende Satzungsgestaltung vermieden werden. Die statutarische Gewinnverteilung, die die Zahlung eines Dividendenbonus beinhaltet, muss den Gewinnvorzug und das Nachzahlungsrecht unberührt lassen. Dazu folgendes Beispiel: Die Gewinnverteilung der Fresenius Medical Care AG & Co. KGaA sieht beispielsweise in § 19 der Satzung[1086] vor, dass die Vorzugsaktien eine um 0,02 € höhere Dividende als die Stammaktien, jedoch mindestens eine Dividende von 0,04 € erhalten und dass diese Mindestdividende in Höhe von 0,04 € der Verteilung einer Dividende auf Stammaktien vorgeht. Sofern der Bilanzgewinn zur Zahlung der Mindestdividende nicht ausreicht, ist diese in den nächsten Jahren, nach Zahlung der Mindestdividende in jenem Jahr, aber vor Zahlung einer Dividende an die Stammaktionäre, nachzuzahlen. Um nicht in

1083 Mittlerweile dagegen *Hüffer*, § 141 Rn. 3. Ebenfalls ablehnend *Bezzenberger* in AktG Großkomm, § 141 Rn. 10; *Schröer* in MünchKomm AktG, § 141 Rn. 3.

1084 Vgl. dazu im 2. Kapitel unter 6. Teil: § 1D., Seite 147 ff.

1085 Es wäre nicht ausreichend, diesen Sonderbeschluss innerhalb der Hauptversammlung zu fassen (*Hüffer*, § 141 Rn. 18). Zudem kann im Rahmen des § 141 Abs. 3 AktG nicht durch Satzung von dem Erfordernis der Drei-Viertel-Mehrheit abgewichen werden.

1086 Satzung Stand Januar 2014.

den Gewinnvorzug und das Nachzahlungsrecht einzugreifen, muss sich die Zahlung eines Dividendenbonus hinter der Mindestdividende und ihrem Nachzahlungsrecht einordnen. Die Satzungsregelung könnte beispielsweise lauten:

> *„Die Vorzugsaktien ohne Stimmrecht erhalten eine um 0,02 € je Vorzugsaktie höhere Dividende als Stammaktien ohne den Dividendenbetrag, der nur bei Teilnahme an der Hauptversammlung gewährt wird. Mindestens erhalten die Vorzugsaktien ohne Stimmrecht jedoch eine Dividende von 0,04 € je Vorzugsaktie.*
>
> *Die Mindestdividende für Vorzugsaktien ohne Stimmrecht geht sonstigen Dividendenzahlungen vor.*
>
> *Reicht der zu verteilende Bilanzgewinn in einem Geschäftsjahr nicht zur Zahlung der Mindestdividende aus, wird der fehlende Betrag aus dem Bilanzgewinn der folgenden Geschäftsjahre nachbezahlt. Die Zahlung erfolgt nach der Zahlung der Mindestdividende für das entsprechende Geschäftsjahr, jedoch vor sonstigen Dividendenzahlungen, insbesondere der Zahlung einer Präsenzdividende.*
>
> *Die an der Hauptversammlung teilnehmenden Aktionäre erhalten eine Dividende von 0,02 € je Aktie. Ein Aktionär nimmt im Sinne des vorherigen Satzes an der Hauptversammlung teil, wenn er selbst auf der Versammlung anwesend ist oder sich vertreten lässt sowie, wenn er schriftlich oder im Wege elektronischer Kommunikation seine Stimme abgibt. Lässt sich der Aktionär durch einen von der Gesellschaft benannten Stimmrechtsvertreter i. S. d. § 134 Abs. 3 S. 5 AktG oder durch das depotführende Kreditinstitut im Rahmen des § 135 AktG vertreten, ist er nur bei Erteilung einer ausdrücklichen Weisung zu den einzelnen Gegenständen der Tagesordnung zum Bezug dieser Dividende berechtigt.*
>
> *Der restliche zur Verteilung an die Aktionäre bestimmte Bilanzgewinn entfällt auf die Vorzugsaktien ohne Stimmrecht und die Stammaktien gleichermaßen entsprechend ihrer Anteile am Grundkapital und unabhängig von der Teilnahme an der Hauptversammlung."*

3. Auseinanderfallen von Teilnahmerecht und Dividendenanspruch

Problematisch ist die Zahlung eines Dividendenbonus jedoch, wenn das Teilnahmerecht und das Recht auf Dividendenbezug nicht bei derselben Person liegen. Dies kann sowohl bei vereinbartem Nießbrauch an einer Aktie[1087] als auch bei während der *record date period* veräußerten Inhaberaktien zutreffen.[1088] Auf beide Fälle ist näher einzugehen.

a. Rechte Dritter an Aktien

Sofern Rechte Dritter an Aktien bestehen, ist auf den Fall des Nießbrauchs beim Dividendenbonus vor folgendem Hintergrund näher einzugehen. Sofern das

---

1087 Vgl. dazu im 2. Kapitel unter 5. Teil: § 1B., Seite 145 ff. und 6. Teil: § 1D., Seite 147 ff.
1088 Vgl. diesbezüglich in diesem Kapitel unter 3. Teil: § 2A.II.2.a, Seite 214 ff.

Teilnahmerecht dem Aktionär als Nießbrauchbesteller zugesprochen wird,[1089] liegen Teilnahmerecht und Recht auf Dividendenbezug bei unterschiedlichen Personen.[1090] Fehlen zudem spezielle vertragliche Absprachen, scheint es dem Nießbraucher nicht möglich zu sein, auf den Nießbrauchbesteller einzuwirken, damit dieser das Teilnahmerecht ausübt. Für den Nießbrauchbesteller andererseits ist die Zahlung eines Dividendenbonus uninteressant, da dieser nicht ihm zugute kommt. Zudem wird der Nießbrauch nicht im Teilnehmerverzeichnis vermerkt,[1091] ist also der den Gewinn ausschüttenden Gesellschaft unbekannt. Ihr Kenntnisstand ist lediglich, dass der Aktionär und Nießbrauchbesteller mit seinen Aktien an der Hauptversammlung teilgenommen hat und dementsprechend zum Bezug der Extradividende berechtigt ist.

Nicht abzustreiten ist, dass bei Auseinanderfallen von Teilnahme- und Dividendenbezugsrecht im Falle des Nießbrauchs der Präsenzbonus seine Anreizwirkung gegenüber dem Aktionär als Nießbrauchbesteller verliert. Dies bleibt jedoch ohne Auswirkung, da dieser im vorliegenden Fall zur Teilnahme verpflichtet ist. Der Nießbrauch an Aktien richtet sich nach den §§ 1081 ff. BGB.[1092] Gem. § 1083 Abs. 1 BGB sind beide Parteien des Nießbrauchs gegenseitig zu Maßnahmen verpflichtet, die zur ordnungsgemäßen Vermögensverwaltung erforderlich sind. Die Teilnahme zur Erfüllung der Bonusvoraussetzung stellt eine derartige Maßnahme dar. Sollte dies anders gesehen werden, wäre es aufgrund der geringen praktischen Bedeutung dieser Situation[1093] jedoch übertrieben, die Sinnhaftigkeit eines Dividendenbonus generell in Frage zu stellen.

Ebenfalls zu vernachlässigen ist mit Blick auf die tatsächlichen Zusammenhänge die Möglichkeit, dass aufgrund der Unkenntnis der Gesellschaft von dem Nießbrauch die Präsenzdividende an den nicht zum Bezug der Dividende Berechtigten gezahlt wird. Sowohl Inhaber- als auch Namensaktien werden regelmäßig als Globalurkunden in Form der Girosammelverwahrung aufbewahrt.[1094] Unmittelbarer Besitzer der Aktien ist die Clearstream Banking AG als einzige deutsche Wertpapiersammelbank.[1095] Durch Abschluss eines Depotvertrags unterhält der Aktionär bei seiner Bank ein Depot, in dem sein Aktienbesitz

1089 Vgl. zum vertretenen Meinungsspektrum im 2. Kapitel unter 5. Teil: § 1A.III., Seite 138 ff.

1090 Vgl. im 2. Kapitel unter 5. Teil: § 1B., Seite 145 ff., und 6. Teil: § 1D., Seite 1 ff.

1091 *Butzke*, HV der AG, Kapitel C Rn. 55.

1092 *Frank* in Staudinger BGB, §§ 1081 f. Rn. 3 und 4.

1093 *Butzke*, HV der AG, Kapitel C Rn. 8.

1094 *Lenenbach*, Kapitalmarkt- und Gesellschaftsrecht, Rn. 6.3.

1095 *Lenenbach*, Kapitalmarkt- und Gesellschaftsrecht, Rn. 6.82.

buchungstechnisch erfasst wird. In rechtlicher Hinsicht hat der Aktionär gem. § 6 Abs. 1 DepotG Miteigentum nach Bruchteilen an dem Sammelbestand bei der Wertpapiersammelbank. Bei sammelverwahrten Wertpapieren übernimmt die depotführende Bank gem. Nr. 14 Abs. 1 S. 1 der Sonderbedingungen für Wertpapiergeschäfte (SBW) die Inkassotätigkeit, sorgt mithin unter anderem für die Einlösung von Gewinnanteilsscheinen. Gemäß Nr. 14 Abs. 1 S. 2 SBW schreibt die Bank den Gegenwert der Gewinnanteilsscheine dem Aktionär unter dem Vorbehalt gut, dass die Bank selbst den Gewinnbetrag erhält. Es erfolgt somit keine Zahlung der gewinnausschüttenden Gesellschaft direkt an den Aktionär. Die depotführende Bank hingegen hat regelmäßig Kenntnis von einem Nießbrauch an den Aktien eines ihrer Kunden, da zur Bestellung des Nießbrauchs an sammelverwahrten Wertpapieren gem. §§ 1069 Abs. 1, 1081 Abs. 2 BGB eine Einigung zwischen Nießbrauchbesteller und Nießbraucher sowie die Einräumung des mittelbaren Besitzes zugunsten des Nießbrauchers erforderlich ist. Die Einräumung des mittelbaren Besitzes geschieht durch einen entsprechenden Vermerk auf dem Depotkonto oder durch Umbuchung in ein Depot des Nießbrauchers.[1096] Die Gefahr des Erhalts des Dividendenbonus durch eine nicht zum Dividendenbezug berechtigte Person ist daher nicht gegeben.

b. Record Date Period *und Inhaberaktien*

Um die versammlungsbezogenen Rechte wahrnehmen zu können, müssen die Aktionäre gegenüber der Gesellschaft ihre Aktionärseigenschaft nachweisen. Bei Namensaktien erfolgt dies über das Aktienregister. Wer dort als Aktionär eingetragen ist, gilt gem. § 67 Abs. 2 AktG gegenüber der Gesellschaft als Aktionär und somit als Inhaber sämtlicher in der Aktie enthaltenen Rechte. Aus organisatorischen Gründen ist es einer Gesellschaft erlaubt, kurz vor der Hauptversammlung keine Änderungen mehr im Register einzutragen und somit, trotz Veräußerung von Namensaktien, die Fiktion des § 67 Abs. 2 AktG aufrechtzuerhalten. Die versammlungsbezogenen Rechte und das Dividendenrecht fallen somit bei Namensaktien nicht auseinander.

Anders sieht es bei den Inhaberaktien aus. Dort kann es zu einer Gewinnverteilung an Dritte kommen, die im Rahmen des § 60 Abs. 3 AktG, der allein eine Änderung des Gewinnverteilungsmaßstabs für eine Gewinnverteilung an die Aktionäre erlaubt, nicht zulässig ist. Bei Inhaberaktien ist gem. § 123 Abs. 3 AktG der Nachweis der Aktionärseigenschaft durch eine in Textform erstellte Bestätigung des depotführenden Instituts zu erbringen. Diese Bestätigung bezieht

---

1096 *Frank* in Staudinger BGB, § 1069 Rn. 22.

sich gem. § 123 Abs. 3 S. 3 AktG auf den 21. Tag vor der Hauptversammlung. Allerdings bestimmt § 123 Abs. 3 S. 6 AktG, dass im Verhältnis zur Gesellschaft für die Teilnahme an der Versammlung oder die Ausübung des Stimmrechts als Aktionär nur gilt, wer den Nachweis erbracht hat. Der Wortlaut dieser Fiktion bezieht sich eindeutig nur auf die versammlungsbezogenen Rechte und erfasst gerade nicht das Dividendenrecht.[1097] Dies hat zur Folge, dass bei während der *record date period* veräußerten Inhaberaktien Teilnahmerecht und Recht zum Dividendenbezug auseinander fallen und eine Zahlung des Dividendenbonus an den Teilnehmer der Hauptversammlung, der mittlerweile seine Aktien weiterveräußert hat, demnach eine Gewinnverteilung an Dritte wäre.

Wangemann[1098] schlägt als Lösung des Problems vor, während der *record date period* veräußerte Inhaberaktien von der Berechtigung zum Bonusbezug auszunehmen. Die Ermittlung des materiellrechtlichen Aktionärs zum Zeitpunkt der Hauptversammlung sei zu aufwendig und verkompliziere die Bonuszahlung. Bedeutendere Auswirkungen auf die Sinnhaftigkeit eines derartigen Präsenzbonus seien nicht zu erwarten. Zum einen könnten bei dem Verkauf größere Aktienpakete vertragliche Vereinbarungen eine Präsenzpflicht des Verkäufers schaffen, zum anderen wäre bei Bonuseinführung zu erwarten, dass kaum Aktien innerhalb der *record date period* verkauft würden.[1099] Der Aktionär würde den Verkauf eher auf einen Zeitpunkt nach der Hauptversammlung verschieben, um in den Genuss des Dividendenbonus zu gelangen.

An dieser Stelle ist *Wangemann* in mehreren Punkten zu widersprechen. Zunächst erscheint es nicht einleuchtend, davon auszugehen, dass nur wenige Aktien während der *record date period* verkauft würden und somit diese, ohne die Sinnhaftigkeit des Bonus signifikant zu schmälern, von der Bonusberechtigung ausgenommen werden könnten. Dabei geht es nicht um die großen Aktienpakete, bei denen durch Vertragsklauseln Abhilfe geschaffen werden könnte, denn in diesen Fällen wäre der wahre Aktionär leicht in Erfahrung zu bringen.[1100] Zudem

---

1097 *Hüffer*, § 123 Rn. 12. Die Beschränkung des Wortlauts auf die versammlungsbezogenen Rechte wird deutlicher, wenn man bedenkt, dass der Referentenentwurf des BMJ zum UMAG, Sonderbeilage zu NZG, Heft 4, 2004, 5, gem. Art. 1 Nr. 4 b) noch folgende Fassung für § 123 Abs. 3 S. 4 AktG vorgeschlagen hatte: „*Im Verhältnis zur Gesellschaft gilt bis zur Beendigung der Hauptversammlung als Aktionär nur, wer den Nachweis erbracht hat.*"

1098 *Wangemann*, Finanzielle Anreize, 110.

1099 *Wangemann*, Finanzielle Anreize, 109 f.

1100 Größere, nicht anonym über die Börse veräußerte Aktienpakete dürften häufig die Grenzen der Meldepflicht gem. § 21 Abs. 1 WpHG von 3 % überschreiten (vgl. etwa

ist es zweifelhaft, dass die Anzahl der auf diese Weise im Zeitraum der *record date period* veräußerten Aktien bedeutend ist, denn derartige Veräußerungen sind vom Börsenkurs unabhängig, da der Preis zwischen den Parteien individuell ausgehandelt wird. Aufgrund dieser Unabhängigkeit besteht keine Notwendigkeit zu kurzfristigem Handeln. Das Problem dürfte eher bei den während des Zeitraums über die Börse veräußerten Aktien liegen. Deren Anzahl dürfte bei Publikumsgesellschaften nicht zu vernachlässigen sein.[1101] Ebenso wenig ist, abweichend von *Wangemann*, davon auszugehen, dass bei Aussicht auf einen Dividendenbonus der Handel während der 21 Tage vor der Hauptversammlung nahezu zum Erliegen käme.[1102] Dies würde zumindest der Motivation für die Einführung des *record-date*-Verfahrens widersprechen. Mit diesem Instrument sollte vor allem ausländischen Aktionären der Irrglaube genommen werden, vor der Hauptversammlung könnten die Aktien aufgrund der Hinterlegung nicht veräußert werden.

Ein zweiter Kritikpunkt an dem Vorschlag von *Wangemann* ist, dass nicht ersichtlich ist, wie veräußerte Aktien von der Bonusberechtigung ausgenommen werden könnten. Dafür wäre zunächst Voraussetzung zu wissen, wer zum Zeitpunkt des *record date* Aktionär war. Dies wäre aufgrund der Bestätigung der depotführenden Banken unproblematisch. Des Weiteren müsste aber auch bekannt sein, wer mittlerweile nicht mehr Aktionär ist. Die Erlangung dieser Information dürfte ähnlich aufwendig sein wie, die Identität des neuen Aktionärs

---

FAZ vom 15.6.2010, „Uralkali bekommt neuen Eigentümer", Unternehmen, Seite 14; FAZ vom 5.6.2010, „Robustes Ergebnis für Aeroflot", Unternehmen, Seite 18; Börsen-Zeitung vom 5.3.2010, „Verwirrendes Spiel mit der Merkur Bank; Angeblicher Verkauf", Seite 5; Wirtschaftsblatt vom 26.02.2009, „Nestlé: Keine Hungerkur, aber auch kein Festmahl", Finanz & Börse, Seite 17), die unabhängig von Nationalität, Wohnsitz u. Ä. jede natürliche oder juristische Person trifft (*Schneider* in Assmann/Schneider WpHG, § 21 Rn. 9).

1101 Der Börsenumsatz der DAX30-Werte liegt zwischen 60 bis 65 Milliarden Euro pro Monat. Allein die Deutsche Bank kam auf einen Umsatz von 74 Milliarden Euro im Jahr 2009 (vgl. Factbook 2009 der Deutschen Börse, Seite 3 und 11; abrufbar unter http://deutsche-boerse.com/INTERNET/IP/ip_stats.nsf/(KIR+Factbook+Kassamarkt)/407B2EB81C10C693C12577270052CF51/$FILE/Factbook_2009_d.pdf?OpenElement [zuletzt abgerufen am 3.1.2014]). Bei einem durchschnittlichen Kurs von ca. 45 Euro wurden im Jahr mehr als 1,5 Milliarden Aktien der Deutschen Bank gehandelt, pro Monat im Durchschnitt etwa 140 Millionen Aktien.

1102 Zumindest bleiben die Umsätze in den Monaten der Hauptversammlungssaison März bis Juli relativ konstant (vgl. Factbook 2009 der Deutschen Börse (Fn.1101), Seite 11). Wenn somit selbst die Aussicht auf eine Dividende den Handel nicht zum Erliegen bringt, ist dies von einem Dividendenbonus ebenfalls nicht zu erwarten.

zum Zeitpunkt der Hauptversammlung in Erfahrung zu bringen. Es ist daher nicht ersichtlich, weshalb die Herausnahme der verkauften Inhaberaktien aus der Bonusberechtigung die Bonuszahlung vereinfachen sollte.

Das Problem veräußerter Inhaberaktien ist vielmehr nach geltendem Recht nicht zu lösen und auch eine zu empfehlende Gesetzesänderung ist nicht ersichtlich. Denkbar wäre zwar, so wie ursprünglich im Referentenentwurf zum UMAG vorgesehen,[1103] die Fiktionswirkung des § 123 Abs. 3 S. 6 AktG auf sämtliche Aktionärsrechte auszudehnen. Dagegen sprechen jedoch zwei Punkte: Der Gesetzgeber hat mit dem UMAG das Instrument des *record date* eingeführt, um die Verfahrensabläufe rund um die Hauptversammlung klar, eindeutig und einfach zu gestalten.[1104] Dementsprechend hat er sich für ein international verbreitetes Instrument entschieden,[1105] um bestehende Missverständnisse aus der Welt zu schaffen. Würde dieses Instrument nun teilweise abgeändert, würde die gesetzgeberische Zielsetzung teilweise konterkariert. Des Weiteren hätten bei einer solchen Gesetzesänderung § 123 Abs. 3 S. 6 AktG und § 67 Abs. 2 AktG die gleiche inhaltliche Reichweite, ohne dass dies gerechtfertigt wäre. Namensaktie und Aktienregister verfolgen das Ziel, dass einer Gesellschaft ihre Aktionäre bekannt sind.[1106] Dieses Ziel rechtfertigt es, sämtliche Aktionärsrechte an die Eintragung in das Register zu knüpfen und somit der Registereintragung ein gewisses Gewicht zu verleihen. Das *record date* und die Fiktion des § 123 Abs. 3 S. 6 AktG ist hingegen allein organisatorischen Zwängen geschuldet. Die Teilnahme an einer Hauptversammlung kann nicht ohne eine gewisse Vorlaufzeit organisiert werden. Allein diese organisatorischen Zwänge rechtfertigen eine Ausnahme vom Grundsatz, dass allein dem Aktionär das Recht zur Teilnahme zusteht. Aus Fragen der Organisation folgt hingegen keine Rechtfertigung dafür, diese Ausnahme auch auf das Recht zum Dividendenbezug auszudehnen. Mit Recht hat daher auch der Deutsche Anwaltverein in seiner Stellungnahme darauf hingewiesen, dass die vorgeschlagene Regelung im Referentenentwurf zu weit gehe.[1107]

III. Zwischenergebnis

Nach der hier vertretenen Auffassung ist die Einordnung des Bonus innerhalb des § 60 Abs. 3 AktG durch Abänderung des Gewinnverteilungsmaßstabs *de lege*

1103 Vgl. Referentenentwurf des BMJ zum UMAG, Sonderbeilage zu NZG, Heft 4, 2004, 5.

1104 Begr. RegE zum UMAG, BT-Drs. 15/5092, 14.

1105 Begr. RegE zum UMAG, BT-Drs. 15/5092, 13.

1106 *Wiesner* in MünchHdb AG, § 13 Rn. 3.

1107 DAV Stellungnahme 20/04, Unterpunkt „Zu Nr. 4 und Art. 2 (§ 123 Abs. 2 bis 4 AktG – Anmeldung zur Hauptversammlung nebst Übergangsvorschrift)".

lata allein bei Gesellschaften mit Namensaktien möglich. Somit käme für fünfzehn der im DAX30 vertretenen Gesellschaften[1108] eine derartige Ausgestaltung des Bonus grundsätzlich in Frage. Aus dem MDAX käme diese Bonusvariante für 22 Gesellschaften in Betracht.[1109] Bei Gesellschaften mit Inhaberaktien scheitert der Weg über § 60 Abs. 3 AktG an dem möglichen Auseinanderfallen von Teilnahmerecht und Dividendenrecht. Dieses Problem wäre zwar theoretisch durch eine Gesetzesänderung behebbar, davon ist jedoch mangels Rechtfertigung abzusehen.

Bezogen auf Gesellschaften mit Namensaktien stünden einem Dividendenbonus auch keine praktischen Einwände entgegen. Nach der hier vertretenen Ansicht wäre eine Zustimmung aller betroffenen Aktionäre nicht erforderlich. Auch ein Sonderbeschluss der Vorzugsaktionäre könnte vermieden werden, sofern die Satzungsregelung den Gewinnvorzug und das Nachzahlungsrecht unberührt lässt. Auf den DAX30 und den MDAX bezogen wäre dies soweit ersichtlich derzeit allerdings lediglich von Pro7 Sat. 1 zu beachten, da allein bei dieser Gesellschaft sowohl Namensaktien als auch Vorzugsaktien vorhanden sind.

Eine statutarische Änderung des Gewinnverteilungsmaßstabs hätte jedoch den Nachteil, dass der Präsenzbonus bei jeder Gewinnverteilung gezahlt würde. Flexibilität bezüglich des Einsatzes dieses Instrumentariums bestünde nicht. Eine solche Flexibilität könnte zwar durch eine entsprechend offen formulierte statutarische Regelung erreicht werden, allerdings ist die Zulässigkeit derartiger Öffnungsklauseln äußerst fraglich und nach der hier vertretenen Ansicht zu verneinen.[1110] Bei außerordentlichen Hauptversammlungen bliebe der gewünschte Anreiz völlig aus. In Jahren, in denen kein ausschüttungsfähiger Bilanzgewinn vorhanden ist, könnte der Anreiz durch Nachzahlungsregelungen[1111] aufrechterhalten werden.

1108 Stand 1.1.2014: Adidas, Allianz, BASF, Bayer, Daimler, Deutsche Bank, Deutsche Börse, Deutsche Lufthansa, Deutsche Post, Deutsche Telekom, E.ON, Infineon, Kali und Salz, Münchner Rück, Siemens.

1109 Stand 1.1.2014: Airbus, Axel Springer, Brenntag, Celesio, Deutsche Euroshop, ElringKlinger, Evonik Industries, Gagfah, Hannover Rückversicherung, Hugo Boss, Klöckner, LEG Immobilien, Leoni, MTU, Norma Group, Pro7 Sat. 1, Osram, RTL Group, Sky Deutschland, Stada, Talanx, TUI.

1110 Vgl. zur Zulässigkeit von Öffnungsklauseln im 2. Kapitel unter 6. Teil: § 1B.II., Seite 1 ff.

1111 Vgl. bzgl. des möglichen Wortlauts einer Nachzahlungsregelung bereits in diesem Kapitel unter 3. Teil: § 2A.III., Seite 219 ff.

Im Gegensatz zu einem Bonus gem. § 58 Abs. 3 S. 2 AktG ist vorliegend die Frage des der Bonuszahlung zugrunde liegenden Rechtsverhältnisses eindeutig zu beantworten. Die Bonuszahlung stellt rechtlich eine Gewinnverteilung dar. Ein Anspruch des Aktionärs auf den Präsenzbonus wäre daher ähnlich[1112] dem Gewinnanspruch einzuordnen. Zunächst wäre ein allgemeiner Bonusanspruch Ausfluss der Mitgliedschaft. Erst mit Fassen des Gewinnverwendungsbeschlusses entstünde dem teilnehmenden Aktionär ein konkreter schuldrechtlicher Anspruch gegenüber der Gesellschaft auf Zahlung des Bonus.

C. Durch den Vorstand veranlasste Bonuszahlung

Vor dem Hintergrund, dass die bisher angesprochenen Möglichkeiten der Qualifizierung einer Bonuszahlung nur bei ordentlichen Hauptversammlungen und vorhandenem Bilanzgewinn zur Anwendung kommen können, wurde über die Behandlung der Bonuszahlung als Geschäftsführungsaufwand nachgedacht.[1113] Aufgrund der angestellten Überlegungen und der Tatsache, dass diese Qualifizierung der in Spanien üblichen Praxis entspricht, soll auf diese Variante näher eingegangen werden, obwohl eine derartige Qualifizierung der Bonuszahlung bereits zu Beginn dieses Abschnitts mit Verweis auf die *prima de asistencia* abgelehnt wurde.

I. Kompetenz des Vorstands

Die Gewährung einer Bonuszahlung durch den Vorstand ist von der Geschäftsführungskompetenz dieses Organs umfasst. Wie in Spanien[1114] ist die Möglichkeit einer Annexkompetenz zur Gewährung eines Präsenzbonus jedoch abzulehnen. Auch wenn der Vorstand gem. §§ 121 Abs. 2 S. 1, 175 Abs. 1 AktG zur Durchführung einer Hauptversammlung verpflichtet ist, kann eine Bonuszahlung nicht als unerlässliche Voraussetzung für die Durchführung einer Hauptversammlung eingestuft werden. Dies gilt umso mehr, da nach deutschem Recht gerade kein Mindestquorum für die wirksame Konstituierung der Hauptversammlung verlangt wird.

Allerdings kommt die generelle Geschäftsführungsbefugnis des Vorstands gem. §§ 76 Abs. 1, 77 Abs. 1 AktG zum Tragen, da im konkreten Fall eines

1112 Aufgrund der weiteren Anspruchsvoraussetzung der Teilnahme kann nicht von einer vollständigen Gleichstellung mit dem Gewinnanspruch gesprochen werden.

1113 *Klühs*, ZIP 2006, 107, 110; *Wangemann*, Finanzielle Anreize, 98 ff.

1114 Vgl. bzgl. einer Annexkompetenz und der Gründe für ihre Ablehnung in diesem Kapitel unter 2. Teil: § 2C.II.1, Seite 193 ff.

Präsenzbonus keine ungeschriebene Kompetenz der Hauptversammlung anzunehmen ist.[1115] Die Geschäftsführungsaufgabe des Vorstands gem. § 77 AktG umfasst jede tatsächliche oder rechtsgeschäftliche Tätigkeit für die Gesellschaft. Handelt es sich um Maßnahmen besonderer Qualität, um die Ausübung der Unternehmerfunktion in der Aktiengesellschaft, fällt die Maßnahme im Rahmen der Geschäftsführung unter den Begriff der Leitung der Gesellschaft. Eine ungeschriebene Kompetenz der Hauptversammlung kommt bei Grundlagen- und Strukturentscheidungen in Betracht, die das Erscheinungsbild des Investitionsgegenstands Aktiengesellschaft verändern. Der Begriff Leitung der Gesellschaft umfasst daher in Abgrenzung zur Kompetenz der Hauptversammlung sämtliche Maßnahmen, die keinen Eingriff in die unternehmerischen Mitwirkungsrechte der Aktionäre bedeuten. Die Zahlung eines Präsenzbonus durch den Vorstand lässt das Bild der Gesellschaft unverändert, sodass eine Kompetenz der Hauptversammlung nicht in Betracht kommt. Bereits aufgrund des aufzuwendenden absoluten Betrags ist in der Bonuszahlung jedoch eine Geschäftsführungsmaßnahme besonderer Qualität zu sehen, die in den Leitungsbereich des Vorstands fällt.[1116]

II. Rechtliche Zulässigkeit einer durch den Vorstand veranlassten Zuwendung

Der dem Vorstand bei seiner Leitungsaufgabe zukommende Ermessensspielraum wird unter anderem durch den Unternehmensgegenstand und das Unternehmensinteresse beschränkt. Beide Aspekte dürften mit der Zahlung eines Präsenzbonus vereinbar sein. Ein entgegenstehendes Unternehmensinteresse ist nicht ersichtlich.[1117] In Bezug auf den Unternehmensgegenstand ist eine Bonuszahlung als neutral einzustufen.[1118]

1115 Vgl. bzgl. ungeschriebener Hauptversammlungskompetenzen im 2. Kapitel unter 2. Teil: § 1B, Seite 94 ff. Für die Kompetenzen des Vorstands und die Abgrenzung zu ungeschriebenen Kompetenzen der Hauptversammlung vgl. im 2. Kapitel unter 3. Teil: § 1, Seit 102 ff.

1116 Somit ist ein durch den Vorstand gewährter Bonus der Überwachung durch den Aufsichtsrat gem. § 111 Abs. 1 AktG unterworfen. Bezüglich des Begriffs der Geschäftsführung in § 111 Abs. 1 AktG und der Überwachungsaufgabe des Aufsichtsrats vgl. im 2. Kapitel unter 3. Teil: § 1, Seit 102 ff.

1117 Das Unternehmensinteresse setzt sich aus den Interessen der Aktionäre, Gläubiger, Arbeitnehmer und Öffentlichkeit zusammen (Fn. 516 und 517). Die Vermeidung der Probleme geringer Präsenzen dürfte im Interesse aller Parteien liegen.

1118 Vgl. dazu die Ausführungen zur *prima de asistencia* in diesem Kapitel unter 2. Teil: § 2C.II.1, Seite 193 ff.

Daneben wird das Ermessen des Vorstands jedoch durch Satzung und Gesetz beschränkt und eine Bonuszahlung muss sich im Rahmen des rechtlich zulässigen halten. Die rechtliche Zulässigkeit einer Bonuszahlung durch den Vorstand ist *de lege lata* allerdings abzulehnen. Grund dafür ist die aus dem spanischen Steuerrecht übernommene Einordnung jeglicher Bonuszahlung als Rückzahlung von Gesellschaftsvermögen an die Aktionäre und damit verbunden die Regelung des § 57 Abs. 3 AktG, der allein eine Zuwendung von Gesellschaftsvermögen durch die Gesellschaft an die Aktionäre bei der Verteilung des Bilanzgewinns zulässt. Um eine Rückzahlung von Gesellschaftsvermögen zu verneinen, muss jegliche vertragliche Absprache zwischen Aktionär und Gesellschaft einem sog. Drittvergleich standhalten.[1119] Eine Bonuszahlung besteht diesen Vergleich jedoch nicht. Aufgrund des geringen Bonusbetrags pro Aktie kann der Präsenzbonus nur als Belohnung des Aktionärs für seine Teilnahme verstanden werden. Zudem werden andere Teilnehmer der Hauptversammlung nicht belohnt, weshalb die Zahlung allein aufgrund der Aktionärsstellung des Teilnehmenden erfolgt.

Allerdings könnte *de lege ferenda* eine in der Kompetenz des Vorstands liegende Bonuszahlung erreicht werden. Aufgrund europarechtlicher Vorgaben ist der Handlungsspielraum des Gesetzgebers in diesem Punkt zwar stark eingeschränkt, die RiLi 2012/30/EU steht nach der hier vertretenen Ansicht jedoch nicht jeglicher Gesetzesänderung entgegen.[1120] Besagte Richtlinie schreibt als allgemein gültiges Prinzip die Erhaltung eines Mindestkapitals vor und beschränkt jegliche Zuwendung an Aktionäre seitens der Gesellschaft auf bereits erwirtschaftete Gewinne.[1121] Die Richtlinie verlangt jedoch nicht, die Verteilung des Bilanzgewinns als einzige Zuwendungsmöglichkeit vorzusehen.[1122] Dementsprechend kennt das spanische Recht auch keine dem § 57 Abs. 3 AktG vergleichbare Vorschrift. Der Gesetzgeber könnte daher eine auf die Bonuszahlung zugeschnittene neue Regelung der Zuwendung in Ausnahme zu § 57 AktG schaffen, die sich innerhalb der beiden zuvor genannten Vorgaben der Richtlinie bewegt.

Als Vorlage für eine solche Norm könnten die Regelungen für Abschlagszahlungen auf den Bilanzgewinn gem. § 59 AktG bzw. Art. 277 LSC dienen.

1119 Vgl. bezüglich § 57 Abs. 3 AktG bzw. der Notwendigkeit eines Drittvergleichs im 2. Kapitel unter 6. Teil: § 1B, Seite 159 ff., bzw. 6. Teil: § 1C, Seite 1 ff.

1120 A. A. wohl *Klühs*, ZIP 2006, 107, 110 f.

1121 Vgl. dazu in diesem Kapitel unter 2. Teil: § 2C.II.2, Seite 197 ff.

1122 So das Verständnis von § 57 Abs. 1 und 3 AktG, vgl. dazu im 2. Kapitel unter 6. Teil: § 1, Seite 158 ff.

Zunächst ist nach den soeben getätigten Ausführungen eine Kompetenz des Vorstands ohne statutarische Ermächtigung zu bejahen.[1123] Des Weiteren sollte die Norm den Aufsichtsrat als Kontrollorgan ausdrücklich mit einbinden, um die Bonusgewährung als Leitungskompetenz des Vorstands zu verdeutlichen. Schließlich sollte die Norm das einer Bonuszahlung zugrunde liegende Rechtsverhältnis klar erkennen lassen. Wie bei den Darstellungen zur *prima de asistencia* bereits angedeutet,[1124] wäre die Auslobung als Form des Abschlusses einer vertraglichen Rechtsgrundlage vorzugswürdig, da diese das Aussetzen einer Belohnung für die Vornahme einer Handlung umschreibt und unmittelbar zu einer Bindung der Gesellschaft führen würde.[1125] Insofern müsste der Vorstand die Auslobung eines Präsenzbonus öffentlich bekannt machen, wobei dem nicht entgegenstünde, dass sich der Vorstand nur an die Aktionäre der Gesellschaft wenden will.[1126] Für eine Auslobung müsste die Belohnung bestimmbar sein, ein feststehender Betrag ist nicht erforderlich.[1127] Um die Vorgaben der Richtlinie zu erfüllen, könnte der Vorstand daher einen fixen Gesamtbetrag zur Belohnung ausloben. Schließlich müsste die Norm in ihren Tatbestandsvoraussetzungen die Einhaltung der europarechtlichen Vorgaben sicherstellen. Um die Bonuszahlung nicht denselben rechtlichen Bedenken der jetzigen Praxis der *prima de asistencia* auszusetzen, wäre insbesondere durch einen vorläufigen Abschluss zu gewährleisten, dass allein frei verfügbare Mittel ausgelobt werden. Die ins Gesetz einzufügende Norm könnte in etwa lauten:

> *„Der Vorstand kann einen Betrag zur Verteilung an die an einer Hauptversammlung teilnehmenden Aktionäre ausloben, sofern die Kapitalrücklage vollständig einbezahlt wurde und der Betrag den im laufenden Geschäftsjahr erwirtschafteten Gewinn, vermindert um einen Verlustvortrag sowie um die nach Gesetz oder Satzung in die Gewinnrücklage einzustellenden Beträge, nicht übersteigt.*
>
> *Der Vorstand hat vor Auslobung des Betrags einen vorläufigen Abschluss zu erstellen, der die Existenz ausreichender Gewinne belegt. Der vorläufige Abschluss ist dem Aufsichtsrat vorzulegen.*
>
> *Die Auslobung des Betrags bedarf der Zustimmung des Aufsichtsrats."*

1123 So auch im Fall des Art. 277 LSC. Andererseits könnte eine entsprechende Norm in Anlehnung an § 59 Abs. 1 AktG auch eine statutarische Ermächtigung vorsehen.

1124 Vgl. dazu in diesem Kapitel unter 2. Teil: § 2C.II.1, Seite 193 ff.

1125 *Bergmann* in Staudinger BGB, § 657 Rn. 9, derselbe dazu, dass die Pollizitationstheorie heute die h. M.darstellt, § 657, Rn. 11.

1126 *Bergmann* in Staudinger BGB, § 657 Rn. 52.

1127 *Bergmann* in Staudinger BGB, § 657 Rn. 60.

III. Zwischenergebnis

Im Unterschied zu den bisher diskutierten Varianten eines Präsenzbonus wäre diese Möglichkeit nicht auf ordentliche Hauptversammlungen beschränkt. Sie böte zudem eine größere Flexibilität, da anstelle der Hauptversammlung der Vorstand über den Einsatz des Instruments entscheiden könnte. Allerdings ist erneut das Vorhandensein von Gewinnen Voraussetzung. Zudem wäre aufgrund der europarechtlichen Vorgaben allein diese recht aufwendige Regelung möglich, die die Attraktivität eines Präsenzbonus erheblich einschränken dürfte.[1128]

D. Bonuszahlung mit vorheriger Genehmigung der Hauptversammlung

Den Abschluss dieses Abschnitts bildet die Darstellung einer bisher nicht diskutierten Möglichkeit der Zahlung eines Präsenzbonus. Ausgangspunkt für die folgenden Überlegungen ist eine Aussage *Massaguer Fuentes*, die sinngemäß lautet:[1129] Nichts steht einem unmittelbaren Gebrauch von Rücklagen durch die Verwaltung entgegen. Es ist absolut zulässig, dass Zweck dieser Rücklagen gerade die Zahlung von Dividenden an Aktionäre ist (gebundene Rücklagen) bzw. dass eine Dividendenzahlung als Verwendungsmöglichkeit zugelassen wird (ungebundene Rücklagen). Diese Aussage wirft die Frage nach der Zulässigkeit einer Bonuszahlung zu Lasten zuvor erwirtschafteter Gewinne auf, die nach entsprechender Genehmigung durch die Hauptversammlung vom Vorstand einer Gesellschaft veranlasst wird.

1128 So ist zumindest § 59 AktG ohne Bedeutung in der Praxis geblieben (*Fleischer* in Schmidt/Lutter AktG, § 59 Rn. 2).

1129 *Massaguer Fuentes*, Dividendos a cuenta, 57: „[N]*ada impide que las reservas* […] *sean directamente empleados por el órgano de administración. Y es perfectamente lícito que la finalidad de tales reservas, si se trata de reservas especiales, sea precisamente el pago de dividendos a los accionistas* […] *o, si se trata de reservas generales, que se estime oportuno dicho pago.*"

I. Statutarische oder allgemeine Gewinnrücklagen

§ 58 AktG sieht verschiedene Möglichkeiten vor, wie Gewinnrücklagen durch Vorstand oder Hauptversammlung im Rahmen der Feststellung des Jahresabschlusses oder im Rahmen des Gewinnverwendungsbeschlusses gebildet werden können. Dabei kommen aufgrund entsprechender Satzungsregelung zwingende Rücklagen oder freiwillige Rücklagen in Betracht, die zweckgebunden oder frei sind.[1130] Die Bildung einer Rücklage für die Zahlung eines Präsenzbonus ist somit unproblematisch möglich. Problematisch ist jedoch der „Gebrauch" der Rücklage. Die Auflösung von aus dem Gewinn gebildeten Rücklagen richtet sich nach den Vorschriften des Gesellschaftsrechts.[1131] Dabei enthält das Gesetz keine Beschränkungen zu der Frage, wann und durch welches Organ statutarische oder freiwillige Gewinnrücklagen aufzulösen sind. Dies richtet sich vielmehr nach der Satzungsregelung bzw. einer möglichen Zweckbindung.[1132] Dem Gesetz lässt sich jedoch entnehmen, wie Entnahmen oder die Auflösung der Rücklage zu erfolgen haben. Gem. § 158 Abs. 1 S. 1 Nr. 3 lit. c) und d) AktG ist die Gewinn- und Verlustrechnung um die Entnahmen aus satzungsmäßigen bzw. anderen Gewinnrücklagen zu ergänzen. § 152 Abs. 3 Nr. 3 AktG verlangt Angaben in der Bilanz oder im Anhang zu den Beträgen, die aus den Gewinnrücklagen für das Geschäftsjahr entnommen werden. Insofern erfolgen Entnahme oder Auflösung bei der Aufstellung des Jahresabschlusses.[1133] Eine für die Bonuszahlung gebildete Rücklage kann somit nicht im Laufe des Geschäftsjahrs vom Vorstand aufgelöst oder verbraucht werden.

Laut *Habersack*[1134] schreibt das Europarecht keinen Mindeststandard zur Bildung und Auflösung von Rücklagen vor, sodass grundsätzlich über eine Lösung *de lege ferenda* nachgedacht werden könnte. Würde jedoch von der Auflösung von Rücklagen im Jahresabschluss abgesehen und allein ihr Verbrauch durch die Verwaltung während des Geschäftsjahrs zugelassen, läge darin keine Änderung der Vorschriften über Rücklagen, sondern vielmehr die Schaffung einer neuen Kategorie der Gewinnverwendung.

1130 Vgl. zu den Grenzen der Rücklagenbildung im 2. Kapitel unter 6. Teil: § 1B, Seite 159 ff.

1131 *Reiner* in MünchKomm HGB, § 272 Rn. 70.

1132 *Küting* in Hdb Rechnungslegung, § 272 Rn. 146.

1133 So auch *Küting* in Hdb Rechnungslegung, § 272 Rn. 146.

1134 *Habersack*, Europäisches Gesellschaftsrecht, § 6 Rn. 33.

II. „Rücklagenbildung" als andere Verwendung i. S. d. § 58 Abs. 3 S. 2 AktG

Eine derartige indirekte Bonuszahlung ist jedoch als andere Verwendung i. S. d. § 58 Abs. 3 S. 2 AktG zulässig. Unbestritten ist, dass ein ausgewiesener Bilanzgewinn im Rahmen des § 58 Abs. 3 AktG in voller Höhe an die Aktionäre ausgeschüttet oder bei entsprechender Satzungsermächtigung Dritten zugewandt werden kann.[1135] Bei beiden Varianten wird der Gesellschaft das entsprechende Vermögen vollständig entzogen. Bei einer Zuwendung an Dritte gehen zudem die Aktionäre selbst leer aus. Insofern spricht, entsprechend dem von *Wangemann* aufgeworfenen Gedanken,[1136] im Grundsatz nichts dagegen, der Hauptversammlung auch die Kompetenz für Maßnahmen mit geringeren Auswirkungen für die Aktionäre zuzusprechen. Zudem ist nichts gegen die Möglichkeit der Hauptversammlung einzuwenden, der Verwaltung einen bestimmten Betrag zur Zahlung eines Präsenzbonus an die Aktionäre im Sinne eines Treuhandverhältnisses zur Verfügung zu stellen. Wenn die Hauptversammlung diesen Betrag Dritten schenken kann, dann kann sie diesen Betrag auch einem anderen anvertrauen, damit dieser die Verteilung des Betrags an die Aktionäre vornimmt. Um die rechtlichen Bedenken in Bezug auf die *prima de asistencia* zu vermeiden, ist jedoch Voraussetzung auch für diese Variante, dass durch sie keine zwingenden Schutzvorschriften – insbesondere die Regelungen zur Kapitalerhaltung – umgangen werden. Nach der hier vertretenen Auffassung wäre eine solche Maßnahme als andere Verwendung gem. § 58 Abs. 3 S. 2 AktG zu verstehen, da diese nicht zwangsläufig Dritten zugute kommen muss.[1137] Voraussetzung ist allein, dass sich die Maßnahme von den anderen Arten der Gewinnverwendung unterscheidet.[1138] Der Gewinnvortrag stellt letztlich den Rest eines nicht verwendeten Bilanzgewinns dar, der gem. § 158 Abs. 1 S. 1 Nr. 1 AktG dem Erfolg des Folgejahrs zuzurechnen ist und zwingend erneut bei der Ermittlung des Bilanzgewinns auftaucht. Insofern unterscheidet sich die hier diskutierte Verwendungsart vom Gewinnvortrag. Aufgrund der vorherigen Darstellungen ist ein dem Vorstand anvertrauter Teil des Bilanzgewinns zudem nicht als Rücklagenbildung zu qualifizieren. Schließlich ist auch keine Gewinnverteilung gegeben, da diese gerade nicht im Ermessen des Vorstands liegt und sich unmittelbar aus dem Verwendungsbeschluss ergibt. Die vorliegend vertretene Ansicht steht somit nicht im Widerspruch zu der Ablehnung einer direkten Zahlung als andere

1135 Die Minimalgrenze des § 254 Abs. 2 AktG kann an dieser Stelle unbeachtet bleiben.

1136 Vgl. dazu bereits im 2. Kapitel unter 6. Teil: § 1B.I, Seite 161 ff.

1137 Das Gesetz nennt eine solche Einschränkung nicht. Zum Bezug auf Dritte in der Gesetzesbegründung vgl. Fn. 828.

1138 Vgl. dazu bereits in diesem Kapitel unter 3. Teil: § 2A.II.2, Seite 214 ff.

Verwendung,[1139] denn aufgrund der indirekten Bonusgewährung liegt gerade keine Gewinnverteilung als Verwendung vor.

Eine derartige Verwendung des Bilanzgewinns und eine darauf folgende Zahlung eines Präsenzbonus birgt keine Probleme in Bezug auf die in § 57 Abs. 1 und 3 AktG verankerte Kapitalerhaltung und Beschränkung der Ausschüttungshöhe, da jegliche Gewinnverwendung im Rahmen des § 58 Abs. 3 AktG diese Grenzen beachtet. Gleiches gilt bezüglich der Beschränkung der Zuwendungsmöglichkeiten an Aktionäre gem. § 57 Abs. 3 AktG, die nach vorliegend vertretener Ansicht europarechtlich nicht zwingend ist. Wird die Verwendung als eine andere Verwendung i. S. d. § 58 Abs. 3 S. 2 AktG eingestuft, ist darin konsequenterweise auch eine der gesetzlichen Ausnahmen zu § 57 AktG zu sehen. Schließlich ergeben sich auch in Bezug auf die Voraussetzung einer statutarischen Ermächtigung keine Besonderheiten, sodass für das notwendige Zustimmungserfordernis für eine durchzuführende Satzungsänderung zur Ermächtigung der Hauptversammlung sowie bezüglich etwaiger Sonderbeschlüsse das im Rahmen der direkten Bonuszahlung gem. § 58 Abs. 3 S. 2 AktG Gesagte gilt.[1140]

III. Zwischenergebnis

Gemäß der vorliegend vertretenen Auffassung zum Begriff der „anderen Verwendung" wäre eine Bonuszahlung rechtlich zulässig gestaltbar, indem die Hauptversammlung im Gewinnverwendungsbeschluss, auf der Grundlage einer entsprechenden Satzungsregelung, dem Vorstand die Erlaubnis einräumt, nach freiem Ermessen einen Teil des Bilanzgewinns zur Zahlung eines Präsenzbonus zu verwenden. Diese Variante würde somit die von der *prima de asistencia* bekannte Flexibilität gewährleisten, dabei aber die Vorschriften zur Kapitalerhaltung beachten und zudem nicht im Widerspruch zu § 57 Abs. 3 AktG stehen. Die entsprechende Satzungsregelung könnte etwa lauten:

> *„Die Hauptversammlung kann im Rahmen des Gewinnverwendungsbeschluss bis zu 10 % des Bilanzgewinns, maximal jedoch 10 Mio. €, als andere Verwendung i. S. d. § 58 Abs. 3 S. 2 AktG vorsehen, indem sie den Vorstand der Gesellschaft ermächtigt, den vorgesehenen Betrag zur Zahlung einer Präsenzprämie zu verwenden. Dabei ist die Gewährung der Prämie nur an Aktionäre möglich, die an der prämierten Hauptversammlung teilnehmen. Ein Aktionär nimmt im Sinne des vorherigen Satzes an der Hauptversammlung teil, wenn er selbst auf der Versammlung anwesend ist oder sich vertreten lässt sowie wenn er schriftlich oder im Wege elektronischer Kommunikation seine Stimme abgibt. Lässt sich der Aktionär durch einen von der Gesellschaft benannten Stimmrechtsvertreter i. S. d. § 134 Abs. 3 S. 5*

1139 Vgl. dazu in diesem Kapitel unter 3. Teil: § 2A.II.2.a, Seite 214 ff.

1140 Vgl. dazu in diesem Kapitel unter 3. Teil: § 2A.II.1.c, Seite 1 ff.

AktG oder durch das depotführende Kreditinstitut im Rahmen des § 135 AktG vertreten, ist er nur bei Erteilung einer ausdrücklichen Weisung zu den einzelnen Gegenständen der Tagesordnung zum Bezug der Prämie berechtigt.“

Vorteil dieser Variante wäre, dass sie auch bei außerordentlichen Hauptversammlungen zum Tragen kommen könnte. Des Weiteren würde dieser Weg der anderen Gewinnverwendung bei während der *record date period* veräußerten Inhaberaktien nicht zur Anerkennung einer Vertretungskompetenz der Hauptversammlung führen. Schließlich würde dieser Weg eine erhebliche Flexibilität des Vorstands bei der Entscheidung über einen Präsenzbonus gewähren, ohne jedoch die Hauptversammlung unberücksichtigt zu lassen und die Aktionäre schutzlos zu stellen.

Auch wenn nach der hier vertretenen Auffassung keine Gesetzesänderung erforderlich wäre, könnte diese zur Vermeidung von Rechtsunsicherheit sinnvoll sein. In Anlehnung an den Vorschlag von *Klühs* könnte § 58 Abs. 3 AktG um einen Satz 3 mit folgendem Wortlaut ergänzt werden: „Die Genehmigung der Hauptversammlung gegenüber dem Vorstand, einen Teil des Bilanzgewinns in Zukunft nach eigenem Ermessen zur Zahlung einer Prämie an die Aktionäre für die Teilnahme an der Hauptversammlung zu verwenden, ist eine andere Verwendung im Sinne von Satz 2.“

§ 3 Vereinbarkeit mit dem Gebot der Gleichbehandlung

Die Zahlung wird in den vorgestellten Varianten entweder durch die Hauptversammlung oder durch den Vorstand im Namen der Gesellschaft gewährt und ist somit Teil des Verhältnisses Aktionär – Gesellschaft. Zudem betrifft die Zahlung, die allein aufgrund der Ausübung eines Aktionärsrechts vorgenommen wird, den mitgliedschaftlichen Bereich dieses Verhältnisses. Daher muss jede der erörterten Varianten einer Bonusgestaltung mit dem allgemein gültigen Gebot der Gleichbehandlung im Einklang stehen.[1141] Da sämtliche Varianten die Aussage beinhalten, ein Teil des erwirtschafteten Gewinns komme den Aktionären nur bei Teilnahme an der Hauptversammlung zugute, kann die Frage der Vereinbarkeit mit dem Gleichbehandlungsgrundsatz einheitlich erörtert werden.

Für die Feststellung einer Ungleichbehandlung kommen Unterschiede zwischen den unterschiedlichen Aktionärstypen in Betracht, mithin zwischen Stamm- und Vorzugsaktionären, Groß- und Kleinaktionären sowie inländischen und ausländischen Aktionären. Durch das allgemeine Abstellen auf die

1141 Vgl. allgemein zum Grundsatz der Gleichbehandlung im 2. Kapitel unter 4. Teil: § 1D.IV, Seite 1 ff.

Aktionärseigenschaft und das Teilnahmerecht sind sämtliche Aktionärstypen derselben Gruppe zuzuordnen und somit aufgrund gleicher Voraussetzungen gleich zu behandeln. Bezüglich keines Aktionärstypus ergibt sich eine formelle Ungleichbehandlung, da alle unter denselben Anforderungen zum Bezug desselben Präsenzbonus pro Aktie berechtigt sind. Allerdings sind die Wirkung eines Präsenzbonus für einzelne Aktionärstypen unterschiedlich, so dass auf die Möglichkeit einer materiellen Ungleichbehandlung einzugehen ist.

Eine solche ist zwischen Groß- und Kleinaktionären sowie zwischen inländischen und ausländischen Aktionären nicht gegeben. Faktische Folge der Zahlung eines geringen Bonusbetrags ist zwar, dass der Bonus sich allein für Großaktionäre lohnt, während er für Kleinaktionäre in der Regel uninteressant ist. Allerdings will das Gesetz keine Gleichheit der Aktionäre erreichen, sondern verlangt, dass der Grund für eine ungleiche Wirkung einer Maßnahme aus dem Rechtsverhältnis Mitgliedschaft selbst folgen muss.[1142] Die unterschiedliche Wirkung beruht hingegen allein auf dem fehlenden Willen oder den fehlenden finanziellen Ressourcen des Kleinaktionärs, um mit den Großaktionären gleichzuziehen, und ist dem Privatbereich zuzuordnen.[1143] Aus dem gleichen Grund ist auch eine materielle Ungleichbehandlung ausländischer Aktionäre abzulehnen. Ihnen kommen die gleichen Möglichkeiten zur Teilnahme und damit zur Erfüllung der Bonusvoraussetzungen zu wie den sonstigen Aktionären. Dass sich die Teilnahme aufgrund ihres Aufenthalts im Ausland faktisch womöglich schwieriger darstellt, ist allein einem im Privatbereich zu verortenden Aufenthaltsort geschuldet.[1144]

Bezüglich der Vorzugsaktionäre hingegen ist eine materielle Ungleichbehandlung zu bejahen. Durch eine Bonuszahlung gleich welcher Art wird für alle Aktionäre ein Teil des grundsätzlich ausschüttungsfähigen Gewinns konditioniert und unter die Voraussetzung der Teilnahme an der Hauptversammlung gestellt. Da den Vorzugsaktionären jedoch weniger Möglichkeiten zur Teilnahme zur Verfügung stehen,[1145] wiegt diese Konditionierung faktisch für sie schwerer. Zudem ist die begrenzte Anzahl der Vertretungsmöglichkeiten unmittelbare Folge des Verzichts auf das Stimmrecht und somit dem mitgliedschaftlichen Bereich zuzurechnen. Da schließlich nach der hier vertretenen Ansicht ein Sonderbeschluss der Vorzugsaktionäre nicht erforderlich ist, wird das Gebot

---

1142 *Fleischer* in Schmidt/Lutter AktG, § 53a Rn. 30.

1143 Mit Bezug auf einen Präsenzbonus so bereits *Klühs*, ZIP 2006, 107, 113 f.; *Wangemann*, Finanzielle Anreize, 79 f.

1144 So auch *Klühs*, ZIP 2006, 107, 114 f.; *Wangemann*, Finanzielle Anreize, 80 f.

1145 Siehe dazu bereits in diesem Kapitel unter 3. Teil: § 2A.II.1.d, Seite 211 ff.

der Gleichbehandlung auch nicht durch § 141 AktG oder § 179 Abs. 3 AktG verdrängt.[1146]

Allerdings ist diese materielle Ungleichbehandlung gerechtfertigt. Das Abstellen auf die Teilnahme als zum Bonusbezug berechtigendes Verhalten stützt sich vor allem auf die weitestgehende Deckungsgleichheit zwischen Teilnahme und Stimmabgabe.[1147] Diese Deckungsgleichheit ist jedoch in Bezug auf die Vorzugsaktionäre gerade nicht gegeben. Mangels Stimmrecht trägt ihre Anwesenheit nicht zur Lösung des Problems der Zufallsmehrheiten bei. Vor diesem Hintergrund ist auch der Beitrag der Vorzugsaktionäre zu einer Verbesserung der Aktionärskontrolle geringer. Das Rechtsverhältnis Mitgliedschaft der Vorzugsaktionäre unterscheidet sich somit von dem der übrigen Aktionäre in einem Punkt, der für die Thematik eines Präsenzbonus wesentlich ist, und steht in unmittelbarem Zusammenhang mit dem legitimen Ziel, Probleme niedriger Präsenzen zu beseitigen. Daher würde der Unterschied des fehlenden Stimmrechts bei Abstellen auf das Stimmrecht als zum Bonusbezug berechtigendes Verhalten sogar den vollständigen Ausschluss der Vorzugsaktionäre von einer Bonuszahlung rechtfertigen.[1148] Der nicht vollständige Ausschluss der Vorzugsaktionäre mit der Folge einer materiellen Ungleichbehandlung sollte daher ebenfalls gerechtfertigt sein.

§ 4 Erforderlichkeit einer einheitlichen europäischen Regelung

Nach Darstellung und rechtlicher Qualifizierung der in Spanien geübten Praxis der *prima de asistencia* sowie nach näherer Betrachtung verschiedener Möglichkeiten einer Bonuszahlung nach deutschem Recht soll nachfolgend noch kurz zu der Frage Stellung genommen werden, ob aufgrund der bisherigen Untersuchung eine einheitliche europäische Regelung erstrebenswert wäre.

Dies ist zu verneinen. Die bisherige Untersuchung hat aufgezeigt, dass einerseits die bisherige spanische Praxis rechtlich nicht unproblematisch ist und andererseits nicht jede diskutierte Form der Bonuszahlung nach aktuellem deutschen Recht möglich wäre. Die auftretenden rechtlichen Probleme basieren bei den unterschiedlichen Varianten zumeist auf unterschiedlichen Aspekten, die bisweilen in den beiden nationalen Rechtsordnungen unterschiedlich sind. Dies

1146 Das Gleichbehandlungsgebot wird von den Vorschriften zu Sonderbeschlüssen lediglich dann als allgemeinere Vorschrift verdrängt, wenn tatsächlich ein Sonderbeschluss gefasst wurde (*Stein* in MünchKomm AktG, § 179 Rn. 179).

1147 Siehe dazu in diesem Kapitel unter 3. Teil: § 1B, Seite 202 ff.

1148 Vgl. dazu bereits Fn. 993.

steht einer einheitlichen europäischen Regelung entgegen. So wurden im 3. Teil dieses Kapitels zwei Möglichkeiten einer Bonuszahlung diskutiert, die auf den Begriff der „anderen Verwendung“ im § 58 Abs. 3 AktG abstellen. Das spanische Recht kennt diese Form der Gewinnverwendung nicht. Ausdrücklich nennt Art. 273.2 LSC hingegen allein die Gewinnverteilung an Aktionäre sowie die Einstellung von Gewinn in freiwillige Rücklagen. Auch die diskutierte Möglichkeit einer Bonuszahlung in Form von disquotaler Gewinnverwendung gemäß § 60 Abs. 3 AktG wäre nicht ohne Weiteres auf Spanien zu übertragen. Gemäß Art. 275.2 LSC sieht das spanische Recht eine disquotale Gewinnverteilung nicht vor. Vielmehr ist nach spanischem Recht die proportionale Gewinnverteilung zwingend.[1149] Die vierte diskutierte Möglichkeit einer Bonuszahlung in Form von Geschäftsführungsaufwand ist nach deutschem Recht insbesondere wegen § 57 Abs. 3 AktG problematisch, der jegliche Verteilung an die Aktionäre auf den Bilanzgewinn beschränkt. Eine mit § 57 Abs. 3 AktG vergleichbare Regelung kennt das spanische Recht wiederum nicht. Insofern würde eine europäische Regelung, die einer der diskutierten Varianten einer Bonuszahlung zum Gegenstand hätte, sich gegebenenfalls nicht in die spanische Gesetzessystematik einfügen.

Insofern verdeutlicht diese Arbeit, dass bereits geringe Unterschiede tatsächlicher oder rechtlicher Natur erhebliche Auswirkungen auf das Thema eines Präsenzbonus haben können. Vor diesem Hintergrund ist eine europäische Regelung, welche die unterschiedlichen Gegebenheiten von mittlerweile 28 Ländern und Rechtsordnungen angemessen berücksichtigen und sich in die vorhandenen Rechtsordnungen einfügen würde, praktisch nicht vorstellbar.

4. Teil: Ergebnis und Bewertung des Kapitels

Mit einem Präsenzbonus könnte nach der vorliegend vertretenen Ansicht eine sinnvolle Steigerung der Hauptversammlungspräsenzen erreicht werden. Bei der rechtlichen Ausgestaltung eines solchen Bonus kann jedoch nicht auf die in Spanien vorherrschende Praxis zurückgegriffen werden, da diese in ihrer jetzigen Form rechtlich unzulässig ist und die Gründe der Unzulässigkeit auch nach deutschem Recht existieren würden. Als Erkenntnis aus dem Vergleich mit Spanien und der Betrachtung der *prima de asistencia* kann in tatsächlicher Sicht jedoch gezogen werden, dass mit einem Präsenzbonus die Forcierung der Verwirklichung des Aktionärswillens bei der Stellvertretung verbunden werden

1149 *Boquera Matarredona* in Comentarios LSA, Art. 215, 2077.

sollte. Mit Blick auf die rechtlichen Fragen hat der Vergleich gezeigt, dass die Zahlung eines Präsenzbonus stets eine Rückzahlung von Gesellschaftsvermögen an die bonusberechtigten Aktionäre darstellt und sie nicht mit sonstigen Zuwendungen an die Aktionäre im Zusammenhang mit der Hauptversammlung gleichgesetzt werden kann. Zudem ist bei der rechtlichen Ausgestaltung eines Präsenzbonus stets das Prinzip der Kapitalerhaltung zu wahren, das jedoch nicht zwingend die derzeitige Interpretation des § 57 Abs. 1 und 3 AktG erfordert. Daher stellen alle vier vorgestellten Möglichkeiten rechtlich zulässige Wege der Zahlung eines Präsenzbonus dar, wenngleich manche einer vorherigen Gesetzesänderung bedürfen. An dieser Stelle sollen daher die einzelnen Möglichkeiten bewertet werden.

Nach der jeweils herrschenden Ansicht dürfte die Variante einer Bonuszahlung als Extradividende bei Gesellschaften mit Namensaktien mit den geringsten Unsicherheiten belastet sein. Eine solche bestünde allein bezüglich des Erfordernisses der Einstimmigkeit einer entsprechenden Satzungsregelung. Die Variante einer Bonuszahlung mit vorheriger Genehmigung durch die Hauptversammlung kommt nach der hier vertretenen Ansicht zwar ebenfalls ohne Gesetzesänderung aus, eine Unsicherheit bestünde jedoch hinsichtlich des Verständnisses des Begriffs „andere Verwendung". Diese Unsicherheit ließe sich durch eine klarstellende Gesetzesänderung beheben. In Anlehnung an den im Rahmen einer direkten Bonuszahlung über § 58 Abs. 3 S. 2 AktG von *Klühs* unterbreiteten Vorschlag könnte § 58 Abs. 3 AktG um einen Satz 3 mit folgendem Wortlaut ergänzt werden: „Die Ermächtigung des Vorstands zur Zahlung einer Prämie für die Anwesenheit in der Hauptversammlung zu Lasten des Bilanzgewinns ist eine andere Verwendung im Sinne von Satz 2." Die Variante einer direkten Bonuszahlung über § 58 Abs. 3 S. 2 AktG käme ebenfalls nicht ohne eine Gesetzesänderung aus. Gleiches würde für die Variante einer in die Kompetenz des Vorstands gestellten Bonuszahlung gelten.

Sämtlichen Varianten ist gemein, dass sie einen Gewinn voraussetzen. Die Varianten des Dividendenbonus gem. § 60 Abs. 3 AktG sowie einer direkten Bonuszahlung in Form einer anderen Verwendung gem. § 58 Abs. 3 S. 2 AktG wären zudem nur bei ordentlichen Hauptversammlungen möglich. Eine in die Kompetenz des Vorstands gestellte Bonuszahlung sowie ein Bonus aufgrund vorheriger Genehmigung der Hauptversammlung könnte hingegen auch bei außerordentlichen Hauptversammlungen gewährt werden. Gegen die erste Variante spräche jedoch der hohe Aufwand und die zu erwartende fehlende Attraktivität einer Bonuszahlung. Aufgrund des zu ändernden Gewinnverteilungsmaßstabs wäre der Weg über § 60 Abs. 3 AktG zudem äußerst unflexibel. Die beiden

Möglichkeiten gem. § 58 Abs. 3 S. 2 AktG könnten zwar recht flexibel gehandhabt werden, die Variante der vorherigen Genehmigung durch die Hauptversammlung würde jedoch eine Flexibilität des Vorstands mit dem Recht der Hauptversammlung zur grundsätzlichen Entscheidung verbinden.

Der Mechanismus Entscheidung durch die Hauptversammlung und Vollzug durch den Vorstand ist dem Aktiengesetz nicht fremd. Deutlich kommt er in den Regelungen zum genehmigten Kapital gem. § 202 Abs. 2 S. 1 AktG zum Ausdruck. Durch eine von der Hauptversammlung beschlossene Satzungsänderung kann der Vorstand für höchstens fünf Jahre ermächtigt werden, das Kapital der Gesellschaft zu erhöhen. Dabei verfolgt das Institut gerade das Ziel, dem Vorstand ein rasches Reagieren auf sich ergebende Umstände zu ermöglichen.[1150] Ein gewisses Maß an Flexibilität wäre auch bei einem Präsenzbonus mit Blick auf außerordentliche Hauptversammlungen sinnvoll. Gleichwohl sollte der Hauptversammlung die grundsätzliche Entscheidung nicht genommen werden, gerade weil es sich um die Verwendung des Bilanzgewinns und damit um eine ihrer Kernkompetenzen handelt. Die Variante einer Bonuszahlung nach vorherigem Plazet der Hauptversammlung würde sich daher in die bisherige Gesetzessystematik einfügen. Dies gilt auch mit Blick auf die systematischen Bedenken im Rahmen der Variante „Bonus als andere Gewinnverwendung".[1151] Vorliegend würde die Hauptversammlung den Vorstand zur Bonusgewährung ermächtigen. Über die konkrete Zahlung eines Bonus würde jedoch der Vorstand entscheiden und somit das für die Vertretung der Gesellschaft verantwortliche Organ. Nach der hier vertretenen Ansicht wäre für diese Variante zudem keine Gesetzesänderung erforderlich. Klarheit und Rechtssicherheit könnte jedoch bereits durch Hinzufügen eines dritten Satzes in § 58 Abs. 3 erreicht werden.

1150 *Veil* in Schmidt/Lutter AktG, § 202 Rn. 2.

1151 Vgl. hierzu in diesem Kapitel unter 3. Teil: § 2A.II.3, Seite 217 ff.

Zusammenfassung

Die Untersuchung hat gezeigt, dass aus geringen Präsenzen auf Hauptversammlungen Probleme entstehen und dieser Zustand nicht als gegeben hingenommen werden sollte. Es wurde zudem deutlich, dass weder der nationale noch der europäische Gesetzgeber gewillt sind, das Auseinanderfallen von in Theorie gedachter Aktionärsherrschaft und in Praxis vorzufindender Herrschaft der Verwaltung zu akzeptieren. Dementsprechend wurde durch gesetzliche Maßnahmen der Informationsfluss zwischen Gesellschaft und Aktionariat bzw. Kapitalmarkt verbessert und der Aufwand zur Ausübung der Aktionärsrechte erheblich verringert. Da diese Maßnahmen bisher jedoch keinerlei Wirkung gezeigt haben, ist als Kern des Problems das Desinteresse eines Großteiles der Aktionäre an den Vorgängen in der Gesellschaft, ihr Verhalten als allein am Vermögensvorteil interessierte Investoren, nicht zu verleugnen.

Erkenntnis des Vergleichs mit der Praxis in Spanien ist, dass trotz weitestgehender tatsächlicher und rechtlicher Konvergenz die dort anzutreffenden Hauptversammlungspräsenzen höher sind. Zum Teil dürfte die Abweichung auf die in geringem Maße unterschiedliche Aktionärsstruktur sowie auf leichte Abweichungen rund um die Stimmrechtsvertretung und die Stimmauszählung zurückzuführen sein. Die vorgestellte Studie der Beratungsgesellschaft Georgeson aus dem Jahr 2006 belegt jedoch einen nicht unerheblichen Einfluss des spanischen Instruments der *prima de asistencia* auf die Hauptversammlungspräsenzen. Insofern wäre von der Einführung eines vergleichbaren Instruments in Deutschland ebenfalls ein Anstieg der Präsenzen auf Hauptversammlungen zu erwarten.

Die Untersuchung kommt zu dem Ergebnis, dass eine Bonuszahlung nicht allein zu höheren Präsenzen führen würde, sondern dass vielmehr bei richtiger Ausgestaltung des Präsenzbonus auch eine Verbesserung der mit geringen Präsenzen verbundenen Probleme erreicht werden könnte. So zeigt der Vergleich mit dem spanischen Instrument, dass vor allem dem sog. *free float* zuzurechnende institutionelle Anleger aufgrund der Prämierung der Hauptversammlungsteilnahme ihre Apathie überwunden haben und dadurch die Kräfteverhältnisse in den Hauptversammlungen spanischer Gesellschaften zugunsten kleiner Beteiligungen verbessert wurden. Dieser Aktionärstypus dürfte nicht nur die Kapazitäten und Fähigkeiten besitzen, um sich mit den anstehenden Entscheidungen in gebührender Weise auseinanderzusetzen. Sofern er sich zur Teilnahme animieren lässt, ist zudem eine reflektierte Ausübung seines Stimmrechts zu erwarten, die über die bloße Erfüllung der Voraussetzungen für den Bonuserhalt hinausgeht. Dementsprechend wird – auch mit Blick auf die in Spanien bestehende und in dieser Arbeit kritisch gesehene Praxis – vorliegend die Meinung vertreten, bei der Teilnahme durch Vertretung gem. §§ 134 Abs. 3 S. 5, 135 AktG den Bonusbezug an die Abgabe konkreter Abstimmungsweisungen zu knüpfen. Dies dürfte einem Erfolg des Präsenzbonus nicht schaden, würde jedoch die Möglichkeit einer unreflektierten Stimmabgabe allein zum Zweck des Bonuserhalts verringern und die Verwirklichung des Aktionärswillens durch den Vertreter stärken.

In rechtlicher Hinsicht hat der Vergleich mit der Praxis in Spanien mögliche Konfliktpotentiale einer Bonuszahlung aufgezeigt und es wurde herausgearbeitet, weshalb die derzeitige Handhabung der *prima de asistencia* nicht für eine nach deutschem Recht rechtlich zulässige Ausgestaltung eines Präsenzbonus herangezogen werden kann. Die Betrachtung der spanischen Diskussion um dieses Instrument verdeutlicht jedoch die zwingende rechtliche Einordnung einer Bonuszahlung, die bei einer Bonuseinführung zu beachtenden rechtlichen Grundsätze und Prinzipien und schärft den Blick für die europarechtlich geforderten Mindeststandards. Vor diesem Hintergrund konnten in dieser Arbeit vier rechtlich zulässige Ausgestaltungsmöglichkeiten für einen Präsenzbonus herausgearbeitet werden, wenngleich manche nur bei bestimmten Gesellschaften anwendbar wären und andere eine vorherige Gesetzesänderung erforderten. Dabei wird vorliegend die Meinung vertreten, dass keiner der möglichen Varianten das Gebot der Gleichbehandlung entgegenstehen würde. Zudem lassen sich sämtliche Varianten mit den europäischen Mindestregelungen zur Kapitalerhaltung in Einklang bringen.

In dieser Arbeit wird die Einführung der indirekten Zahlung eines Präsenzbonus über § 58 Abs. 3 S. 2 AktG als andere Gewinnverwendung favorisiert. Der Hauptversammlung als kompetentem Organ zur Entscheidung über die Verwendung des Bilanzgewinns sollte die Möglichkeit zur Ermächtigung des Vorstands eingeräumt werden, einen gewissen Teil des Bilanzgewinns nach seinem Ermessen für die Zahlung eines Präsenzbonus zu verwenden. Die einzelnen Voraussetzungen für die Bonusberechtigung sollten bereits von der Hauptversammlung bei der Ermächtigung festgelegt werden. Nach der hier vertretenen Ansicht läge in einer solchen Ermächtigung eine andere Gewinnverwendung, da sie sich von den sonstigen Verwendungsmöglichkeiten unterscheidet. Zu Klarstellungszwecken könnte jedoch bei einer Gesetzesänderung an die besagte Norm ein Satz 3 angefügt werden, der diese Variante ausdrücklich als andere Gewinnverwendung deklariert. Ein derartiger Mechanismus – Ermächtigung durch die Hauptversammlung und Vollzug durch den Vorstand nach dessen

Ermessen – ist dem Aktienrecht in den §§ 202 ff. im Zusammenhang mit dem genehmigten Kapital bereits bekannt. Die Vorteile dieser Lösung wären: Die Entscheidungskompetenz der Hauptversammlung über die Gewinnverwendung bleibt gewahrt. Auch kommt der Hauptversammlung, im Sinne des Prinzips der Aktionärsdemokratie, die grundsätzliche Entscheidung über die Gewährung eines Präsenzbonus zu. Zugleich wird jedoch der Vorstand, als täglich agierendes Organ der Gesellschaft, in die Zahlung eines Präsenzbonus mit eingebunden und ihm die Vollzugskompetenz zugesprochen. Im Vergleich mit den übrigen Möglichkeiten der Ausgestaltung verspricht die Lösung daher das größte Maß an Flexibilität und ermöglicht die Anwendung des Instruments Präsenzbonus auch bei außerordentlichen Hauptversammlungen beziehungsweise unter Umständen in Geschäftsjahren, in denen kein Bilanzgewinn vorhanden ist.

Literaturverzeichnis

Aktiengesetz Großkommentar: Hrsg: Hopt, Klaus/Wiedemann, Herbert
- Bd. 1, 4. Auflage 2004
- Bd. 2, 4. Auflage 2008
- Bd. 3, 4. Auflage 2008
- Bd. 5, 4. Auflage 2008
- Bd. 6, 4. Auflage 2006

(zitiert *Bearbeiter* in AktG Großkomm)

Aktiengesetz Kommentar: Hrsg: Schmidt, Karsten/Lutter, Marcus
- Bd. 1, §§ 1–149, 2. Auflage 2010
- Bd. 2, §§ 150–410, SpruchG, 2. Auflage 2010

(zitiert *Bearbeiter* in Schmidt/Lutter AktG)

Aktiengesetz Kommentar: Hrsg: Geßler, Ernst/Hefermehl, Wolfgang/Eckardt, Ulrich/Kropp, Bruno
- Bd. 1, §§ 1–75, 1983
- Bd. 2, §§ 76–174, 1973/1974

(zitiert *Bearbeiter* in Geßler/Hefermehl AktG)

Aktienrecht im Wandel: Hrsg: von Bayer, Walter/Habersack, Mathias
- Bd. 1, Entwicklung des Aktienrechts, 2007
- Bd. 2, Grundsatzfragen des Aktienrechts, 2007

Aktien- und GmbH-Konzernrecht: Hrsg: Emmerich, Volker/Habersack, Mathias, 7. Auflage 2013 (zitiert *Bearbeiter* in KonzernrechtKomm).

Alonso Ledesma, Carmen: El buen gobierno de las sociedades en Europa, RDBB Nr. 88, 2002, 129 ff.

—: El papel de la junta general en el gobierno corporativo de las sociedades de capital, in: El gobierno de las sociedades cotizadas, Hrsg: Esteban Velasco, Gaudencio, 1999, 615 ff.

—: Las asociaciones de accionistas: su conveniencia y sus riesgos, RDBB Nr. 104, 2006, 143 ff.

Alonso Ureba, Alberto: Diferenciación de funciones (supervisión y dirección) y tipología de consejeros (ejecutivos y no ejecutivos) en la perspectiva de los artículos 133.3 (responsabilidad de administradores) y 141.1 (autoorganización del Consejo) del TRLSA, in: Derecho de Sociedades Anónimas Cotizadas, Hrsg: Rodríguez Artigas, Fernando/Alonso Ureba, Alberto/Fernández de la Gándara, Luis/Velasco San Pedro, Luis/Quijano González, Jesús/Esteban Velasco, Gaudencio, Band II, 2006, 769 ff.

Alonso Ureba, Alberto/Chamorro Domínguez, María de la Concepción: Das spanische Verwaltungsratssystem der börsennotierten Aktiengesellschaft nach den letzten Gesetzesänderungen und den Regelungen des Corporate Governance Kodex, in: Festschrift für Karsten Schmidt zum 70. Geburtstag, Hrsg: Bitter, Georg/Lutter, Marcus/Priester, Hans-Joachim/Schön, Wolfgang/Ulmer, Peter, 2009, 1 ff. (zitiert *Alonso Ureba/Chamorro Domínguez*, FS Karsten Schmidt).

Arbeitshandbuch für die Hauptversammlung: Hrsg: Semler, Johannes/Volhard, Rüdiger/Reichert, Jochem, 3. Auflage, 2011 (zitiert *Bearbeiter* in ArbHdb HV).

Arbeitshandbuch für Vorstandsmitglieder: Hrsg: Semler, Johannes/Peltzer, Martin, 2005 (zitiert *Bearbeiter* in ArbHdb Vorstand).

Armbrüster, Christian: Die treuhänderische Beteiligung an Gesellschaften, 2001.

Barnard, Chester I.: Die Führung großer Organisationen, 1970.

Barrios, Harald: Grundzüge des politischen Systems, in: Spanien heute – Politik-Wirtschaft-Kultur, Hrsg: Bernecker, Walther L., 5. Auflage, 2008, 53 ff.

Bassen, Alexander: Einflussnahme institutioneller Anleger auf Corporate Governance und Unternehmensführung – Ergebnisse einer empirischen Untersuchung, ZBB-Report 2002, 430 ff.

Baums, Theodor: Corporate Governance in Germany: The Role of the Banks, AmJComLaw, Band 40, 503 ff.

—: General Meetings in Listed Companies – New Challenges and Opportunities, Arbeitspapier Nr. 103 des Instituts für Bankrecht der Johann Wolfgang Goethe-Universität Frankfurt am Main, 2000.

—: Bericht der Regierungskommission Corporate Governance – Unternehmensführung, Unternehmenskontrolle, Modernisierung des Aktienrechts, 2001.

Baums, Theodor/Fraune, Christian: Institutionelle Anleger und Publikumsgesellschaft: Eine empirische Untersuchung, AG 1995, 97 ff.

Bayer, Walter: Empfehlen sich besondere Regelungen für börsennotierte und für geschlossene Gesellschaften?, Gutachten E für den 67. Deutschen Juristen Tag, Verhandlungen des siebenundsechzigsten Deutschen Juristentages, Band I, 2008.

Bebchuk, Lucian Arye: The Case For Increasing Shareholder Power, Harvard Law Review, Band 118, 833 ff.

Beckerhoff, Tom: Treupflichten bei der Stimmrechtsausübung und Eigenhaftung des Stimmrechtsvertreters, 1996.

Beck'sches Handbuch der AG: Hrsg: Müller, Welf/Rödder, Thomas, 2. Auflage 2009 (zitiert *Bearbeiter* in Beck Hdb AG).

Behnke, Thorsten: Die Stimmrechtsvertretung in Deutschland, Frankreich und England, NZG 2000, 665 ff.

Bercovitz Rodríguez-Cano, Alberto: Notas sobre las modificaciones introducidas en la regulación de las sociedades anónimas españolas y sociedades de responsabilidad limitada por la ley 19/2005, de 14 de noviembre, sobre la sociedad anónima europea domiciliada en España, in: Estudios de Derecho de sociedades y derecho concursal: Libro Homenaje al Profesor Rafael García Villaverde, Hrsg: Jiménez Sánchez, G./Menéndez Menéndez, Aurelio u. a., Band I, 2007, 209 ff.

Beusch, Karl: Die Aktiengesellschaft – eine Kommanditgesellschaft in der Gestalt einer juristischen Person?, in: Festschrift für Winfried Werner zum 65. Geburtstag, Hrsg: Hadding, Walther/Immenga, Ulrich/Mertens, Hans-Joachim/Pleyer, Klemens/Schneider, Uwe H., 1984, 1 ff. (zitiert *Beusch*, FS Winfried Werner).

Beuthien, Volker: Zur Mitgliedschaft als Grundbegriff des Gesellschaftsrechts, in: Festschrift für Herbert Wiedemann zum 70. Geburtstag, Hrsg: Wank, Rolf/Hirte, Heribert/Frey, Kaspar/Fleischer, Holger/Thüsing, Gregor, 2002, 755 ff. (zitiert *Beuthien*, FS Herbert Wiedemann).

—: Treuhand an Gesellschaftsanteilen, ZGR 1974, 26 ff.

Bezzenberger, Tilman: Vorzugsaktien ohne Stimmrecht, 1991.

—: Das Kapital der Aktiengesellschaft, 2005.

Black, Bernard S.: Shareholder Passivity Reexamined, Michigan Law Review, Band 89, 520 ff.

Broseta Pont, Manuel/Martínez Sanz, Fernando: Manual de derecho mercantil, Band I, 20. Auflage, 2013.

Buchanan, James M./Tullock, Gordon: The Calculus of Consent – Logical Foundations of Constitutional Democracy, 1962, erschienen in: The Collected Works of James M. Buchanan, Volume 3, 1999.

Bundesministerium der Justiz: Bericht über die Entwicklung der Stimmrechtsausübung in börsennotierten Aktiengesellschaften in Deutschland seit Inkrafttreten des Namensaktiengesetzes am 25.1.2001, NZG 2004, 948 ff.

dass.: Gesetzentwurf der Bundesregierung – Entwurf eines Gesetzes zur Unternehmensintegrität und Modernisierung des Anfechtungsrechts (UMAG), Sonderbeilage zu NZG, Heft 4, 2004, 5 ff.

Bürgerliches Gesetzbuch Kommentar: Hrsg: Jauernig, Othmar, 15. Aufl. 2014 (zitiert *Bearbeiter* in BGB).

Bundesamt für gewerbliche Wirtschaft: Bericht über das Ergebnis einer Untersuchung der Konzentration in der Wirtschaft vom 29. Februar 1964, BT-Drs. IV/2320 vom 5. Juni 1964.

Butzke, Volker: Die Hauptversammlung der Aktiengesellschaft, 5. Auflage, 2011.

—: Hinterlegung, Record Date und Einberufungsfrist, WM 2005, 1981 ff.

Canaris, Claus-Wilhelm: Handelsrecht, 24. Auflage, 2006.

Claussen, Carsten Peter: Der Aktionär - das unbekannte Wesen, in: Festschrift für Karsten Schmidt zum 70. Geburtstag, Hrsg: Bitter, Georg/Lutter, Marcus/ Priester, Hans-Joachim/Schön, Wolfgang/Ulmer, Peter, 2009, 217 ff. (zitiert *Claussen*, FS Karsten Schmidt).

Comentarios a la Ley de Sociedades Anónimas: Hrsg: Sánchez Calero, Fernando, Band I, Artt. 1–46, 1996 (zitiert *Bearbeiter* in Sánchez Calero Comentarios LSA).

Comentarios a la Ley de Sociedades Anónimas: Hrsg: Arroyo Martínez, Ignacio/ Embid Irujo, José Miguel/Górriz López, Carlos, 2. Auflage 2009 (zitiert *Bearbeiter* in Comentarios LSA).

Crespí-Cladera, Rafel/García-Cestona, Miguel A.: Ownership and Control of Spanish Listed Firms, in: The Control of Corporate Europe, Hrsg: Barca, Fabrizio/Becht, Marco, 2003, 207 ff.

Dauner-Lieb, Barbara: Aktuelle Vorschläge zur Präsenzsteigerung in der Hauptversammlung, WM 2007, 9 ff.

de la Sierra Flores, Maria: Garantías al ejercicio de los derechos del accionista por medios electrónicos, in: La Junta General de las sociedades de capital - Cuestiones actuales, Hrsg: Rodríguez Artigas, Fernando/Farrando Miguel, Ignacio/González Castilla, Francisco/Tena Arregui, Rodrigo, 2009, 217 ff.

Deutsches Aktieninstitut: Privataktionäre in börsennotierten Unternehmen, Studien des deutschen Aktieninstituts, Heft 46, Hrsg: von Rosen, Rüdiger, 2009

Deutsche Börse: Leitfaden zu den Aktienindizes der Deutschen Börse, Version 6.29, Dezember 2014.

—: Factbook 2009.

Deutsches Notarinstitut: Teilnahme an einer Hauptversammlung und Verlassen derselben während des Abstimmungsvorganges; Auswirkungen auf das Teilnehmerverzeichnis und die Stimmauswertung, DNotI-Report 2002, 169 ff.

Diekmann, Hans/Merkner, Andreas: Erhöhte Transparenzanforderungen im Aktien- und Kapitalmarktrecht - ein Überblick über den Regierungsentwurf zum Risiko-begrenzungsgesetz, NZG 2007, 921 ff.

Díez-Picazo, Luis/Gullón Ballesteros, Antonio: Sistema de derecho civil Volumen II - Contratos en especial, 2012.

Dreher, Meinrad: Treuepflichten zwischen Aktionären und Verhaltenspflichten bei der Stimmrechtsausübung, ZHR 157 (1993), 150 ff.

Duque Domínguez, Justino F.: Del texto refundido de la LSA de 1989 a la Ley de Transparencia de 2003: Hitos y situación actual del ordenamiento español en materia de gobierno corporativo, in: Derecho de Sociedades Anónimas Cotizadas, Hrsg: Rodríguez Artigas, Fernando/Alonso Ureba, Alberto/Fernández de la Gándara, Luis/Velasco San Pedro, Luis/Quijano González, Jesús/Esteban Velasco, Gaudencio, Band I 2006, 251 ff.

Easterbrook, Frank H./Fischel, Daniel R.: The Economic Structure of Corporate Law, 1991.

Ehlers, Fabian/Nohlen, Nicolas: Unabhängiger Finanzexperte und Prüfungsausschuss nach dem Bilanzrechtsmodernisierungsgesetz, in: Gedächtnisschrift für Michael Gruson, Hrsg: Baums, Theodor/Hutter, Stephan, 2009, 107 ff. (zitiert *Ehlers/Nohlen*, GS Michael Gruson).

Enciclopedia Jurídica Básica: Band III: IND-PRO, 1995 (zitiert *Bearbeiter* in Enciclopedia, „Stichwort").

Eschenburg, Rolf: Der ökonomische Ansatz zu einer Theorie der Verfassung, 1977.

Esser, Josef: Grundsatz und Norm in der richterlichen Fortbildung des Privatrechts, 4. Auflage, 1990.

Farrando Miguel, Ignacio: Primeras consideraciones sobre la prima de asistencia a las juntas de socios, in: La Junta General de las sociedades de capital – Cuestiones actuales, Hrsg: Rodríguez Artigas, Fernando/Farrando Miguel, Ignacio/González Castilla, Francisco/Tena Arregui, Rodrigo, 2009, 291 ff.

Fernández de la Gándara, Luís: El debate actual sobre el gobierno corporativo: aspectos metodológicos y de contenido, in: El gobierno de las sociedades cotizadas, Hrsg: Esteban Velasco, Gaudencio, 1999, 55 ff.

Fernández Torres, Isabel: Participación de los accionistas en la Junta por medios electrónicos: ¿reactivación de la Junta? in: La Junta General de las sociedades de capital – Cuestiones actuales, Hrsg: Rodríguez Artigas, Fernando/Farrando Miguel, Ignacio/González Castilla, Francisco/Tena Arregui, Rodrigo, 2009, 255 ff.

—: La reactivación de la Junta General en el Código Unificado de Gobierno Corporativo: Aproximación a las competencias implícitas, Documentos de Trabajo del Departamento de Derecho Mercantil, 2007/11, Junio 2007.

Fischer, Curt Eduard: Rechtsschein und Wirklichkeit im Aktienrecht, AcP 154, Heft 2, 1955, 85 ff.

Flume, Werner: Allgemeiner Teil des Bürgerlichen Rechts,
– Erster Band/Erster Teil – Die Personengesellschaft, 1977 (zitiert *Flume*, Allg. Teil BGB I/1).

– Erster Band/Zweiter Teil – Die juristische Person, 1983 (zitiert *Flume*, Allg. Teil BGB I/2).

Font Galán, Juan Ignacio: Primas de Asistencia a Juntas Generales de sociedades anónimas y dividendos encubiertos (a propósito de una experiencia en empresas bancarias), in: Homenaje a Evelio Verdera y Tuells, Hrsg: Polo Díez, Antonio, 1994, 771 ff. (zitiert *Font Galán*, Homenaje a Evelio Verdera y Tuells)

Frey, Bruno S.: Moderne Politische Ökonomie – Die Beziehungen zwischen Wirtschaft und Politik, 1977

Garrido, José M./Rojo, Angel: Institutional Investors and Corporate Governance: Solution or Problem?, in: Capital Markets and Company Law, Hrsg: Hopt, Klaus J./Wymeersch, Eddy, 2003, 427 ff.

Garrigues, Joaquin: La protección de las minorías en el derecho español, in: Temas de derecho vivo, Hrsg: Garrigues, Joaquin, 1978, 95 ff.

von Gierke, Otto: Über die Geschichte des Majoritätsprinzips, in: Schmollers Jahrbuch für Gesetzgebung, Verwaltung und Volkswirtschaft im Deutschen Reiche, 39. Jahrgang, 1915, Zweites Heft, 7 ff.

—: Deutsches Privatrecht, Erster Band, Allgemeiner Teil und Personenrecht, 1895

Goette, Wulf: Leitung, Aufsicht, Haftung – zur Rolle der Rechtsprechung bei der Sicherung einer modernen Unternehmensführung, in: Festschrift aus Anlass des fünfzigjährigen Bestehens von Bundesgerichtsfhof, Bundesanwaltschaft und Rechtsanwaltschaft beim Bundesgerichtshof, Hrsg: Geiß, Karlmann/Nehm, Kay/Brandner, Hans Erich/Hagen, Horst, 2000, 123 ff. (zitiert *Goette*, 50 Jahre BGH)

González Encinar, José Juan: Ein asymmetrischer Bundesstaat, in: Der Staat der Autonomen Gemeinschaften in Spanien, Hrsg: Nohlen, Dieter/Gonzáles Encinar, José Juan, 1992, 217 ff.

Grundmann, Stefan: Das neue Depotstimmrecht nach der Fassung im Regierungsentwurf zum ARUG, BKR 2009, 31 ff.

Habersack, Mathias: Die Mitgliedschaft – subjektives und ‚sonstiges' Recht (Habilitationsschrift) – Jus Privatum/Beiträge zum Privatrecht, Band 17, 1996

—: Staatliche und halbstaatliche Eingriffe in die Unternehmensführung, Gutachten E zum 69. Deutschen Juristentag, Verhandlungen des 69. Deutschen Juristentages, Band I, 2012

Habersack, Mathias/Verse, Dirk: Europäisches Gesellschaftsrecht, 4. Auflage 2011

Hadding, Walter: Ergibt die Vereinsmitgliedschaft „quasi-vertragliche" Ansprüche, „erhöhte Treue- und Förderpflichten" sowie ein „sonstiges Recht" im Sinne des § 823 Abs. 1 BGB?, in: Festschrift für Alfred Kellermann zum 70.

Geburtstag, Hrsg: Goerdeler, Reinhard/Hommelhoff, Peter/Lutter, Marcus/Odersky, Walter/Wiedemann, Herbert, 1991, 91 ff. (zitiert *Hadding*, FS Alfred Kellermann)

Hahn, Erik/Reif, Marcus: Erhöhung der Hauptversammlungspräsenz durch Dividenden-bonus?, GesRZ 2007, 44 ff.

Handbuch börsennotierte AG: Hrsg: Marsch-Barner, Reinhard/Schäfer, Frank A., 3. Auflage, 2014 (zitiert *Bearbeiter* in Hdb börsenAG)

Handbuch der Rechnungslegung: Kommentar zur Bilanzierung und Prüfung, Hrsg: Küting, Karlheinz/Weber, Claus-Peter, Band I a, 5. Auflage, 2014 (zitiert *Bearbeiter* in Hdb Rechnungslegung)

Handbuch des Aktienrechts: Hrsg: von Henn, Günter/Frodermann, Jürgen/Jannott, Dirk, 8. Auflage, 2009 (zitiert *Bearbeiter* in Hdb AktR)

Handelsgesetzbuch Großkommentar: Hrsg: Canaris, Claus-Wilhelm/Schilling, Wolfgang/Ulmer, Peter, Band 3,5. Auflage, 2009 (zitiert *Bearbeiter* in HGB Großkomm)

Hasselbach, Kai/Schumacher, Stephan: Hauptversammlung im Internet, ZGR 2000, 258 ff.

Heinberg, John Gilbert: History of the Majority Principle, The American Political Science Review, Band 20, Heft 1, 1926, 52 ff.

Henze, Hartwig: Materiellrechtliche Grenzen für Mehrheitsentscheidungen im Aktienrecht, DStR 1993, 1823 ff. und 1863 ff.

—: Die Treupflicht im Aktienrecht, BB 1996, 489 ff.

—: Leitungsverantwortung des Vorstands – Überwachungspflicht des Aufsichtsrats, BB 2000, 209 ff.

Hirschman, Albert O.: Exit, Voice and Loyalty, 1970

Hoffmann, Guido: Die Verpfändung von Aktien in der Konsortialkreditpraxis, WM 2007, 1547 ff.

Holzborn, Timo/Bunnemann, Jan: Änderungen im AktG durch den Regierungsentwurf für das UMAG, BKR, 2005, 51 ff.

Hommelhoff, Peter: Der Einfluß der Banken in der Aktiengesellschaft, in: Festschrift für Wolfgang Zöllner zum 70. Geburtstag, Hrsg: Lieb, Manfred/Noack, Ulrich/Westermann, Harm Peter, Band 1, 1991, 235 ff. (zitiert *Hommelhoff*, FS Wolfgang Zöllner)

—: Eigenkontrolle statt Staatskontrolle – rechtsdogmatischer Überblick zur Aktienrechtsreform 1884, in: Hundert Jahre modernes Aktienrecht, Hrsg: Schubert, Werner/Hommelhoff, Peter, ZGR Sonderheft 4, 1985, 53 ff.

Hopt, Klaus J.: Dialog mit den Aktionären, Handelsblatt vom 24.1.2007 in Recht und Steuern, S. 19 (zitiert *Hopt*, Handelsblatt 24.1.2007)

Hueck, Götz: Der Grundsatz der gleichmäßigen Behandlung im Privatrecht (Habilitationsschrift), Schriften des Instituts für Wirtschaftsrecht an der Universität Köln, Band 8, 1958

Hüffer, Uwe: Aktiengesetz, 11. Auflage, 2014 (zitiert *Hüffer*)

—: Zur gesellschaftlichen Treupflicht als richterrechtlicher Generalklausel, Festschrift für Ernst Steindorff zum 70. Geburtstag am 13. März 1990, Hrsg: Bauer, Jürgen F./Hopt, Klaus J./Mailänder, K. Peter, 1991, 59 ff. (zitiert *Hüffer*, FS Ernst Steindorff)

Instituto Nacional de Estadística: Anuario Estadístico de España 2010

Investmentgesetz: Hrsg: Berger, Hanno/Steck, Kai-Uwe/Lübbehüsen, Dieter, 2010 (zitiert *Bearbeiter* in InvG)

Jagenburg, Walter: Aktienrecht als Organisationsrecht, AG 1965, 156 ff.

Joost, Detlev: „Holzmüller 2000" vor dem Hintergrund des Umwandlungsgesetzes, ZHR 163, 1999, 164 ff.

Jost, Peter-Jürgen: Die Prinzipal-Agenten-Theorie in der Betriebswirtschaftslehre, 2001

Kallmeyer, Harald: Kapitalmarktrechtliche Corporate Governance-Regeln, Festschrift für Martin Peltzer zum 70. Geburtstag, Hrsg: Lutter, Marcus/Scholz, Manfred/Sigle, Walter, 2001, 205 ff. (zitiert *Kallmeyer*, FS Martin Peltzer)

Kellner, Hans: Die Sonderrechte der Aktionäre nach dem Aktiengesetz vom 30. Januar 1937, 1939

Kiem, Roger: Die Stellung der Vorzugsaktionäre bei Umwandlungsmaßnahmen, ZIP 1997, 1627 ff.

Klein, Franz: Die neueren Entwicklungen in Verfassung und Recht der Aktiengesellschaft, 1904

Klühs, Hannes: Präsenzbonus für die Teilnahme an der Hauptversammlung, ZIP 2006, 107 ff.

Koch, C. F.: Allgemeines deutsches Handelsgesetzbuch, 1863

Kölner Kommentar zum Aktiengesetz:

1. Auflage, Hrsg: Zöllner, Wolfgang (zitiert *Bearbeiter* in KölnerKomm AktG, 1. Aufl.)
   - Band 1: §§ 1–147, 1985
2. Auflage, Hrsg: Zöllner, Wolfgang (zitiert *Bearbeiter* in KölnerKomm AktG, 2. Aufl.)
   - Band 2: §§ 76–117, 1998
   - Band 5, 1. Teilband: §§ 179–240, 1995

3. Auflage, Hrsg: Zöllner, Wolfgang/Noack, Ulrich (zitiert *Bearbeiter* in KölnerKomm AktG, 3. Aufl.)
- Band 1, §§ 1–75, , 2011
- Band 2, 1. Teilband: §§ 76–94 AktG, 2010

Könige, Heinrich/Stranz, Josef/Pinner, Albert: Staub's Kommentar zum Handelsgesetzbuch, 1. Band, 8. Auflage, 1906 (zititert *Könige/Stranz/Pinner*, Komm HGB 1906)

Kommentar zum Aktiengesetz: Hrsg. Spindler, Gerald/Stilz, Eberhard, Band 1 §§ 1–149, 2. Auflage 2010 (zitiert *Bearbeiter* in AktGKomm)

Kommentar zum Grundgesetz: Hrsg. von Mangold, Hermann/Klein, Friedrich/Starck, Christian, Band 2 Artt. 20–82, 6. Auflage 2010 (zitiert *Bearbeiter* in v. Mangold/Klein/Stark GG)

Kübler, Friedrich/Assmann, Heinz-Dieter: Gesellschaftsrecht – Die privatrechtlichen Ordnungsstrukturen und Regelungsprobleme von Verbänden und Unternehmen, 6. Auflage, 2006

Kuhner, Christoph: Zur Zukunft der Kapitalerhaltung durch bilanzielle Ausschüttungssperren im Gesellschaftsrecht der Staaten Europas, ZGR 2005, 753 ff.

Lane , Robert E.: Political Life – Why and how people get involved in politics, 1959

Lawall, Lars: Satzungsdurchbrechende Beschlüsse im GmbH-Recht, DStR 1996, 1169 ff.

Legaz Lacambra, Luis: Legalidad y Legitimidad, REP 1958, 5 ff.

Lehmann, Karl: Das Recht der Aktiengesellschaften, 2. Band, 1904

Lenenbach, Markus: Kapitalmarktrecht und kapitalmarktrelevantes Gesellschaftsrecht, 2. Auflage, 2010

Lenz, Susanne: Steigerung der Hauptversammlungspräsenz durch monetäre Anreize, NZG 2006, 534 ff.

Luhmann, Niklas: Legitimation durch Verfahren, 1969.

Lutter, Marcus: Organzuständigkeiten im Konzern, in: Festschrift für Walter Stimpel zum 68. Geburtstag, Hrsg: Lutter, Marcus/Mertens, Hans-Joachim, 1985, 825 ff. (zitiert *Lutter*, FS Walter Stimpel)

—: Theorie der Mitgliedschaft, AcP 180, 84 ff.

—: Zur inhaltlichen Begründung von Mehrheitsentscheidungen – Besprechung der Entscheidung BGH WM 1980, 378, ZGR 1981, 170 ff.

—: Das Girmes-Urteil, JZ 1995, 1053 ff.

—: Verdeckte Leistungen und Kapitalschutz, in: Festschrift für Ernst C. Stiefel zum 80. Geburtstag, Hrsg: Lutter, Marcus/Oppenhoff, Walter/Sandrock, Otto/Winkhaus, Hanns, 1987, 505 ff. (zitiert *Lutter*, FS Ernst Stiefel)

MacNeil, Ian R.: The many futures of contracts, S. Cal. L. Rev., 1973–1974, Band 47, 691 ff.

Marsch-Barner, Reinhard: Neuere Entwicklungen im Vollmachtsstimmrecht der Banken, in: Festschrift für Martin Peltzer zum 70. Geburtstag, Hrsg: Lutter, Marcus/Scholz, Manfred/Sigle, Walter, 2001, 261 ff. (zitiert *Marsch-Barner*, FS Martin Peltzer)

Martínez Martínez, Teresa: Sobre la transposición al Derecho español de la Directiva de voto transfronterizo, in: La Junta General de las sociedades de capital - Cuestiones actuales, Hrsg: Rodríguez Artigas, Fernando/Farrando Miguel, Ignacio/González Castilla, Francisco/Tena Arregui, Rodrigo, 2009, 341 ff.

—: El impacto de las nuevas tecnologías de la comunicación sobre la convocatoria y la información ante la Junta General de las sociedades cotizadas, RDBB Nr. 104, 2006, 37 ff.

Martínez Rosado, Javier: Algunas propuestas relativas a la convocatoria de la Junta General de las Sociedades Cotizadas a la luz del informe del Ministerio de Justicia sobre el Anteproyecto de Ley de Transposición de la Directiva 2007/36/CE, in: La Junta General de las sociedades de capital - Cuestiones actuales, Hrsg: Rodríguez Artigas, Fernando/Farrando Miguel, Ignacio/González Castilla, Francisco/Tena Arregui, Rodrigo, 2009, 141 ff.

Massaguer Fuentes, José: Beneficio, reservas y dividendos en la sociedad anónima, Noticias UE, Nr. 152, 1997, 43 ff.

—: Los dividendos a cuenta en la sociedad anónima - un estudio de los artículos 216 y 217 LSA, 1990

Maunz-Dürig Grundgesetz Kommentar: Hrsg: Herdegen, Matthias/Herzog, Roman/Klein, Hans H./Scholz, Rupert, Loseblatt (zitiert *Bearbeiter* in Maunz-Dürig GG, LfG.)

Mülbert, Peter O.: Empfehlen sich gesetzlich Regelungen zur Einschränkung des Einflusses der Kreditinstitute auf Aktiengesellschaften?, Gutachten E für den 61. Deutschen Juristen Tag, in: Verhandlungen des einundsechzigsten Deutschen Juristentages, Band I, 1996

Münchner Anwalts Handbuch Aktienrecht: Hrsg: Schüppen, Matthias/Schaub, Bernhard, 2. Auflage, 2010 (zitiert *Bearbeiter* in Münch Anwalts Hdb Akt)

Münchner Handbuch des Gesellschaftsrechts: Hrsg: Hoffman-Becking, Michael, Band 4: Aktiengesellschaft, 3. Auflage, 2007 (zitiert *Bearbeiter* in MünchHdb AG)

Münchner Kommentar zum Aktiengesetz:
- Band 1, Hrsg: Goette, Wulf/Habersack, Mathias, 3. Auflage, 2008
- Band 3, Hrsg: Kropff, Bruno/Semler, Johannes, 3. Auflage, 2013
- Band 4, Hrsg: Goette, Wulf/Habersack, Mathias/Kalss, Susanne, 3. Auflage, 2011

(jeweils zitiert *Bearbeiter* in MünchKomm AktG)

Münchner Kommentar zum Bürgerlichen Gesetzbuch:
- Band 1, 1. Halbband, Hrsg: Säcker, Franz Jürgen, 6. Auflage, 2012
- Band 5, Hrsg: Säcker, Franz Jürgen/Rixecker, Roland, 6. Auflage, 2013

(jeweils zitiert *Bearbeiter* in MünchKomm BGB)

Münchner Kommentar zum Handelsgesetzbuch: Band 4, Hrsg: Schmidt, Karsten, 3. Auflage, 2013 (zitiert *Bearbeiter* in MünchKomm HGB)

Nießen, Tobias: Die Harmonisierung der kapitalmarktrechtlichen Transparenzregeln durch das TUG, NZG 2007, 41 ff.

Noack, Ulrich: Hauptversammlung der Aktiengesellschaft und moderne Kommunikationstechnik – aktuelle Bestandsaufnahme und Ausblick, NZG 2003, 241 ff.

—: Neues Recht für Namensaktionäre – Zur Änderung des § 67 AktG durch das Risikobegrenzungsgesetz, NZG 2008, 721 ff.

—: ARUG: das nächste Stück der Aktienrechtsreform in Permanenz, NZG 2008, 441 ff.

—: Stimmrechtsvertretung in der Hauptversammlung nach NaStraG, ZIP 2001, 57 ff.

—: Handgeld für die Teilnahme an der Hauptversammlung, BB 2005, Heft 42, Die erste Seite

Nohlen, Dieter/Hildenbrand, Andreas: Politische Dezentralisierung in Spanien: Ergebnisse und Probleme der Bildung des Autonomiestaates, Zeitschrift für Parlamentsfragen, Jahrgang 19, 1988, 323 ff.

Ortuño Baeza, María Teresa: Reducción de capital en la sociedad anónima – una análisis a la luz del principio de paridad de trato, 2004

Palandt – Bürgerliches Gesetzbuch: Beck'sche Kurzkommentare, Band 7, 73. Auflage, 2014 (zititert *Bearbeiter* in Palandt BGB)

Paz-Ares, Candido: La llamada „reinversión de dividendos", RGD Nr. 577–578, 1992, 10079 ff.

Peña González, José: Derecho y Constitución, 2003

Pérez Royo, Javier: Die Verteilung der Kompetenzen zwischen Staat und Autonomen Gemeinschaften, in: Der Staat der Autonomen Gemeinschaften in Spanien, Hrsg: Nohlen, Dieter/Gonzáles Encinar, José Juan, 1992, 103 ff.

Peuster, Witold: Código Civil – Das spanische Zivilgesetzbuch, 2002

Polo, Eduardo: Abuso o tiranía – Reflexiones sobre la dialéctica entre mayoría y minoría en la sociedad anónima, in: Estudios jurídicos en homenaje al Profesor Aurelio Menéndez, Band II, Hrsg: Iglesias Prada, Juan Luis, 1996, 2269 ff. (zitiert *Polo*, Abuso o tiranía)

Priester, Hans-Joachim: Satzungsänderung und Satzungsdurchbrechung – Voraussetzungen und Grenzen satzungsdurchbrechender Beschlüsse, ZHR 151, 1987, 40 ff.

Rabel, Ernst: Aufgabe und Notwendigkeit der Rechtsvergleichung, Rheinische Zeitschrift für Zivil- und Prozeßrecht des In- und Auslandes Nr. 13, 1924, 279 ff.; abgedruckt in: Ernst Rabel – Gesammelte Aufsätze, Band III, Arbeiten zur Rechtsvergleichung und zur Rechtsvereinheitlichung 1919–1954, Hrsg: von Leser, Hans G., 1967, 1 ff.

Raiser, Ludwig: Der Gleichheitsgrundsatz im Privatrecht, ZHR 111, 1948, 75 ff.

Raiser, Thomas/Veil, Rüdiger: Recht der Kapitalgesellschaften, 5. Auflage, 2010

Rathenau, Walther: Vom Aktienwesen – Eine geschichtliche Betrachtung, 1918

Recalde Castells, Andrés: Los registros de accionistas creados por las sociedades anónimas cotizadas, in: Derecho de sociedades – Libro Homenaje al Profesor Fernando Sánchez Calero, Hrsg: Sánchez Calero, Fernando/Bercovitz Rodríguez-Cano, Alberto, Band III, 2002, 2897 ff. (zitiert *Recalde Castells*, Registros de accionistas)

Renz, Hartmut/Rippel, Julia-Christine: Die Informationspflichten gem. §§ 21 ff. WpHG und deren Änderungen durch das Risikobegrenzungsgesetz, BKR 2008, 309 ff.

Reyes Recio, Luisa Eugenia: La estructura de propiedad y control de las empresas no financieras cotizadas: Una descripción de la situación actual ante las reformas del gobierno corporativo, Rev. Dir. Org. Adm. Nr. 27, 2002, 112 ff.

Rheinstein, Max: Teaching Comparative Law, Chi. L. Rev. Nr. 5, 1937–1938, 615 ff.

Rieger, Harald: Gesetzeswortlaut und Rechtswirklichkeit im Aktiengesetz, in: Festschrift für Martin Peltzer zum 70. Geburtstag, Hrsg: Lutter, Marcus/Scholz, Manfred/Sigle, Walter, 2001, 339 ff. (zitiert *Rieger*, FS Martin Peltzer)

Rodríguez Artigas, Fernando: La representación de los accionistas como instrumento de poder corporativo, RDBB Nr. 104, 2006, 55 ff.

Rodríguez González, Amalia: Adquisición de accionese de los socios minoritarios y principio de igualdad de trato en la STJUE de 15 de octubre de 2009. Una aproximación a la luz del derecho español, RDS Nr. 34, 2010, 379 ff.

Roggenbuck, Harald Edward: Begrenzung des Anteilsbesitzes von Kreditinstituten an Nichtbanken: gesetzliche Regelungen, empirischer Befund sowie anlage- und geschäftspolitische Bedeutung; Analyse auf der Grundlage von Vorschlägen der Studienkommission „Grundsatzfragen der Kreditwirtschaft", 1992

Roncero Sánchez, Antonio: Los inversores institucionales y el denominado "Gobierno Corporativo", in: El gobierno de las sociedades cotizadas, Hrsg: Esteban Velasco, Gaudencio, 1999, 665 ff.

—: La captación del voto a través de la solicitud pública de representación: transparencia, igualdad de oportunidades y conflictos de interés, in: Derecho de Sociedades Anónimas Cotizadas, Hrsg: Rodríguez Artigas, Fernando/Alonso Ureba, Alberto/Fernández de la Gándara, Luis/Velasco San Pedro, Luis/Quijano González, Jesús/Esteban Velasco, Gaudencio, Band I, 2006, 399 ff.

—: Asistencia y representación en las Juntas Generales, in: La Junta General de las sociedades de capital – Cuestiones actuales, Hrsg: Rodríguez Artigas, Fernando/Farrando Miguel, Ignacio/González Castilla, Francisco/Tena Arregui, Rodrigo, 2009, 37 ff.

Roth, Günter H.: Die Herrschaft der Aktionäre in der Publikums-AG als Gegenstand rechtssoziologischer Betrachtung, in: Festschrift für Heinz Paulick zum 65. Geburtstag, Hrsg: Kruse, Heinrich Wilhelm, 1973, 81 ff. (zitiert *Roth*, FS Heinz Paulick)

—: Die (Ohn-)Macht der Hauptversammlung, ZIP 2003, 369 ff.

Roth, Günter H./Wörle, Ulrike: Die Unabhängigkeit des Aufsichtsrats – Recht und Wirklichkeit, Corporate Governance in Deutschland und Österreich, 2006

Sánchez Andrés, Anibal: Acotaciones a una doctrina reciente en materia de pago y aplicación del dividendo, RGD Nr. 584, 1993, 4701 ff.

Sánchez Calero, Fernando: Principios de Derecho Mercantil, 18. Auflage, 2014

—: La junta general en las sociedades de capital, 2007

—: Los administradores en las sociedades de capital, 2. Auflage, 2007

—: El declinar de la junta y el buen gobierno corporativo, RDBB Nr. 104, 2006, 9 ff.

Sánchez Rus, Heliodoro: Objeto social y poder de representación en la sociedad anónima, in: Esutdios jurídicos en homenaje al Profesor Aurelio Menéndez, Band II, Hrsg: Iglesias Prada, Juan Luis, 1996, 2421 ff. (zitiert *Sánchez Rus*, Objeto social y poder de representación)

Sandrock, Otto: Über Sinn und Methode zivilistischer Rechtsvergleichung, Arbeiten zur Rechtsvergleichung Nr. 31, 1966

Schaefer, Hans: Shareholder Activism und Corporate Governance, NZG 2007, 900 ff.

Schilling, Wolfgang: Macht und Verantwortung in der AG, in: Festschrift für Ernst Gessler zum 65. Geburtstag, Hrsg: Ballerstedt, Kurt/Hefermehl, Wolfgang, 1971, 159 ff. (zitiert *Schilling*, FS Ernst Gessler)

Schmidt, Karsten: Macrotron oder: weitere Ausdifferenzierung des Aktionärsschutzes durch den BGH, NZG 2003, 601 ff.

—: Gesellschaftsrecht, 4. Auflage, 2002

—: Handelsrecht – Unternehmensrecht I, 6. Auflage, 2014

—: Stimmrecht bei Anteilsnießbrauch – Besprechung des Urteils BGH NJW 1999, ZGR Nr. 571, 1999, 601 ff.

Schmidt, Peter: Kann moderne Kommunikationstechnologie die HV-Präsenz erhöhen?, Finanzplatz, Ausgabe September 2006, 10 f.

Schmidt, Thomas: Tagungsbericht: Macht der Banken: Eine Tagung der Friedrich-Ebert-Stifung am 4. Mai 1995 in Frankfurt/Main, Reihe „Wirtschaftspolitische Diskurse", Bd. 78, 1995

Schmolke, Klaus Ulrich: Institutionelle Anleger und Corporate Governance – Traditionelle institutionelle Investoren vs. Hedgefonds, ZGR 2007, 701 ff.

Schneider, Uwe H.: Auf den Weg in den Pensionskassenkorporatismus? Zehn Thesen zu den Auswirkungen der zunehmenden Beteiligung institutioneller Anleger in Publikumsaktiengesellschaften, AG 1990, 317 ff.

Schneider, Uwe H./Burgard, Ulrich: Maßnahmen zur Verbesserung der Präsenz auf der Hauptversammlung einer Aktiengesellschaft, in: Festschrift für Karl Beusch zum 68. Geburtstag, Hrsg: Beisse, Heinrich/Lutter, Marcus/Närger, Heribald, 1993, 783 ff. (zitiert *Schneider/Burgard*, FS Karl Beusch)

Schön, Wolfgang: Der Nießbrauch am Gesellschaftsanteil, ZHR 158, 1994, 229 ff.

Schredelseker, Klaus: Eigentümerkontrolle in der großen Aktiengesellschaft, 1975

Schwark, Eberhard: Kapitalanlegerschutz im deutschen Gesellschaftsrecht, ZGR 1976, 271 ff.

Schwarz, Günter Christian: Neue Medien im Gesellschaftsrecht – von der Präsenz- zur virtuellen Mitgliederversammlung, MMR 2003, 23 ff.

Seibert, Ulrich: Stimmrecht und Hauptversammlung – eine rechtspolitische Sicht, BB 1998, 2536 ff.

—: Aktionärsforum und Aktionärsforumsverordnung nach § 127a AktG, AG 2006, 16 ff.

—: Aktienrechtsnovelle NaStraG tritt in Kraft – Übersicht über das Gesetz und Auszüge aus dem Bericht des Rechtsausschusses, ZIP 2001, 53 ff.

—: Die Stimmrechtsausübung in deutschen Aktiengesellschaften – ein Bericht an den Deutschen Bundestag, AG 2004, 529 ff.

Semler, Johannes: Leitung und Überwachung der Aktiengesellschaft – Die Leitungsaufgabe des Vorstands und die Überwachungsaufgabe des Aufsichtsrats, 2. Auflage, 1996

SPD-Bundestagsfraktion: Gesetzentwurf gegen wachsende Bankenmacht und für mehr Wettbewerb im Kreditgewerbe, BT-Drs. 11/4553 vom 18. Mai 1989

Spindler, Gerald: Die Reform der Hauptversammlung und der Anfechtungsklage durch das UMAG, NZG 2005, 825 ff.

—: Stimmrecht und Teilnahme an der Hauptversammlung – Entwicklungen und Perspektiven in der EU und in Deutschland, Gesellschaftsrecht in der Diskussion 2005, Band 10, 2006, 31 ff.

Staudinger Kommentar zum Bürgerlichen Gesetzbuch:
- Buch 1, Allgemeiner Teil, §§ 164–240 (Allgemeiner Teil 5), Neubearbeitung von Gursky, Karl-Heinz/Jacoby, Florian/Peters, Frank/Repgen, Tilman/Schilken, Eberhard, 2009
- Buch 2, Recht der Schuldverhältnisse, Einleitung zum Schuldrecht; §§ 241–243 (Treu und Glauben), Neubearbeitung von Looschelders, Dirk/Olzen, Dirk/Schiemann, Gottfried, 2009
- Buch 2, Recht der Schuldverhältnisse, §§ 705–740 (Gesellschaftsrecht), 13. Bearbeitung von Habermeier, Stefan, 2003
- Buch 3, Sachenrecht, ErbbauRG, §§ 1018–1112, Neubearbeitung von Frank, Johann/Mayer, Jörg/Rapp, Manfred/Schermaier, Martin Josef, 2009 (jeweils zitiert *Bearbeiter* in Staudinger BGB)

Steiner, Klaus: Die Hauptversammlung der Aktiengesellschaft, 1995

Stupp, Matthias: Aktuelle Rechtsprobleme bei der Verpfändung von Aktien zur Kreditbesicherung, DB 2006, 655 ff.

Tapia Hermida, Alberto Javier: Los accionistas y el gobierno de las sociedades cotizadas. Observaciones a la vista de algunas crisis financieras recientes, in: Esutdios jurídicos en homenaje al Profesor Aurelio Menéndez, Band II, Hrsg: Iglesias Prada, Juan Luis, 1996, 2543 ff. (zitiert *Tapia Hermida*, Accionistas y gobierno de las sociedades cotizadas)

—: La Junta General de accionistas de la sociedad anónima cotizada, in: Derecho de sociedades – Libro Homenaje al Profesor Fernando Sánchez Calero, Hrsg: Sánchez Calero, Fernando/Bercovitz Rodríguez-Cano, Alberto, Band III, 2002, 2917 ff. (zitiert *Tapia Hermida*, Junta General en SA cotizada)

Than, Jürgen: Auf dem Weg zur virtuellen Hauptversammlung – Eine Bestandsaufnahme, in: Festschrift für Martin Peltzer zum 70. Geburtstag, Hrsg: Lutter,

Marcus/Scholz, Manfred/Sigle, Walter, 2001, 577 ff. (zitiert *Than*, FS Martin Peltzer)

Timmann, Jan/Birkholz, Matthias: Der Regierungsentwurf für ein Risikobegrenzungsgesetz, BB 2007, 2749 ff.

Trías Sagnier, Miguel: Los inversores institucionales y el gobierno de las grandes sociedades, 1998

Uría, Rodrigo/Menéndez, Aurelio: Curso de Derecho Mercantil, Band I, 2. Auflage, 2006

van der Elst, Christoph: The Equity Markets, Ownership Structures and Control: Towards an International Harmonization?, in: Capital Markets and Company Law, Hrsg: Hopt, Klaus J./Wymeersch, Eddy, 2003, 3 ff.

Vaquerizo Alonso, Alberto: Distribuciones patrimoniales irregulares al socio en la sociedad anónima, RDM Nr. 230, 1998, 1455 ff.

Vara de Paz, Nemesio: Acciones anotadas en cuenta, in: Estudios de Derecho de sociedades y derecho concursal: Libro Homenaje al Profesor Rafael García Villaverde, Hrsg: Jiménez Sánchez, G./Menéndez Menéndez, Aurelio u. a., Band III, 2007, 1633 ff. (zitiert *Vara de Paz*, Acciones anotadas en cuenta)

Vetter, Eberhard: Handgeld für in der Hauptversammlung präsente Aktionäre?, AG 2006, 32 ff.

Vicent Chuliá, Francisco: Introducción al derecho mercantil, 23. Auflage, 2012

von Werder, Axel/Bartz, Jenny: Corporate Governance Report 2013: Abweichungskultur und Unabhängigkeit im Lichte der Akzeptanz und Anwendung des aktuellen DCGK, DB 2013, 885 ff.

Wagner, Maximilian: Ungeschriebene Kompetenzen der Hauptversammlung, 2007

Wand, Peter/Tillmann, Tobias: EU-Richtlinienvorschlag zur Erleichterung der Ausübung von Aktionärsrechten, AG 2006, 443 ff.

Wangemann, Michael: Finanzielle Anreize zur Steigerung der Hauptversammlungspräsenz in der Aktiengesellschaft, 2008

Weber, Anke: An empirical analysis of the 2000 corporate tax reform in Germany: Effects on ownership and control in listed companies, Intern. Rev. L. Econ., 2009, 57 ff.

Weber, Max: Wirtschaft und Gesellschaft – Grundriss der verstehenden Soziologie, 5. Auflage, 1. Halbband, 1976

Wenger, Ekkehard: Universalbanken und Depotstimmrecht, Schriften des Vereins für Sozialpolitik, Gesellschaft für Wirtschafts- und Sozialwissenschaften, Band 214, „Der Markt für Unternehmenskontrollen", 1992

Wertpapierhandelsgesetz Kommentar: Hrsg: Assmann, Heinz-Dieter/Schneider Uwe H., 6. Auflage, 2012 (zitiert *Bearbeiter* in Assmann/Schneider WpHG)

Westermann, Harm Peter: Vollmachtsstimmrecht und Streubesitzaktionäre in der Hauptversammlung deutscher Aktiengesellschaften, in: Corporate Governance, Hrsg: Feddersen, Dieter/Hommelhoff, Peter/Schneider, Uwe H., 1996, 264 ff.

Wiedemann, Herbert: Gesellschaftsrecht, Band 1, Grundlagen, 1980

Wilhelm, Jan: Die Vermögensbindung bei der Aktiengesellschaft und der GmbH und das Problem der Unterkapitalisierung, in: Festschrift für Werner Flume zum 70. Geburtstag, Hrsg: Jakobs, Horst Heinrich/Knobbe-Keuk, Brigitte/Picker, Eduard/Wilhelm, Jan, Band II, 1978, 337 ff (zitiert *Wilhelm*, FS Werner Flume)

Wojcik, Dariusz: Change in the German Model of Corporate Governance: Evidence from Blockholdings, 1997–2001, University of Oxford, 2001

Zetsche, Dirk: Die neue Aktionärsrechte-Richtlinie: Auf dem Weg zur virtuellen Hauptver-sammlung, NZG 2007, 686 ff.

Zieroth, Dieter: Las relaciones económicas hispanoalemanas: ¿Compartimos la misma cultura empresarial? in: España y Alemania – Percepciones mutuas de cinco siglos de historia, Hrsg: Vega Cernuda, Miguel Ángel/Wegener, Henning, 2002

Zöllner, Wolfgang: Die Schranken mitgliedschaftlicher Stimmrechtsmacht bei den privatrechtlichen Personenverbänden, Habilitationsschrift an der juristischen Fakultät der Universität München, 1963

Zweigert, Konrad/Kötz, Hein: Einführung in die Rechtsvergleichung auf dem Gebiete des Privatrechts, 3. Auflage, 1996

Schriften der Deutsch-Spanischen Juristenvereinigung

Band 1 Santiago Gonzáles-Varas: Die Verwaltung in Privatrechtsform in Spanien und Deutschland. 2002.

Band 2 Eva Romanski: Sozialstaatlichkeit und soziale Grundrechte im Grundgesetz der Bundesrepublik Deutschland und in der spanischen Verfassung. 2000.

Band 3 Alexander von Kuhlberg: Änderung und Revision der spanischen Verfassung vom 29. Dezember 1978. 2000.

Band 4 Kai Christian Fischer: Verbraucherschutz im spanischen Vertragsrecht im Lichte der europäischen Rechtsangleichung. Eine Studie mit rechtsvergleichenden Bezügen zum deutschen Recht. 2000.

Band 5 Miguel Félix Rodríguez y Rowinski: Die Haftung für Hilfspersonen im spanischen Recht. 2001.

Band 6 Ole Brühl: Immissionsschutzrechtliche Vorhabengenehmigung in Deutschland und Spanien. Eine rechtsvergleichende Untersuchung unter besonderer Berücksichtigung der Rechtslage in den Autonomen Gemeinschaften Spaniens. 2001.

Band 7 Florian Pagenkemper: Die Mängelhaftung des Bauunternehmers in Spanien nach der *Ley de Ordenación de la Edificación* und dem *Código civil*. Eine Untersuchung der vertraglichen und gesetzlichen Haftung mit rechtsvergleichenden Bemerkungen zum deutschen Recht. 2002.

Band 8 Daniel Friedrich Berg: Die Rückabwicklung gescheiterter Verträge im spanischen und deutschen Recht. Eine rechtsvergleichende Untersuchung unter besonderer Berücksichtigung des Einheitsrechts. 2002.

Band 9 Maria Isabel Haas: Der Durchgriff im deutschen und spanischen Gesellschaftsrecht. Eine rechtsvergleichende Analyse. 2003.

Band 10 Sonja Kohtes: Das Recht der vorformulierten Vertragsbedingungen in Spanien. Die Umsetzung der Richtlinie 93/13/EWG über missbräuchliche Klauseln in Verbraucherverträgen. 2004.

Band 11 Markus Artz: Kollisionsrecht und ausländisches Recht in spanischen und deutschen Zivilverfahren. Eine rechtsvergleichende Untersuchung. 2004.

Band 12 Johannes F.K. Rheinheimer: Arbeitsrechtliche Fragen nationaler und internationaler Telearbeit in der Europäischen Union an den Beispielen Deutschland und Spanien. 2004.

Band 13 Julia B. Spaethe: Spaniens Abstammungsrecht in Geschichte und Gegenwart. Unter besonderer Berücksichtigung der Nichtehelichkeit. 2004.

Band 14 Thomas Reineke: Das Recht der Arbeitnehmerüberlassung in Spanien und Deutschland und sein Verhältnis zu der geplanten europäischen Regelung. 2004.

Band 15 Christian Gohm: Maßnahmen zur Beschleunigung und Konzentration im neuen spanischen und deutschen Zivilprozess.Eine rechtsvergleichende Analyse im Lichte der Europäisierung des Zivilprozessrechts. 2004.

Band 16 Till Pense: Das spanische Schwurgericht. Die Jury im Spannungsfeld von Rechtsstaat und Demokratie. 2006.

Band 17 Jan Hückel: Persönlichkeitsschutz und Geldersatz im deutschen und spanischen Zivilrecht. 2006.

Band 18 Ilja I. Selenkewitsch: Spanisches Tarifrecht. Mit spezieller Betrachtung der arbeitszeitrechtlichen Regelungen. 2006.

Band 19 Sven Klaiber: Mitwirkungsbefugnisse des Bürgers auf Seiten der Strafverfolgungsorgane in Deutschland und in Spanien im Rechtsvergleich. 2006.

Band 20 Raimundo Baglietto Bergmann: Der einstweilige Rechtsschutz nach der neuen spanischen Zivilprozeßordnung und der deutschen Zivilprozeßordnung. Eine rechtsvergleichende Untersuchung der Art. 721–747 LEC und der §§ 916–945 ZPO für den Bereich des Zivilprozeßrechts. 2007.

Band 21 Holger Dierkes: Sicherungspflichten des Bauträgers in Spanien und Deutschland. Insbesondere aus Art. 19 Ley de Ordenación de la Edificación und aus §§ 3 und 7 Makler- und Bauträgerverordnung. 2007.

Band 22 Nele Rades: Die *Sociedad Limitada Nueva Empresa*. Eine Diskussion des spanischen Gesetzes Nr. 7/2003 im Kontext des spanischen und deutschen GmbH-Rechts. 2008

Band 23 Peter Stadler: Das interregionale Recht in Spanien. Darstellung unter besonderer Berücksichtigung des Ehegüter- und Erbrechts. 2008.

Band 24 Christian Ochs: Die Haftung des GmbH-Geschäftsführers im deutschen und spanischen Recht. 2008.

Band 25 Janire Mimentza: Der Auskunftsanspruch im deutschen und spanischen Markenrecht. Vor dem Hintergrund der europäischen Richtlinie 2004/48/EG zur Durchsetzung der Rechte des geistigen Eigentums. 2008.

Band 26 Thomas Kaiser: Steuerliche Gewinnermittlung in Spanien und Deutschland. 2008.

Band 27 Thomas M. Mannsdorfer / Susana Navas Navarro: Spanisches Haftungs- und Versicherungsrecht. 2008.

Band 28 Annemarie Hofedank: Arbeitsmarkt und Kündigungsschutz in Spanien. 2009.

Band 29 Tobias Rösner : Verlust des Stammkapitals und Geschäftsführerhaftung in der GmbH. Ein deutsch-spanischer Rechtsvergleich. 2009.

Band 30 Sebastian Schalk: Deutsche Präjudizien und spanische „Jurisprudencia“ des Zivilrechts. Eine vergleichende Gegenüberstellung. 2009.

Band 31 Anna-Maja Schaefer: Das autonome internationale Insolvenzrecht Spaniens im Vergleich zum deutschen Recht. 2009.

Band 32 Volkart Tresselt: Die Rechtsstellung des Verwalters einer spanischen Sociedad de Responsabilidad Limitada und des Geschäftsführers einer deutschen GmbH im Rechtsvergleich. 2009.

Band 33 Festschrift 25 Jahre Deutsch-Spanische Juristenvereinigung. Conmemoración de la Asociación Hispano-Alemana de Juristas. Herausgegeben von Marc André Gimmy und der Deutsch-Spanischen Juristenvereinigung. Editado por Marc André Gimmy y la Asociación Hispano-Alemana de Juristas. 2009.

Band 34 Alexander Tacer: Die territoriale Struktur Spaniens. Der Weg zum asymmetrischen Föderalismus. 2010.

Band 35 Hendrik R. Bott: Absicherung der Mängelrechte im spanischen Bauvertragsrecht unter rechtsvergleichenden Aspekten. Eine Untersuchung der Rechtsverhältnisse zwischen Besteller und Unternehmer. 2010.

Band 36 Ingo R. Müller: Spanisches Anwaltshaftungsrecht. 2010.

Band 37 Katharina Grüter: Kapitalaufbringung und Kapitalerhaltung bei der spanischen Sociedad de Responsabilidad Limitada und der deutschen Gesellschaft mit beschränkter Haftung. 2010.

Band 38 Florian Michallik: Instrumentarien zur Steuerung von Einzelhandel in Deutschland und Spanien. Ein Beitrag zu nachhaltiger Raum- und Stadtentwicklung. 2010.

Band 39 Franziska Hohlers: Der Vertragsschluss im e-Commerce nach deutschem und spanischem Recht. Unter besonderer Berücksichtigung der europarechtlichen Vorgaben zu den Informationspflichten. 2010.

Band 40 Kristina Orthmann: Kapitalmarktinformationshaftung der Vorstände von Aktiengesellschaften in Deutschland und Spanien. 2011.

Band 41 Bettina Janka: Corporate Governance in Deutschland und Spanien. 2011.

Band 42 Stefanie Espitalier: Die innerstaatliche Haftung für Unionsrechtsverstöße in Spanien. Eine Untersuchung der Verantwortungs- und Haftungsbeziehungen zwischen dem spanischen Zentralstaat und den Autonomen Gemeinschaften im Falle finanzwirksamer Entscheidungen der Europäischen Union. 2012.

Band 43 Hannah Rau: Strafrechtliche Vergangenheitsbewältigung am Beispiel Spanien. 2014.

Band 44 Christian Schönwandt: Wirkungsschwächen der Schenkung in Spanien und Deutschland. 2015.

Band 45 Benedikt Leffers: Die Einführung eines Präsenzbonus in Deutschland unter Berücksichtigung der *prima de asistencia* in Spanien. 2015.

www.peterlang.com

www.ingramcontent.com/pod-product-compliance
Ingram Content Group UK Ltd.
Pitfield, Milton Keynes, MK11 3LW, UK
UKHW021840290926
8980IPUK00005B/569

9 783631 659656